Peter Karow wurde am 11. November 1940 als Sohn eines Bauern in Pommern geboren. Nach der Flucht in den Westen 1945 ließ sich die Familie in der Nähe von Braunschweig nieder, wo Peter Karow zur Schule ging. Danach begann er sein Physikstudium in Hamburg, das er 1971 mit der Promotion abschloß.

1972 trat er der URW (Unternehmensberatung Rubow Weber) als dritter Partner bei. Seitdem ist die Beschäftigung mit digitalen Schriften seine Lebensarbeit geworden, die für ihn die ideale Verbindung zwischen seinen mathematischen und zeichnerischen Fähigkeiten darstellt. Zahlreiche Kontakte mit Schriftentwerfern und besonders die Zusammenarbeit mit Hermann Zapf beeinflußten die Entwicklung der mit dem IKARUS Programm eingeführten digitalen Formate zur Schriftspeicherung.

Peter Karow

Schrifttechnologie

Methoden und Werkzeuge

Geleitwort von Gerard Unger

Mit 306 Abbildungen

Springer-Verlag
Berlin Heidelberg New York
London Paris Tokyo
Hong Kong Barcelona
Budapest

Peter Karow
URW Unternehmensberatung
Harksheider Straße 102
2000 Hamburg 65

CR-Klassifikation (1992): I.7.2, J.7

ISBN-13:978-3-540-54918-5

Die Deutsche Bibliothek — CIP-Einheitsaufnahme
Karow, Peter: Schrifttechnologie: Methoden und Werkzeuge/Peter Karow —
Berlin; Heidelberg; New York; London; Paris; Tokyo; Hong Kong; Barcelona;
Budapest: Springer, 1992
ISBN-13:978-3-540-54918-5   e-ISBN-13:978-3-642-77160-6
DOI: 10.1007/978-3-642-77160-6

Satz: URW Unternehmensberatung, Hamburg
Umschlaggestaltung: Konzept & Design, Ilvesheim
33/3140-5 4 3 2 1 0   Gedruckt auf säurefreiem Papier

Geleitwort

Wer Bleilettern zur Hand nimmt, fühlt und sieht ganz unmittelbar, was sich alles in den zurückliegenden dreißig Jahren geändert hat. Anfang der siebziger Jahre begann eine Revolution, die die Typographie einschneidend und dauerhaft beeinflußte und deren Ende noch nicht in Sicht ist. Diese technologische Revolution hat die Typographie – ehedem ein Fachgebiet mit greifbaren Hilfsmitteln – in eine Tätigkeit verwandelt, die sich überwiegend abstrakter Technik bedient. In dieser Zeit hat sich darüber hinaus das Bild der Typographie vollkommen geändert: Einwirkungen sozialer, kultureller und wirtschaftlicher Art verschafften sich Geltung. Ein Großteil dieser Veränderungen hätte sich jedoch nicht so schnell auswirken können, wenn die in schneller Abfolge wechselnden neuen Technologien den Gestalter und Typographen nicht in die Lage versetzt hätten, seine weitreichenden Ideen auch durchzuführen.

Vor dieser Revolution wandelte sich der Beruf des Typographen nahezu fünfhundert Jahre lang nur minimal. Im 19. Jahrhundert wurde der Satz mechanisiert und auch die Druckpresse und weitere Gerätschaften. Dabei funktionierten die Maschinen immer präziser. Könnte man jedoch einen Setzer, beispielsweise aus dem Betrieb des Aldus Manutius im Venedig des letzten Jahrzehnts des 15. Jahrhunderts, durch die Zeit in die erste Hälfte des 20. Jahrhunderts transportieren, so hätte dieser immer noch mit den Bleilettern umgehen können, auch wenn sie inzwischen von einer Maschine hergestellt wurden. Der Bleisatz aus den Linotype Maschinen hätte ihn zwar in Erstaunen versetzt, aber – im 15. Jahrhundert wurde mit einzelnen Lettern gesetzt – ihn nicht verwirrt.

Die Revolution begann mit dem Auftauchen der Photosatzmaschinen, in denen die Lettern nur noch als konkrete Bilder auf Negativen vorhanden waren. Auf diese Veränderung folgte unmittelbar die Entwicklung digitaler Setzmaschinen, von denen der Digiset (1965) von Dr.-Ing. Rudolf Hell die erste war. In diesen Maschinen waren die Lettern nicht mehr analog vorhanden: sie hatten sich in Computerkodes aufgelöst. Der Übergang von greifbaren Lettern zu abstrakten Zeichen verlief nicht ohne Probleme. Nicht selten widmeten die Hersteller und auch die Käufer der Technologie den neuen Maschinen weit mehr Aufmerksamkeit als der Qualität der Produkte, die damit hergestellt wurden. Die Typographie hatte schwer zu leiden unter der geringen Auflösung, den unscharfen Konturen der Buchstaben, nachgeahmten Schriftarten, die nicht mehr vom Fachmann stammten, und so weiter. Den Typographen blieb oftmals keine andere Wahl, als damit zu arbeiten, weil vorangegangene Produktionsweisen verschwunden oder zu teuer geworden waren.

Die Stimmung vieler Typographen, hinsichtlich der Zukunft ihres Handwerks, war damals gedrückt. Aber es gab auch solche, die sich von alledem nicht beeindrucken ließen, sondern sich die Mühe machten, die Drucklettern über diese schwierige Zeit hinweg zu retten und der Typographie ihre verlorengegangene Qualität zurückzugeben – ja, sie bemühten sich sogar, aus den neuen Technologien mehr herauszuholen, als es mit Bleilettern möglich gewesen war. Ein Typograph (für ihn gilt diese Bezeichnung honoris causa) diesen Kalibers ist Peter Karow. Seitdem sein IKARUS System der Graphikwelt (1975) vorgestellt wurde, ist er zu einem ihrer prominentesten Schrittmacher geworden und auch geblieben, einer, der den Wandel vorantreibt und die neuen Technologien besser beherrschbar macht.

Ein uns weit näher liegender Teil des revolutionären Wandels hat begonnen, als nach den oben angedeuteten Veränderungen scheinbar endlich Ruhe eingekehrt war und sich die Perspektive auf die ersehnte Wiederkehr der Qualität und sogar auf darüber hinaus reichende Verbesserungen eröffnete. Der Höhenflug des Destop-Publishing mit Macintosh, PC, PostScript und anderen einschneidenden Neuerungen hat erst vor kurzer Zeit seinen Anfang genommen und ist ein dermaßen bekannter Abschnitt in der typographischen Geschichte, daß er hier nicht detailliert beschrieben werden muß. Wir sind mittendrin.

Alles, was das Handwerk in der alten Form bis dahin festgelegt hat, ist durch diese jüngsten Entwicklungen doch noch in Bewegung geraten. Einige Betriebe, die einst Bleilettern lie-

ferten, konnten durch ihre photographischen und digitalen
Setzmaschinen auf dem Markt bleiben, in der Gesellschaft
einiger neuerer Betriebe. Für den Satz mußten die Typographen immer noch die Wohnung verlassen und in eine Setzerei
oder Druckerei gehen.

Heute bleiben sie zu Hause und kaufen ihre Schriften als
Software von Herstellern, die nicht aus der alten Industrie
stammen. Sie können Schriften verarbeiten, die sie oder andere selbst hergestellt haben. Was an alten Hierarchien und
Marktstrukturen noch übriggeblieben ist, ist heftig erschüttert
worden oder bereits verschwunden. Produkte verschiedensten Ursprungs können auf einer Vielzahl an Maschinen ver-
arbeitet werden. Diese Heimarbeit ist an sich übrigens ein Problem, das den Typographen noch gar nicht richtig bewußt ist.
Die eigene Maschine bindet sie an ihren Stuhl und schränkt
ihre Bewegungsfreiheit ein. Aber für Körperbewegung und
-übungen ist dieses Buch nicht geschrieben. Dafür böte die
Anschaffung eines Rennrades beispielsweise eine Lösung.

Es ergeben sich aus der heutigen Entwicklung neue Probleme, die die Typographen bislang nicht kannten. Technologische Neuerungen häufen sich eher, als daß sie einander
ablösen. Die Möglichkeiten der Typographie werden fortlaufend erweitert. Das alles geht so schnell, daß viele gar nicht
dazu kommen, das alles auszuloten. Schriften können gren-
zenlos modifiziert und Schriftgrade in dermaßen geringen
Abstufungen verfeinert werden, daß die Unterschiede mit
dem bloßen Auge nicht mehr zu erkennen sind. Die gesamte
typographische Palette kann – weiß und schwarz – endlos
variiert werden, ist knetbar, auswechselbar, uneingeschränkt
in Farbe modifizierbar, mit Bildern zu kombinieren und so
weiter und so fort. Das Schlaraffenland der Typographie ist
nahezu erreicht.

Hier sind einige Randbemerkungen zu diesen neueren
Entwicklungen angebracht. Wer sich völlig in diesem Schlaraffenland auskennen will, muß ein geriebener Fachmann
oder -frau sein. Dazu bracht man eine Menge Information,
fachgerechte Information. Und sie gibt es kaum. Es ist beispielsweise verblüffend, wie mangelhaft Handbücher oftmals sind,
sogar jene für die am häufigsten verwendeten Programme. Die
Gliederung ist unlogisch, die Beschreibungen sind unklar und
unvollständig, Fachbegriffe werden falsch angewandt und so
weiter. Unser Problem besteht nicht so sehr darin, die verfüg-

baren Möglichkeiten beherrschen zu lernen, sondern vielmehr darin, ihr Weshalb und Warum zu ergründen – wie arbeiten unsere Maschinen und Programme? Wie sehr wünschten wir uns, daß jemand uns das endlich einmal klar und deutlich erklären würde. Die meisten reagieren lediglich auf das, was auf dem Bildschirm angezeigt wird, ohne auch nur einen Schimmer zu haben, auf welchen Prinzipien die Hardware beruht oder die Software aufgebaut ist. Das ist nur allzu menschlich: blindes Vertrauen in die Technologie, ohne zu wissen, wie sie funktioniert – sorglos Auto zu fahren, ohne eine Ahnung davon zu haben, was sich unter der Motorhaube abspielt.

Es ist durchaus verständlich, daß man sich als Typograph nicht in die Funktionsweise der Hardware vertieft. Ein guter Dienstleistungsvertrag mit dem Hersteller sollte in dieser Hinsicht alle Probleme ausräumen können. Das betrifft also den Motor und die Motorhaube – obwohl es schier unglaublich ist, daß gewisse Kollegen noch immer meinen, bei einer Störung sei es das Beste, einfach den Stecker herauszuziehen. Aber Software, mit all ihren Auswirkungen auf die typographische Gestaltung, kann man nicht auf diese Art betrachten. Es ist unerläßlich, daß der Typograph ihre Grundprinzipien durchschaut. Man braucht dazu keine Schulung als Programmierer, aber Einblick in die Grundlagen der Programme ist unentbehrlich. Und dabei entsteht sofort wieder die Frage: Wo finde ich die notwendigen Informationen, und zwar in klarer und leicht zugänglicher Form? In diesem Buch! Es wurde von einem der erfahrensten Software-Spezialisten geschrieben, einem Mann, der überdies bereits früh damit angefangen hat, die Qualität digitaler Typographie zu verbessern.

In den meisten Fachbereichen findet man nicht nur Spezialisten, sondern auch spezialisierte Spezialisten - Menschen, die auf einem bestimmten Teilgebiet zwar der absolute Experte sind, die aber kaum Interesse dafür haben, was außerhalb des eigenen Schrebergartens geschieht. Das ist bei Programmentwicklern und Typographen nicht anders. Es ist deshalb sicherlich eine Ausnahme, auf jemanden zu stoßen, der seine Aufmerksamkeit nicht nur auf Computer richtet, sondern der darüber hinaus auch großes Interesse an der Typographie hat. Dieses ausführliche Buch ist das Ergebnis dieses kombinierten Interesses. In einer Hinsicht ist es allerdings doch das Buch eines Spezialisten; denn es zeigt die Wißbegierde eines Man-

nes mit einer Vorliebe fürs Exakte. In diesem Buch ist alles
zusammengefaßt, was man Buchstaben durch Messen und
systematische Betrachtung abgewinnen kann. So ist ein Kapitel der Lesbarkeit und eines der Schriftqualität gewidmet.
Letzteres ist eine Seltenheit, da Diskussionen über Qualität
unter Typographen schnell versanden, weil sie schwer meßbar und auch eine Sache des Gefühls ist. Meines Wissens ist
dies das erste Mal, daß die Typographie von der exakten Seite
her so vollständig beschrieben wurde.

Wir können uns glücklich preisen, daß Peter Karow und
seine Mitarbeiter es sich zur Aufgabe gemacht haben, uns die
Resultate ihres breitgefächerten Interesses anzuvertrauen und
uns Information zu verschaffen, die wir dringend brauchen,
auch wenn vielen unter uns letzteres noch nicht klar war. Aber
nachdem wir dieses Buch gelesen haben, wird uns bewußt,
wie groß die Lücke in unseren Erkenntnissen war, die dieses
Buch auffüllt. Vielen Dank, Peter.

Bussum, Juni 1992

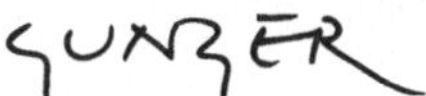

Inhaltsverzeichnis

Kapitel 1

Einführung

Allmählich haben wir uns an den Umgang mit Computern gewöhnt. Sie kommen schon im Schulunterricht vor. Ich bin jetzt fast dreißig Jahre mit Rechenmaschinen befaßt und habe aus dieser Zeit einige Begebenheiten als kleine Geschichten zum Schmunzeln aufgeschrieben. Sie bilden das zweite Kapitel und sollen den geneigten Leser einstimmen auf die in diesem Buch angesprochenen Fragen der Programmierung von graphischen Aufgaben und den Umgang mit schreibenden Geräten.

Dann wird im dritten Kapitel der Schriftmarkt beschrieben und dargestellt, daß die Schriften »demokratisiert« worden sind. Es gibt keine Kopplung mehr zwischen Setzmaschinen und Schriften. PostScript Schriften kann man überall im Computerhandel erhalten oder von Fontshops über die Post beziehen und auf allen Computern für Satzaufgaben verwenden, fast unabhängig vom Betriebssystem, Laserdrucker oder Filmbelichter. Es könnte eines Tages so kommen, daß man eine bestimmte Auswahl schöner Schriften für Briefe an Freund oder Freundin beim Schreibwarenhändler oder im Kaufhaus für nur ein paar Mark wie heute eine Musikkassette kaufen kann.

Das vierte Kapitel beschäftigt sich mit der Geschichte. Herr Flake hat aus seiner Sicht die wesentlichen Vorgänge in den letzten fünfhundert Jahren seit Gutenberg aufgezeichnet.

Im fünften Kapitel stellt Herr Funke dar, daß das IKARUS Format einen hohen Abstraktionsgrad hat und gerade deshalb besonders für die Langzeitspeicherung in einer Datenbasis geeignet ist. Es wird von uns Menschen schnell übersehen, daß Schriften im Vergleich zu Programmen, aber erst recht im Vergleich zu Computern und Schreibmaschinen, eine bemerkenswert hohe Lebenserwartung haben.

Das sechste Kapitel beschäftigt sich daher mit der Herstellung von digitalen Schriften und dem guten Rat, diese Arbeit in Ruhe und mit Qualitätsbewußtsein auszuführen im Vertrauen darauf, daß sich eine Digitalisierung »einmal für immer« lohnt.

Seit etwa zehn Jahren werden niedrigauflösende Geräte wie Bildschirme und Laserdrucker zur Darstellung von Druckschriften eingesetzt. Das hat zur Folge gehabt, daß Programme für das sogenannte »Intelligent Font Scaling« erfunden worden sind und überall im Desktop Publishing und der Büroautomatisierung eingesetzt werden. Das siebte Kapitel stellt einen Vergleich einiger bekannter Techniken an und bringt Ordnung in die vielfältigen Bezeichnungen für die Instruktionen, mit deren Hilfe die Outlines »intelligent« gemacht werden.

Im achten Kapitel wenden wir uns dem Problem zu, daß die Auflösung der jeweiligen Geräte verschieden große Kompromisse in bezug auf die erreichbare Schriftqualität erzwingt. Die Benutzer empfinden in der Regel diese Kompromisse als ärgerlich. Wir müssen uns aber diesen technischen Zwängen beugen, wenn wir nach wie vor preiswerte Geräte für die Satzherstellung kaufen wollen.

Im neunten Kapitel befaßt sich Herr Kämmle mit der Zurichtung und dem Kerning von Schriften. Gerade beim Satz mit lateinischen Alphabeten kommt es gleichermaßen auf die Buchstabenform und den Raum zwischen den Buchstaben an. Herr Kämmle ist ein großer Spezialist auf dem Gebiet der Zurichtung. Mich erstaunt es immer wieder, mit welcher Geschwindigkeit er gute von schlechter Spationierung unterscheiden kann. Allgemein kann man feststellen, daß insgesamt weite oder enge Zurichtung in gewissem Rahmen Geschmackssache ist. Allerdings darf weit und eng in einem Text nicht schwanken, und besonders nicht in einem Wort.

Mit dem Beschriftungssystem SIGNUS für die Werbetechnik haben wir als erste Firma der Welt das Prinzip des Long Kerning eingeführt. Beim Long Kerning bekommt jede überhaupt nur vorkommende Buchstabenkombination einen speziellen Abstandswert. Also besteht die Long Kerning Tabelle für ein Alphabet von 100 Buchstaben aus 10.000 Werten und für ein Alphabet von 250 Buchstaben und Zeichen aus 62.500 Werten. Früher war an derart große Tabellen kaum zu denken wegen der damit verbundenen Herstellungs- und Speicherkosten. Heute besteht dieses Problem bei »Kerning on the Fly« und 16 Megabit-Chips nicht mehr.

Im Rahmen der Herstellung von Long Kerning Tabellen haben wir eine bemerkenswerte Erfahrung gemacht: eine *gute* traditionelle Zurichtung ist beschränkt auf Dickten und kennt kein Kerning. Sie ist dadurch gekennzeichnet, daß die zugehörige Long Kerning Tabelle gleichermaßen aus positiven und negativen Kerningwerten besteht. Positiv heißt, daß mit Hilfe von Kerning weiter als traditionell, negativ heißt, daß enger als traditionell gesetzt wird.

Im zehnten Kapitel stellen wir unseren Beitrag zum DTP dar, **D**isplay, **T**ext und **P**oster. Wir sind dazu übergegangen, für die drei wichtigen Bereiche der Schriftanwendung drei Designgrößen herzustellen und anzubieten. Parallel dazu haben wir die Methode des »optical scaling« entwickelt und setzen diese Methode als *Kϱ*-Programm ein (*Kϱ-* = kappa rho oder ka rho ist ein Spiel mit meinem Namen). Damit können in den Bereichen Display, Text und Poster die feineren Formabstufungen ohne weiteres automatisch vollzogen werden.

Im elften Kapitel setzen wir uns mit der Qualität von Schriften auseinander und kommen zu dem Schluß, daß Qualität auch bei Schriften angebbar und damit meßbar ist. Besonders der Aspekt *Güte* hat es mir angetan und zu einer breiten Darstellung geführt.

Nahe verwandt mit der Qualität von Schriften ist ihre Lesbarkeit in dem Sinne, daß einer unlesbaren Schrift das wichtigste Qualitätsmerkmal fehlt. Prof. Wendt ist Psychologe an der Universität Kiel und beschäftigt sich seit gut zwanzig Jahren u.a. mit der Lesbarkeit und Anmutung von Schriften. Schrift dient in der Hauptsache dem Transport von Informationen. Je effektiver diese Aufgabe erfüllt wird, desto besser für die Menschheit. Durch seine Forschungen kommt heraus, daß es gut und schlecht lesbare Schriften an sich nicht gibt. Die Lesbarkeit hängt nicht nur von der optimalen Form der Buchstaben und ihrer harmonischen Anordnung im Text ab, sondern auch stark vom Training des Lesers. Wenn der Leser sich an eine Schrift gewöhnt hat, kommt er bei Texten in dieser Schrift zu guten Lesegeschwindigkeiten. Das ist ganz natürlich und gleichzeitig eine grausame Entdeckung für die Schriftentwerfer. Denn daraus könnte der Schluß gezogen werden, daß unsere Gesellschaft am besten nur eine Schrift zulassen sollte, um einen optimalen Informationsaustausch zu gewährleisten. Zum Glück sind die Menschen weit davon entfernt. Wir sehen im Gegenteil in der Schriftvielfalt einen

Ausdruck für Lebensfreude, Einfallsreichtum und Individualismus. Mit Schrift wird schließlich nicht nur Information vermittelt im engsten Sinne des Datentransportes, sondern auch Anmutung und graphische Wirkung. Prof. Wendt hat mit seinen Studien über die Lesbarkeit nicht nur einen ernüchternden Beitrag geliefert, sondern auch die psychologischen Begleitumstände beleuchtet.

In seinem zweiten Beitrag, hier im Buch das folgende Kapitel, stellt Prof. Wendt dar, wie es einer neuen Schrift ergeht, wenn sie auf ihre Lesbarkeit hin untersucht wird. Meiner Meinung nach steht sie schon dann als besser lesbar dar, wenn sie fast so gut wie andere, seit Jahrzehnten im Gebrauch befindliche Schriften zu lesen ist. In diesem Sinne ist die Schrift *Biblica* von Prof. Weidemann als außergewöhnlich gut lesbar anzusehen.

Im vierzehnten Kapitel stellt das ITC-Team der URW (Sigrid Engelmann, Helga Jörgensen, Andy Newton) seine Erlebnisse und Erfahrungen zusammen, die es mit dem Redesign der *Golden Type* von William Morris gemacht hat, einer Schrift aus dem neunzehnten Jahrhundert.

Im nächsten Kapitel beschäftigt sich Herr Harms mit Kanji. Er ist Japanologe und bei URW mit der Schrifttechnik sowohl für chinesische und koreanische als auch für japanische Schriftzeichen beschäftigt. Im Rahmen des Schriftentwurfes und ihrer Herstellung machen die Anzahl und Komplexität der Kanji sehr zu schaffen. Grob kann man sagen, daß ein Kanji - Font etwa **100** mal mehr Aufwand bedeutet als ein lateinisches Font. Zum Beispiel werden deshalb Kanji - Schriften im Team (etwa 10 Designer) entworfen und brauchen trotzdem längere Entwicklungszeiten. Uns sind 350 Kanji - Schriften in Japan bekannt, das entspricht 35.000 lateinischen Alphabeten. Und die gibt es insgesamt in der westlichen Welt nicht.

Im sechzehnten Kapitel stellt Herr Warkentin eine übliche Klassifikation der lateinischen Schriften zusammen. Er weist auf die Probleme der Zuordnung hin und kann nicht eine gewisse Willkür in Grenzfällen übersehen. Im Rahmen der AFII (**A**ssociation for **F**ont **I**nformation **I**nterchange) haben sich insbesonders Alan Griffee (IBM), Archie Provan (RIT) und Ed Smura (Xerox) diesem Thema gewidmet und einen neuen Ansatz für die Klassifikation zusammen mit vielen international bekannten Schriftherstellern gefunden (siehe Anhang A: Typeface Grouping System).

Im siebzehnten Kapitel gibt Herr Rosenfeld eine übersichtliche Zusammenfassung der Schutzmöglichkeiten für Schriften wieder. Er serviert uns die Ergebnisse seines Quellenstudiums als »leichte Kost« ohne allzu starken juristischen Einschlag.

Wie bereits oben erwähnt, haben wir das »Typeface Grouping System« als Anhang A aufgeführt. Der Anhang B stellt eine Praktikumsarbeit von Kieler Studenten dar zum Thema »Anmutung von Schriften«. Im Anhang C geben wir in Ausschnitten das englische Verzeichnis der Zeichennamen wieder, das uns die AFII freundlicherweise zur Verfügung gestellt hat (Glyph Identifier Register). Das Literaturverzeichnis (Anhang D) und ein Stichwortverzeichnis (Anhang E) bilden den üblichen Abschluß des Buches.

Zusammenfassend kann man feststellen, daß man die verschiedenen Kapitel auch einzeln lesen kann. Obwohl sie alle insgesamt einen runden Bogen spannen über die Aspekte der Schrifttechnologie, haben sie jedes einzeln eine starke Selbständigkeit. Dadurch kann es hin und wieder zu Wiederholungen von gewissen Tatbeständen kommen. Der Leser möge dies verstehen als Tribut an die Abgeschlossenheit eines Kapitels.

Wir erleben im Bereich der Schrifttechnik genauso wie in der Computer- und Softwareindustrie eine manchmal atemberaubend schnelle Entwicklung. Daher kann es nicht ausbleiben, daß einige Teilaspekte und Probleme in der Schrifttechnologie von heute schon morgen keine Rolle mehr spielen. Trotzdem behalten sie ihren Wert, zumindest als Studienobjekte.

Zum Schluß dieser Einführung möchte ich mich bei allen Mitautoren herzlich bedanken. Ferner gilt mein Dank den beiden Schriftkünstlern Jovica Veljović (Fachberatung) und Gerard Unger (Vorwort) sowie Gerd Kretzschmar für den Satz und die Gestaltung des Buches.

Hamburg, August 1992

Peter Karow

Kapitel 2

Computer, wie Du und ich

Konkurrent des Designers

Die jährliche Mitgliederversammlung der ATypI (Association Typographique Internationale) fand 1976 in Lausanne statt. Zwischen den vielen Veranstaltungen hatte GGL (Günter Gerhard Lange) Zeit, mit meinem Partner Gerhard Rubow und mir einen Spaziergang am Genfer See zu machen. Wir sprachen über IKARUS und insbesondere über das Programm zum Interpolieren. Das Interpolieren war damals neu und bedeutete, daß man mit Hilfe eines Computers zwischen einer mageren und fetten Variante weitere Zwischenstufen automatisch ausrechnen konnte, so beispielsweise die Halbfette.

Spaziergang am Genfer See

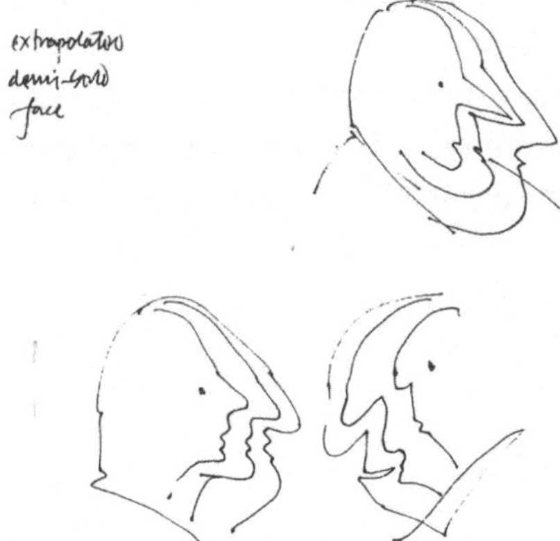

*Das Wort
»Hamburgefons«
zeigt die not-
wendigen feinen
Abweichungen der
einzelnen
Punktgrößen
voneinander.
Die 28p-Garnitur ist
in normaler Größe
gedruckt, die Zeile
in 48 p ist um 53%
verkleinert, die 6p
Zeile ist um 466,7%
vergrößert worden.
Man sieht der
6p Zeile deutlich an,
daß sie
weiter,
breiter ist und
stärkere Striche hat.*

*Gesetzt aus der
Leipziger Antiqua*

Hamburgefons
Hamburgefons
Hamburgefons
Hamburgefons
Hamburgefons
Hamburgefons
Hamburgefons
Hamburgefons
Hamburgefons
Hamburgefons
Hamburgefons
Hamburgefons

»Öde Pappelalleen«

Es entstand ein Streitgespräch zwischen den Technologen und dem Typographen. GGL war sehr besorgt wegen der Zurücksetzung der menschlichen Schaffenskraft auf dem Gebiet der Zwischenstufen und sagte: »Ich sehe nicht mehr als öde Pappelalleen – die große Langeweile.«

Damals war der Photosatz nur in der Lage, durch automatisches Vergrößern oder Verkleinern verschiedene Punktgrößen zu erzeugen. Heute wird u. a. das Interpolieren dazu benutzt, um für immer kleinere Punktgrößen leichte Verfettungen zu errechnen und einen typographisch besseren Satz zu erzielen.

Fleischwolf für Schriften

Heute ist Günther Flake selbständig. Bis 1991 war er unser typographischer Leiter im Schriftbereich der URW. Er kann alle möglichen Rechner programmieren, vom PC über Mac bis hin zur VAX. Computer sind ihm täglicher Umgang und selbstverständliche Werkzeuge zur Schriftherstellung. Für uns alle gibt es im Leben »das erste Mal«. Herr Flake ist gelernter Setzer und studierter Graphiker.

»Das erste Mal«

1976 kam er zu uns, um als erster Graphiker digitale Schriften zu erzeugen. Sich interessiert und mutig umblickend, ging er mit mir in den Keller unter den Büroräumen, wo damals unser Computer und die Zeichenmaschine standen. Als erstes zeigte ich ihm, wie man mit einem Digitizer umgeht. Ich digitalisierte den Buchstaben B aus der Garamond. Die Digitizer hatten damals noch keinen Computeranschluß und konnten die Digitalisierungen für die Konturpunkte nicht elektronisch speichern. Daher wurden die Koordinaten der Punkte direkt auf einem Lochstreifen ausgegeben. Herr Flake

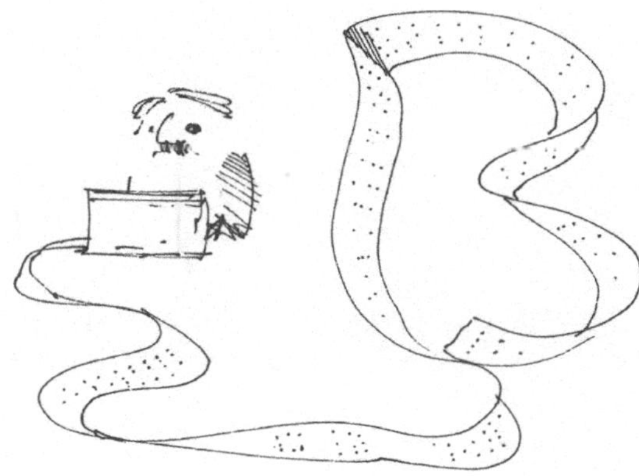

war leicht beunruhigt; denn das schöne, etwa 10 cm große B verwandelte sich in 2 m Lochstreifen mit Löchern darin. »Wenn das je wieder ein B werden sollte, war es jetzt aber ganz ordentlich gemangelt worden und sicher nur schwer wieder zusammenzusetzen.« Dann wurde der Lochstreifen in den Computer gelesen, von mir anschließend geknüllt und in einen großen Papierkorb geworfen. »Nun ist das B zerstört.« Jetzt fing ich an, über Bits und Bytes einen Vortrag zu halten,

2m Lochstreifen

erklärte Speicher und arithmetische Recheneinheit und hielt einen Grundkurs über FORTRAN Programmierung. »Da kann man es einmal sehen, diese Programmierer vergessen doch immer wieder, worauf es ankommt.« Schließlich holte ich eine Magnetplatte heraus und machte begreiflich – wie ich dachte –, daß das B nun in unsichtbaren Rillen wie beim Plattenspieler eingegraben ist. »Der kann mir erzählen, was er will: ein B gibt es auf der Platte nicht. Das müßte man doch sehen.« Der Gesichtsausdruck von Herrn Flake zeigte allmählich tiefste Skepsis. Endlich wurde dann die Zeichenmaschine angeschaltet und das B in roter Folie geschnitten, durch Computerbefehle gesteuert.

Herrn Flake fiel – beinahe sichtbar – ein Stein vom Herzen. Sein beruhigter Gesichtsausdruck zeigte es, er faßte Vertrauen und ist bis heute dabei geblieben.

Großtuerei

Etwa 1972 wurde von einer großen Hamburger Werft eine Zeichenmaschine bei ARISTO bestellt. Damals war ich oft bei ARISTO und auch auf der Werft, um für das CAD (computer aided design) von Schiffen bei der Erstellung von Programmen zu helfen. Die Werftindustrie war die erste Branche, in der CAD schon früh eine wichtige Rolle spielte.

CAD

Für die großen Schiffe mußte natürlich ein großer Zeichentisch angeschafft werden, selbstverständlich als Maßanzug. Damals galt wie heute: je größer die Maschine, je teurer ist sie. Da kamen die Leute von der Werft auf eine tolle Idee. Sie rechneten den Preis pro Quadratmeter an Arbeitsfläche aus und konnten so ihrem Vorstand darlegen, daß die größtmögliche Zeichenmaschine den kleinsten Quadratmeterpreis hatte und gekauft werden sollte. So geschah es, der Tisch hatte eine Fläche von 3 m × 4 m und ein Gewicht von 3 Tonnen. Nicht ohne Folgen.

Ein Zeichentisch für Schiffe

Bei der Anlieferung in der Werft stellte sich heraus, daß der Fußboden extra verstärkt werden mußte, um die Füße der Maschine tragen zu können. Für eine Werft kein Problem: es wurde eine riesige Stahlplatte von 4 m × 5 m unter die Maschine gelegt. Da die Platte und die Maschine selbst nicht durch die Türen paßten, wurde ein Loch in die Seitenwand des Gebäudes gebrochen.

Ein paar Jahre später wurde beschlossen, die CAD-Abteilung nach Kiel zu verlegen. Man konnte für die Zeichenmaschine nirgends einen passenden Raum finden. So wurde ein Fertighaus errichtet, das Zeichenmaschinenhaus.

Bleibt noch anzumerken, daß die ganze Zeichenfläche nie gebraucht worden ist, und meistens ein Quadratmeter für Zeichnungen gereicht hat.

Splines

Wenn wir in der Fonttechnologie heute soviel von Splines hören als der wichtigen mathematischen Funktion zur Beschreibung von Buchstaben, dann sollten wir uns daran erinnern, daß Splines dünne Holzlatten sind, die man auf dem Schnürboden zwischen Paare von Nägeln im Fußboden legte, um zwischen den Fixpunkten glatte Verläufe für Kurven zu interpolieren.

Holzlatten = Splines

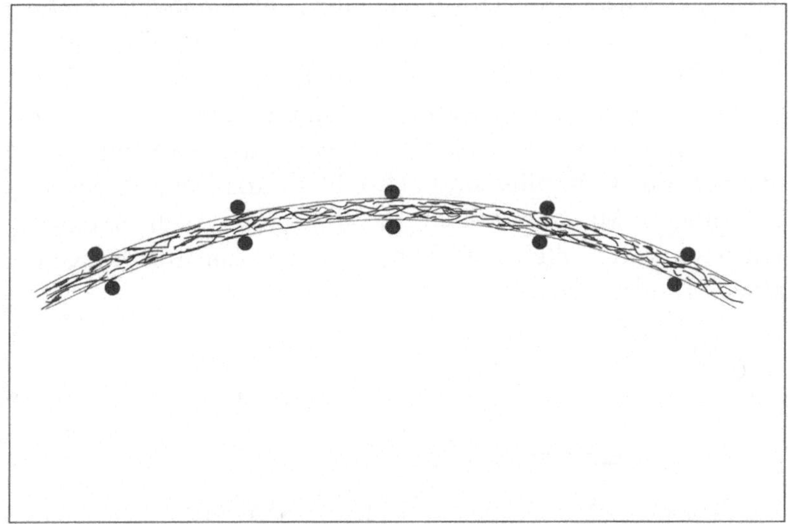

Genau dies wurde die Aufgabe der Spline-Funktion in der Mathematik.

Big Brother

Noch in den siebziger Jahren kam eine junge fröhliche Mitarbeiterin in die Schriftgruppe. Wißbegierig und lernbereit nahm sie schnell auf, was zur Bedienung eines Rechners notwendig war, und fing an, alleine mit Digitizer, Rechner und Zeichenmaschine zu arbeiten.

Computer und Menschen

Schon nach kurzer Zeit machte sie uns einen etwas niedergeschlagenen Eindruck. Auch ging die Arbeit nicht so recht voran. Sie wirkte verschlossener, und so sprachen wir sie an, um nach den Ursachen ihres Verhaltens zu fragen. Zunächst drückte sie sich um die Antwort, wie wir fanden. Daher bohrten wir weiter und weiter, bis sie schließlich in Tränen ausbrach und gestand, der Computer würde sie beobachten und merke alles. »Jedesmal, wenn ich etwas eintippe, meckert der Computer und schreibt so komische englische Meldungen. Manchmal kann ich ihm nichts recht machen. Ich habe schon alle möglichen Schreibweisen für die Kommandos ausprobiert.«

Programmierer

Die Firmen Berthold und Brendel verhandelten beide mit ARISTO 1971/72 darüber, wie man Buchstaben digitalisiert und anschließend in Ulano-Folie schneidet. GGL hatte die Herren Möllenstedt und Zeinhofer zur Erforschung der Möglichkeiten ausgesandt; Herr Brendel engagierte sich selbst.

Die Verhandlungen gerieten ins Stocken, weil es nicht gelang, die Umrisse der Buchstaben ohne Computer durch kleine Geradenstücke so mit der Hand zu digitalisieren, daß die runden Buchstabenteile glatt wurden. Das geübte Auge nimmt Abweichungen vom »schönen« Verlauf auf 3/100 mm wahr, die Hand kann aber den Sensor eines Digitizers auf dem Digitalisierbrett nicht genauer als mit einer Varianz von 7/100 mm führen. Man rief nach einem Programmierer.

Als ich die Szene betrat, war der Schrecken groß. Es sollte noch ein teurer Rechner zu dem ohnehin benötigten teuren Digitizer und zu der Zeichenmaschine kommen. Die Gesprächspartner schluckten es. Dann kam der nächste Schock: das sollte ja alles programmiert werden und kostete zusätzlich Geld. Meine Gesprächspartner konnten erst wieder ruhig sitzen, als ich behauptete, die ganze Angelegenheit würde nur knapp zwei Monate Arbeit sein.

Schätzt ein Programmierer – so heißt es in unserer Softwarebranche – seinen Aufwand für ein anstehendes Projekt, dann nehme man seine Angabe, multipliziere sie mit zwei und verwende die nächsthöhere Zeiteinheit, daher bedeuten zwei Mannmonate 4 Mannjahre.

Die Ursprünge von »IKARUS«

Herr Brendel hatte 1975 immer noch nicht das, was er eigentlich wollte, aber sonst noch eine ganze Menge von Möglichkeiten, an die er vorher nicht gedacht hatte. Wir trennten uns.

Als die Firma Hell 1976 die IKARUS Programme kaufte, war es brauchbar. Noch heute wird bei URW an diesem Programm gearbeitet – inzwischen mit etwa zehn Personen.

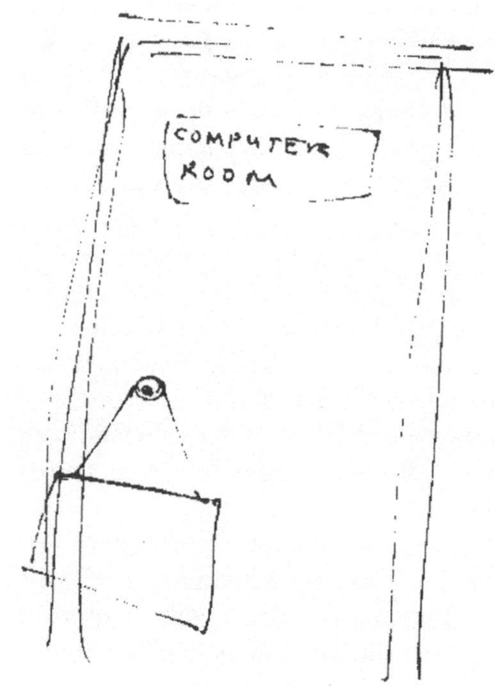

Maschinensteuerung

1972 wurden zusammen mit Herrn Wesemüller von ARISTO die Digitalisier-Vorschriften »ausgekäst«. Es sollte Anfangspunkte für geschlossene Konturen, Eckpunkte und Kurvenstützpunkte geben. Wir hatten auch gerade drei verschiedene Knöpfe auf dem Sensor des Digitizers frei. Am Anfang mußte die Buchstabennummer eingetippt werden. Dies geschah auf einer Teletype-Maschine, auf der jede digitalisierte Koordinate mit Punktkennung auf Lochstreifen gestanzt wurde. Leerlochungen trennten die verschiedenen Buchstaben voneinander, so wurden Datenblöcke gebildet.

Nachdem wir also die Vorschriften hatten, wurden die ersten 13 Buchstaben irgendeiner Druckschrift digitalisiert.

Hamburgefonts

Die Buchstaben ähnelten ein bißchen denen, die ich in der ersten Schulklasse in der Fibel hatte. Scheinbar nichts Besonderes. Doch Herr Brendel belehrte mich: die vorliegende Schrift heiße Helvetica, und nicht etwa Druckschrift oder Blockschrift oder Bold oder Helvetia oder so. Sie sei berühmt und gehöre der Firma Stempel in Frankfurt. Er hätte sie zusammen mit einem Schriftentwerfer in Düsseldorf überarbeitet und verbessert und würde sie später Olympia nennen. *Helvetica*

Mich störte das nicht weiter. Ich lief los mit meinem »Spielmaterial« und knobelte an der strakenden Verknüpfung der Kurvenpunkte. Ich benutzte schließlich eine Spline-Interpolation. Die Programmierung wurde auf einem wenig bekannten AEI-Rechner vorgenommen, der einen etwa 8 KByte großen Hauptspeicher besaß. Später wurde eine IBM 1130 mit 16 KByte benutzt. Meine Subroutinen hingen als Lochstreifen an einer Art Wäscheleine. *Immer noch Lochstreifen*

In meinem Eifer hatte ich überhört, daß die Steuerung der Zeichenmaschine neben Geradenfahrbefehlen auch Kreisfahrbefehle interpretieren konnte. Ein Manual brauchte ich ja nicht.

Programmier-
erfahrung

Nach ein paar Tagen hatte ich alle nötigen Programme zusammen, um einen ersten Test zu starten: auf der Teletype wurde der erste Buchstabe eingelesen, durch den Rechner in seine Konturen und jede Kontur in ihre Kurventeile zerlegt, und die Kurveninterpolation mit anschließender Geradenapproximation durchgeführt.

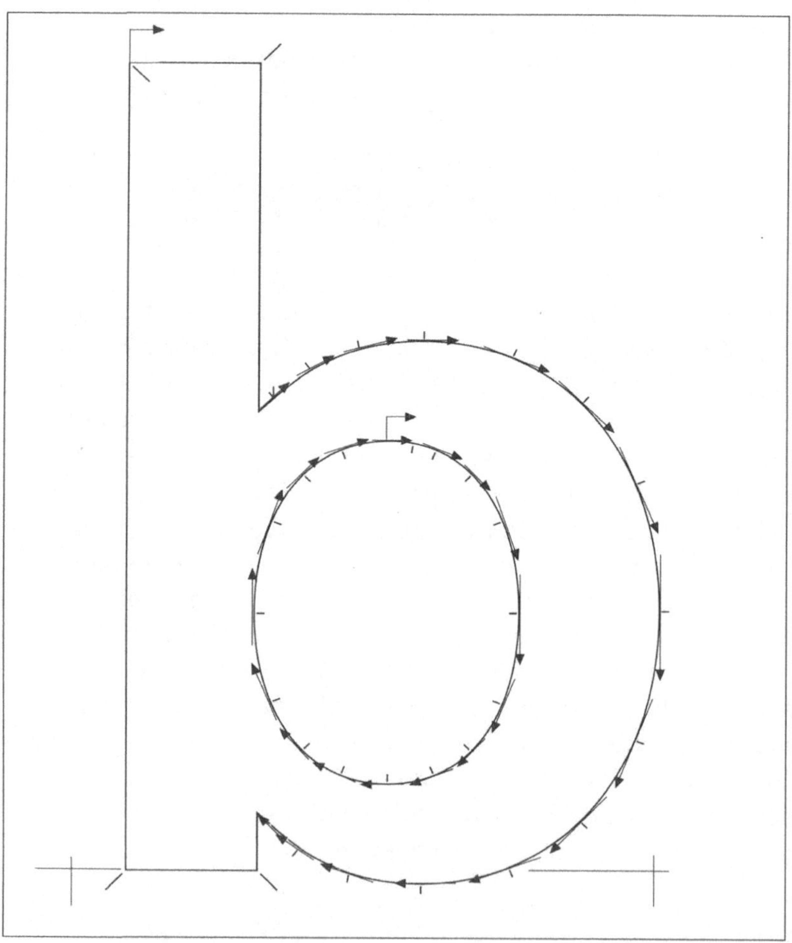

Nun saß ich da und wartete darauf, daß der zweite Buchstabe gelesen würde. Währenddessen stanzte die Teletype ganz brav die etwa 18 Byte langen Geradenbefehle mit einer Geschwindigkeit von 30 Byte/sec.

Ich war mir sicher, daß das Programm richtig arbeitete; denn ich hatte vorher ohne Stanzen durch seitenweisen Testausdruck Berge von Fehlern gefunden. Ich war also ganz ruhig und wartete. Doch nach einer Viertelstunde wurde ich unruhig; denn das Programm war immer noch mit dem kleinen a der Helvetica beschäftigt. Erst in diesem Augenblick fing ich an zu rechnen: etwa 70 Kurvenpunkte mal etwa 30 Geraden zwischen je zweien, also 2100 Geraden zu je 18 Byte, also etwa 40.000 Bytes und entsprechend etwa 1.300 Sekunden Stanzzeit. Inzwischen hatte das Programm endlich das b eingelesen. Plötzlich der nächste Schreck: wieviel Bytes passen eigentlich auf eine volle Lochstreifenrolle? Ach ja, da steht es ja: die Rollenlänge beträgt etwa 250 m. Gestanzt wurde mit 10 Byte pro Zoll, also passen nur etwas 100.000 Bytes auf eine Rolle. Wo kriege ich jetzt noch vier leere Rollen her? Wie klebt man Lochstreifen? Wie rollt man die Streifen mit der Hand auf? Faßt der Lochstreifenleser der Zeichenmaschine überhaupt solche dicken Rollen? Also war die Produktionszeit von 4 Stunden für die ersten 12 Buchstaben ganz schön spannend, sie verging wie im Fluge.

Wieviele Buchstaben passen auf einen Lochstreifen?

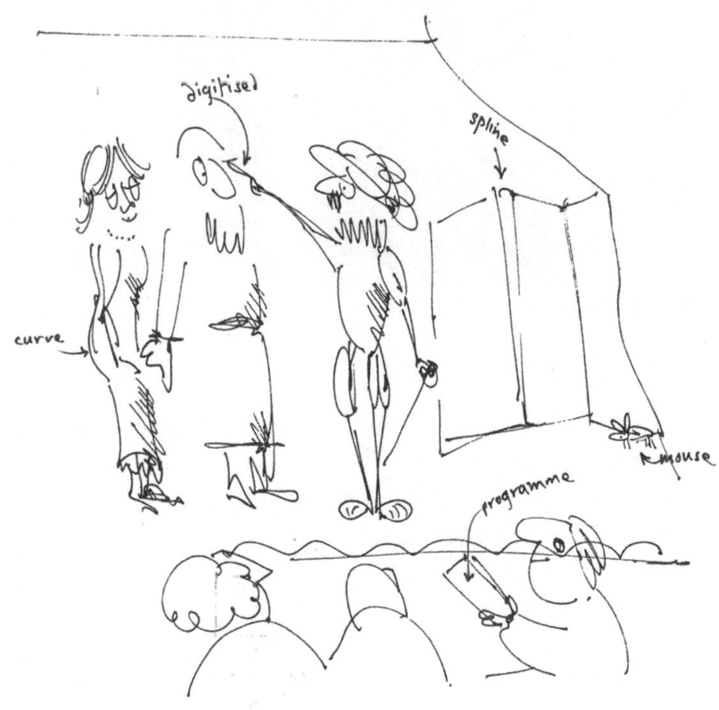

Als die Ergebnisse bei ARISTO gezeichnet wurden, entdeck-
ten wir: man braucht eine vierte Punktsorte, wir nannten sie
Tangentenpunkte. Diese liegen dort auf der Kontur, wo Geraden tangential in Kurven übergehen. Man findet sie z. B. an
Torbögen.

Ganz nebenbei brachte mir Herr Wesemüller bei, doch besser
Kreisfahrbefehle zu verwenden wegen der Datenreduktion,
und Herr Saur, wie man zwei Teilkreise ausrechnet zu je zwei
Punkten mit je zwei Tangenten.

Rechenkünste

Noch heute glauben viele Menschen, daß die Qualität digitaler Schriften von den verwendeten mathematischen Funktionen abhängt. Dabei ist die Qualität nur abhängig von den physikalischen Eigenschaften der Technik in der druckenden bzw. schreibenden Maschine, im wesentlichen ist es die Auflösung des Gerätes, die gemeinhin in Linien pro Millimeter oder lines per inch (lpi) gemessen wird. Also ist es gleich, ob man Bitmaps, Lauflängen, Vektoren, Kreise, allgemeine Kegelschnitte (g-conics), Splines oder Spiralen verwendet.

Schriftqualität

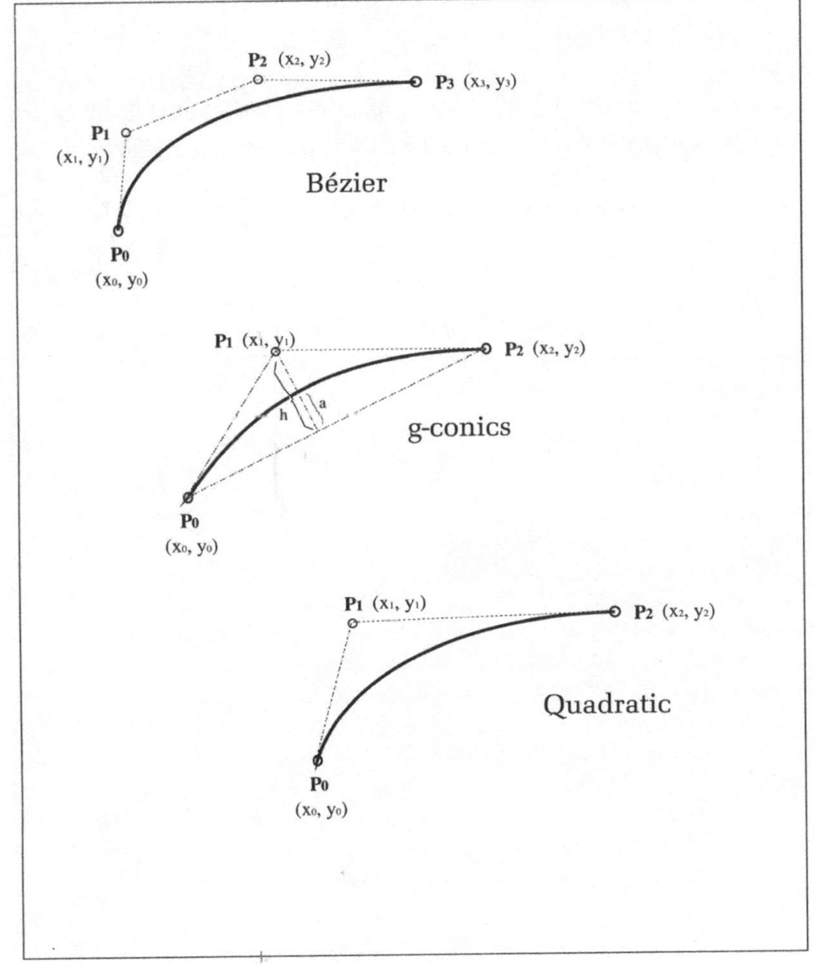

*Mathematische
Funktionen*

*Standardisierungs-
probleme*

Es ist deshalb ganz erstaunlich anzusehen, wie sich im Rahmen des Marketings ausgezeichnete Wissenschaftler als wahre Gurus gebärden. So schwört Mark Cutter von der Firma Apple auf »quadratische Splines«, Vaughn Pratt von der Stanford University auf »g-conics« und John Warnock von der Firma Adobe auf »kubische Splines (Béziers)«. Im PostScript wird sogar der Kreis mathematisch durch kubische Splines dargestellt und somit eine der einfachsten Funktionen durch eine komplexere nur angenähert richtig dargestellt.

Die Lehrbücher für Mathematik und Informatik sind für jedermann jederzeit zugänglich. Das merkt man. Wann immer Ingenieure eine neue Maschine für die Wiedergabe von Text bauen, erfinden sie ein neues Format. Selbst in ein und derselben Firma können sie sich nicht auf gemeinsame Formate einigen. Wenn wir sie auf diesen Umstand hinweisen, hören wir nur: »Seid doch froh, dann könnt ihr an uns durch die Programmierung von Formatwandlung doppelt verdienen.«

Kurzschlüsse

1965 hatte Dr.-Ing. Rudolf Hell den Digiset erfunden. Er war
seiner Zeit weit voraus. Er wußte, daß seine Firma sehr gute
Technik herstellen konnte, aber von Schriften keine Ahnung
hatte. So kam er auf die Idee: »Wir verkaufen unseren Digiset   *»Digiset«*
mit einem Scanner für Buchstaben, dann können die Kunden
ihre Schriften selbst herstellen.«
Das hat nie geklappt.

*

1973 besuchte ich Bernd Holthusen von der Firma Scangraphic und schilderte ihm die Möglichkeiten eines IKARUS Pro-
gramms, welche zu der Zeit hauptsächlich in meinem Kopf
existierten. Am Ende des Gespräches kam er zu einem über-
raschenden Vorschlag: »Machen Sie doch in Hamburg eine   *Schriftbörse*
Schriftbörse auf.« Heute weiß er nicht mehr, warum er gerade
darauf gekommen ist. Ich habe ihn ernst genommen.

*

Freda Sack arbeitete Ende der siebziger Jahre für Letraset in
London als Schriftentwerferin und -schneiderin. Sie hat ein   *Handwerk*
außerordentlich hohes handwerkliches Können. Als sie mit
IKARUS in Berührung kam, mußte sie allmählich erkennen,
daß Zeichenmaschinen präziser arbeiten als menschliche
Hände. Monatelang versuchte sie, aus sich mehr an technischer Qualität herauszuholen als je zuvor, um gegenüber dem
Computer doch noch die Nase vorn zu haben. Sie konnte erst
wieder in Frieden leben, als wir gemeinsam feststellen konnten, daß ihre Kurven »gefühlsmäßig« schöner waren.

*

Während der Drupa 1984 kam ein älterer Drucker auf unseren Messestand. Er hatte von Computern und Schriften
geträumt und fragte: »Ihr seid doch so schlau, könnt Ihr einen   *Träume*
Computer machen, dem man sagt, wie man eine Schrift haben
will, selbst wenn man noch gar nicht weiß, was man will?«

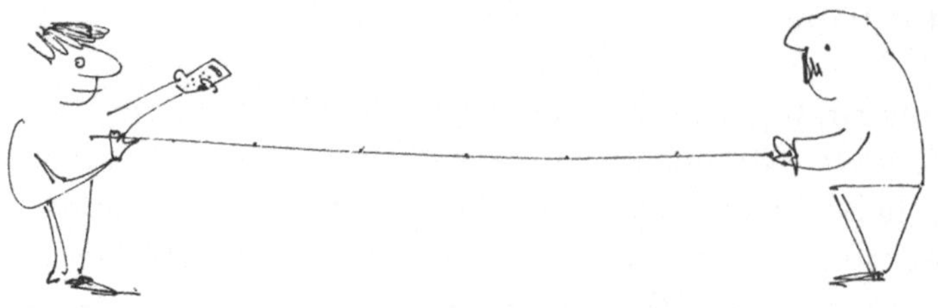

Früher hieß Lorenz Brendel noch Walter Brendel. IKARUS wurde anfangs unter seiner Federführung entwickelt. Er ahnte die Möglichkeiten und sagte: »IKARUS ist eine Bombe. Alle Hersteller von Setzmaschinen müßten größtes Interesse haben. Aber besser wäre es, wenn ich allein IKARUS hätte. Und sowieso, Schrifties wie Günter Lange würden ihres Lebens nicht mehr froh. Nein, das sollten wir ihnen nicht antun.«

»Lieber nicht!«

Offene Fragen an GGL

Du hast einmal gesagt: »Durch Eure Interpolation mit dem
IKARUS werdet Ihr Pappelalleen von langweiligen Schriften
erzeugen.« Wie denkst Du heute darüber?

*Noch einmal
Pappelalleen*

Ich habe das Gefühl, daß Du mit dem digitalen Zeitalter nicht
viel anfangen kannst. Ich vermisse eine gewisse Neugierde
und sehe eher Reserviertheit. Warum? Deine Analyse der
Capitalis ließe sich programmieren!

*

Du hast die Schriftenbibliothek der Firma Berthold zur
besten, weil konsistentesten Bibliothek der Welt gemacht. Dei-
ner Energie und Schaffenskraft ist dieses Glanzstück im
wesentlichen zu verdanken. Warum ist der Erfolg von
Berthold nicht entsprechend?

*

*DTP und
Qualität*

Ich möchte Dich davon überzeugen, daß die Schriftherstellung heute eine ganz neue Qualität gewonnen hat. Es kommt nicht nur auf optische, sondern auch auf numerische Qualität an. Ohne numerische Qualität kein intelligentes Umgrößern für Anwendungen auf Laserdruckern, paradoxerweise. Wenn man so will, eine Übersteigerung früherer Qualitätsanforderungen. Warum scheint es, daß Du dem DTP so reserviert gegenüberstehst?

*Für den Versalsatz
sind Schriften mit
traditioneller
Zurichtung nicht
vorbereitet.
Oben mit
»Kerning on the fly«,
unten ohne*

FENSTER

FENSTER

Ästhetik-Boxen

Die Möglichkeiten der heutigen digitalen Technik erlauben einen Satz, der vollkommen frei von Anforderungen des früheren Blei- oder Photosatzes ist. Warum gibt es bei Euch nicht mehr als Ästhetik-Boxen? Heute ist »Kerning on the Fly« möglich oder Gutenbergsatz mit dem *hz*-Programm oder auch typographische Formatierung (Mustertechnik).

Statistik

von Mike Parker
früherer typographischer Direktor bei Linotype

Alle, die mit Schriften zu tun haben, wissen, daß mehr als achtzig Prozent des Satzes aus weniger als zwanzig Prozent der verfügbaren Schriften erzeugt wird. Außerdem kann nur gesetzt werden, wenn man wirklich alle Zeichen hat, die für jede Seite gebraucht werden. Aber nicht jeder hat's »mit der Muttermilch aufgesogen«.

Pareto-Prinzip

Bei der Mergenthaler Linotype schaffte Glen Taylor, der Finanzchef, in den frühen sechziger Jahren einen großen IBM-Rechner zur Buchhaltung und für das Rechnungswesen an. Wir alle beobachteten amüsiert einige seltsame Launen dieses frühen Versuches der EDV in betrieblicher Umgebung, überließen es aber Glen als Buchhalter, mit seinen Problemen fertig zu werden. Wir waren ja vermeintlich nicht betroffen.

Lagerinventur

Eines Montagmorgens im Sommer fand ich auf meinem Arbeitstisch einen mehr als hundert Seiten dicken Stapel von Computerausdrucken und eine Nachricht von Glen. Er hatte angefangen, mit dem Computer das Inventar zu prüfen, und an dem Wochenende war der Vergleich von Verkaufszahlen für die Matrizen unserer Schriften und deren Lagerbestände gelaufen. Er war sicher, daß ich wie er entsetzt wäre über die geringen Umsätze mit der überwiegenden Mehrheit der Schriften im Lager und daher umgehend einen Plan entwerfen würde, das meiste aus der Mergenthaler Bibliothek zu verschrotten.

Ich war entsetzt – aber darüber, daß die *Barbaren vor den Toren standen.* Aufklärung mußte die Lösung bringen, also verbrachte ich einige Tage damit, eine Präsentation vorzubereiten, die auch Buchhalter verstehen sollten. Matrizen, die sich gut verkaufen, werden wiederholt in der Setzmaschine benutzt, bis sie abgenutzt sind und ersetzt werden müssen. Weniger benutzte, durchaus notwendige Schriften werden – wenn überhaupt – nur selten ersetzt. So gefielen Glen die normalen Textgrößen von populären Schriften durch ihre Erlöse, aber nicht die großen Schriftgrade für Überschriften oder die kleineren für Fußnoten und die Spezialschriften für alle Art von Sonderfällen, die mit so viel Mühe zur Sicherung des weiten Einsatzes von Linotype-Maschinen hergestellt worden waren. Die Präsentation ging voll daneben, obwohl sie sorgfältig vorbereitet war und genau diesen letzten Punkt betonte.

Populäre Schriften für Buchhalter

»Rangiere sie alle aus,« sagte Glen, »die Kunden werden schon etwas anderes finden.«

Was tun für den Ruhm der Bibliothek? Wenn Aufklärung nicht hilft, was könnte man noch tun? Wie wäre es mit dem blöden Computer, dem Übeltäter? Nun erfordern Zeilensetzmaschinen unterschiedlich viele Matrizen für gleiche Buchstaben, und deshalb forderte ich einen Lauf ab über die Häufigkeit der verkauften Buchstaben pro Schrift, (um *voll* mitzuarbeiten). Am nächsten Montag konnte ich dann mit einem von mir erzeugten dicken Computerausdruck in das Büro von Glen gehen und einen Vorschlag eröffnen:

»Glen, Deine Maschine hat mir einen noch stärkeren Ansatz für die Lösung des Lagerproblems geliefert. Ich habe herausgefunden, daß wir viel Geld mit den kleinen »e's« verdienen, aber Verluste einfahren bei den Versalen »X« und »Z«, sogar aus den populärsten Schriften. Ich werde die »e's« in allen Schriften weiter lagern und die »X« und »Z« verschrotten. Wir können damit sogar mehr totes Material ausrangieren, als Du denkst.«

Eine Lösung
für Lagerprobleme

»Das kannst Du doch nicht machen. Dann kann ja keiner die Setzmaschine nutzen.«

»Glen, nun hörst Du Dich an wie einer von uns.«

Wie wir wissen, die Linotype Bibliothek wuchs weiter und wuchs und wuchs. Und wenn sie nicht gestorben ist, wächst sie noch heute.

P. S.
Es gibt einen amerikanischen Witz. »Können Sie Lüge steigern?« Nein, doch es geht ganz einfach:
 • lies,
 • damned lies,
 • statistics.

Kerning

1983 fingen wir bei URW mit dem automatischen Unterschneiden (Kerning) an. Es sollten die wichtigen Kerning-Tabellen für das richtige, paarweise Zusammensetzen der Buchstaben im Text nicht mehr mit dem Auge des Menschen, sondern durch Algorithmen in Programmen bestimmt werden. Als Physiker brachte ich die Potentialtheorie und ein Modell für den Zusammenhalt von Atomen in Molekülen ein, John Lane als Graphiker seine Gefühle (gemeint sind die schwer programmierbaren Ansichten von der Art »das sieht jetzt gut aus«), Margret Albrecht die Experimentierfreude des praktischen Informatikers und Bodo Kämmle als Anwender die Angst, daß alles nur viel Arbeit bedeuten würde.

Teamwork

Die erste Programmierversion benötigte eine Rechenzeit von 21 Stunden für 10.000 Paare bei 100 Buchstaben im Alphabet. Abschließend mußte Bodo Kämmle noch 20 – 40 Stunden Korrekturen per Hand pro Schriftversion ausführen, um Fehler zu beseitigen.

Da wir gut rechnen konnten, war damit klar, daß wir eine Woche pro Schriftschnitt benötigen würden, also etwa 20 Jahre für 1000 Schriften. Also war auch klar, daß wir nach Verbesserungen suchen mußten.

Nachdem John Lane aufgegeben hatte, machten sich Margret Albrecht und Bodo Kämmle weiter an die Arbeit. Es wurde ständig produziert und verbessert. 1989 platzte der Knoten. Heute (1991) haben wir das »Kerning on the Fly«. Es braucht nur noch 100 Sekunden für 10.000 Paare und keine Handkorrekturen!

Leistungssteigerung

Die Berechnung der Zwischenräume zwischen den Buchstaben von Wörtern kann mit IKARUS Programmen weitaus variabler und ästhetisch richtiger erfolgen, als es heutige Satzsysteme zulassen. Da das IK-Format die Kontur von Buchstaben beschreibt, ist es leicht möglich, die Zwischenräume zwischen zwei Buchstaben als Weißfläche individuell zu berechnen. Im IKARUS Konzept gibt es dafür zwei Vorgehensweisen:

Zwischenräume

- Man betrachtet den Weißraum zwischen zwei Buchstaben als ein Gebiet, das mit einer weißen Paste ausgefüllt werden soll, die sich aber nur schwerfällig in enge Lücken drängen läßt. Dies läßt sich mathematisch nachvollziehen.

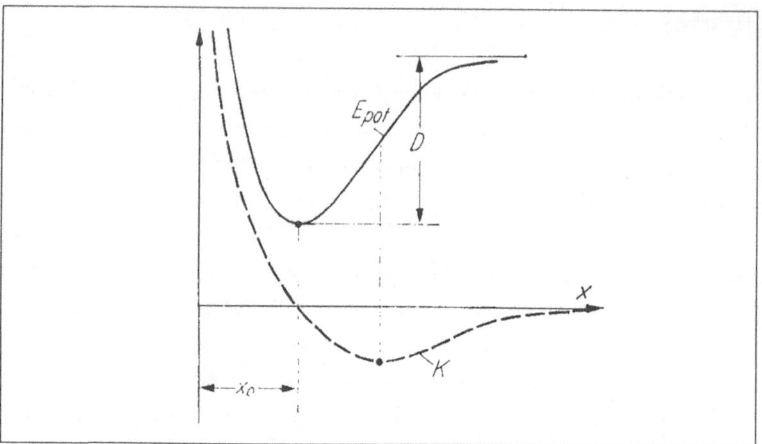

Kraft und potentielle Energie, die auf ein Oberflächenatom wirken

- Man stellt sich die Buchstaben aus kleinen Bausteinen (z. B. den Dots wie bei Laser- oder CRT – Belichtern) aufgebaut vor. Nun überträgt man auf diese Bausteine die Bedeutung von Elektronen wie in der Chemie, wo zwei Atome eine Molekülverbindung eingehen wollen. Man kann ein Modell daraus entwickeln, in dem bei größeren Entfernungen anziehende und in kurzen Entfernungen abstoßende Kräfte wirken.

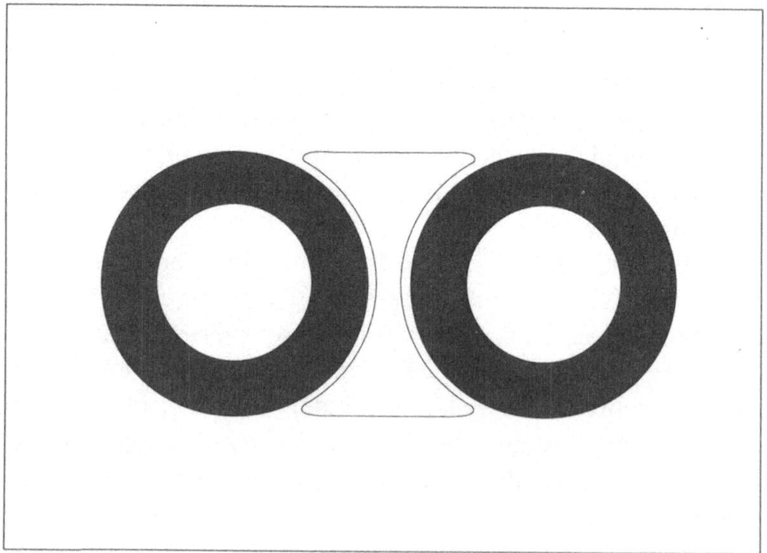

Raum zwischen zwei Buchstaben

Absparen und Überfüllen

Alle Programmierer denken von sich, daß sie immer richtig und optimalen Kode programmieren. Wenn man sie fragt, ob ihr Programm vielleicht noch verbessert werden könnte, antworten sie etwa so: »Möglich wäre es schon, theoretisch zumindest. Aber ich glaube es nicht.«

Es gibt folgende vier Hauptsätze (Gebote) der Programmierung:

1.) Jedes Programm enthält mindestens einen Fehler.
2.) Jedes Programm enthält mindestens einen überflüssigen Befehl.

Gebote für Programmierer

3.) Der Fehler, den Du suchst, ist durch die letzte Änderung entstanden.
4.) Jedes Programm läßt sich mindestens um den Faktor zwei beschleunigen.

1978 waren wir mit dem Problem beschäftigt, das sogenannte »Absparen und Überfüllen« für das Projekt **Textil Data Pro**cessing der Firma Hell in Kiel zu programmieren. Es sollten farbige Flächen in bunten Textilmustern für Kleider oder Fenstervorhänge entweder am Rande künstlich einlaufen oder auslaufen, damit durch den Mehrfarbendruck die Darstellung der Farbränder verbessert wird. Ein einziges Farbmuster von der Größe eines Quadratmeters konnte leicht eine Datenmenge von 10 – 40 MByte umfassen. Die Bildauflösung betrug im allgemeinen 1200 – 1400 lpi.

Farbige Kleider

Unsere erste ablauffähige Programmversion für das Absparen und Überfüllen im TDP hätte 500 Stunden für ein normales Muster von einem Quadratmeter Größe benötigt. Allerdings wurde das Programm nach fünf Werktagen an einem Freitagabend abgebrochen.

In Gruppenarbeit haben wir dann etwa drei Wochen lang um die Beschleunigung gerungen. Reinhard Tetzlaff hat anschließend den Kode der Programme in Siemens-Assembler allein geschrieben, etwa 17.000 Statements. Wir haben diesen Weg gewählt, um im Sinne der Optimierung zu erreichen, daß das Programm im Kopfe eines einzelnen ausreift. Ein Jahr später – und so noch heute – hat das neue Programm für dieselbe Aufgabe statt 500 nur noch eine Stunde benötigt!

Optimierung

Kanji-Metafont

Prof. D. Knuth hat Anfang der achtziger Jahre an der Stanford Universität »Metafont« erfunden. Das ist ein Verfahren zur Programmierung von Buchstaben und entsprechender digitaler Ausgabe. Die zugrunde liegende Idee ist gut, aber der praktische Nutzen gering, weil es relativ viel Mühe bereitet, die Buchstaben eines Alphabets zusammenzustellen. Die Herstellung eines lateinischen Alphabets dauert Monate, und die Umsetzung der Programme in digitale Maschinensteuerung ist zu langsam im Vergleich zum PostScript-Verfahren.

In der anfänglichen Euphorie sollten auch Kanji-Zeichen durch Metafont programmiert werden. Dazu wurde der Direktor des Shanghai Research Institute for Printing-Technology (SRIPT), Mr. Gu Guo-An, nach Stanford für eineinhalb Jahre eingeladen. Er gab dieser Einladung gern nach und machte sich begeistert an die Arbeit.

Teilerfolg

Nach einem halben Jahr hatte Mr. Gu bereits 50 Kanji als Metafont programmiert, alles schien prima zu laufen. Sein Aufenthalt war aber auf begrenzte Dauer festgelegt. Den Rest dieser Zeit verbracht Mr. Gu damit, positiv über seine Erfahrungen mit Metafont zu schreiben und wissenschaftliche Artikel zu veröffentlichen.

Er hat an der Stanford Universität nie ein Wort darüber verloren, daß ein Kanji-Alphabet aus etwa 10.000 Zeichen besteht und es 50 Jahre gedauert hätte, auch nur einen der vielen Kanji-Stile ins Metafont umzusetzen.

Noch während des Aufenthaltes in Stanford hat sich Mr. Gu für IKARUS entschieden, also für die »schlichte« Digitalisierung von Buchstaben anhand ihrer Konturen mit einem Digitizer und Computer. Heute ist Mr. Gu Generalmanager des Joint Ventures Shanghai IKARUS Ltd. (SIL) in Shanghai und hat mit fünf Designern schon fünf Kanji-Stile digitalisiert (Stand 1990).

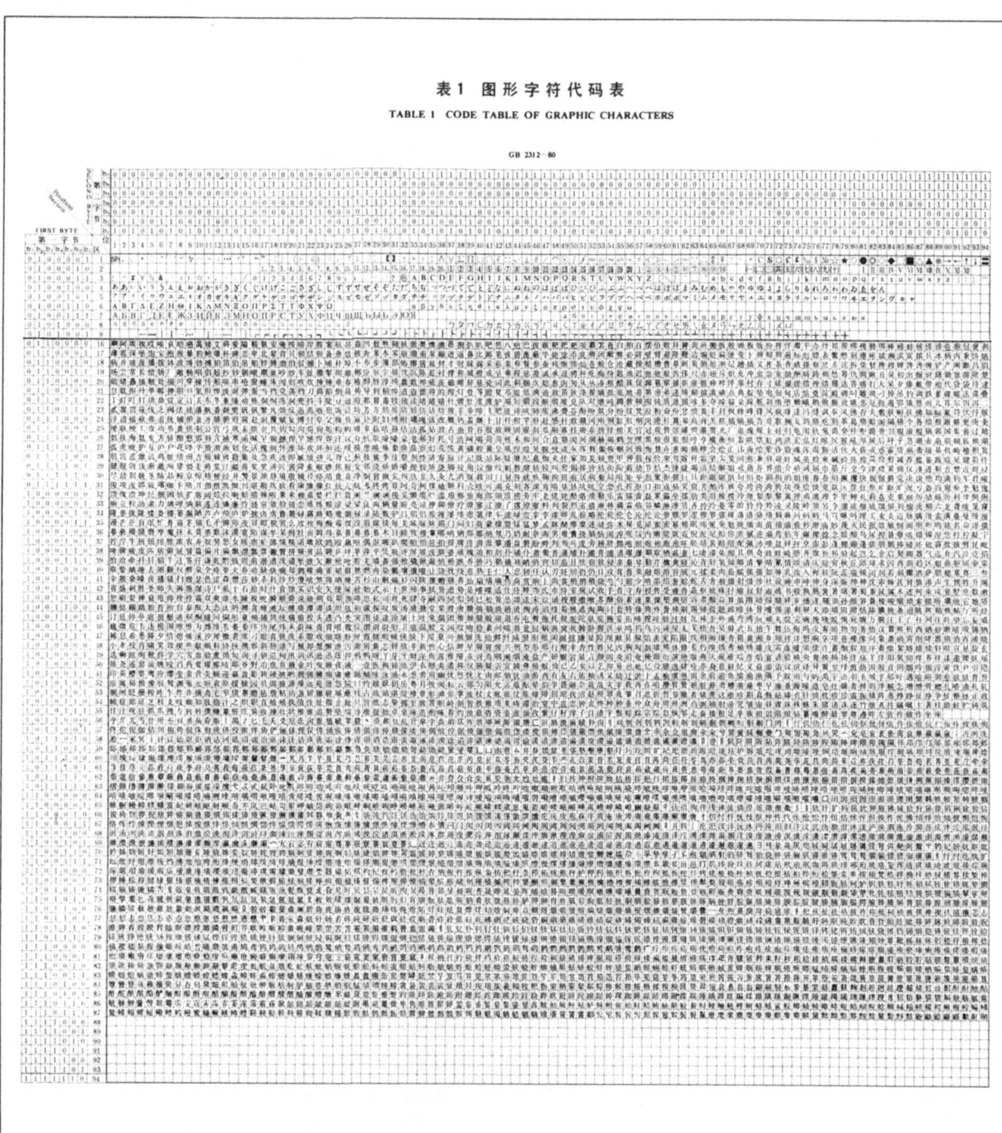

Standard-Layout
VR China, 1980

Sukeringu

Wir haben seit etwa 1987 mit unseren japanischen Kunden Korrespondenz in japanisch. Bei uns arbeiten neben Japanern auch Deutsche, die japanisch studiert haben. Es ist bemerkenswert, wie schnell die Japaner englische Fachbegriffe direkt übernehmen. Sie werden mit Hilfe der Katakana-Zeichen geschrieben. Dies bereitet keinem Japaner ein Problem. Sie kennen in der Regel schon das englische Wort, seine Bedeutung und natürlich auch die japanische Schreibweise.

Japanologie

Anders unsere Japanologen. Sie können natürlich auch englisch und die Bedeutung der Fachwörter. Aber diese Fachwörter haben sie zuerst in englisch gelesen und begriffen.

Eines Tages ist in einem der Briefe das Wort: スケーリング aufgetaucht. Wenn man diese Kana in deutscher Umschreibung zu einem Wort zusammenfaßt, erhält man »sukeringu«. Was ist wohl damit gemeint?

ペーター・カロウ先生

拝啓　秋冷の候　貴社、ますますご清栄のこととお慶び申し上げます。

さて、先日、森　務先生より、貴社は、スケーリング技術に関しまして深い知識をお持ちびとのことをお聞きいたしました。

弊社は、今日までカメラの製造をいたして来ており、その分野におきましては、知られた会社の一つとなるに至りました。現在、弊社といたしましては、持っている技術を利用し、レーザープリンタの製造を計画いたしております。

つきましては、是非、貴社よりスケーリング技術につきましての資料をお送り頂きたいと存じております。

お忙しいでしょうが、何卒、よろしくお願い申し上げます。

敬具

Original handgeschriebener Brief, im Graufeld steht das Wort «Sukeringu».

Unsere Japanologen konnten es nicht herausbekommen.

Wenn man weiß, daß damit »scaling« gemeint ist, wird alles ganz einfach. Dann kann man sofort erklären, daß die Japaner s vor k mit su in Kana schreiben und als sk aussprechen. Genauso wird aus einem betonten g am Ende ein gu, wobei wie bei su das u sehr kurz gesprochen wird. Damit wird aus »sukeringu« schon »skering«. Der Rest erklärt sich durch die allgemein bekannte Tatsache, daß es im Japanischen (wie auch im Chinesischen) weder ein r noch ein l, sondern ein r = l gibt. Das ist ein Laut, der sich für uns eher wie ein l anhört, aber für Amerikaner eher wie ein amerikanisches r.

Immer noch kommt sukeringu (scaling) häufig in unserer Korrespondenz mit japanischen Firmen vor. Übrigens, einmal hat ein japanischer Gast ein Telex an seine Firma in Tokyo geschrieben. Telexe müssen mit lateinischen Buchstaben verfaßt werden. Darin hat er in unserer Adresse *Hamburg* als »Hambulg« bezeichnet. Ich habe ihn sofort auf den Fehler aufmerksam gemacht, als der Text in meine Hände gekommen ist. Daraufhin hat er mir ganz überrascht erklärt, daß er »hambulg« sicher richtig geschrieben habe, weil nämlich hamburg und hambulg die gleichen Wörter seien.

»Hambulg«

Maschinenformate

Das IKARUS Format ist eine sehr allgemeine Beschreibung für Buchstaben anhand ihrer Umrißlinien. Es ist kein sogenanntes Maschinenformat im üblichen Sinne, sondern eher ein Format für die Datenbasis, aus dem man automatisch verschiedene Maschinenformate ausrechnen kann. Maschinenformate dagegen sind ganz spezielle, für eine bestimmte Setzmaschine oder einen bestimmten Laserdrucker von Ingenieuren optimierte Datenstrukturen.

Vor Jahren – in den Anfängen des IKARUS Systems – erlebten wir eine schöne Überraschung. Einer unserer Kunden kaufte IKARUS Daten für eine ganze Reihe von Schriften zum zweiten Mal. Zuerst lehnten wir ab mit dem Hinweis, daß wir schon einmal geliefert hätten. Doch wir sollten liefern und erneut verkaufen. Basta!

Das höhere Managemant sollte bestraft werden: in der Firma wurden die früher gelieferten IKARUS Formate nur einmal gelesen und automatisch in das damalige Maschinenformat gewandelt. Danach wurden diese IKARUS Formate gelöscht, weil für *sinnlose* Daten auf den Platten kein Platz war, und dies aufgrund einer Entscheidung des höheren Managements, für die Schriftabteilung keine weiteren Platten einzukaufen.

»Sinnlose Daten«

Dahinter steht die bedenkliche Haltung von uns Menschen, immer gern zu glauben, daß man mit dem gerade erreichten schon einen großen Schritt in die Zukunft gegangen ist. Man wollte einfach nicht wahrhaben, daß das aktuelle Maschinenformat schon morgen vergessen sein könnte.

Management

Vor vielen Jahren hatten sich die Manager des Schriftbereiches einer großen Firma überlegt, ein IKARUS System anzuschaffen. Sie wollten insbesondere die Modifikationsmöglichkeiten nutzen. Es wurde eine neue Abteilung, die IKARUS Gruppe, aufgebaut.

Die allgemein bekannten Vorteile des IKARUS Systems standen nicht zur Debatte: das Digitalisieren selbst, die hohe Schnittqualität (auf 1/100 mm genau) bei der Ausgabe von Lettercards (= in Maskierfolie geschnittene Mutterbuchstaben) für den Photosatz und auch nicht die automatische Rasterung für die Fonts der digitalen Lichtsetzmaschinen oder Laserdrucker.

Das hätte nämlich andere Abteilungen im Schriftbereich hart getroffen. Es gab eine Abteilung zum Schneiden (mit der Hand) von Lettercards, eine zum Scannen von Lettercards und eine zum Erzeugen der Lauflängen- und Vektorformate für die Lichtsetzmaschinen. Diese Abteilungen mußten unbedingt erhalten bleiben; denn ohne Abteilung gilt ein Manager nichts.

*Rationalisierungs-
potential*

Die IKARUS Gruppe wurde im Produktionsablauf den anderen drei Abteilungen vorgeschaltet. Auf zwei Flachbettplottern wurden die Lettercards automatisch geschnitten und durch eine Luke in der Wand an die Abteilung zum Schneiden von Lettercards weitergereicht. Dort wurde die Qualität beurteilt, Fehler mit der Hand nachgebessert und hin und wieder fehlende Zeichen nachgeschnitten. Damit war die IKARUS Gruppe außer Kraft gesetzt; denn die Mutterformate entstanden nach wie vor in der Lettercard-Abteilung.

Für die digitalen Setzmaschinen wurden – wie eh und je – die Lettercards abgescannt und anschließend auf Rechenanlagen in die damaligen Lauflängen- und Vektorformate automatisch umgewandelt. Alle Manager hüteten ängstlich das »Geheimnis«, daß man aus dem IKARUS Format Vektorformate mit sogar höherer Qualität direkt ausrechnen konnte.

Geheimpolitik

Dann kam der Tag, an dem Bitmap-Formate für den Laserdrucker eines großen Computerherstellers produziert werden sollten. Den Managern war bekannt, daß man diese Bitmaps direkt aus dem IKARUS Format unter Ausnutzung unserer damaligen Programme für das Auto-Hinting ausrechnen konnte. Auch war ihnen bekannt, daß wir Vektorformate über unser Auto-Tracing umwandeln konnten in IKARUS Formate.

Also wurde eine neue Abteilung für die Herstellung von Bitmap-Formaten gebildet. Diese wurde den anderen Abteilungen bezüglich des Produktionsablaufes hinten angehängt. Diese Abteilung bekam ein neues IKARUS System. Als ich sagte, daß sie schon eines hätten und deshalb kein neues kaufen müßten, wurde ich abgewiesen mit der Bemerkung, daß es doch schön wäre, wenn wir zweimal Geld verdienen könnten, und daß ich nichts von der Produktion verstünde.

Umwege Also wurden aus dem IKARUS Format die Lettercards geschnitten, deren Qualität begutachtet, danach gescannt und in Vektorformate gewandelt. Diese Vektorformate wurden in das zweite IKARUS System eingelesen, ins IKARUS Format gewandelt und dann zur Bitmap-Produktion verwendet.

Kapitel 3

Schriftmarkt im Wandel

S chrift ist ein wesentliches Element in der Informationsver-arbeitung. Für Setzer und Drucker sind typographische Schriften von jeher ein wichtiges Arbeitsmittel. Mit der Entwicklung von Computer Publishing – Seitenbeschreibungssprachen – wird Schrift allgemein verfügbar.

Funktion von Schrift

Für den Anwender in der Druckvorstufe ergeben sich bei dem Thema digitale Schriften auch ganz praktische Probleme, beispielsweise die Frage, wie mit einem Font-Editor umzugehen ist. Konsequenzen der modularen Technik bei digitalen Schriften sind sinkende Kosten für spezielle Fonts einerseits, aber zusätzliche Kosten für zusätzliche Anwendungen andererseits. Das heißt, Bildschirm- und Laserdruckdarstellung, Belichterausgabe und Aufbereitung für die verschiedenen Ausgabestandards kosten häufig jeweils extra.

Schriften sind digital

Für den Verbraucher hat sich in den letzten 30 Jahren bezüglich Schriften wenig geändert. Er erhält nach wie vor gedruckte Information, in der Regel auf Papier. Neu ist, daß geschriebene Information auch auf Fernsehschirmen erscheint, sie ist dann elektronisch gedruckt, d. h. flüchtig und nicht zum Anfassen.

Also haben sich die grundsätzlichen Anforderungen an Schriften auch nicht geändert. Sie müssen zuallererst lesbar sein, insbesondere die Textschriften. Sie müssen in gewohnter Weise gedruckt werden. In der Werbung sollten Schriften durch Anzeigen und Plakate manchmal ausgefallen oder auffallend sein. Jahr um Jahr entstehen weltweit etwa 1000 neue Schriftentwürfe, etwa 100 davon geraten in einen wiederholten Gebrauch, etwa 10 davon erhalten pro Jahr eine gewisse weltweite Bedeutung und Anwendung. Insgesamt gibt es

Für die Leser hat sich wenig geändert.

etwa 6000 benutzte Schriften in der westlichen Welt, manche behaupten, daß es 16.000 Alphabete seien. Man kann feststellen, daß für den Verbraucher (den Leser) sich wenig geändert hat und sich wahrscheinlich auch in Zukunft nicht allzu viel ereignen wird.

Technologische Revolution

Dagegen hat sich die Welt für die Erzeuger und Verarbeiter von Information grundlegend geändert. Die technischen Neuerungen haben die Arbeit in der graphischen Industrie stark geändert, in jedem Fall die technischen Mittel revolutioniert. Selbst die Druckerschwärze und das Papier werden nach neuen Rezepten für geänderte Verfahren hergestellt. Der Maschinenpark ist computerisiert, die Arbeitsabläufe sind neu angelegt und computergestützt.

Für Schriften hat dies bedeutet, daß es heute *digitale Schriften* gibt und damit eine Fonttechnologie. Der Stempelschneider ist zum Schrifttechniker geworden.

Früher hat es Schriften nur in analoger Form gegeben, also als Reinzeichnungen, Folienschnitte (Frisquets), Zinkblechschablonen, Patrizen und Matrizen. So hat man sie für den Bleisatz und Photosatz verwendbar machen können.

Mit der Erfindung des Digisets (Dr.-Ing. R. Hell hat 1965 diese CRT-Maschine in Kiel erfunden) sind zum ersten Mal Schriften in digitaler Form notwendig gewesen. Das waren noch keine digitalen Schriften; denn Dr. Hell wollte nur originale Vorlagen von Schriften Zeichen für Zeichen scannen und sozusagen 1:1 speichern und ausbelichten. Man konnte sich damals nicht von den Vorlagen und ihrer originalgetreuen Abbildung befreien. So wurden zunächst alle Abtastfehler oder sonstige Unzulänglichkeiten an den Rasterbildern sogar hingenommen, in jedem Fall die analoge Vorlage als Original angesehen.

Bei der Erfindung des IKARUS sind wir zunächst auch davon ausgegangen, daß die gespeicherten digitalen Daten von Buchstaben nur das Abbild der Originale darstellen. Doch im Laufe der Zeit haben sich die digital gespeicherten Schriften verselbständigt. Wir haben zunächst Programme geschrieben, mit denen man Schriften modifizieren kann: retuschieren, elektronisch neu entwerfen, konturieren, schattieren, expandieren, kondensieren, interpolieren und kursivieren. Dann haben wir Programme erstellt, mit denen man die verschiedenen Datenformate für die vielen Anwendungen und zugehörigen Geräte ausrechnen kann, sogenannte

Konversionen. Grob kann man heute folgende Kategorien für »schreibende« Geräte bilden:

- Fernsehen, Bildschirme,
- Nadeldrucker, Laserdrucker,
- CRT-Maschinen, Laserfilm-Recorder, NC-Maschinen,
- Plotter und Folienschneidemaschinen.

So sind Schriften in einem Rechner entstanden, zu denen es keine Vorlagen gibt, von denen man aber analoge Ausgaben auf Druckern oder Belichtern erzeugen kann. Dies sind digitale Schriften, deren »Patrizen« digital gespeichert sind.

»Schreibende Geräte«

*Abb. 1
Mit Computer erzeugte Schriften*

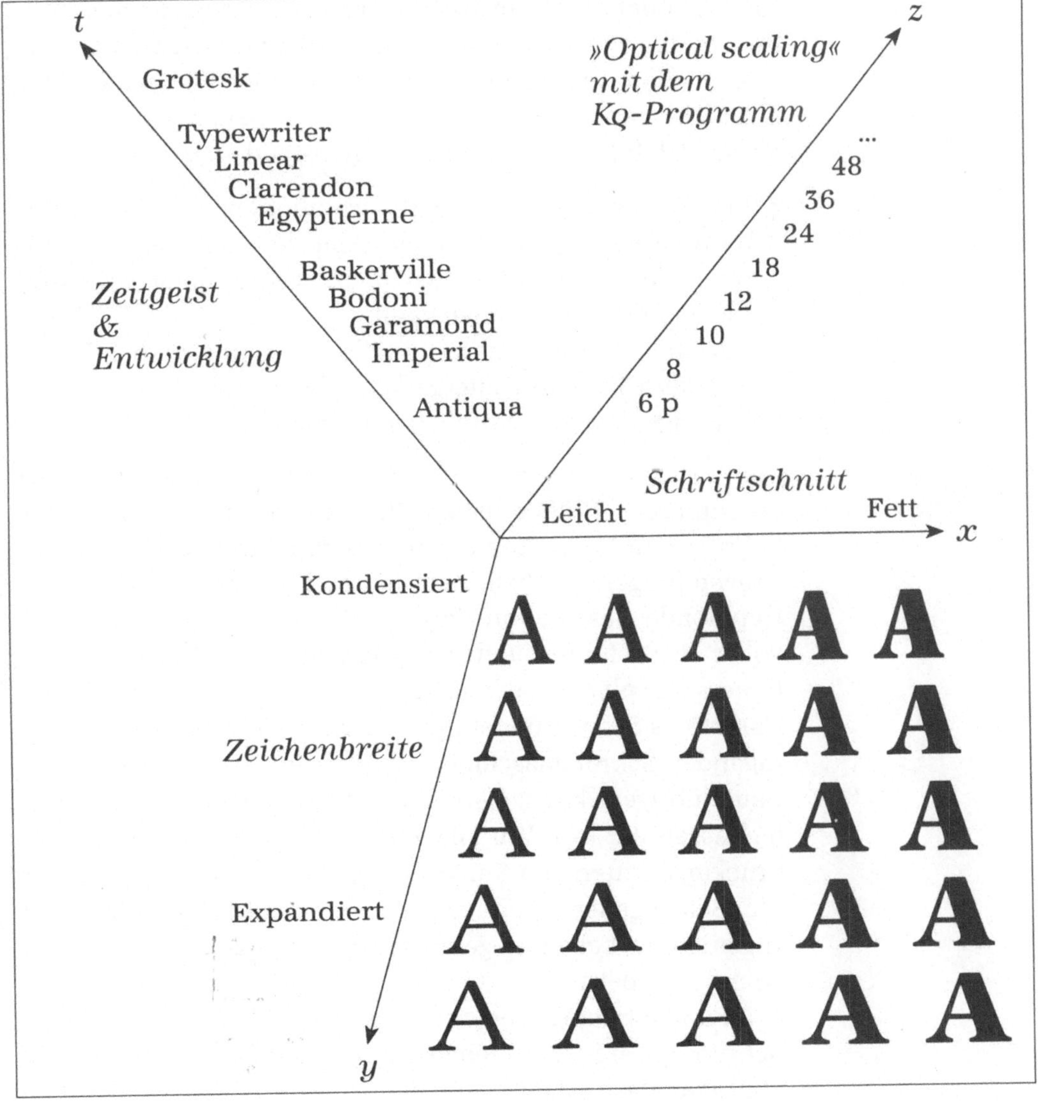

*Digitale
Schriften*

Speziell die neuesten Entwicklungen belegen, daß heute Schriften digital sind. Man betrachte einmal PostScript- oder TrueType-Schriften. Zunächst werden mit den zugehörigen Daten die Konturen der Zeichen entweder mit Bézierkurven oder quadratischen Splines kodiert. Das würde für die Darstellung mit hochauflösenden Geräten (1200 und mehr lpi) völlig ausreichen. Aber die Schriften sollen gleichzeitig auch auf Laserdruckern (300 lpi) ausgegeben werden unter Benutzung des gleichen Kodes mit einer der niedrigen Auflösung entsprechenden bestmöglichen Qualität. Das geht nur durch Vergabe zusätzlicher Intelligenz, das sind Hinweise bzw. Instruktionen (hints, instructions), die zusätzlich zu den Konturen kodiert werden und einem RIP (raster image processor) ermöglichen, die wichtigen beschreibenden Elemente einer Schrift besser und damit lesbarer rastern zu können.

Es hat sich folgender paradoxer Tatbestand ergeben:

- Für die Hochauflösung (high resolution) bei z.B. Filmrecordern ist eine optische Genauigkeit der digitalen Beschreibung derart gefordert, daß man Konturfehler praktisch nicht mehr wahrnehmen kann.
- Für die niedrige Auflösung (low resolution) bei Laserdruckern ist eine weitergehende numerische Genauigkeit verlangt, damit Rasterfehler vermieden werden.

Zur Fonttechnologie gehört auch eine Veränderung der Standpunkte. Früher haben die Entwickler und Entwerfer Schriften nur im Zusammenhang mit ihren Geräten bzw. Anwendungen gesehen. Zum Beispiel ist mir noch das naserümpfende Gesicht von Hermann Zapf vor Augen, als ich in voller Begeisterung von den einmaligen Leistungen Alfred Bauers erzählt habe, der als Lebenswerk die Schweizer Firma Caractères SA gegründet und Serien verschiedenster hervorragender Schreibmaschinenschriften entworfen hat. Alfred Bauer übrigens kennt Hermann Zapf auch nicht, Druckschriften lassen ihn kalt. Wir alle wissen, daß die Pixel der Nadeldruckerschriften von Studenten gemacht worden sind. Oder die Schriftgeneratoren von Zeichenplottern: sie sind von Ingenieuren nebenbei gefertigt worden, sozusagen als »notwendiges Übel«.

Fonttechnologie bewirkt, daß wir die Entwicklung von Schriften übergreifend sehen. Das ist einer der Gründe, warum wir heute nach Standards fragen.

Standards und Arbeitsteilung

Andere Ursachen für die Suche nach Standards sind auch in der Fonttechnologie selbst begründet. Sie bewirkt nämlich eine weitere Spezialisierung der Arbeit. Wir bei URW beherrschen etwas, was viele Hersteller von druckenden bzw. schreibenden Geräten nicht mehr können oder können wollen. Also wollen diese Gerätehersteller digitale Schriften von externen Firmen beziehen, und dies am liebsten in Standardformaten. Doch sind dies nur die Vorläufer des Standardisierungsdruckes, den wir heute feststellen. Er entsteht durch die »Demokratisierung« der Technik und damit auch der Schriften und ihrer Formate. Im Bereich der Satzerstellung in bezug auf Schriften erleben wir deren Loslösung vom Gerät. Die frühere Bindung von Setzmaschine und den zugehörigen spezifischen Schriften ist durch PostScript aufgebrochen worden. Heute müssen die Schriften auf den verschiedensten Bildschirmen, Druckern und Belichtern funktionieren und in den verschiedensten Programmen eingesetzt werden können.

»Demokratisierung« der Technik

Ferner ist uns die Erscheinung bekannt, daß mit weiterem Fortschritt, also wachsender Zivilisierung, auch die Arbeitsteilung zunimmt. Im Rahmen der Rechnertechnik und Programmierung erleben wir eine rasante Entwicklung, der man nicht immer schnell genug folgen kann. Noch vor zehn Jahren hat jeder Computerhersteller geglaubt, daß er zu seinem Rechner auch sein eigenes Betriebssystem fertigen und liefern muß. Heute gibt es Computerhersteller, die weder ihr eigenes Betriebssystem noch alle in ihren Computern eingesetzten Bausteine selbst fertigen.

Betrachten wir die Entwicklung der Hardware am Beispiel des IBM PCs weiter, so stellen wir fest, daß man am Markt die verschiedensten Komponenten von verschiedensten Herstellern kaufen und zusammensetzen kann. Da man nicht schnell genug standardisieren kann, werden einfach IBM-Definitionen de facto zum Standard erklärt. Wenn der Endverbraucher ein normaler Computertechniker ist, kann er sich heute leicht und billig PCs zusammenbauen. Typischerweise übernehmen heute Computerhändler (wie früher die Radiohändler) die Funktion des Zusammenstellens von Hardwarekomponenten. Analog zur Hardware kann man bei Software ebenfalls beobachten, wie spezialisierte Betriebe mit Komponenten Erfolg haben:

De-facto Standards

45

- Microsoft mit Betriebssystemen
- Aldus mit einem Satzprogramm
- Adobe mit einer Seitenbeschreibungssprache und Schriften
- URW mit Fonttechnologie

Leider gibt es auf der Softwareseite keinen Altvater wie IBM, so daß divergierende Interessen der einzelnen Firmen und das Ringen um Marktanteile für große Verwirrung und Verdruß beim Endverbraucher sorgen. Allein PostScript von Adobe bewirkt einen gewissen Standard für die Kommunikation der verschiedenen Softwarepakete.

Unter diesen Aspekten sind die Microsoftprodukte wie Windows und Windows NT sehr ernst zu nehmen. Sie können eines Tages eine große integrierende Kraft darstellen und de facto Standards setzen. Noch ist aber nicht zu erkennen, daß Microsoft alle Fäden in der Hand hält oder IBM die Kraft hat, schnell genug den PresentationManager samt OS/2 durchzusetzen. Oder ist bereits zu erkennen, daß sich beide zu viel vorgenommen haben und damit den Gesetzen der Zivilisierung und entsprechend wachsender Arbeitsteilung nicht mehr gehorchen? Ich vermag es noch nicht vorherzusehen.

Abb.2
Typischerweise baut ein Hersteller nur noch Bauteile zusammen.

In diesem Zusammenhang erscheint mir der dauerhafte
Erfolg von Apple fragwürdig. Apple hält die Herstellung ihrer
Computer samt Betriebssystem und Presentationmanagement
(System 7) weitgehend in einer (Firmen-) Hand. Theoretisch *Apple*
kann das nicht lange gut gehen. Praktisch allerdings spricht
der augenblickliche Erfolg des Macs für sich.

Auch aus der Sicht des Anwenders ist es heute angeneh-
mer, einen Mac einzusetzen. Man bezahlt zwar mehr, erhält
dafür aber auch eine funktionierende Workstation.

Nun bewirkt jedoch Spezialisierung mehr Qualität im
speziellen bei gleichen oder niedrigeren Preisen. PC-Herstel-
ler haben es begriffen. Ich gebe den PCs gute Chancen, die
Macs zu schlagen.

Ich möchte noch ein anderes Beispiel von erfolgreicher
Spezialisierung und teilweiser Wandlung zum Handelshaus
anführen, nämlich Linotype als Teil der Firma Linotype-Hell.
Noch vor gut zehn Jahren hat Linotype wie alle anderen Hersteller von Setzmaschinen versucht, eine eigene und vollständige Systemlösung anzubieten. Dazu hat man nicht nur die
Setzmaschine, sondern auch den RIP, die Workstation und
alle zugehörige Software nebst den Schriften entwickeln müssen. Das wäre Linotype beinahe teuer zu stehen gekommen.
Durch die Verbindung mit Adobe (PostScript) und später
auch mit Apple (Workstation) hat man sich auf der Entwick-
lungsseite im wesentlichen nur auf die Setzmaschine und
Schriften konzentrieren und am Markt ein preiswerteres
System anbieten können, das nicht nur aus eigenen Kompo- *Allround-*
nenten besteht. *Anbieter*

Heißt dies, daß andere Allround-Anbieter von Satzsystemen und Setzmaschinen einen Fehler machen? Im Prinzip ja,
wenn sie nicht in der Lage sind, in allen notwendigen Techniken selbst mit der Entwicklung Schritt zu halten. Und dies auf
allen Gebieten gleichzeitig zu können, ist statistisch unmöglich, wie die Geschichte der Zivilisierung und Arbeitsteilung
zeigt.

Also ist es die Lehre, daß man sich als Entwickler dem
technisch Besseren rechtzeitig ergibt, wann immer die Indizi-
en es anzeigen, oder ihn aufkauft. Linotype hat dieses Prinzip
verfolgt. Wenn die alte Linotype auf Satz und Hell auf Repro
konzentriert gewesen ist, hat nun Linotype-Hell ein größeres
Potential und wird Repro und Satz professionell zusammen-
bringen und zu aller Wohl einsetzbar machen. Dabei können

Spezialisten mit ihrem Eigensinn nur mit außerordentlichem Geschick unter dem Dach eines Konzerns wirkungsvoll zusammengehalten werden. Eines der wenigen Mittel ist, sie frei agieren zu lassen unter Beachtung nur weniger Schnittstellen.

Doch zurück zu unserer Spezialisierung. Im Zusammenhang mit Satzerstellung liegt immer noch einiges im Argen. Dort will die Demokratie erst etabliert werden.

Es haben sich nur de facto folgende Standards ergeben, die im Zusammenhang mit Schriften relevant sind:

- PostScript für Seitenbeschreibung und Type1 für Schriften,
- Adobe-Metrik bezüglich der 35 Core-Fonts,
- Screenfonts mit quadratischen Pixels (wie beim Mac),
- TIFF für Scandaten (tagged image file format) und
- IKARUS für professionelle Schriftherstellung (Handdigitalisierung).

PostScript und TrueType

Apple und Microsoft wollen TrueType als Standard für Schriften durchsetzen. Persönlich hielt ich dies einerseits für ein Manöver gegen Adobe zur Erringung niedriger PostScript-Lizenzen, andererseits für ein Unterfangen, das zwar propagandistisch sehr gut, aber technisch noch nicht genügend untermauert war. Doch heute ist zu erkennen, daß TrueType sich neben PostScript durchsetzen wird.

Schriftenstandards

Die Schriftherstellung hat nicht nur übergreifend die Physik der verschiedenen Geräte wie Fernsehen, Bildschirme, Nadeldrucker, Laserdrucker, CRT-Maschinen (cathod ray tube), Laserfilmrecorder und NC-Maschinen (numeric controlled) zu berücksichtigen, sondern auch die unterschiedlichsten Formate. Wir pflegen zu sagen: wo immer ein Ingenieur eine Maschine entwickelt, wird er bestimmt auch ein eigenes Format für Schriften erfinden. URW hat bis heute etwa 150 verschiedene Programme für die Formatkonvertierung entwickeln müssen.

Bisher haben wir noch immer das passende Konversionsprogramm herstellen können, in der Regel mit etwa 2 – 4 Wochen Arbeit. Relativ wenig Aufwand bewirkt leider keinen Standardisierungsdruck, sondern genau das Gegenteil.

Mit dem ISO 9541 wurde ein Standard für Schrift- und Zeichennamen geschaffen. Meiner Meinung nach werden die Schriftnamen nicht standardisiert werden können, so lange die Warenzeichen wie Helvetica oder Times Roman dazu nicht freigegeben werden (können). Anders sieht es mit den Namen für die »glyphs« aus. Dort erwarte ich eine Standardisierung, weil sie niemandem weh tut.

Schriftnamen

Dann wäre weitere Standardisierung nötig für die Schriftbelegung und für das Format. Nun haben aber fast alle Firmen eine eigene Belegung. So gibt es zum Beispiel ein Layout von Adobe, Apple, HP, IBM, Microsoft und Xerox, nur um bekannte amerikanische Firmen im Bereich des DTP (desktop publishing) und OA (office automation) zu nennen. Wie sollen diese Firmen bewogen werden, sich zu einigen?

Genauso finster sieht es mit den Formaten für Schriften aus. Neben dem T1 (Type One) und TT (TrueType) gibt es noch F3 (Folio/SUN/UNIX) und IF (Intellifont/HP/PCL(5)). Theoretisch könnte man folgenden Standard bilden:

*Formate von
Schriften*

Fontnamen   Warenzeichen der Eigentümer wie
                 Linotype, u.a.
Fontformat   T1 im PostScript
Fontbelegung   IBM-layout
Zeichennamen   ISO 9541

Praktisch werden zum Beispiel Linotype oder Berthold anderen Schriftherstellern die Benutzung ihrer Warenzeichen nur gegen Zahlung von Lizenzen erlauben. Die Verbreitung vom T1-Format ist beachtlich, aber HP könnte das IF-Format noch stärker verbreiten, unabhängig vom Schicksal des TrueType. IBM ist nicht tonangebend auf dem Gebiet der Schriftbelegungen, Microsoft ist es noch nicht. Die Zeichennamen sind zwar ganz hilfreich, aber eigentlich unwichtig. So ergibt sich für den Endverbraucher von Schriften kein erfreuliches Bild. Es wird noch eine Weile dauern, bis das Schriftenbabylon beseitigt ist.

Für die Jahre 1991/92 ist im Rahmen von ESPRIT die Förderung eines EuroRips in Gang gebracht worden. Dieser RIP soll sowohl bezüglich der Seitenbeschreibungssprachen als auch der Fonts beweglicher sein und dem Endverbraucher weniger Kopfschmerzen bereiten. Ein Firmenkonsortium – u.a. die Fraunhofergesellschaft, AGI und URW – wird auf diesem RIP sowohl mehrere Seitenbeschreibungssprachen wie

*Gegen das
Schriften-Babylon*

PostScript, PCL und SPDL implementieren, als auch dem Schriftenbabylon zu Leibe rücken durch folgende Neuerungen:

- Interpretation von T1, TT, F3 und IF in einem Rip für Download-Schriften (font bridging),
- Fontfinder zur Suche äquivalenter Schriften (nach Metrik und Aussehen) aus einem Minimalvorrat von 500 Schriften, wenn kein Download erfolgt,
- FontBakery zur Herstellung des gewünschten Layouts und
- FontServer zur Abgabe passender Screenfonts an das jeweilige Anwendungsprogramm.

Felder der Schriftanwendung

Die Geräte zur Darstellung von Schrift können anhand ihrer »Auflösung« unterschieden werden, nämlich daran, wieviele Bildpunkte bzw. Linien sie pro mm (l/mm) oder Zoll (lpi) schreiben (Tab. 1).

Bereich	lpi	l/mm	Geräte
Grobauflösung (coarse resolution)	70 - 180 ≈**100**	3 - 7	Bildschirme, Nadeldrucker
Niedrigauflösung (low resolution)	180 - 600 ≈**400**	7 - 24	Laserdrucker, Inkjetdrucker, Nadeldrucker
Normalauflösung (regular resolution)	600 - 1200 ≈**800**	24 - 48	Laserdrucker, Inkjetdrucker, CRT-Maschinen, Laserplotter
Hochauflösung (high resolution)	1200 - 5000 ≈**2400**	48 - 200	Laserfilmrecorder, CRT-Maschinen

Tabelle 1
Es gibt vier Auflösungsbereiche.

Natürlich ist die Einteilung in diese vier Auflösungsbereiche zum Teil willkürlich, insbesondere ist eine scharfe Grenze zwischen ihnen nur eine theoretische Maßnahme. Andererseits ist die Einteilung gerade in diese vier Bereiche eine Reflexion der wirtschaftlichen Anwendung; denn es gibt entsprechend den Bereichen auch vier typische Aufgaben (Tab. 2).

Auflösung	typisches Gerät	Anwendung
100 lpi	Bildschirm	Textbearbeitung für alle Anwendungen
400 lpi	Laserdrucker/ Inkjetdrucker	Büroautomatisierung (OA)
800 lpi	Laserdrucker/ Laserplotter	Desktop Publishing (DTP)
2400 lpi	Laserfilmrecorder	Druck-, Reproindustrie

Tabelle 2
Anwendungen

Wir können erwarten, daß es Laserdrucker mit einer Auflösung von 600 – 1200 lpi geben wird und deshalb die Setzmaschinen (insbesondere die Laserfilmrecorder) im Bereich des DTP unter stärkerem Konkurrenzdruck stehen werden.

Heute werden Laserdrucker mit nur 300 lpi auch für das DTP verwendet. Das liegt daran, daß wir ja erst den Beginn dieser Branche erleben und sich die großen Firmen noch nicht zu Wort gemeldet haben. Wie dies gemeint ist, soll zunächst durch eine grobe Markteinschätzung und deren anschließende Interpretation erläutert werden.

Auflösung (lpi)	Gerät	Größe des Weltmarktes
100 lpi	Bildschirm	300.000.000 Stück
400 lpi	OA-Drucker	30.000.000 Stück
800 lpi	DTP-Drucker	3.000.000 Stück
2400 lpi	Setzmaschinen	300.000 Stück

Tabelle 3
Markteinschätzung

In der obigen Tabelle wird rigoros der Faktor zehn zur Unterteilung angewendet, was sicher sehr grob ist. Die Anzahl der Sichtgeräte von 300 Millionen entspricht dem Weltbestand an Personenwagen, sie dürfte eher zu klein sein. Die Anzahl der OA-Drucker von 30 Millionen ist ebenfalls eher zu klein, wenn wir annehmen, daß eines Tages alle Schreibmaschinen durch OA-Drucker ersetzt sein werden. Es soll mehr als 60 Millionen Schreibmaschinen auf der Welt im Einsatz geben. Die drei Millionen DTP-Drucker stellen eine realistische Größe dar. Bei der heutigen Betrachtung der Situation sollte man nicht übersehen, daß z. B. die Firma Hewlett-Packard teils ins DTP und teils ins OA verkauft. Heute befinden sich etwa 150.000 Setzmaschinen weltweit im Einsatz. Durch das DTP wird der Bedarf außerhalb der traditionellen graphischen Industrie ein wenig erhöht werden, deshalb die vielleicht zu großzügige Angabe von 300.000 Setzmaschinen. Es wird sich die »unnatürliche« Lücke schließen (Abb. 3).

60 Millionen Schreibmaschinen wollen ersetzt werden.

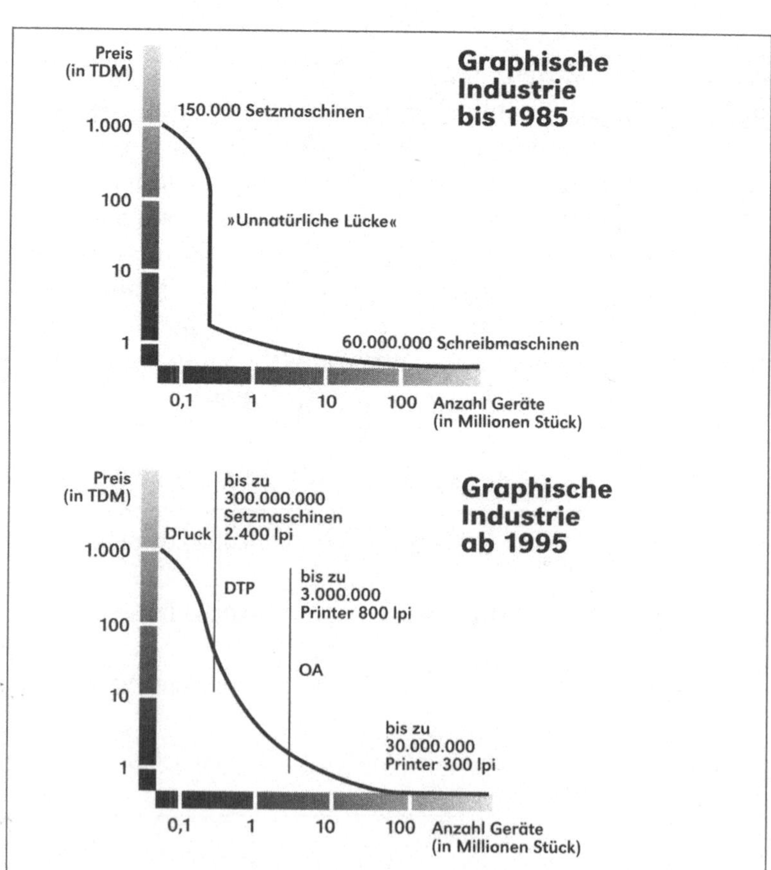

*Abb. 3
Schließen der unnatürlichen Lücke zwischen hoch- und niedrigauflösenden Ausgabegeräten*

Und nun zur Interpretation der Markteinschätzung. Wir erkennen, daß sowohl für das OA als auch für das DTP Laserdrucker in Frage kommen. Und wir sehen, daß die großen Firmen wie IBM, Fujitsu, Xerox, Siemens, Matsushita und NEC noch nicht heftig am Laserdruckergeschäft beteiligt sind. Es sind aber gerade diese Firmen, die sich nicht den interessanten OA-Markt entgehen lassen werden, wenn es in breiter Front an den Ersatz der Schreibmaschine und der Nadeldrucker geht. Auf diese Weise können Laserdrucker mit 300 lpi Auflösung zu niedrigeren Preisen angeboten werden. Für das DTP kann man erwarten, daß nach anfänglichen Kompromissen mit der Technik eine höhere Erwartung an die Qualität (= Auflösung) entwickelt wird, und die kleineren Firmen wie Apple dem Angebot an billigen Druckern ausweichen und gerne in die höhere Auflösung flüchten. Das müßte auch zur Folge haben, daß für das DTP nicht nur Laserdrucker eine höhere Auflösung, sondern die Computer auch bessere Softwareleistung haben werden. Gemäß dieser Einschätzung würden dann OA-Drucker sowie DTP-Drucker und das entsprechende Geschäft klarer als heute umrissen und voneinander getrennt sein (siehe auch Tab. 4).

Perspektiven

Schriftenpreise

Es gibt noch einen weiteren interessanten Aspekt der Einteilung in Auflösungsbereiche, nämlich die Betrachtung der typischen Benutzer.

Gerät	Anwendung	typischer Benutzer
Sichtgerät	Texterfassung, Proof	mehr oder weniger fast alle Bürger (user)
OA-Drucker	Büros, Verwaltungen	Sekretärin (typists)
DTP-Drucker	Werbung, kleine Auflagen	Einzelkämpfer (typographists)
Setzmaschine	Druckereien, große Auflagen	Teamwork diverser Profis

Tabelle 4
Typische
Benutzer

*Unterschiedliche
Qualitäts-
ansprüche*

Sowohl an der Größe des Marktes (Tab. 3) als auch am typischen Benutzer (Tab. 4) kann man ablesen, daß mit den verschiedenen Auflösungen auch variable Preise und Ansprüche verbunden sind. Bei den Preisen wird sich wahrscheinlich ein Faktor drei von Bereich zu Bereich einpendeln. Die Ansprüche können wie folgt umrissen werden:

Sichtgeräte

Die Darstellung von Texten ist flüchtig, dient oft nur zur Kontrolle. Daher werden die Käufer stärker auf den Preis als auf die darstellbare Schriftqualität achten.

OA-Drucker

Die Darstellung von Information ist permanent, jedoch ohne großen typographischen Anspruch. Die Käufer erwerben lieber billige Geräte, die leicht zu bedienen sind, als etwas teurere, die kompliziert zu bedienen sind. Es werden in der Regel Standardschriften verwendet.

DTP-Drucker

Die Darstellung von Information hat hier typographischen Anspruch. Der Käufer geht einen Kompromiß zwischen seinem Anspruch und seinen finanziellen Möglichkeiten ein. Es besteht ein Bedarf an modischen Schriften.

Setzmaschine

Die Darstellung von Information hat hohen Qualitätsanspruch. Der Käufer sieht in der Maschine nur ein Glied in der Kette von anderen teuren Maschinen, er erwartet niedrige Ausfallraten und bezahlt dafür.

Die Schriften haben entsprechend den verschiedenen Auflösungen schwer oder gar nicht zu leiden bezüglich der Qualität ihrer Darstellung (siehe auch Kapitel 8).

Schriftenmarkt

Ich glaube, daß sich der Schriftenmarkt ähnlich wie der
Musikmarkt entwickeln wird. Ich sehe folgende Analogien
und Bereiche:

Benutzer	Musik	benutzt	Schrift
Professionelle (haben Arbeitsteilung und Ausbildung)	1) (klassische) Musik 2) teure Instrumente 3) Orchester 4) Konzerte	was womit wo wofür	Werksatz Setzmaschinen (1200 - 2400 lpi) Druckereien, Setzereien Bücher, Magazine, Zeitungen
Fans (sind eher Einzelkämpfer, haben Ausbildung)	1) (modische) Musik 2) gute Instrumente 3) Bands 4) Unterhaltung	was womit wo wofür	Akzidenzen, Werbung Laserdrucker (600 -1000 lpi) DTP Anzeigen
Verbraucher (haben andere Berufe)	1) Musik Konsum 2) Instrumente, Elektronik 3) zu Hause, Discos 4) Unterhaltung	was womit wo wofür	Textverarbeitung Drucker (200 - 400 lpi) Büro Briefe, Dokumente, Information

Ich erwarte für den Markt von Schriften folgende Verhaltens-
tendenzen und dementsprechende Preisentwicklung:

Tabelle 5
Musik- und
Schriftenmarkt

Setzereien, Druckereien	überlegte Kaufentscheidung,
Druckvorstufe: (Profis)	Kauf von traditioneller Qualität, Kauf von Schriftbibliotheken, mittlere Preise.
DTP, Layoutbetriebe: (Fans)	schnelle Kaufentscheidung, Kauf von Mode, Kauf einzelner neuer Fonts, höhere Preise.
EDV: (Normalverbraucher)	keine Entscheidung für bes. Schriften, Gelegenheitskäufe, Kauf von Standards, niedrige Preise.

Tabelle 6
Kaufentscheidung

Preisspektrum

Zu den Preisen selbst ist zu sagen, daß man heute die berühmten 35 Core-Fonts praktisch geschenkt bekommt, wenn man einen Laserdrucker oder eine Setzmaschine kauft. Die Preise für einzelne Fonts werden stark auseinanderfallen. Standards könnte es eines Tages im Supermarkt für den PC geben zu Preisen wie bei Musikkassetten. Im Computershop wird der Preis für ein Einzelfont unter DM 50,– fallen. Neue, modische Schriften werden wie heute etwa DM 120,– pro Font oder DM 250,- pro Familie kosten. Die Bibliothekspreise werden sich bei etwa DM 20,- bis 2,-/Font für größere Bibliotheken einpendeln.

Zusammenfassung

Thesenartig läßt sich die Situation derzeit folgendermaßen zusammenfassen. Sie gibt meine Einschätzung der zukünftigen Situation wieder:

Standards für Druckvorstufenbetriebe
Kleine Betriebe:
- PostScript, Type1 sowohl für Text als auch Schriften, geringer Durchsatz, aber gute Kommunikation mit anderen Betrieben

Mittlere Betriebe:
- Herstellereigene Programme und Formate liefern in der Regel höheren Durchsatz, Kommunikation nur mit gleichartigen Betrieben möglich

Größere Betriebe:
- Firmeneigene Lösungen, auf den Betrieb zugeschnittene, individuelle Lösungen, optimaler Durchsatz, Kommunikation nur durch Programmierung

Chancen für ISO-Standards?
- ISO 9541 normiert Schriftklassen und Bezeichnungen der Zeichen (Glyphs)
- Datenformate sind abhängig von Technik und konvertierbar, daher keine guten Chancen für Standards
- Alle Formate sollten offen sein!
- Zukünftige Formate sollten auch die Leistungen vorheriger umfassen!

Was erleben wir gerade?
- Schließen der unnatürlichen Lücke (Abb. 3)
- Relativ preiswerte Hard- und Software für die Satzherstellung
- Verschwinden der Schreibmaschine
- Leichte Verringerung der professionellen Arbeitsteilung

Verringerung der Arbeitsteilung?
- Wird nur eine vorübergehende Erscheinung sein (wegen unnatürlicher Lücke)
- Bedeutet zum Teil Qualitätsminderung im Rahmen »Druck«
- Bedeutet enorme Qualitätsverbesserung im Büro: »Typist« wird zum »Typographist«!

Arbeitsteilung in Zukunft
- Die Arbeiten im Druckvorstufenbereich werden an PCs erledigt, die Soft- und Hardware wird noch billiger und dabei trotzdem besser, besonders die Software.
- Es wird – wie bisher in den Betrieben mit Arbeitsteilung – auch morgen Personen mit Fachkenntnissen an PC-Arbeitsplätzen geben für:

    Texterfassung und -korrektur,
    Satz und Typographie,
    Page-Make-up,
    Retusche,
    Separation und Datenformatierung,
    Im- und Export von Daten,
    Rechnervernetzung und
    Maschinensteuerung.

Zusammenfassend noch ein Wort an die Schriftgestalter: Es scheint, als würden digitale Schriften rüde und technisch sein, doch das Gegenteil ist der Fall, sie werden formbarer denn je, sie können sogar in beliebige Raster schlüpfen.

Und dabei behalten sie ihre eigentliche Form mathematisch in Erinnerung, also ist an digitalen Schriften viel mehr dran als an Bleibuchstaben. Aus digitalen Buchstaben können neue Fettegrade und Modifikationen erzeugt werden.

Dieser Entwicklungsschritt hat uns eigentlich die Flexibilität der Hand eines Schreibers zurückgegeben. Er konnte auf das Ende von Zeilen und Absätzen hinarbeiten und den Lauf der Schrift rechtzeitig anpassen. Auch dies ist heute wieder möglich.

So wie die Technik den Satz wieder flexibel gemacht hat, so sollten wir selbst uns hüten, sich zu schnell von Standards leiten zu lassen. Standards verhindern eventuell die Innovation oder das Kreative in einer sich schnell ändernden Welt.

Entwicklungen auf dem Gebiet der digitalen Schriften wird es noch viele geben, sie werden herausfließen wie Tinte aus des Schreibers Hand und sowohl zum technischen Fortschritt als auch zur Wertschätzung und zur Lesbarkeit des gedruckten Wortes beitragen.

Schriftgestalter sollten sich nicht über den Preisverfall beklagen und befürchten, daß sie arbeitslos werden könnten; denn die Anzahl der Käufer für Druckschriften ist ja von 100.000 auf bald 3.000.000 gewachsen. Die Erlöse pro Schrift bleiben daher so hoch wie früher und erlauben auch weiterhin die Finanzierung neuer Schriften.

Flexibilität contra Standardisierung

Kapitel 4

Schriftherstellung, gestern und heute

von Günther Flake

Abb. 4
Johannes Gensfleisch
zur Laden,
genannt Gutenberg,
entwickelte die
Grundlagen des
Buchdrucks.

Um das Jahr 1440 erfand der Münzpräger und Goldschmied Johannes Gensfleisch zur Laden, genannt Gutenberg (Abb. 4), den Guß von beweglichen Lettern. Seiner Erfindungsgabe verdanken wir sowohl das Prinzip des Stempelschnittes, des Typensatzes mit dem dazu notwendigen Instrumentarium, als auch das Verfahren, die einzelnen Lettern zu abdruckfähigen Seiten zusammenzustellen und auf einer von ihm entworfenen Handdruckpresse wiederzugeben.

Von Gutenberg bis ins 20. Jahrhundert

59

Ansätze, einzelne in verschiedenen Materialien gravierte Formen und Zeichen individuell zusammenzustellen und zu vervielfältigen, sind auch aus China und Korea bekannt. In den
Jahren 1041 bis 1048 soll der chinesische Schmied Pi Shéng
Wortzeichen in Tonerde geschnitten, sie in gebranntem
Zustand auf Platten geklebt und davon Abdrucke erstellt
haben. Bemerkenswert ist auch die Tatsache, daß bereits um
1400 in Korea einzelne bewegliche Lettern in Kupfer gegossen und damit umfangreiche Werke gedruckt worden sein sollen. Bis heute ist nicht belegt, daß Gutenberg von diesen
frühen Versuchen Kenntnis gehabt haben könnte.

Vereinigten die ersten Nachfahren Gutenbergs noch alle
Arbeitsschritte vom Entwurf der Schrifttypen bis zum Druck
ihrer Werke auf sich, erfolgte in späteren Jahrzehnten und
Jahrhunderten eine immer weitergehende Teilung der Aufgabengebiete. Die Schriftentwerfer, Stempelschneider, Schriftgießer, Schriftsetzer, Buchdrucker und Verleger definierten
infolge wachsender Anforderungen und zunehmender Technisierung ihre jeweiligen Leistungsbereiche.

Trotz der rasch fortschreitenden Entwicklung im Druckgewerbe gab es bis ins 20. Jahrhundert hinein praktisch keine
praxisnahe Alternative zum Hochdruck und damit zur beweglichen Letter. Eine Veränderung kündigte sich erst in den
dreißiger Jahren an. Man begann, Schriftsatz auf photographischem Wege zu erstellen. Die Fortschritte auf dem Gebiet der
Elektronik brachten in den sechziger und siebziger Jahren
einen erneuten Wandel mit sich.

ein mühevoller Weg:
eine neue Schrift

Die Entwicklung einer Schrift vom zeichnerischen Entwurf bis zur fertigen Schrift war und ist auch heute noch ein
langer und oft mühevoller Weg. Der technische Ablauf der
Herstellungsprozesse hat sich jeweils den veränderten Satztechniken angepaßt. Früher wie heute ist jedoch eine künstlerisch und technisch einwandfreie Schriftzeichnung die
Grundlage für den Erfolg einer neuen Schrift. Intensive
Auseinandersetzung mit den optischen und technischen Problemen jedes einzelnen Zeichens sowie umfassendes technisches Wissen auf den Gebieten der Schriftherstellung, der
Satztechniken und der Druckverfahren sind nach wie vor
Voraussetzung für die Schaffung eines Schriftbildes, das über
viele Jahre Bestand haben soll.

Noch heute, über 50 Jahre nach ihrer Entstehung, gehört
die Futura zum Standard jeder guten Setzerei. Mit dem Ent-

wurf der Futura legte Paul Renner einen neuen Grundstein
für das Schriftschaffen zu Beginn des 20. Jahrhunderts. Frei
von allen süßlichen überladenen Formelementen der Künst-
lerschriften des Jugendstils ebnete die Futura mit ihrer kon-
struktiven Sachlichkeit einer neuen gestalterischen Qualität
den Weg (Abb. 5).

Eine neue Qualität:

die Futura

Abb. 5
Einer der ersten
Entwürfe
Paul Renners
zur Futura

Im Vergleich mit Renners Entwurfszeichnungen machen die
Studien von Ernst Schneidler deutlich, wie stark das Werkzeug den Duktus, d.h. die durch die Strichführung getragene
Anmutung einer Form, mitbestimmt. Der Schriftentwerfer wird
in der Entwurfsphase immer das dem Ausdruck der Form entsprechende Werkzeug und die sich daraus ergebende Ent-
wurfsgröße wählen. Nach dem Abschluß der Entwurfsarbei-
ten, die in der Regel schon eine Vielzahl von Änderungen und
Korrekturen an den Einzelzeichen enthielten, wurde nach
dem Guß einzelner Probebuchstaben eine sogenannte Schriftskala gegossen. Mit ihr wurde dann die Strichstärke und die
Weite der Buchstaben festgelegt (Abb. 6).

Abb. 6
Schriftskala der
mageren Volta

In den kleinen Größen hielt man die Zeichen weiter und fetter. Je größer die Buchstaben wurden, desto dünner war die Strichstärke und um so enger die Zeichen. Jede Schriftgröße hatte damit jeweils ihre individuelle Fette und Weite. Das Ergebnis war ein einheitliches Erscheinungsbild der Schrift in allen Schriftgrößen und eine optimale Lesbarkeit. Eine gute handwerkliche und formale Ausbildung sowie eine langjährige Schulung des Auges sind aber auch für diejenigen unerläßlich, die mit der technischen Umsetzung des Schriftentwurfes beauftragt sind..

Schriftmatrizen

Um eine Schrift gießen zu können, benötigt man Gußformen. Wir kennen heute drei Verfahren zur Herstellung dieser Matrizen. Das älteste, das wir als Erfindung Gutenbergs ansehen können, ist der Stahlstempelschnitt. Der Stempelschneider übertrug den vom Schriftkünstler erstellten Entwurf auf einen polierten Vierkantstab in einer dem Schriftgrad entsprechenden Größe. Mit Feilen, Sticheln und Gegenpunzen arbeitete er auf diese Weise das Buchstabenbild in der Originalgröße heraus (Abb. 7).

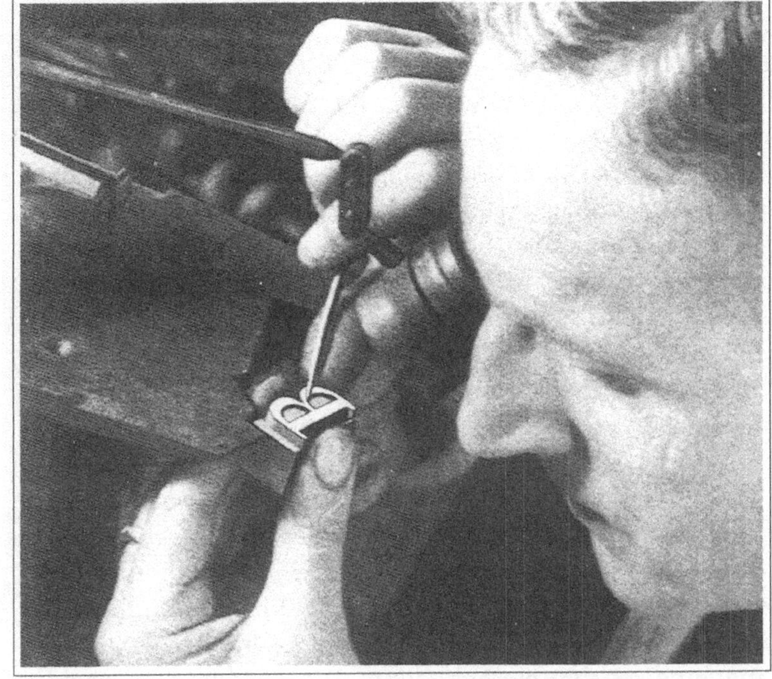

Abb. 7
Das älteste Verfahren der Matrizen- herstellung ist der Stahlstempelschnitt. Mit Hilfe von Feilen und Sticheln arbeitet der Schriftschneider das Buchstabenbild in Originalgröße aus einem polierten Vierkantstab heraus.

Das Handgießinstrument diente zur Aufnahme der gerichteten und justierten Mater, in die das Buchstabenbild mittels einer Hebelpresse durch den vorher verhärteten Stahlstempel eingeprägt wurde. Jahrhundertelang, bis zur Erfindung der Handgießmaschine, ab 1845 in Deutschland gebaut, und der Einführung der Komplettgießmaschine, die ab 1862 Eingang in die Gießereien fand, wurden alle Typen mittels dieses Instrumentes von Hand gefertigt (Abb. 8).

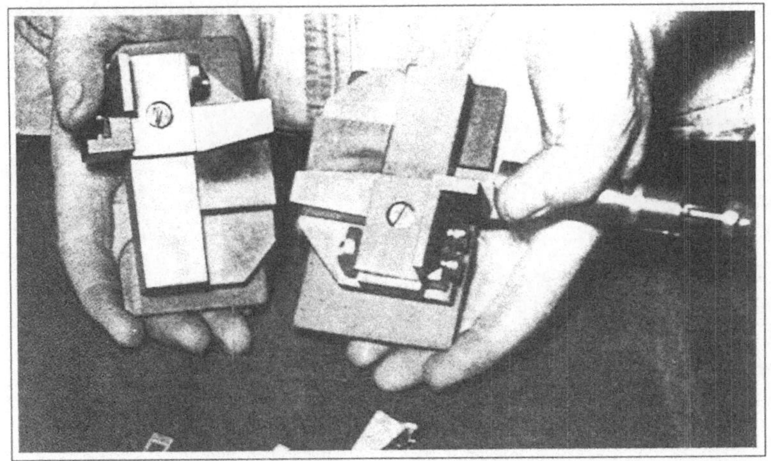

Abb. 8
Bis zur Erfindung der Gießmaschine im Jahre 1845 blieb das von Gutenberg um 1440 entwickelte Handgießinstrument das einzige Gerät zur Herstellung von Blei- lettern.

Zeugschnitt statt Stahlstempelschnitt

Schablonenstecher

Mit der Erfindung der Galvanoplastik durch Moritz Hermann Jacobi im Jahre 1838 löste der Zeugschnitt den mühsamen und zeitraubenden Stahlstempelschnitt ab. Statt auf das Stahlstäbchen wurde das Buchstabenbild nun auf ein dem Schriftmetall ähnliches Material übertragen. In bekannter Weise wurde dann, nach dem Ausheben der Punzen, also der Buchstabeninnenräume, um das Buchstabenbild herum sämtliches überflüssige Material abgetragen. Das Ergebnis war ein geschnittenes Zeugoriginal. Mehrere Zeugoriginale wurden zusammengefaßt, bis auf die Bildseite isoliert und in ein galvanisches Kupfer- und Nickelbad gehängt. Nach zwei bis zehn Tagen war der Niederschlag auf den metallenen, erhabenen Buchstaben so stark, daß man die einzelnen »Augen« als Gußform für Zinkblöcke (den neuen Matern) benutzen konnte.

Während die eben beschriebenen Verfahren ein plastisches Original verlangten, erforderte das dritte Verfahren zur Herstellung einer Gußform nur noch eine zweidimensionale Vorlage, die eine Abtastung mit einem Fühlstift erlaubte. Diesen Zweck erfüllte eine in Messing gravierte Schriftzeichnung, eine sogenannte Schablone. Die Aufgabe des Schablonenstechers bestand in der Übertragung der Künstlerzeichnung auf die Messingschablone. Hierbei gravierte er mit freier Hand lediglich die Konturen der photographisch vergrößerten Originalzeichnung in das Metall. Bei der Übertragung nahm er bereits Korrekturen vor, um negativen Auswirkungen beim Gravierprozeß zu begegnen. Gleichzeitig waren die notwendigen Formen- und Fettenkorrekturen für die einzelnen Schriftgrößen einzuarbeiten. In der Arbeit des Schablonenstechers lag eine besondere Verantwortung: die fertige Schablone war Grundlage für die rein mechanischen Arbeitsgänge in der Maternfräsmaschine (Abb. 9).

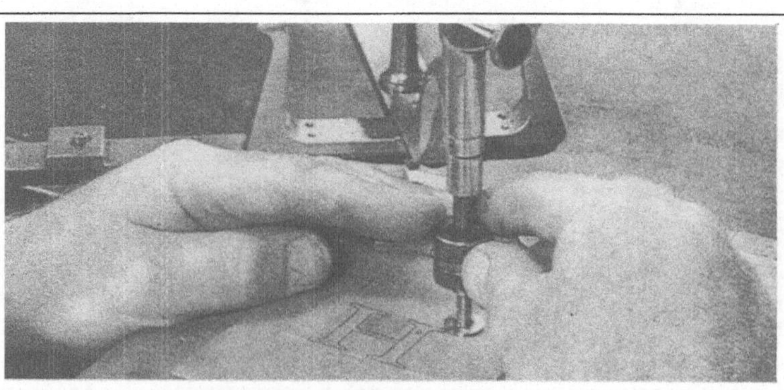

Abb. 9
Ein Matrizenbohrer
bei der Arbeit

Mit Hilfe der Maternfräsmaschine wurde das Bild der Messingschablone in den Maternblock gefräst. Ein Bestandteil der Maschine war ein Übersetzungsmechanismus – der Pantograph -, der proportionale Maßstabsveränderungen zuließ. So konnten mit Hilfe relativ großer Schablonen die sehr kleinen Buchstabenmatern hergestellt werden. Oft diente diese Mater nur für einen einzigen Abguß, der dann im galvanischen Bad abgeformt wurde.

Nach dem Guß und einer etwaigen weiteren Bearbeitung durch den Fertigmacher wurden die Buchstaben zu Mengen von einem bestimmten Gewicht zusammengestellt. Die für den Satz erforderliche Anzahl der einzelnen Bleilettern entnahm die Teilerin dem sogenannten Gießzettel. Der im Jahre 1904 von der Leipziger Typografischen Gesellschaft herausgegebene Einheitsgießzettel gab dafür die entsprechenden Stückzahlen an. Die Anzahl der einzelnen Zeichen in einem Alphabet wurde durch ihre Gebrauchsfähigkeit bestimmt.   *Bleiletter*

Beim Handsatz mußte der Schriftsetzer im Winkelhaken   *Handsatz*
Buchstabe an Buchstabe reihen. Die gesetzten Zeilen wurden auf einem Setzschiff zu Kolumnen gesammelt und diese dann für den Druck zu Seiten zusammengestellt. Nach dem Druck mußte jeder Buchstabe in das dafür vorgesehene Fach im Setzkasten zurückgelegt werden, um für eine erneute Verwendung zur Verfügung zu stehen (Abb. 10).

Abb. 10
Um eine Schriftzeile im Handsatz herzustellen, muß der Schriftsetzer Buchstabe für Buchstabe in einem Winkelhaken aneinanderreihen.

*Eine Schrift
hat mehr als
26 Buchstaben.*

Der Laie spricht von den 26 Buchstaben des Alphabetes. Der Fachmann weiß, daß es neben den Grundzeichen, den Versalien, Gemeinen, Ziffern und Interpunktionen noch diverse weitere Figurengruppen gibt, um alle anfallenden Satzaufgaben bewältigen zu können. Für einen einzigen Schriftgrad, d.h. für eine Größe, mußten im Bleisatz unter Einbeziehung der wichtigsten fremdsprachlichen Akzente und Ziffernsätze in der Regel über 120 Stempel geschnitten werden. Die verschiedenen Schriftgrade bilden eine sogenannte Schriftgarnitur, die z.B. die Größen 6, 7, 8, 9, 10, 12, 14, 16, 20, 24, 28, 36, 48 und 60 Punkt (ein Didot-Punkt entspricht 0,375 mm) umfassen kann. Für die meisten Schriften wurden 15 bis 20 Grade angeboten. Durch die Abwandlung der Grundschrift in halbfette, fette, schräge, schmale und breite Versionen können, wie bei der Futura, über 20 Schriftgarnituren entstehen. Alle Garnituren zusammen bilden eine Schriftfamilie. Zur Komplettierung einer Schriftfamilie wie Futura mit ihren 22 Garnituren mußten weit über 30.000 einzelne Matrizen hergestellt werden.

Satzkästen

Um die Buchstaben für den Satz bereitzuhalten, wurden sie nach Größe sortiert in genormte Satzkästen abgelegt. Ein Antiqua-Setzkasten enthielt 125 Fächer und faßte je nach Größe 12 bzw. 25 Kilo. In Kästen dieser Art wurden Schriftgrade bis 20 Punkt abgelegt. Sonderzeichen für außergewöhnliche Satzarbeiten mußten aus speziell dafür angelegten Kästen entnommen werden (Abb. 11).

*Abb. 11
Über 350 Jahre war
der Handsatz die
einzige Möglichkeit
der Satzherstellung.
Die einzelnen
Bleilettern wurden
in Setzkästen
bereitgehalten.*

Über 350 Jahre war der Handsatz die einzige Möglichkeit der Satzherstellung. Erst Anfang des vorigen Jahrhunderts begannen die ersten Versuche, die Arbeit zu mechanisieren. Die erste Setzmaschine wurde in England 1822 patentiert. Es folgten viele weitere Versuche, bis es Ottmar Mergenthaler 1886 gelang, ein zufriedenstellendes Prinzip zu konstruieren. Die Bezeichnung »Einzelmatrizensetz- und Zeilengießmaschine« sagt einiges über die Funktionsweise der Maschine aus (Monotype ‹–› Linotype). Sie faßte drei Arbeitsgänge zusammen.

Mechanisierung des Satzes

Durch Tastenanschlag wurden Messingmatrizen mit eingeprägten Buchstabenbildern zusammengestellt, mit flüssiger Bleilegierung ausgegossen und anschließend automatisch in das Magazin zurückgeführt. Die Setzmaschine konnte anhand einer speziellen Zahnung wie an Schlüsseln die Buchstaben mechanisch sortieren. So entstand eine Bleizeile mit erhabenem Buchstabenbild, ähnlich einer Handsatzzeile. Die durchschnittliche Leistung einer manuell bedienten Linotype-Setzmaschine betrug ca. 6.000 Buchstaben in einer Stunde, ein Handsetzer konnte in der gleichen Zeit nur ca. 1500 Zeichen setzen. Fehlerhafter Satz mußte allerdings durch das Auswechseln ganzer Zeilen korrigiert werden (Abb. 12).

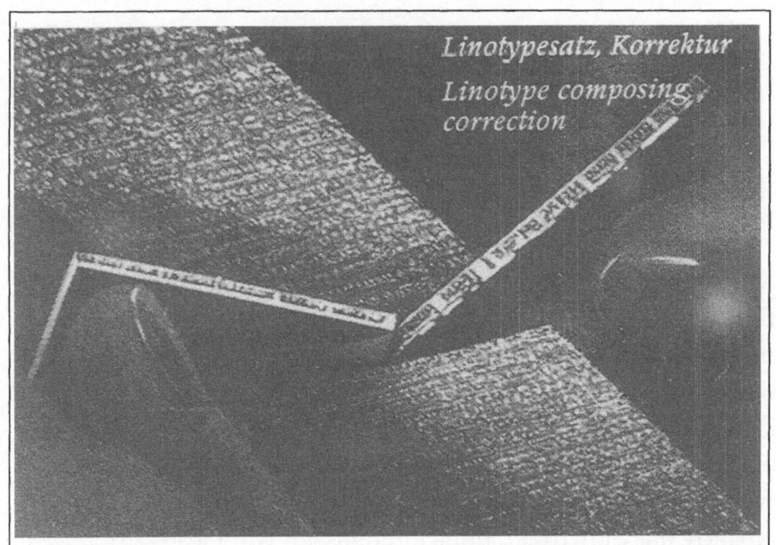

*Abb. 12
Ein Setzfehler kann
beim Maschinensatz
nur durch Neuguß
und Auswechseln
der ganzen Zeile
korrigiert werden.*

Auf die Herstellung der Messingmatrize soll an dieser Stelle nicht weiter eingegangen werden. Wichtig ist zu wissen, daß es allgemein üblich war, Zweibildmatrizen zu verwenden. In

Photosatz

der Regel wurde die Grundschrift mit einer Auszeichnungsschrift kombiniert, d.h. entweder mit dem entsprechenden kursiven oder halbfetten Schnitt. Für den Satz und den Setzer hatte das Vorteile, die formale Qualität der Schrift erlitt durch diesen Kompromiß enorme Einbußen (Abb. 13, 14).

Mit der ersten Photosetzmaschine der Firma Intertype, dem Fotosetter aus dem Jahre 1946, wurde erstmals eine völlig neue Technik zur Satzherstellung vorgestellt (Abb. 16). Aufbau und Arbeitsweise dieser Maschine ähnelten noch stark den bekannten Matrizensetz- und Zeilengießmaschinen. Statt einer Messingmatrize, in die das Buchstabenbild eingeprägt war, wurde eine Kunststoffmatrize verwendet, in die ein Negativ des Schriftzeichens eingelassen war (Abb. 15).

Higonnet und Moyroud gelten als die Erfinder des Photosatzes (1949). Dem Photosetter der Firma Intertype folgte 1950 die erste Photosetzmaschine der Firma Linotype, die sogenannte Linofilm. Im Jahre 1951 brachte dann auch der

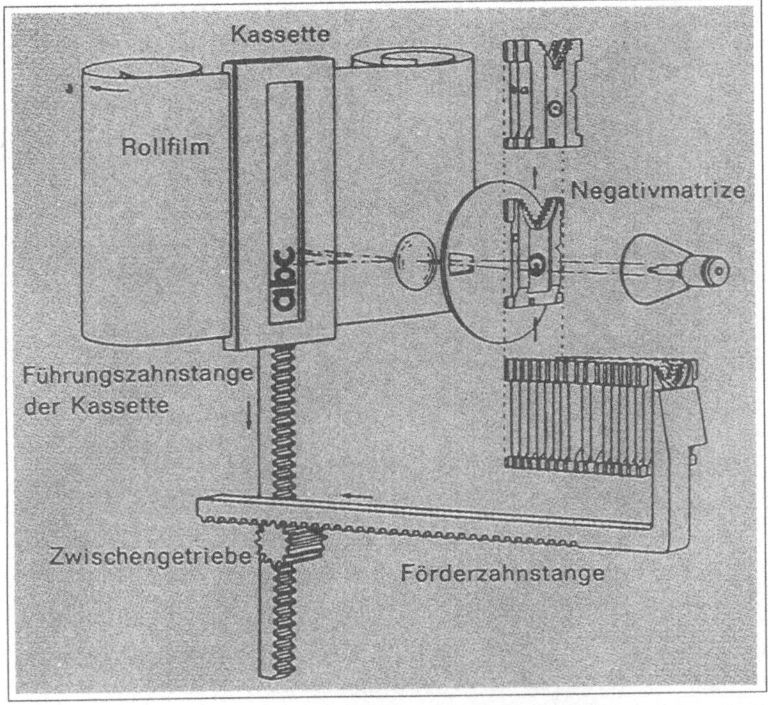

Abb. 15
Übersicht der
Belichtungseinheit
einer Intertype
Photosetzmaschine

Abb. 16
Die erste
Photosetzmaschine,
die Intertype von
1948, baute noch
auf dem Prinzip der
Einzelmatrizensetz-
und Zeilengieß-
maschine auf.

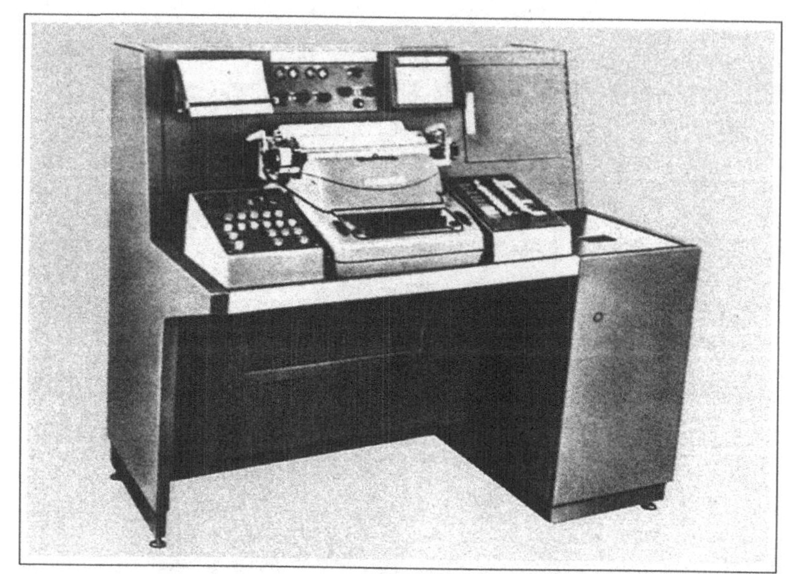

*Abb. 17
1951 brachte der
englische Setz-
maschinenhersteller
Monotype die
Monophot auf
den Markt.*

englische Setzmaschinenhersteller Monotype die Monophoto
auf den Markt (Abb. 17). Vorrangig für den Bereich des Tabel-
len- und des Akzidenzsatzes entwickelte die H. Berthold AG
die Diatype (Abb. 18). Der technische Unterschied zu den bis
dahin bekannten Verfahren kommt in dem Wort »Photo« zum
Ausdruck, d.h. alle diese Maschinen arbeiten nach dem photographischen Prinzip. Die Schriftbilder waren als Negativ
auf einem Schriftbildträger angeordnet, der in der Regel aus
Film, Kunststoff oder aus chrombedampftem Glas bestand.

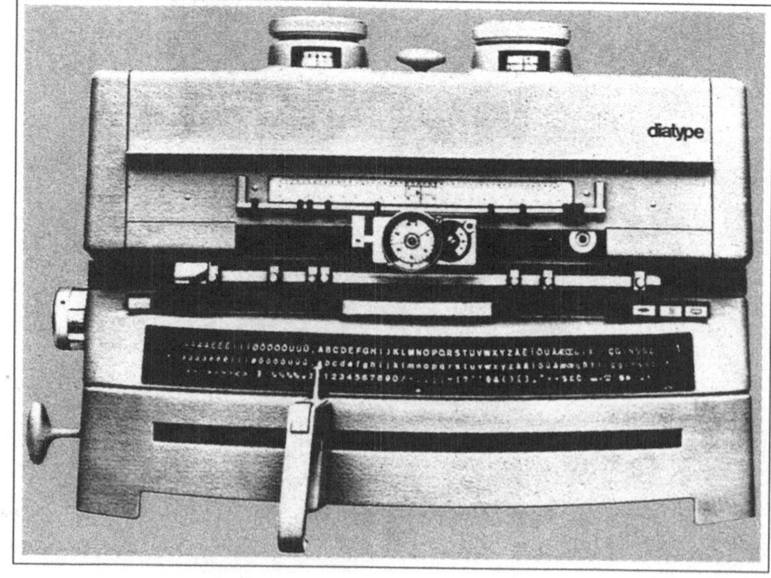

*Abb. 18
Für den Bereich des
Akzidenz- und
Tabellensatzes
entwickelte die
Firma H. Berthold AG
das Photosatzgerät
Diatype.*

Die Schriftträger hatten je nach Maschinentyp unterschiedliche Zeichenbelegungen und Formate.

Mit einer Lichtquelle, einer Glühlampe oder Blitzlichtbirne, wurden die Schriftzeichen auf lichtempfindliches Trägermaterial belichtet. Im Strahlengang befanden sich Linsen (-systeme), die es erlaubten, eine scharfe Abbildung zu erhalten und die Abbildungsgröße zu beeinflussen (Abb. 19). Durch die Verwendung von Spiegeln, Prismen und noch komplizierteren Linsensystemen konnten die Abmessungen dieser optomechanischen Belichter im Laufe der Zeit verkleinert und ihr Leistungsumfang und Bedienungskomfort ständig verbessert werden.

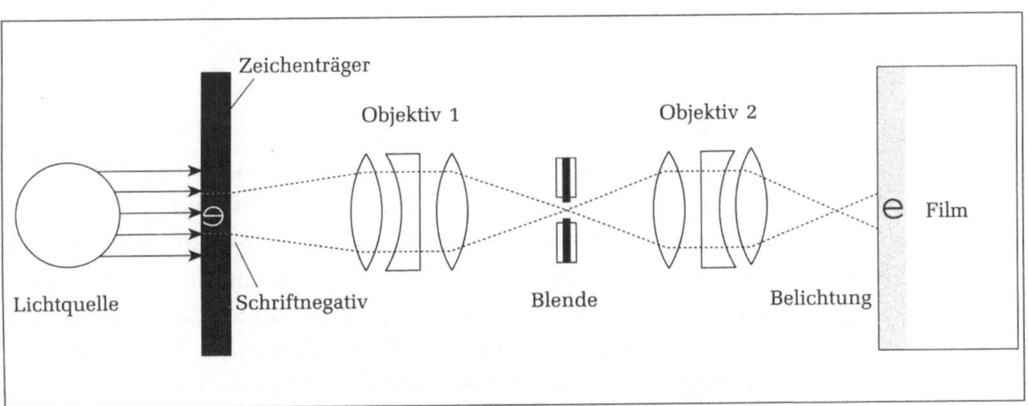

Aufgrund der Verwendung von optischen Systemen zur Veränderung der Schriftgröße war es jetzt nicht mehr unbedingt erforderlich, für jede Punktgröße eine gesonderte Schrift zu fertigen. Die Hersteller beschränkten sich darauf, die Schrift in der Form anzubieten, die der Hauptanwendungsgröße am ehesten entsprach. Die Kosteneinsparungen im Bereich der Fertigung waren erheblich.

Die Qualität des Satzes erlitt jedoch leider eine erhebliche Einbuße. Wurde zu Zeiten des Schriftgusses für jede Satzgröße ein optimal gestalteter Zeichensatz angeboten, so mußten die Setzer und Typographen fortan mit einer Buchstabenform für alle Größen auskommen. Die Folge war in der Regel ein zu enges und mageres Bild in den kleinen Größen und ein zu weiter und fetter Eindruck in den großen Größen. Um diesem Mangel entgegenzuwirken, entschlossen sich einige Hersteller, in bestimmten Fällen vollkommen neue Zeichnungen für die Technik des Photosatzes herzustellen.

Abb. 19

Das Prinzip des Photosatzes besteht darin, daß mit Hilfe einer Lichtquelle ein negatives Schriftbild mittels Linsen auf lichtempfindliches Material projiziert wird.

71

*Abb. 20
Das Beispiel des
Wortes »Hamburg«
zeigt, welche
Veränderungen
erfolgen müssen,
um eine brauchbare
Wiedergabequalität
in mehreren Größen
bei Verwendung nur
einer Zeichenform
zu erreichen.*

Das Beispiel des Wortes »Hamburg« zeigt, welche Veränderungen erfolgen müssen, um eine brauchbare Wiedergabequalität in mehreren Größen bei Verwendung von nur einer Zeichenform zu erreichen (Abb. 20). Mit der technischen Veränderung der Satzherstellung haben sich auch die Entwurfstechniken und die Vorlagenfertigung geändert. Als Grundlage für die Herstellung eines Schriftträgers für den Photosatz ist eine Reinzeichnung des jeweiligen Schriftzeichens erforderlich, die bereits alle optischen Korrekturen berücksichtigt, die die Technik des Photosatzes erfordert (Abb. 21). Die Erstellung dieser Reinzeichnungen erfolgt entweder durch den Schriftentwerfer selbst oder durch speziell auf diesem Gebiet geschulte Zeichner. Sie haben an dieser Stelle die Funktion der damaligen Schriftschneider übernommen und müssen wie diese ggf. technisch notwendige formale Änderungen in die endgültige Reinzeichnung einfließen lassen.

Für die Herstellung der Reinzeichnungen sind zwei Verfahren üblich. Vorhandene Zeichnungen, die z.B. schon als Grundlage zur Matrizenfertigung gedient haben und nur geringer Veränderungen bedürfen, werden in Maskierfilm geschnitten. Maskierfilm ist ein zweischichtiges Material, dessen obere rote Schicht leicht durchschnitten werden kann. Hat man das darunterliegende Zeichen vollständig nachgeschnitten, lassen sich die nicht benötigten Formteile ausheben und abziehen. Das positive oder negative Abbild der darunterliegenden Vorlage bleibt dann als Filmvorlage stehen.

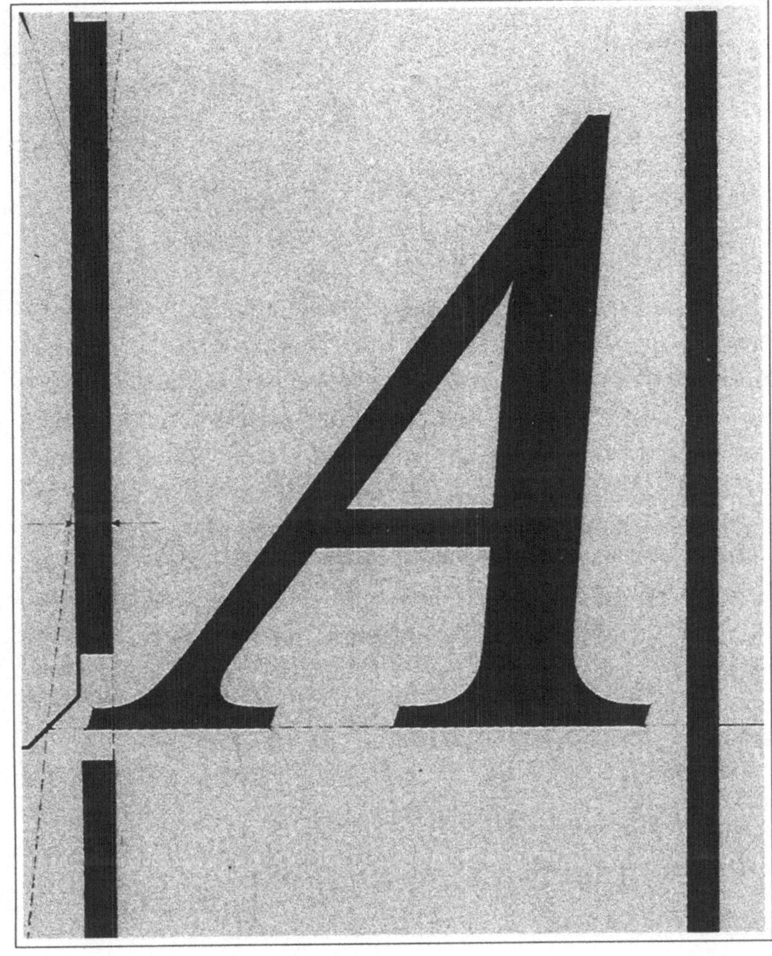

Abb. 21
Für die Herstellung von Schriftträgern war es erforderlich, von jedem Buchstaben eine reproduktionsfähige Reinzeichnung anzufertigen.

Eine andere Möglichkeit besteht darin, eine Zeichnung auf Karton zu übertragen und die endgültige Form mit schwarzer und weißer Farbe herauszuarbeiten. Die Verwendung von lichtempfindlicher Polyesterfolie statt Karton erlaubt ein noch schnelleres Arbeiten. So kann man z.B. vergrößerte Reproduktionen kleiner Bleisatzgrößen anfertigen und diese durch Beschaben der Zeichenränder und Andecken mit Tusche in die gewünschten Proportionen bringen (Abb. 22). Welcher Weg auch beschritten wird, das Ergebnis ist immer ein analog dargestelltes Abbild des Buchstabens als reprofähige Reinzeichnung. Mit Hilfe von speziellen Kameras werden im nächsten Schritt die zusammengestellten Zeichensätze auf einen Mutterfilm belichtet, der die Grundlage für die Schriftträgerfertigung bildet.

Abb. 22
Schriftzeichen, deren
Formen aus alten
Druckwerken über-
nommen werden,
bedürfen oft einer
erheblichen
Überarbeitung.

Kathodenstrahl-
belichter von Dr. Hell

Die Technik der Kathodenstrahlbelichter, die im Sommer 1965 in Paris innerhalb einer Vortragsreihe von Dr.-Ing. Rudolf Hell der Öffentlichkeit vorgestellt worden ist, verwendet zur Darstellung der Zeichen erstmals eine digital gespeicherte Information. Das Buchstabenbild ist bei dieser Technik nur noch als Abbild der Originalzeichnung in Form einer Bitmap-Information im Speicher des Computers abgelegt. Das heißt, die Buchstabendarstellung setzt sich in Maschinen dieser Art aus einzelnen Bildpunkten zusammen, die als Bildlinien mit ihren Schwarz-Weiß-Übergängen das jeweilige Zeichen repräsentieren (Abb. 23).

Abb. 23
Das Prinzip der
Kathodenstrahl-
technik verdeutlicht
die nebenstehende
Darstellung.

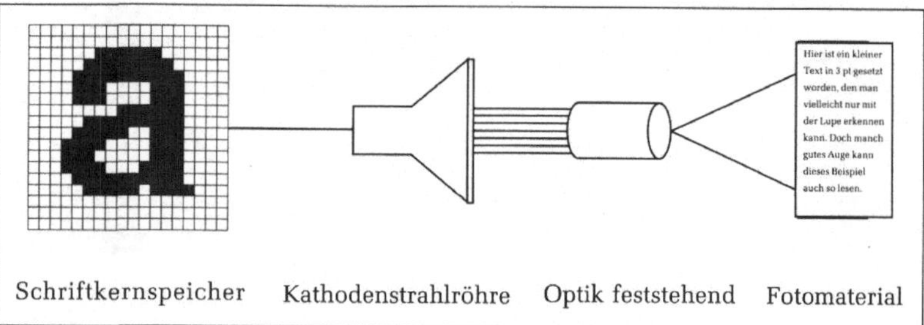

Um einen Buchstaben wieder sichtbar zu machen, werden mit Hilfe eines Elektronenstrahls auf der Innenseite einer Kathodenstrahlröhre, die mit einer Phosphorschicht bedeckt ist, entsprechend der gespeicherten Bitmap Lichtpunkte erzeugt. Diese Lichtpunkte werden über eine Optik auf Photomaterial abgebildet. Der Elektronenstrahl kann so beeinflußt werden, daß Bildlinien enger oder weiter aufgezeichnet werden. Man kann damit um plus/minus fünfzig Prozent umgrößern. Auf diese Weise erhält man auch schmal- und breitlaufende Schriften. Auch das elektronische Schrägstellen einer Schrift ist durch die Veränderung der Aufzeichnungsrichtung des Kathodenstrahls möglich. Die hier beschriebenen Schriftmodifikationen ähneln in ihrer Formqualität denen, die bei optomechanischen Belichtern mit Glaslinsen erreicht werden können. In beiden Fällen handelt es sich um Modifikationen, bei der die eigentlich notwendigen optischen Korrekturen nicht einfließen.

Um Schriften für Kathodenstrahl-Systeme zu erstellen, ist es notwendig, analoges Artwork auf einem Scanner zu digitalisieren, d.h. zeilenweise abzutasten (Abb. 24). Auf einem graphischen Bildschirm kann man die Bitmap-Informationen, in die der Scanner die Form des Buchstabens beim Abtasten zerlegt hat, sichtbar machen. Retuscheprogramme ermöglichen eine Optimierung der Zeichenform durch Löschen bzw. Hinzufügen von einzelnen Bildpunkten, den sogenannten Pixeln.

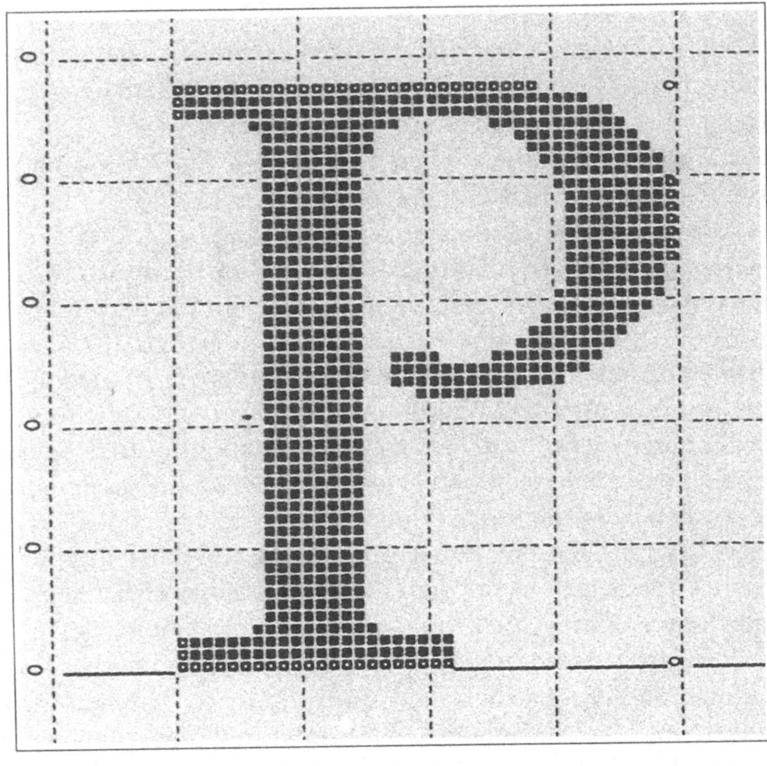

Abb. 24
In der Kathodenstrahltechnik wird jeder Buchstabe in Bildpunkte zerlegt.

Dies ist in jedem Fall dann notwendig, wenn man durch mechanisches Scannen die Daten erstellt; denn Unsauberkeiten in den Vorlagen und elektronisches Rauschen sind unvermeidbar.

Bei der Verwendung von IKARUS Basisdaten ist heute auch eine direkte Umwandlung (Softscanning) von Outline-Daten (mathematisch formulierte Umrißbeschreibungen) in das jeweilige Bitmap-Format möglich. Mit dieser Methode kann der Zeit- und Kostenaufwand für die Umsetzung und Korrektur der Daten erheblich gesenkt werden (Abb. 25).

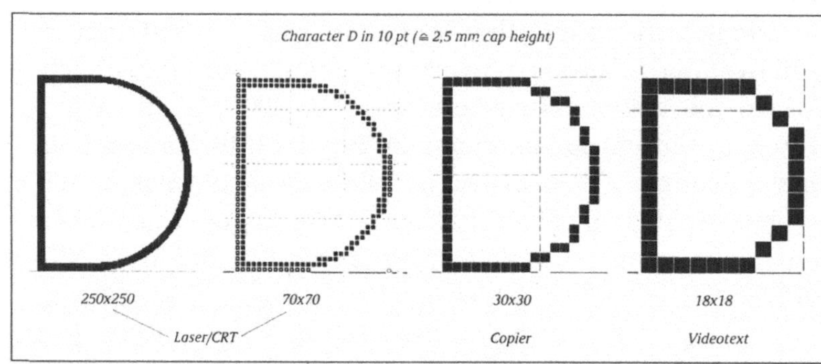

Abb. 25
Die digitale Umsetzung kann je nach Verwendungszweck in unterschiedlichen Auflösungen erfolgen.

Je nach Auflösung, die durch die gewünschte Satzgeschwindigkeit bzw. Wiedergabegröße bestimmt wird, können die Details eines Buchstabens mehr oder weniger präzise dargestellt werden. Grundsätzlich gilt, je gröber die Auflösung, desto ungenauer die Detailwiedergabe.

Vektorspeicherung und Lasertechnologie

Mit der Entwicklung der Vektorspeicherung und der Lasertechnologie ist der Grundstein einer ganz neuen Art von Satzsystemen gelegt worden. Der Buchstabe und sein Umfeld, d.h. sein Kegel, werden dabei nicht mehr als Einzelinformation in Form von Punkten, sondern als Vektorbeschreibung für die Konturen gespeichert. Aufgezeichnet werden nicht mehr einzelne Buchstaben, sondern ganze Seiten, die vorher komplett berechnet und in Bildpunkte aufgelöst werden. Die Belichtung erfolgt in der Regel horizontal mit einem Laserstrahl. Der Vektorbeschreibung von Zeichen sind andere Formate gefolgt mit dem Ziel, die Geschwindigkeit der Zeichenberechnung zu erhöhen und die Datenmenge zu reduzieren. Zu nennen wären hier die Kreisbogenbeschreibungen und die quadratischen und kubischen Splines. In Maschinen, die mit einer dieser Beschreibungssprachen arbeiten, ist das Zeichen als Bitmap (direktes digitales Abbild) überhaupt nicht mehr vorhanden. Zeichen werden nur noch als Koordinatenwerte gespeichert, die erst im Augenblick der Belichtung ihre Realform zurückerhalten. Die Modifikation eines Zeichens erfolgt hier nicht mehr, nachdem die Buchstabenform errechnet worden ist, sondern bereits vor der Verknüpfung der Koordinatenwerte durch die entsprechenden mathematischen Formeln.

Kapitel 5

Die dritte Abstraktion

von Ralf Funke

D er Mensch besitzt die Fähigkeit, seine Umwelt abstrakt wahrzunehmen. Abstraktion bedeutet, etwas von den Dingen wegnehmen, von Unwesentlichem »absehen«, das Wesentliche erkennen.

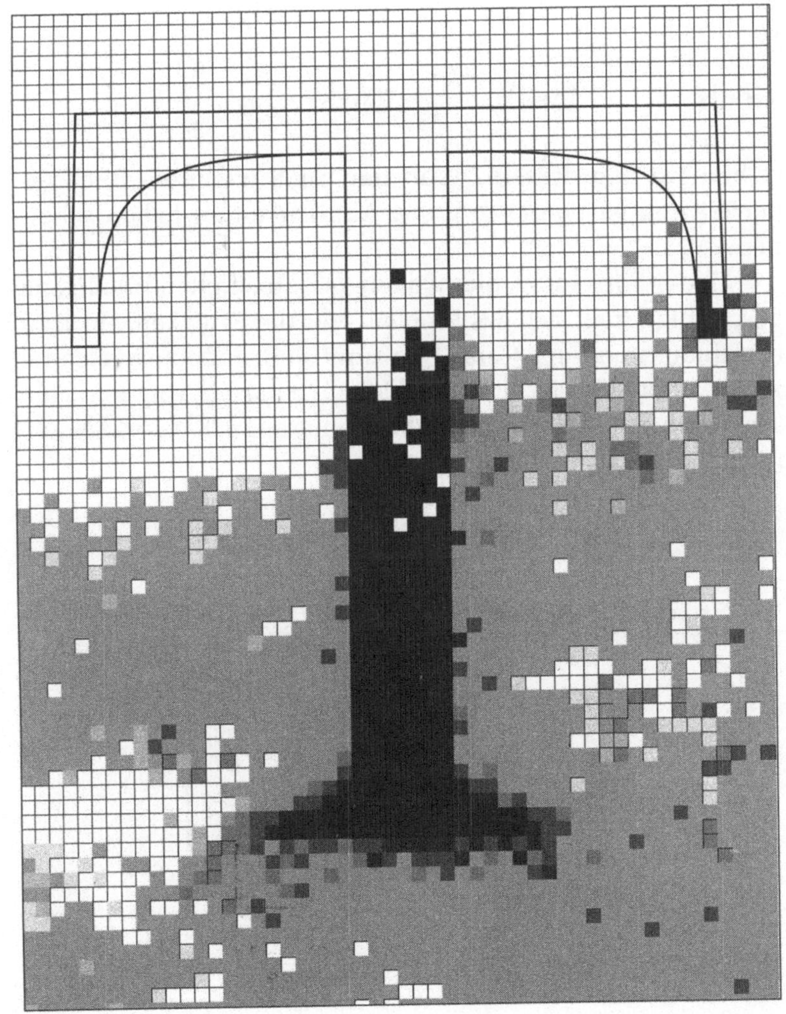

Wir entdecken somit, unbewußt und ohne Anstrengung, das Gemeinsame eines neuen Gegenstandes mit bereits bekannten Gegenständen. So wird ein Gegenstand als Tisch identifiziert, auch wenn wir diesen besonderen Tisch noch nie gesehen haben. Wir sehen von den konkreten Eigenschaften ab, von der besonderen Größe, dem besonderen Material, selbst von der besonderen Funktion, und erkennen einen Tisch, egal, ob es sich um einen großen oder kleinen, runden oder eckigen, schweren oder leichten, ob es sich um einen Eßtisch, einen Küchentisch oder Schreibtisch handelt.

Ebenso verstehen wir das Wort »Tisch«, egal ob es mit tiefer oder hoher Stimme gesprochen wird, leise oder laut, klar oder genuschelt.

Die drei Begriffe

Tisch   **Tisch**   𝕿𝖎𝖘𝖈𝖍

stellen ein und dasselbe Wort dar, auch wenn die Buchstabenzeichen gar keine so große Ähnlichkeit zu haben scheinen.

In der Forschung, die sich mit der künstlichen Intelligenz beschäftigt, stellt sich das Problem, wie die Fähigkeit, ein 𝕿 zu erkennen, wenn nur **T** und **T** bekannt sind, auf eine Maschine zu übertragen ist. Es geht dabei letztlich darum, von dem konkreten Buchstaben soweit zu abstrahieren, daß das Allgemeine zum Vorschein kommt.

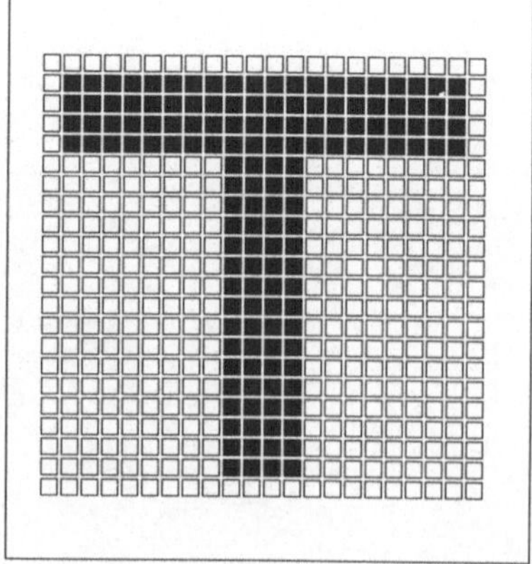

Abb. 26 + 27
Varianten des T

Gemeinsam ist den Buchstaben, daß es sich um schwarze Flächen auf weißem Grund handelt.

Um den Buchstaben zu beschreiben, wird ein Raster über den Buchstaben gelegt und von jedem Punkt gesagt, ob er schwarz oder weiß ist. Man erhält so eine Raster- oder Bitmap-Darstellung des Buchstabens. Die komplexe Gestalt des Buchstabens wird zerlegt in eine einfache Aneinanderreihung schwarzer und weißer Punkte. Dieser Abstraktionsschritt ist nicht nur technische Voraussetzung für das Speichern von Schriften mit Hilfe von Computern, sondern ermöglicht auch das Wiedererkennen von Schrift auf einer ersten Ebene. OCR-Geräte (Optical character recognition) erzeugen eine Bitmap des zu lesenden Buchstabens und vergleichen sie Bit für Bit mit den Bitmaps gespeicherter Musterbuchstaben (sogenanntes Pattern Match).

Abb. 28
Bitmap-Format,
Buchstabe wird
durch Pixel
gefüllt.
(1. Abstraktion)

Die Abstraktion bei der Bitmapdarstellung besteht darin, zu sehen, daß das Wesentliche einer Form erhalten bleibt, wenn sie aus vielen kleinen Einzelteilen zusammengesetzt ist.

In einer zweiten Stufe der Abstraktion wird nur noch die Kontur des Buchstabens beschrieben. Hier besteht die weitere Abstraktion darin, zu sehen, daß gar nicht von jedem Punkt gesagt werden muß, ob er weiß oder schwarz ist, sondern daß es ausreicht, nur die Grenzlinie, also den Übergang von weißer zu schwarzer Fläche zu beschreiben. Das geschieht durch die Angabe von Koordinaten, die den Kurvenverlauf der Kontur definieren.

Das Gegenteil von Abstraktion ist Konkretisierung. Wenn ein Buchstabe in zweiter Abstraktion beschrieben vorliegt, dann muß auch zweimal konkretisiert werden, um zum ursprünglichen Buchstaben zurückzukehren. Aus einem Buchstaben im Konturformat wird aus den Koordinaten mit Hilfe der Mathematik zunächst der Konturverlauf rekonstruiert. Die Kontur wird dann gerastert, das heißt mit Bits ausgefüllt, und kann als Bitmap zur Steuerung der elektronischen Belichtung verwendet werden.

Abb. 29
Kontur-Format,
Buchstabe ist
definiert durch
mathematische
Konturbeschreibung
(2. Abstraktion)

Wozu aber die Abstraktion, wenn doch wieder konkretisiert wird? Die Kontur-Darstellung ist erstens kompakter und zweitens flexibler. Das heißt, sie beansprucht weniger Speicherplatz, und der Konturbuchstabe läßt sich leichter modifizieren. Statt aus den Koordinaten den ursprünglichen Buchstaben wiederherzustellen, läßt sich leicht auch eine größere Variante erzeugen, oder eine schräge oder eine konturierte usw.

Die drei Wörter noch einmal in einer anderen Punktgröße und als große, schräge und konturierte Version:

Tisch   *Tisch*   Tisch

Abstraktion und Konkretisierung sind nicht nur im Erkenntnisprozeß notwendig, sie sind auch aus anderen Bereichen des Lebens nicht wegzudenken, zum Beispiel in der Ökonomie.

Der Tauschhandel ist die natürliche Form der Güterverteilung. Die Einführung des Geldes stellt eine enorme Abstraktion dar. Material, das keinen eigenen Wert hat, wird an Stelle einer Ware zur Erleichterung des Handels benutzt. So wie die Bitmap (eine gespeicherte Folge von Einsen und Nullen) für sich keinen Sinn hat, sondern nur zusammen mit der Druckertechnologie zu Buchstaben führt, so erhält das Geld nur durch die Konventionen im wirtschaftlichen Zusammenleben einen Wert. Ein anderes Beispiel stellt die Malerei dar. Ein abstraktes Gemälde ist völlig sinnlos, wenn der Betrachter nicht in der Lage ist, das Gesehene zu interpretieren, und das heißt nichts anderes als: zu konkretisieren. Darum kann ein Bild von Picasso für denjenigen, der über eine Konkretisierungstechnik verfügt, eine viel größere Aussagekraft haben als ein realistisches, konkretes Bild.

0	Start	2133	0
1	Ecke	2133	483
2	Kurve	2456	499
3	Kurve	2898	608
4	Kurve	3110	724
5	Kurve	3281	918
6	Kurve	3375	1248
7	Kurve	3417	1780
8	Tangente	3423	2237
9	Ecke	3423	9

Abb. 30
IKARUS Format,
Buchstabe besteht
aus Punktkennungen
und Koordinaten
(3. Abstraktion)

Der zweiten Abstraktion der Schriftspeicherung, dem Konturformat, entspricht der bargeldlose Verkehr in der Wirtschaft. Ein Scheckheft ist die abstrakte, kompakte Form des Besitzes, so wie der Konturbuchstabe die abstrakte, kompakte Form der Schriftdarstellung. Mit dem Scheck erhält man zu jeder Zeit den gewünschten Geldbetrag. Das besondere ist, daß man nicht das Geld wiederbekommt, das man einmal einbezahlt hat, sondern den gleichen Wertbetrag. So ist es möglich, auch Geld in einer anderen Währung zu erhalten.

Ganz entsprechend können mit dem Konturformat auch verschiedene Maschinenformate erzeugt werden. Die Schrift ist nur einmal gespeichert und wird erst, wenn der Druckauftrag vorliegt, in eine Bitmap für einen speziellen Drucker umgerechnet. Das Konturformat wird in die »Währung« des Druckers »eingelöst«. Der Mathematik, die hinter dem Konturformat, z.B. dem Vektor-Format oder dem Bézier-Format steht, entspricht das Bankensystem.

Das Streben nach noch größerer Flexibilität im Geldverkehr führte als nächstes zur Einführung der Kreditkarte. Das Ziel ist es, mit einer Karte überall auf der Welt jederzeit jede Ware kaufen zu können, unabhängig von einer bestimmten Bank. Genauso geht auch die Entwicklung der digitalen Schriften in Richtung auf Unabhängigkeit von speziellen Konturformaten. Den nächsten Schritt der Abstraktion bei der Schriftherstellung leistet das IKARUS Format, kurz IK-Format.

Bei den gängigen Konturformaten gehört die Art und Weise, wie aus den Konturdaten die Kontur erzeugt wird, zur Konturinformation direkt hinzu. Im PostScript (T1-Format) wird die Kontur durch Bézier-Kurven erzeugt. Das Folio-Format setzt die mathematischen Funktionen der allgemeinen Kegelschnitte (g-conics) voraus, und mit dem TrueType von Apple (TT-Format) sind die Funktionen der quadratischen Splines fest verbunden. Beim IK-Format hingegen kommt keine Mathematik explizit vor. Es gibt nur Koordinaten und ihre Bedeutungen als Anfangs-, Eck-, Tangenten- oder Kurvenpunkte. Dabei ist von den Kurven nicht gesagt, welche mathematische Funktion die Verbindung zu einer kontinuierlichen Kurve vollziehen wird. Diese Verbindung kann durch Bézierkurven, g-conics, quadratische Splines, Spiralen oder durch Kreise (genauer Teilkreise) gemäß entsprechender Interpolationsmathematik erzeugt werden.

Formate sind frei von mathematischen Funktionen.

Die weitere Abstraktion, die das IKARUS Format darstellt, bedingt einen noch komplizierteren Weg der Konkretisierung: Zuerst muß aus dem IK-Format ein (konkreteres) Konturformat erzeugt werden. Daraus entsteht ein (wiederum konkreteres) Bitmapformat. Und erst mit dem Bitmapformat kann wirklich konkreter Text gedruckt werden.

Aber wieder bringt die weitere Abstraktion Vorteile mit sich. Wie Maschinenformate aus den Konturformaten, so werden jetzt die einzelnen Konturformate aus dem IKARUS Format berechnet. Gleichzeitig erhöht sich noch einmal die Flexibilität. Es lassen sich aus dem IKARUS Format auch fette, gerundete (rounded) und echte kursive Schriften herstellen:

Aus einmal aufgenommenen Mutterdaten kann – bei Bedarf – sowohl das T als auch das **T** als auch das 𝕋 erzeugt werden. Buchstaben können interpoliert werden, so daß neue Formen entstehen, und möglicherweise werden einmal durch Abstraktion auch neue Formen auf alte zurückführbar gemacht werden, so daß eine Maschine auch eine ganz neu konstruierte Schrift, oder zum Beispiel eine Handschrift, wird erkennen können.

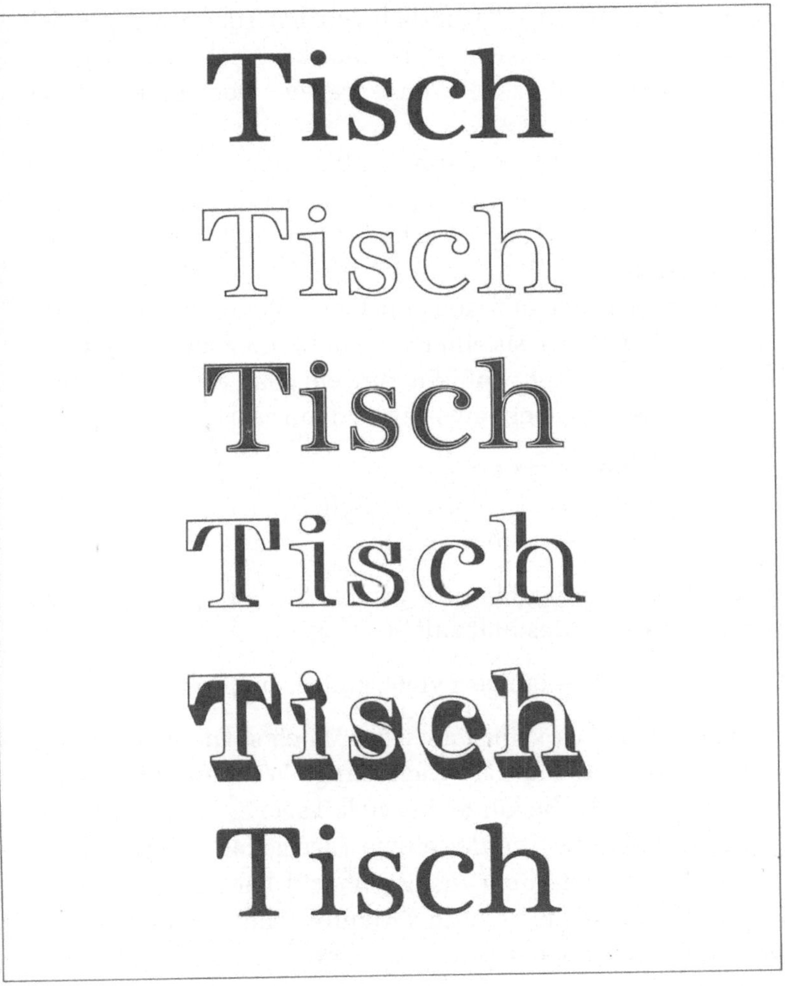

Abb. 31
Aus dem
IKARUS Format
errechnete
Varianten:
1) Grundfassung
2) Outline
3) Inline
4) Relief
5) Shadow
6) Round

Computer – wie Du und ich

Aufwandschätzungen

Programmierer sind auch nur Menschen. Wenn sie nach einem Termin für den Abschluß eines Projektes gefragt werden, erhält man oft die Angaben wie: »bald – das kann nicht mehr lange dauern – eigentlich bin ich schon fertig – ich müßte noch ein bißchen testen – das kann ich nicht sagen – können Sie mich etwas leichteres fragen – noch einige Monate – noch viele Wochen«.

Manchmal hilft es dann weiter, wenn man nach der Größenordnung sucht, also ob es sich bei der verbleibenden Zeit um Stunden, Tage, Wochen, Monate, Jahre oder Jahrzehnte handelt.

Wenn man sich auf eine günstige Zeiteinheit geeinigt hat, wird dann auf der Basis einer »neuen Mathematik« gefeilscht. Dabei gibt es nur vier »Zahlen«: ein, ein paar, einige, viele! Die Addition läßt sich leicht ausführen, denn es ist:

> ein + ein = ein paar,
> ein paar + ein paar = einige,
> einige + einige = viele.

Bei der Subtraktion gibt es auch keine Schwierigkeiten, wenn man mehr als ein Resultat zuläßt, also:

> viele – einige = viele, einige, ein paar usw.

Trotzdem kann es sein, daß viele Wochen mehr als einige Monate sind, daß ein paar Tage einige Wochen dauern, nur selten ist eine Woche kürzer als viele Tage. Es ist schon vorgekommen, daß »eine Stunde« einige Tage gedauert hat.

Als wir uns darüber lustig gemacht haben, daß bei den »präziseren« Angaben häufig 8 Mannwochen oder ein Vielfaches davon gegeben worden ist, sind die Programmierer – schlau sind sie ja – in neuester Zeit zu »höchstpräzisen« Zeitschätzungen übergegangen unter Verwendung der Primzahlen: 7, 11, 17 oder 47 Zeiteinheiten.

Kapitel 6

Font Technologie

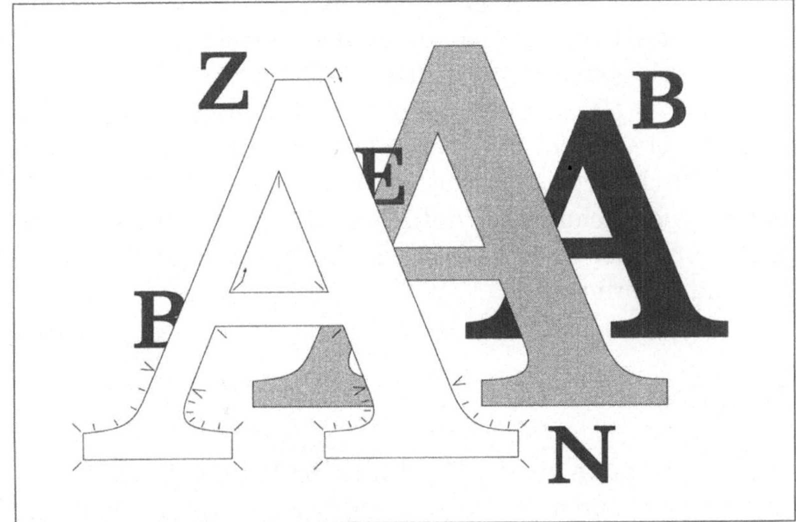

Uns wird immer stärker bewußt, daß wir mit dem IKARUS System einen wirklich neuen Weg zur Handhabung von Schriften beschreiten. Insbesondere die Methode des Digitalisierens mit der Hand spielt dabei eine sehr große Rolle, die in der Regel von Außenstehenden, aber auch durch uns selbst nicht gleich begriffen worden ist (Abb.32).

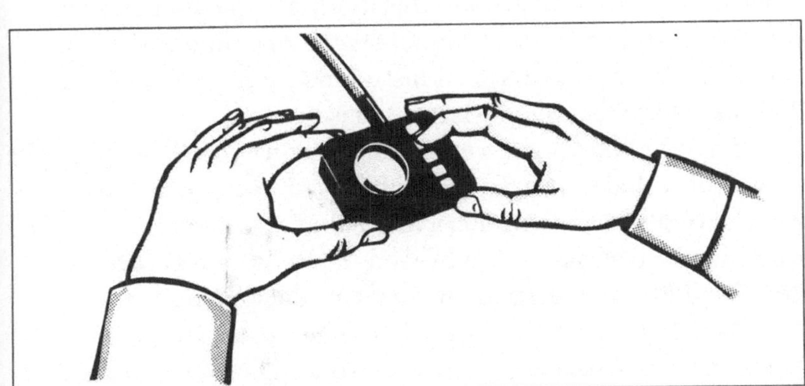

Abb. 32
Sensorbedienung
beim Digitalisieren
mit der Hand

Es sind da wohl zwei wesentliche, psychologische Momente, die uns den klaren Blick versperren: die Anziehungskraft totaler Automation und die Abstoßungskraft fauler Kompromisse. Zum einen gibt es das Scannen als konkurrierende, automatische Methode gegenüber dem Digitalisieren mit der Hand, zum anderen eine idealisierende Tendenz in unser aller Denken, welche manchmal verhindert, gegebene erschwerende Realitäten zu akzeptieren, z. B. schlechte Vorlagen für das Digitalisieren. Mit diesen beiden Erscheinungen setzen wir uns in den zwei folgenden Abschnitten auseinander. Die Antwort auf die Frage, ob Design mit dem Bildschirm vollzogen werden soll, geben wir im dritten Abschnitt.

Für das Handdigitalisieren in Verbindung mit IKARUS Technologie spricht die damit erreichbare Qualität, der der vierte Abschnitt gewidmet ist. Schließlich wollen wir verdeutlichen, wie wichtig eine Aufteilung der Arbeit in einerseits Erstellung einer Datenbasis und andererseits Herstellung von Maschinenformaten ist.

Handdigitalisieren

Handdigitalisieren ist effektiver als Scannen und Auto-tracing.

Das Digitalisieren mit der Hand wirkt im Vergleich zum Scannen mühsam und ungenau. Das Gegenteil aber ist der Fall! Bei URW arbeiten wir mit beiden Methoden gleichzeitig und unterscheiden von Fall zu Fall, welchen Weg der Digitalisierung wir für eine Schrift einschlagen. Wir haben einerseits das LINUS System, das beste am Markt befindliche Produkt zur automatischen Erzeugung von Konturen auf der Basis von gescannten Vorlagen, und andererseits das Digitalisieren von Konturen mit Hand und Digitalisiertablett. Im folgenden basieren unsere Aussagen auf unserer Methode der automatischen Outline-Erstellung. Produkte wie Streamline von Adobe oder FreeHand von Altsys/Aldus würden noch deutlicher in Richtung der Handdigitalisierung weisen.

Um Unklarheiten zu vermeiden: Hier ist von Schrifttechnologie die Rede, also von Schriftherstellung unter Ausnutzung aktuellster technischer Mittel und unserer besten Erkenntnisse. Hier ist von Produktion die Rede: von Effektivität und Qualität unter wirtschaftlichen Gesichtspunkten.

Die Digitalisierungen selbst bestehen aus Punkten, die durch ihre Koordinaten und dann durch ihre Art gekenn-

zeichnet sind. Es gibt drei Arten, nämlich Eck-, Tangenten-
und Kurvenpunkte. Eine vierte Art – die Startpunkte – dient
lediglich der Kennzeichnung von Anfängen verschiedener
Konturen, so hat der Buchstabe »O« zum Beispiel zwei Konturen oder Ränder, das »W« nur einen.

Einen Rand kann man sich vorstellen als eine Folge von
geraden und kurvigen Teilrändern, kurz als Folge von Geraden
und Kurven. Zwei benachbarte Geraden oder zwei benachbarte Kurven können nur »eckig« ineinander übergehen. Wo
sie zusammentreffen, finden wir die erste Digitalisierungsart,
den Eckpunkt. Würden sie »glatt« ineinander übergehen,
könnte man sie zu einer einzigen Geraden bzw. Kurve zusammenfassen. Auf den Kurven befinden sich Digitalisierungen
der zweiten Art, die Kurvenpunkte. Sie erfüllen die Funktion
von »Stützstellen« und werden gesetzt, wann immer sich die
Richtung der Kurve um etwa 30 Grad ändert. Zusätzlich werden alle lokalen X- und Y-Extremwerte von Rändern mit Kur-
venpunkten digitalisiert. Bei einem Kreis sind dies z. B. der
äußerste linke, rechte, obere und untere Punkt.

*Es gibt vier
Punktarten:
SEKT
(Start, Ecke, Kurve,
Tangente)*

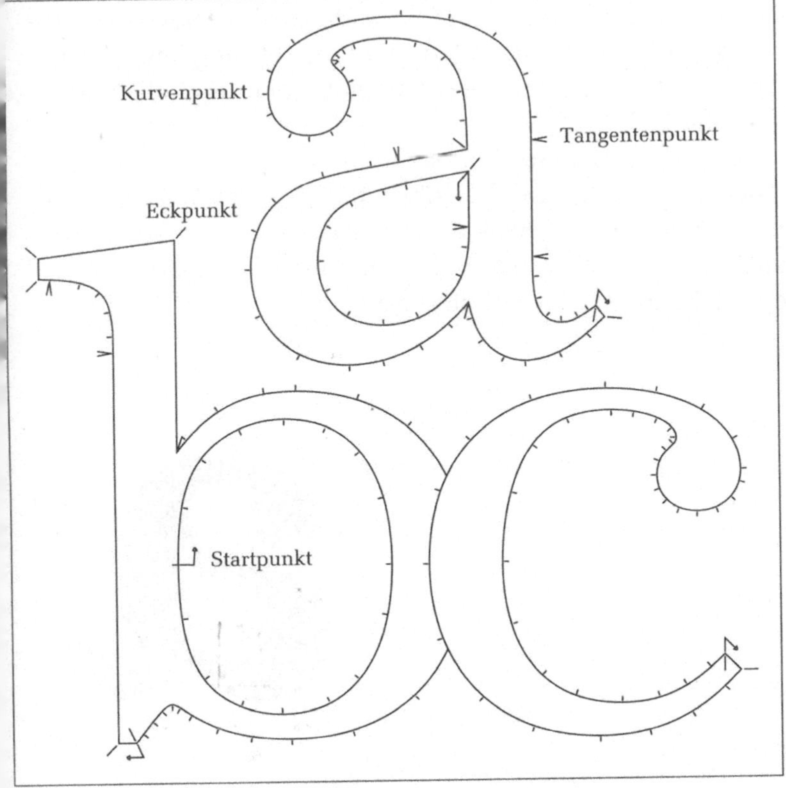

*Abb. 34 (oben)
Vorlage von
einem »a«*

*Abb. 33 (links)
Erklärendes
Beispiel zu den
Digitalisierungen*

Die dritte Art von Digitalisierungen nennen wir Tangentenpunkt. Sie wird überall dort benutzt, wo eine Gerade »glatt« (tangential) in eine Kurve übergeht oder umgekehrt. In einem Tangentenpunkt haben also die links und rechts von ihm liegende Gerade bzw. Kurve die gleiche Richtung (Abb. 33).

Für uns alle ist es sehr lehrreich gewesen, neben dem Handdigitalisieren alternativ das Scannen immer parallel zur Verfügung zu haben. Nachstehend geben wir als Summe unserer 18-jährigen Erfahrung eine Statistik wieder, die auf folgenden Voraussetzungen basiert:

- Eine Schrift habe 100 Zeichen mit im Mittel 50 IKARUS Punkten. Sie besteht also aus 5000 Digitalisierungen (digs).
- Zur Digitalisierung werden gute Vorlagen verwendet, deren Qualität der des Buchstabens »a« in Abb. 34 entsprechen sollte.

Dann ergibt das Handdigitalisieren ein »a« in der Qualität der Abbildung 35. Durch Scannen und anschließendes Umwandeln in eine IK-Kontur entsteht die Qualität der Abbildung 36. Nach interaktiven Korrekturen am Bildschirm ergeben sich für das »a« folgende Resultate aus der Handdigitalisierung (Abb. 38 a + b) und aus der automatischen Digitalisierung (Abb. 39 a + b).

Die nachstehende Übersicht über den erforderlichen Arbeitsaufwand ist auf ein Ensemble von hundert lateinischen Buchstaben bezogen. Der Aufwand für gescannte Schriften erhöht sich drastisch, wenn man Vorlagen aufnehmen soll in der Art der Abbildung 37.

Abb. 35 (links)
Bei der Hand-
digitalisierung sind
10% der IK-Punkte
fehlerhaft.

Abb. 36 (Mitte)
Beim Scannen sind
ca. 30% der
IK-Punkte fehlerhaft.

Abb. 37 (rechts)
Als Beispiel ein »a«,
das von einem 24p
großen Druck auf
Glanzpapier hoch-
vergrößert worden ist.

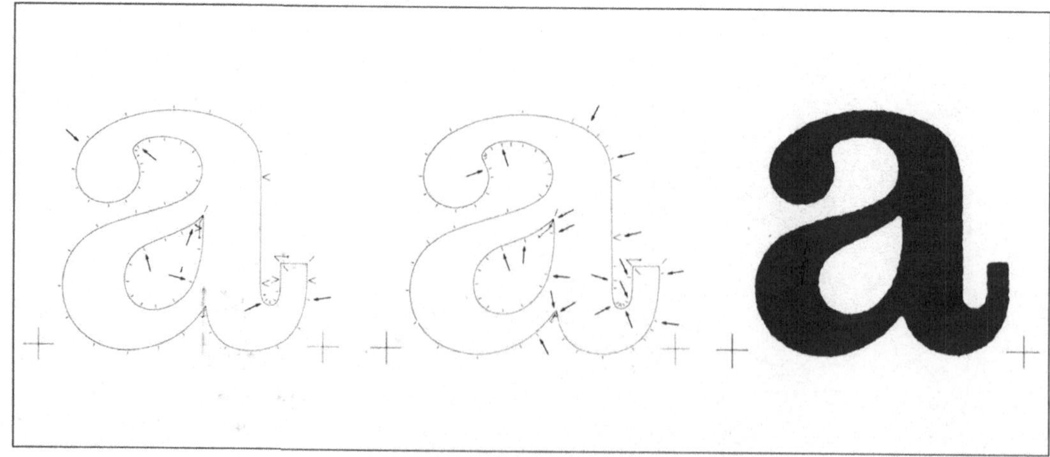

Nach interaktiven Korrekturen am Bildschirm ergeben sich für das »a« aus der Handdigitalisierung die nebenstehenden Resultate.

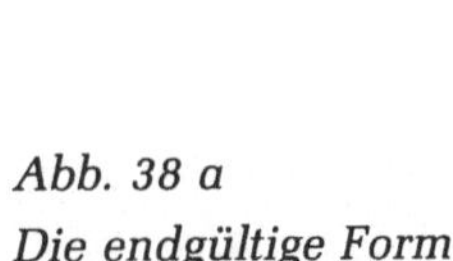

Abb. 38 a
Die endgültige Form
des Buchstabens

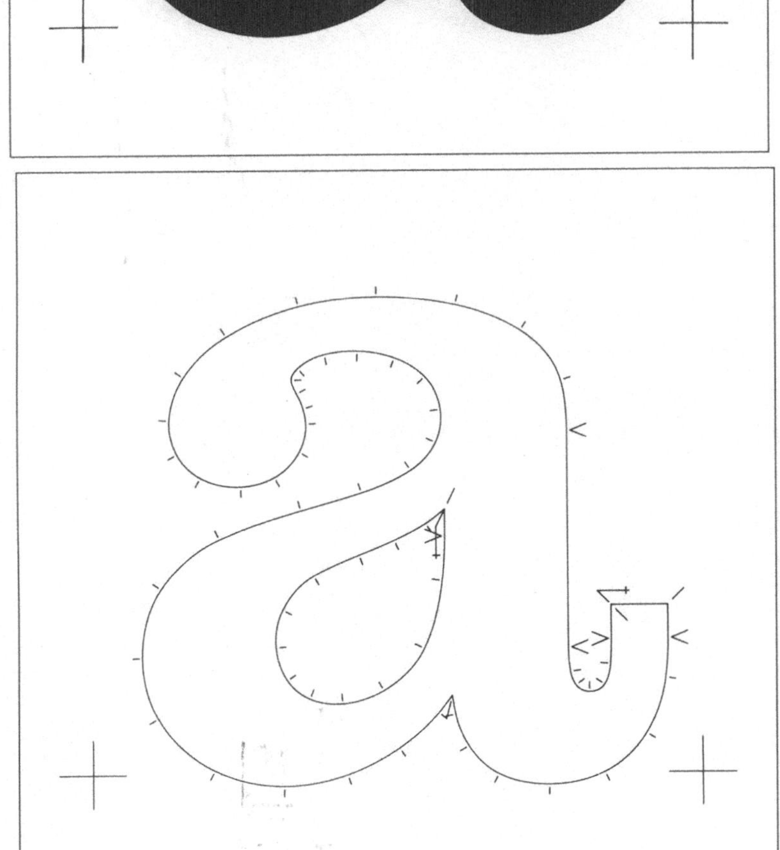

Abb. 38 b
Die endgültigen
IK-Punkte

*Nach interaktiven
Korrekturen am
Bildschirm ergeben
sich für das »a« aus
der automatischen
Digitalisierung die
abgebildeten
Resultate.*

*Abb. 39 a
Die endgültige Form
des Buchstabens*

*Abb. 39 b
Die endgültigen
IK-Punkte*

Arbeit	Handdigitalisieren	Auto-tracing
Datenaufnahme Zeiten für die		
Aufnahme	4 sec / dig 5,5 h / Schrift	0,1 sec / dig 0,1 h / Schrift
Operating	90 sec / char 3 h / Schrift	90 sec / char 3 h / Schrift
danach fehlerhaft	10%	30%
1. Korrektur Zeiten für interaktive Designverfeinerung	30 sec / dig 4,2 h / Schrift	30 sec / dig 12,5 h / Schrift
Technischer Feinschliff (2. Korrektur) Kanalverarbeitung	2 h / Schrift	4 h / Schrift
Serifenab- und -anbau	in Handdigitalisierung enthalten	5,5 h / Schrift
Symmetrisierung, Extreme setzen	2 h / Schrift	5 h / Schrift
Endkorrekturen	2 h / Schrift	4 h / Schrift
Operating	2,7 h / Schrift	2,7 h / Schrift
Summe	21,4 h	36,8 h

Das Scannen scheidet vollkommen aus, wenn man Bleistiftkonturen als Vorlagen hat. Diese sind nicht selten; denn damit ersparen sich Entwerfer etwa 30 bis 50% Arbeit an ihren Reinzeichnungen. Diese Art der Vorlagen ist besonders bei vorhandenem IKARUS System die beliebteste.

Vorlagen

Die Schriftherstellung erstreckt sich über alphabetische Zeichen einschließlich Kanji und Hieroglyphen, über Signets und Logos, über Symbole und Piktogramme, nicht über Strichgraphiken oder Bilder. Mit anderen Worten, die Elemente des Satzes – der Textbearbeitung – werden unter dem verallgemeinernden Begriff Schriftherstellung behandelt, nicht aber Elemente der Seitengestaltung – der Bildbearbeitung – wie fertige Texte, Rahmen, Graphiken und Bilder (Abb. 40).

*Abb. 40
Verschiedene Arten
von Vorlagen*

*Abb. 41 (unt., links)
Golden Type, ver-
größerter Abdruck
eines 12p-Druckes.
Zu den photograph.
Vorlagen mußten ca.
50 Zeichnungen mit
Bleistift gezeichnet
werden.*

*Abb. 42 (Mitte)
ITC Giovanni,
Ausgabe auf einem
Laserdrucker, 30
Zeichen fehlten.*

*Abb. 43 (rechts)
Weidemann Antiqua,
Reinzeichnung in
Tusche auf Karton*

Schriften werden entworfen und dabei in der Regel konstruiert. Je höher der Grad an Konstruktion ist, desto eher entscheiden wir uns für das Digitalisieren mit der Hand. Nur
ganz wenige lateinische Schriften wie die »Block« oder Pin-
selschriften wie der chinesische Kanji-Stil »Li Shu« haben
Konturen, die eher zufällig, also ohne Hilfe technischer Kon-
struktionsmittel wie Kurvenlineal und Maßstab zustande gekommen sind. Das Kriterium für die Entscheidung – ob mit
Handdigitalisierung oder Scanner und automatischer Gewin-
nung der Kontur vorgegangen wird – liegt in der gewünschten
Qualität der Konturen, nicht im allgemeinen Eindruck eines
Schriftentwurfes. Wir bilden hier Details von verschiedenen,
willkürlich ausgewählten Schriftoriginalen ab (Abb. 41 bis 43).

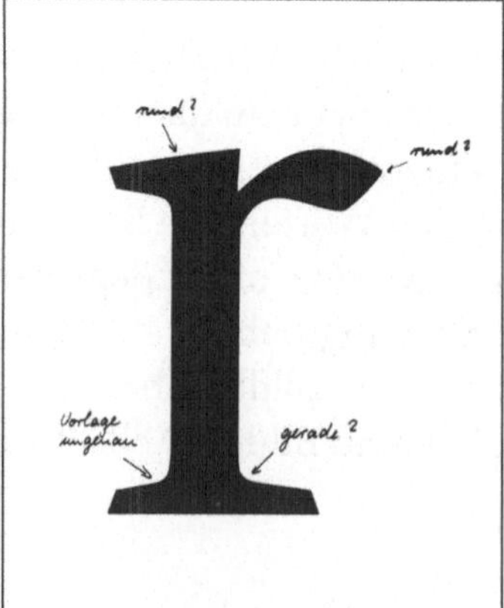

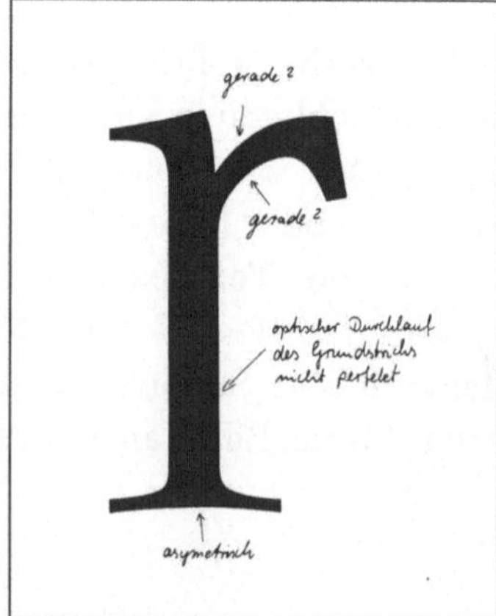

Wir erkennen, daß man in der Regel bei Schriften eine hohe, konstruierte Qualität der Konturen anstrebt, sie aber nur teilweise im Entwurf erreicht.

Und hier liegt der Vorzug des Handdigitalisierens. Wir Menschen haben dank unserer Sinneskräfte geringe Probleme zu erkennen, was der Entwerfer einer Schrift eigentlich wollte, also welche technische Konturenqualität er eigentlich gewünscht hatte (vgl. Abb. 44). In vorstehenden Bildern ist mit kleinen Pfeilen markiert, wo unser Verstand keine Schwierigkeiten hat, beim Digitalisieren die richtige Entscheidung für die Lage einer Konturdigitalisierung zu treffen.

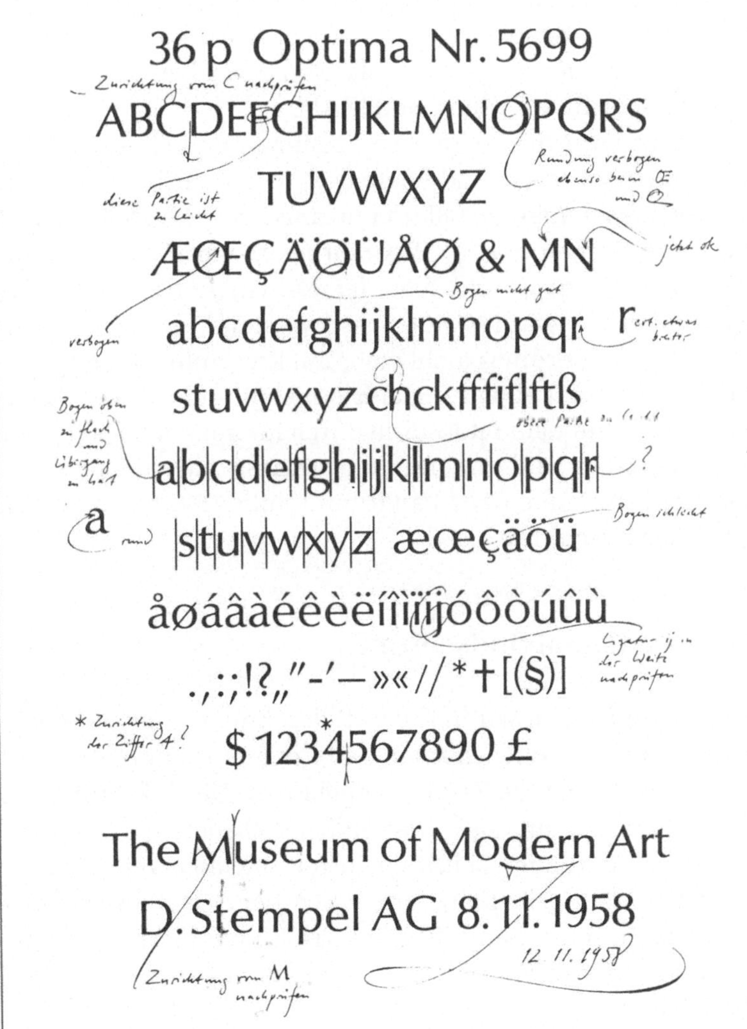

Abb. 44
Anmerkungen von
Hermann Zapf

*Schriftentwerfer und
-techniker haben
eine ähnliche
Zusammenarbeit
wie Architekt
und Baufirma.*

Während des Digitalisierens mit der Hand wird heute die Umsetzung eines Entwurfes in seine technische Gestalt vollzogen. Dies kann man mit der früheren Arbeit der Stempelschneider vergleichen. Der Entwurf erhält durch das Digitalisieren seine technische, konstruktive Vervollkommnung. Deshalb nimmt es auch nicht Wunder, wenn die Digitalisierung von gut hundert Buchstaben einschließlich Ergänzung von Zeichen und der Zurichtung heute noch etwa 100 - 200 Stunden Arbeit für darauf spezialisierte Schriftgraphiker erfordert. Diese Computerspezialisten wissen, was der Entwerfer wollte, und was der heutige Maschinensatz erfordert. Man lese nur am Beispiel der Optima (Abb. 44) die vagen, aber unter Eingeweihten als präzise empfundenen Anmerkungen von Hermann Zapf durch. So wie vor dreißig Jahren findet auch noch heute die Kommunikation zwischen Entwerfern und der Schriftherstellung statt [ZAP].

Damit wird die technische Leistung deutlich, die früher berühmte Gießereien und heute die guten Schriftabteilungen von Setzmaschinenherstellern und auf Schriftherstellung spezialisierte Firmen wie URW vollbringen. Oft für die Öffentlichkeit verborgen, wird hier der Entwurf zu einer Schrift umgestaltet. Es werden mit Schriftverstand »Reinzeichnungen« erstellt, allerdings nicht mehr mit Kurvenlineal und Maßstab, sondern mit einem Digitalisiertablett und ruhiger Hand, später dann auf dem Bildschirm durch interaktiven Dialog mit dem Computer und anhand von präzisen, durch Computer gesteuerte Ausgaben auf Papier und Folie (Plotter) oder auf Film (Setzmaschine).

Design mit dem Bildschirm?

Können und sollen wir in Zukunft den Entwurf neuer Schriften mit Hilfe von Bildschirmen und Computern durchführen? Uns scheinen heftige Zweifel angebracht. Die Erfahrung mit Computern lehrt uns, daß diese Hilfsmittel allein bei der Übernahme existierender Schriften in die digitale Welt nicht in Frage kommen. Wir brauchen neben dem Digitalisiertablett eine präzise (Flachbett-) Zeichenmaschine und eine Setzmaschine. Dann können wir die Resultate mit den Originalen vergleichen.

Man sollte einmal versuchen, eine Konturzeichnung eines Laserdruckers zum Vergleich mit Originalen heranzuziehen. Die ausgegebene Größe von etwa 10 cm großen Buchstaben schwankt um einen halben Millimeter je nach Luftfeuchtigkeit des Raumes und Tagesform des Laserdruckers! Wie soll man da die Maßhaltigkeit prüfen?

Man kann zwar mit Hilfe von Bildschirmen die Maße durch numerische Überprüfung und Korrektur unter Kontrolle bringen, sie aber nicht mit dem Original vergleichen. Es sei denn, daß man die Originale mit einem Scanner abgetastet hat. Dies vollzieht man aber mit einer Auflösung von 300 lpi, entsprechend einer Ungenauigkeit von ± 0,1 mm. Das ist für die Reproduktion von Schriften nicht akzeptabel (siehe auch Abschnitt Qualität).

Die beste wohlwollende Umschreibung für die Anwendung eines DTP-Scanners und eines Computers allein bei der Übernahme existierender Schriften ist : »Re-Design«.

Was gilt aber für den wirklich neuen Entwurf? Da könnte man ja mit dem Bildschirm allein sein Glück versuchen. Wir können nur feststellen, daß alle unsere Designer grinsen und zum Bleistift greifen, um anschließend die Konturzeichnungen mit dem Digitalisiertablett aufzunehmen. Die Digitalisierung dauert etwa zwei bis fünf Minuten pro Zeichen. Der Entwurf aber nimmt 20 – 60 Minuten in Anspruch, wenn er mit Papier und Bleistift ausgeführt wird. Wenn man ihn mit dem Computer durchführt, dauert der Entwurf doppelt so lange. Die Erklärung liefert die Aufgabe in Abbildung 45.

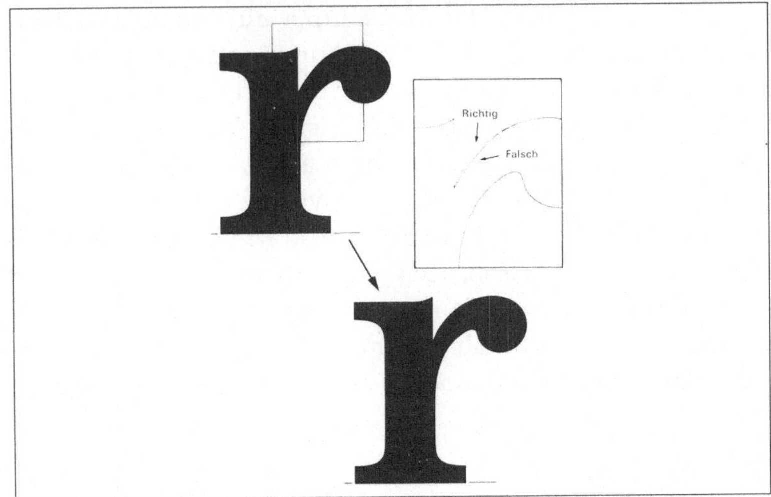

Abb. 45
»Bitte, zeichnen Sie
den Einlauf beim
»r« runder und
gestalten Sie richtig.«

Zeichnerisch dauert die Ausführung etwa 10 sec, interaktiv am Bildschirm länger als 40 sec. Ferner gestatten die Bildschirme keine verzerrungsfreie Wiedergabe, zum Beispiel ist ein numerisch richtig definiertes Quadrat verzerrt zu einem Kissen (Abb. 46).

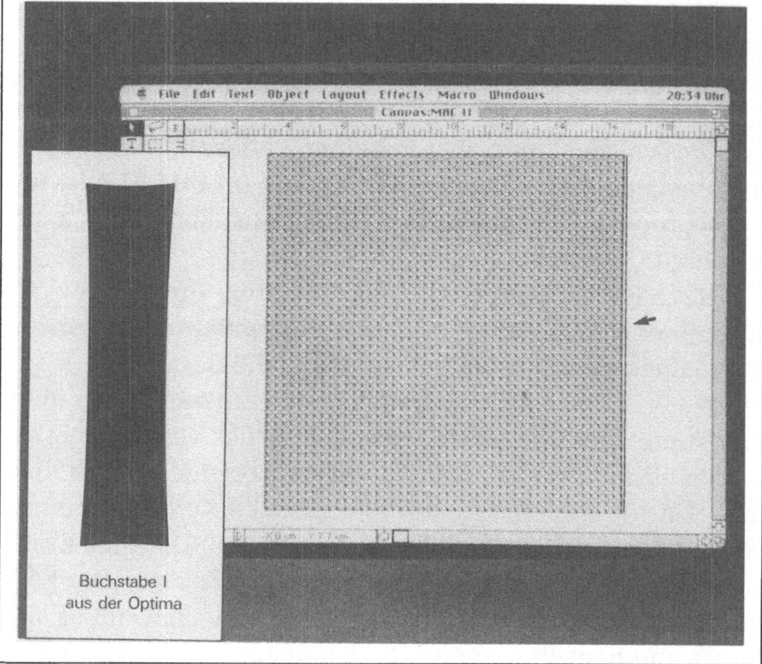

Abb. 46
Alle Bildschirme
zeigen eine
Kissenverzerrung
(siehe Pfeil).
Hermann Zapf
hätte die Optima
nie nur mit einem
Bildschirm
entwerfen können.

Durch Gewöhnung kann man allerdings zur subjektiven Überzeugung gelangen, der Schirm zeige ein Quadrat! Wir jedenfalls verwenden die Bildschirme nur zur interaktiven Korrektur. Die Werte für die Korrekturen ermitteln wir durch das Vergleichen von präzisen, mit der Zeichenmaschine gefertigten Zeichnungen mit dem Original. Wenn wir *wissen*, was wir wollen, dann können wir es auch am Bildschirm ausführen. Doch wie eingangs betont: wir reden von der technischen Umsetzung von Entwürfen, also wie bei den Stempelschneidern von Messen, exakten Geraden oder strakenden Kurven. Was man wissen muß, ist die objektive Größe einer Korrektur. Und die erhält man nur durch Vergleich und Messen aufgrund von verläßlichen Unterlagen.

Qualität

Auf welche Genauigkeit kommt es an? Darüber gibt es für uns keinen Streit mehr. Im Laufe der letzten achtzehn Jahre im Kontakt mit allen Schriftabteilungen der Welt hat sich herausgestellt, daß ein geübtes Auge noch Abweichungen an Kurven von der Größenordnung ± 0,03 mm wahrnehmen kann. Das ist ein Zehntel eines Bildschirmpunktes, dessen Durchmesser etwa 0.3 mm beträgt! Wir unterstellen dabei, daß man für Geraden ohne weiteres mehr verlangen muß und durch heutige Technik auch problemlos erhalten kann. Geradendarstellung braucht man nicht weiter zu diskutieren, wohl aber Kurvenqualität (Abb. 47 bis 50).

Fehler von der Größe ± 0.03 mm kann man sehen.

Abb. 47
Gleicher Buchstabe in unterschiedlicher Kurvenqualität

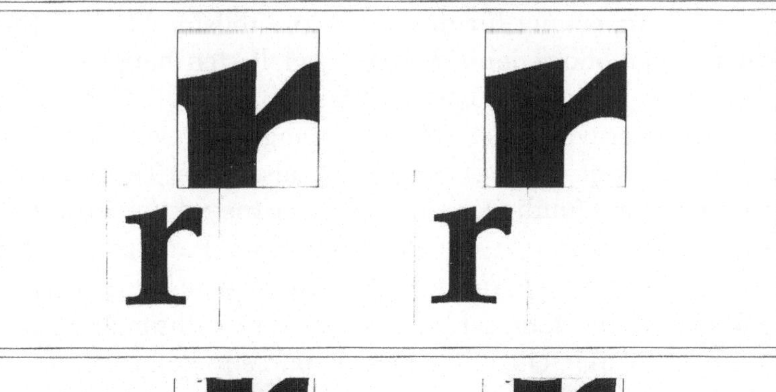

Abb. 48
Palatino, links: Detail des IK-Formates, rechts: Detail des PostScript-Formates

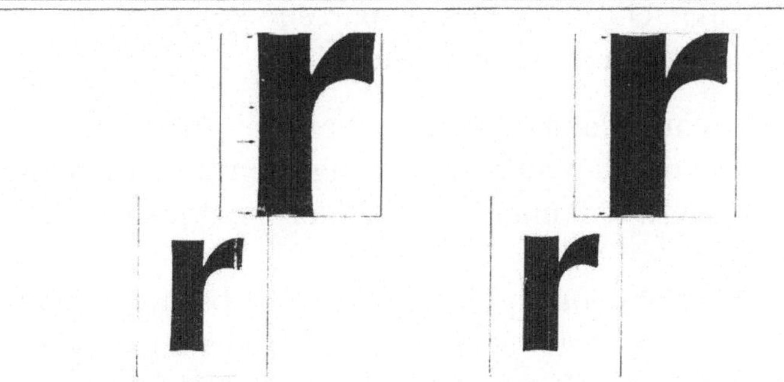

Abb. 49
Optima, links: Detail des IK-Formates, rechts: Detail des PostScript-Formates

Da sich für das Handdigitalisieren herausgestellt hat, daß eine Kegelhöhe von 15 cm am bequemsten zu handhaben ist und mindestens ± 0,03 mm Genauigkeit erreicht werden muß, haben wir uns für eine technische Auflösung von ± 0,01 mm entschieden, d. h. für 15.000 × 15.000 Einheiten pro Geviert. Sowohl Digitizer als auch gute Zeichenmaschinen und Filmbelichter erreichen eine Auflösung von 0,01 mm (entsprechend 2540 lpi), so daß man durch die heutigen technischen Mittel nicht im Streben nach Qualität behindert wird.

Die technische Genauigkeit sollte 0.01 mm betragen.

Abb. 50
Helvetica,
links: Detail des
IK-Formates,
rechts: Detail des
PostScript-Formates

Der hohe Grad an Genauigkeit ist aber nicht nur ein Qualitätsanspruch für moderne Filmrecorder, sondern auch die wichtigste Voraussetzung für das Desktop Publishing (DTP). Das klingt unglaublich; denn das DTP spielt sich hauptsächlich auf niedrigauflösenden Laserprintern ab (300 lpi). Gerade für diese Drucker wird das intelligente Umgrößern von Schriften (intelligent font scaling) eingesetzt, also eine Technik, die Konturformate (outlines) mit Hilfe von Instruktionen (hints) und Markierungen in die mannigfaltigen Punktgrößen für niedrige Auflösungen rastert. Diese intelligente Umgrößerung funktioniert nur dann sehr gut, wenn die Konturen der Buchstaben im Vergleich und allein einen sehr hohen Grad an Gleichheit und Symmetrie aufweisen.

- Für die Hochauflösung (high resolution) bei Filmrecordern ist eine objektive Genauigkeit der digitalen Beschreibung derart gefordert, daß man Konturfehler nicht mehr wahrnehmen kann.
- Für die Niedrigauflösung (low resolution) bei Laserdruckern ist sogar eine weitergehende, numerische Genauigkeit verlangt, damit man Rundungsfehler vermeidet.

Dies ist paradox, man braucht für schlechter auflösende Geräte eine höhere Genauigkeit beim digitalen Format. Es gibt dafür folgende neue Arbeitsschritte:

- die Kanalautomatik,
- den Serifenabbau und -anbau,
- die Einheitenanpassung,
- die Symmetrisierung,
- das Setzen der Extrema und
- die Prüfung der Digitalisierungen.

Neue Arbeitsschritte

Kanalautomatik

Outline-Schriften enthalten immer gerade Striche, die aber nicht genau horizontal oder vertikal verlaufen. Druckschriften sind in ihrer Originalform durch Handarbeit entstanden. Nach der Digitalisierung sind diese Ungenauigkeiten noch erhalten, dabei ist es gleich, ob sie per Hand oder Scanner durchgeführt wurde.

Originale sind durch Handarbeit entstanden.

Mit der sogenannten Kanalautomatik werden durch Programme ungefähr horizontale und vertikale Geraden exakt horizontal bzw. vertikal ausgerichtet. In der Regel werden Geraden durch mindestens zwei Stützpunkte definiert. Die Programme erfassen mit Hilfe von Toleranzen solche geraden Buchstabenkonturen, errechnen den Mittelwert der X- bzw. Y-Koordinaten und setzen die Koordinaten von den in einem Toleranzkanal erfaßten Punkten auf diese Mittelwerte (Abb. 51).

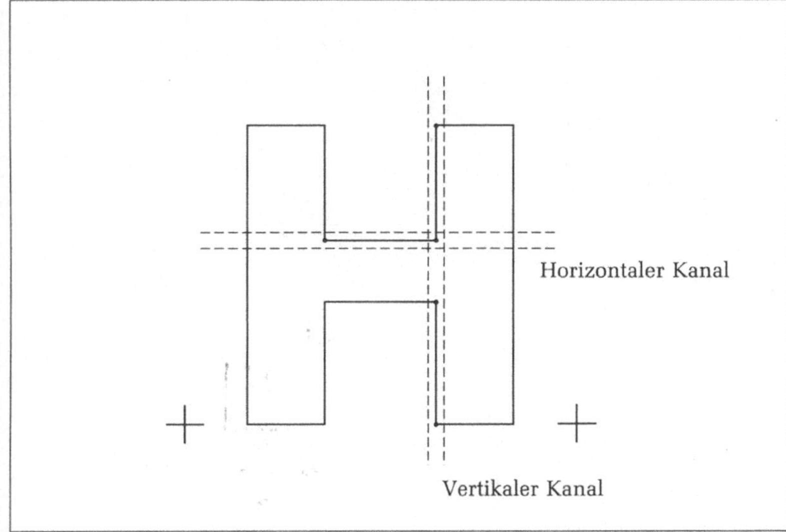

*Abb. 51
Kanalautomatik
zur Ausrichtung
von Horizontalen
und Vertikalen*

Leider kann man die Kanalautomatik nicht automatisch ohne Kontrolle ablaufen lassen. Oft »hängen« den Geraden entweder noch Teilserifen wie beim »I« oder Kurven wie beim »m« an.

Sind zum Beispiel die Teilserifen schon endbearbeitet oder die Kurven schon fein ausgeglichen, dann kann es unerwünschte Erscheinungen an den Verbindungen zu Serifen oder Kurven nach der Kanalautomatik geben.

Serifenabbau und -anbau

Wie alles an einer Schrift sind auch die Serifen und Teilserifen Handarbeit. Also können sie nicht numerisch gleich digitalisiert werden. Daher gibt es spezielle Programme, welche die Serifen durch Bildverarbeitungsmethoden erkennen und sie abbauen. Danach wählt man am Bildschirm eine Teilserife aus den vier in Frage kommenden aus, retuschiert sie unter Umständen und baut sie durch Spiegeln automatisch mit Hilfe von Justierpunkten wieder an (Abb.52).

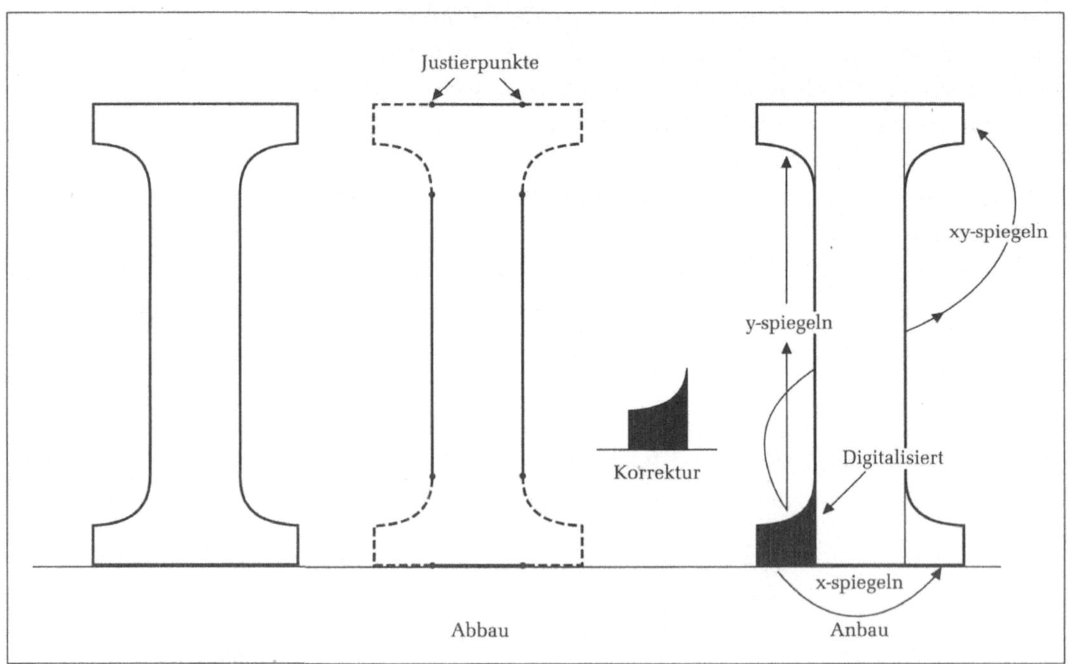

Abb. 52

Der automatische Serifenabbau und -anbau

Einheitenanpassung

Manchmal kann dieser Arbeitsschritt unterbleiben, wenn man in der Schriftproduktion für die Dickte der Zeichen keine Vorgaben hat. Doch gibt es in der Regel Dicktenlisten einschließlich der Angaben für Vorbreite, Breite und Nachbreite, in die die Figuren eingepaßt werden sollen. Auch dies wird von speziellen Programmen vorgenommen (Abb.53).

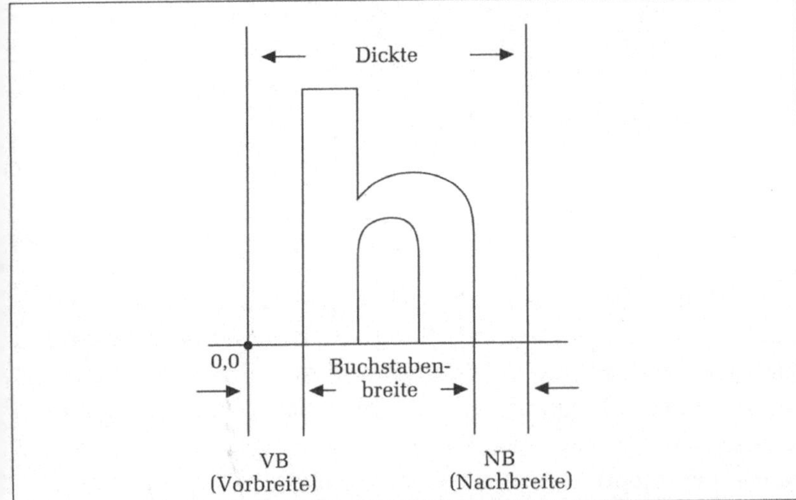

Abb. 53
Die
Buchstabenmaße

Normalerweise sind Änderungen im Rahmen von weniger als ± 5 % der Werte für die Breiten nötig. Die drei Breitenangaben können einzeln oder paarweise oder insgesamt angepaßt werden. Selten ist ein komplettes Überzeichnen des Buchstabens notwendig (welches anschließend eine erneute Digitalisierung erfordert). Die Programme arbeiten mit Schutzzonen für die vertikalen Balken, da diese senkrechten Balken selbst ja nicht gedehnt oder gepreßt werden dürfen (Abb. 54).

Abb. 54
Die Schutzzonen
für die vertikalen
Balken

Symmetrisierung

Auch dieser Arbeitsschritt erfolgt mit Hilfe von Programmen. Die Zeichen eines Alphabetes müssen numerisch (nicht nur optisch) genau zum Teil zwischen, zum Teil auf und unter Schriftlinien gestellt werden (Abb. 55).

Abb. 55
Die Schriftlinien

Wir unterstellen als bekannt, daß der Buchstabe »O« unten und oben einen kleinen Überhang unter die Grundlinie und über die Versalhöhe hat. Wenn nun diese beiden Überhänge nicht numerisch genau gleich sind, dann kommt es bei bestimmten Punktgrößen zu Quantisierungen dieser Überhänge, bei denen unten eine andere Anzahl von Bildpunkten als oben überhängt. Und dies ist ungewöhnlich, also eine Beeinträchtigung der Lesbarkeit.

Setzen der Extrema

Wir finden die Extrema von Kurven unter 0°, 90°, 180° und 270°. Sie werden von Hand digitalisiert oder per Retusche an Bildschirmen neu positioniert. Es gibt Programme, die die ungefähr extrem liegenden Stützpunkte finden und automatisch numerisch exakt setzen.

Prüfen der Digitalisierungsregeln

Die Digitalisierungsregeln sind beschrieben worden [KAR]. Bevor man Bildverarbeitung und intelligentes Umgrößern anwenden kann, muß man die Einhaltung der Regeln durch Programme überprüfen. Unter anderem wird geprüft:
- ob schwarz immer rechts von der Konturrichtung ist,
- Konturen sich nicht kreuzen,
- Konturen immer geschlossen sind und schließlich
- die Parameter im »Buchstabenkopf« des Datenformates nicht der Bildinformation in den Konturen widersprechen.

Datenbasis

Es gehört zur Font Technologie, für Schriften eine Datenbasis zu schaffen, die unabhängig von den aktuell benötigten Maschinenformaten ist. Letztere sind – wie der Name sagt – von Maschinen abhängig.

Der Erfindungsreichtum der Ingenieure und der immer während Konkurrenzdruck bewirken, daß wir ähnlich wie bei den Computern alle drei bis fünf Jahre eine neue Maschine bei jedem Hersteller herauskommen sehen – in der Regel mit einem neuen Format.

Dieser Erscheinung kann man nur Rechnung tragen, indem man seine Schriftdaten zunächst für eine allgemeine Datenbasis produziert, aus der man dann die immer neu benötigten Maschinenformate ableiten kann. Diese Umwandlung sollte automatisch durch Programme ohne zeitaufwendigen, menschlichen Eingriff erfolgen.

Die Graphik in Abb. 56 zeigt den Weg einer Schrift aus dem Kopf eines Entwerfers zu den Computern, dann zu den Maschinen bis hin zum Leser, dem sie dann für den Transport von Information dient.

Es gibt drei verschiedene Arten von Schrifteingaben:

- das Handdigitalisieren,
- das Scannen und
- den interaktiven Entwurf.

Schriftmodifikationen sollten auf der Datenbasis vorgenommen werden. Die Auflösungen der Geräte bestimmen die Art der Datenwandlung und schließlich auch die Beschreibungsform für die »digitalen Schriften«.

Bisher hat es immer neue Maschinenformate gegeben, vielleicht unterbleibt dies in Zukunft.

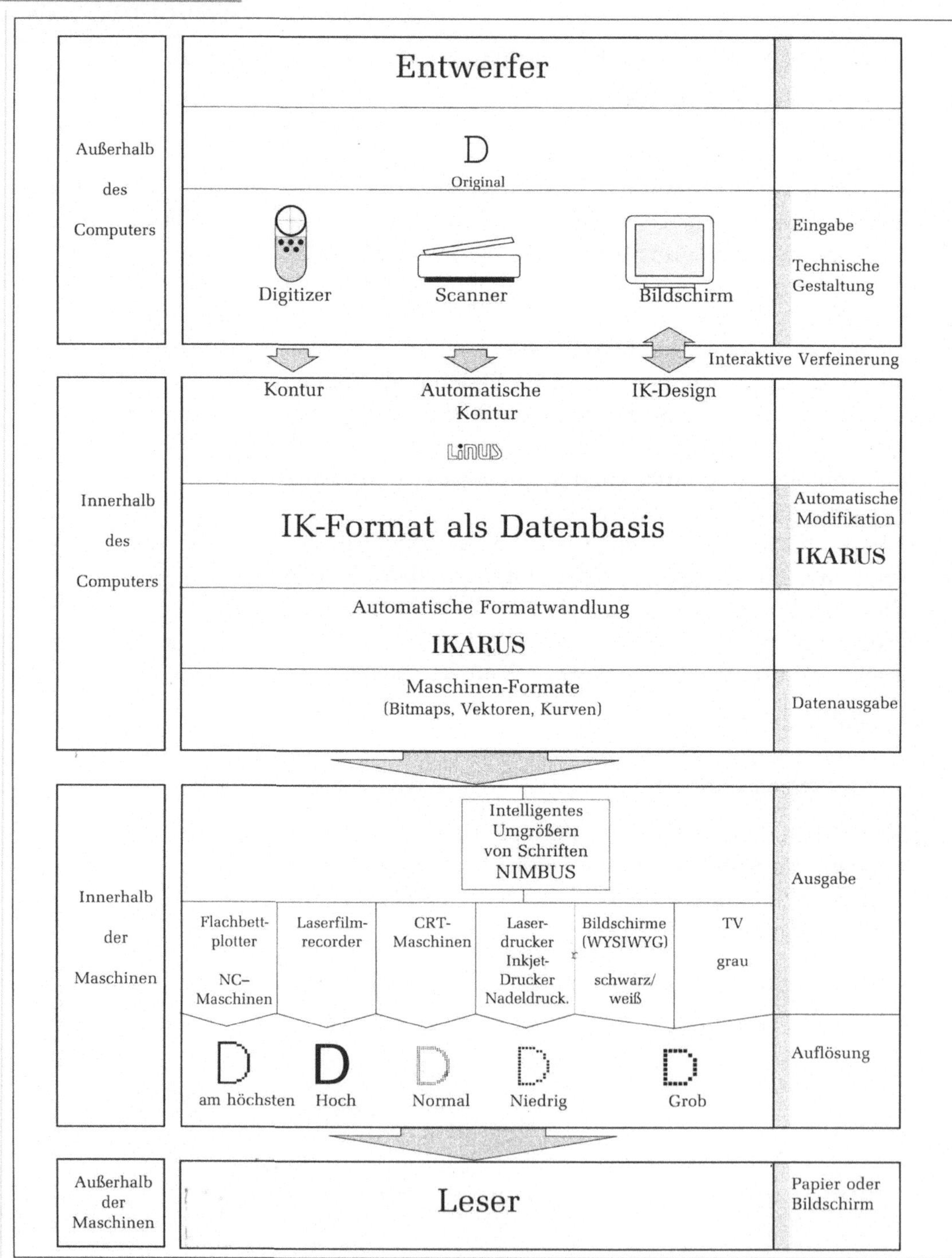

Abb. 56 Der Weg einer Schrift vom Entwerfer zum Leser

Kapitel 7

Intelligent FontScaling

In modernen Rechnern werden Schriften als Konturen (outlines) digital gespeichert und mit Instruktionen (hints) versehen, so daß sie intelligent umgrößert (skaliert) werden können. Diese Technik ermöglicht den Einsatz nur eines Mutterformates zur Wiedergabe von Text auf Bildschirmen, Laserdruckern, Setzmaschinen und Zeichengeräten. Bei den letzten beiden Ausgabeeinheiten bestimmen nur die Konturen die Qualität der Wiedergabe wegen der hohen Auflösung dieser Maschinen. Bei den ersten beiden Geräten sind die Instruktionen zusätzlich von großer Bedeutung. Nur diese, zusammen mit den Konturdaten, ermöglichen eine der geringen Auflösung dieser Geräte entsprechende optimale Darstellung in Form von Bitmaps.

Nur ein Mutterformat für die verschiedenen Ausgabegeräte

Mit Skalierungstechnik befassen sich mehrere Firmen im Bereich der graphischen Industrie: u. a. Adobe (PostScript), Agfa (Intellifont), Apple/Microsoft (TrueType), Bitstream (Fontware), SUN/Folio (Fontscaler) und URW (NIMBUS).

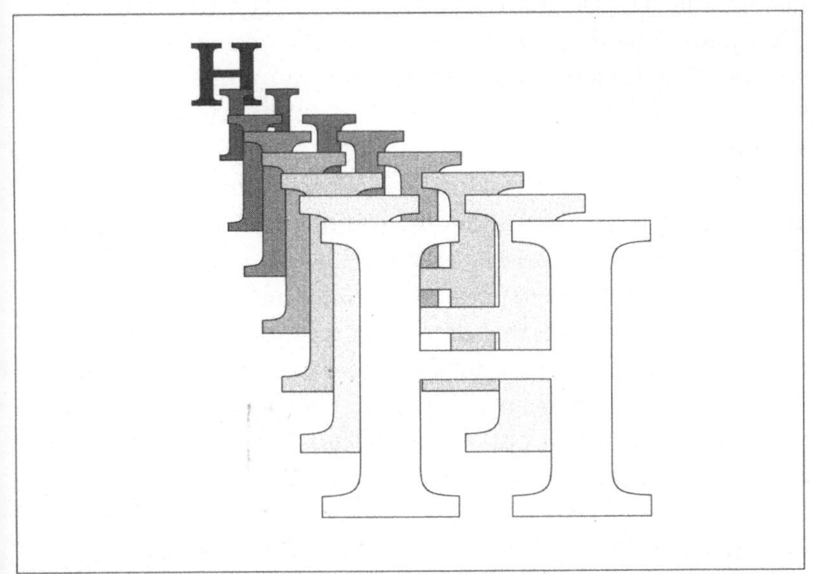

Im folgenden werden die verschiedenen Instruktionen kurz erklärt, die Leistung der Skalierprogramme verglichen, die Auswirkungen auf die Schriftherstellung diskutiert und Verbesserungen für die Zukunft erläutert. Dabei lassen wir Bitstream weg, weil wir keine näheren Informationen über Fontware offiziell erhalten konnten. Die Leistungen von Bitstreams Fontware sind durchaus vergleichbar mit PostScript oder Intellifont. Sie fallen aber auch nicht positiv aus dem Rahmen heraus. Zum Schluß wird ein Glossar der Instruktionen gegeben, in dem mit Hilfe von typischen Formen ihre Wirkung erläutert wird.

Erläuterungen

Diese Erläuterungen können vom Fachmann übersprungen werden (nächster Abschnitt ist Liste der Instruktionen).

Was ist eine Instruktion?

Schriften sind heute digital. Die Buchstaben eines Alphabets werden anhand ihrer Umrisse mit Hilfe von Kurvenlinien mathematisch beschrieben.

Zum Beispiel hat ein Kreis als Umrißlinie eben die Kreislinie. Wir können auf diesen Kreis durchsichtiges Papier mit eingezeichneten Gitterlinien legen, wie wir es vom Millimeterpapier oder den Kästchen des Rechenpapiers kennen. Wir rastern die Kreisfläche dadurch, daß wir alle Kästchen des Gitterpapiers voll schwarz färben, welche von mehr als 50% mit der Kreisfläche überdeckt werden. Ein grobes Gitter hat wenige, ein feines Gitter hat viele Rasterpunkte (= geschwärzte Gitterkästchen) zur Folge.

Bei Laserdruckern wird die Schwärzung des Papiers durch digitale Steuerung derart erreicht, daß horizontal nebeneinander liegende Rasterpunkte im Laufe der horizontalen Ablenkung des Laserstrahls aufeinanderfolgend belichtet (und damit geschwärzt werden) und untereinander liegende Rasterpunkte in aufeinander folgende, nach unten um einen Punkt versetzte Laserlinien erzeugt werden. Der konstante Linienabstand entspricht der Höhe des Rasterpunktes, die konstante Taktfrequenz für die Spanne zwischen dem Ein- und Ausschalten für einen Punkt in einer Linie der Breite des Rasterpunktes. Wird der Kreis grob gerastert, entsteht ein kleines Abbild durch Laserdruck, wird der Kreis fein gerastert, entsteht ein großes Abbild.

Diesen Prozeß kann man mit Hilfe von Programmen automatisieren und Umrißlinien in Rasterdarstellungen umrechnen.

Wie man anhand der Abbildung 57 erkennt, können sehr voneinander verschiedene Resultate entstehen, wenn man bei gleichem Rasterpapier und gleicher Umrißlinie beide nur leicht gegeneinander verschiebt.

Bei der Rasterung von Buchstaben sollten solche Zufälle vermieden werden, damit die Buchstaben eines Alphabets möglichst gleichförmig, nicht unbedingt bestmöglich gerastert werden. Nun findet man in allen Schriften immer wiederkehrende Elemente, wie die geraden und die kurvigen Striche oder Balken. Sie können unter anderem sowohl vertikal als auch horizontal auftreten und werden in dieser geometrischen Ausprägung am stärksten von zufälligen Rasterfehlern betroffen. Sie könnten – es gibt nur ganze Rasterpunkte – einen Rasterpunkt mehr oder weniger erhalten. Das kann bei einer Darstellungsgröße von 10pt (= 2,5mm Versalhöhe; pt = typographischer Punkt) einen Unterschied von 3 zu 4 Rasterpunkten bedeuten, das sind 30%. Dies entspricht einem Übergang von einer normalen zu einer halbfetten Schrift und würde selbst unkritischen Lesern auffallen.

Daher sind die Hersteller von digital gesteuerten Laserdruckern dazu übergegangen, die Rasterung von Schrift intelligenter vorzunehmen. Sie versehen die Umrißlinien mit *Instruktionen*. Das sind zusätzliche Informationen für die Rasterprogramme, die eine intelligente Rasterung gestatten. Instruktionen werden auch mit »hints« oder »Schaltern« bezeichnet. Sie bestehen aus der Art der Instruktion, z. B. Balken, und der Information darüber, wo sich der Balken befindet und wie breit er ist. Verschiedene Instruktionen erhalten unter Umständen verschiedene Informationen zur Steuerung der Programmabläufe.

Horizontale und vertikale Striche werden am stärksten durch zufällige Rasterung betroffen.

Gitteranpassung aus

Gitteranpassung ein

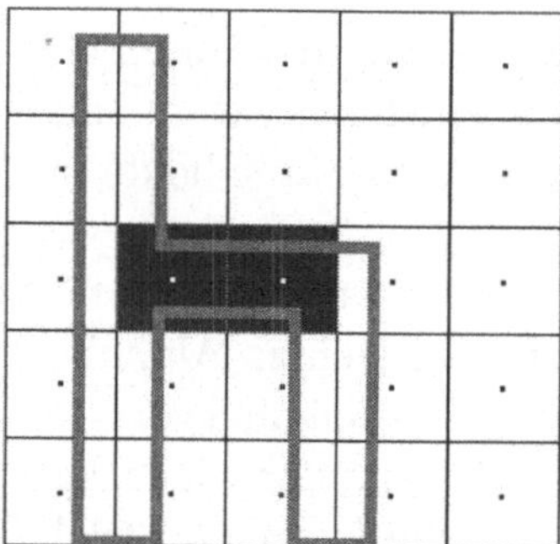

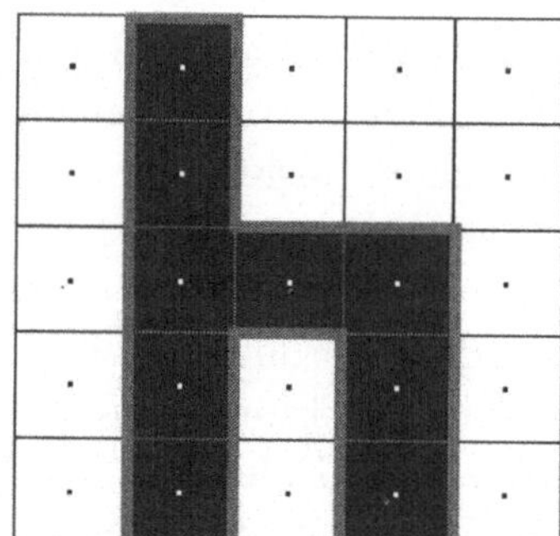

Willkürliche Balkenpositionen
im doppelt feinen Zielgitter.

Balkenpositionen sind exakt auf
Zielgitterlinien gerundet.

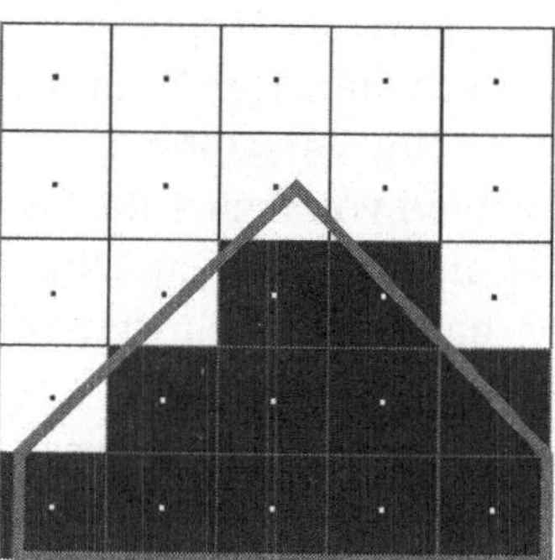

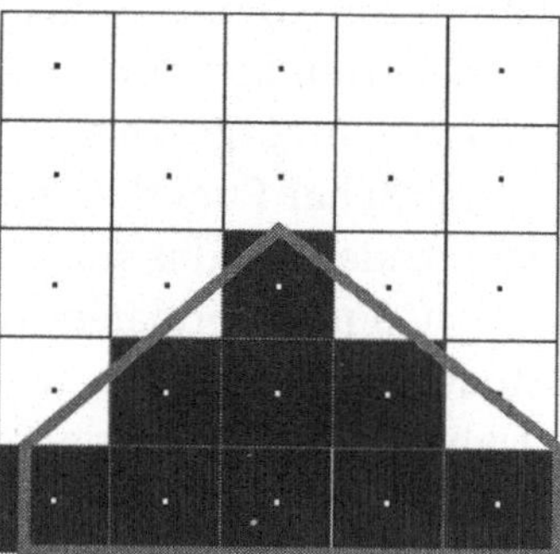

Stumpfe Ecken können vorkommen.

Spitze Ecken auf Grund spezieller
Positionierung.

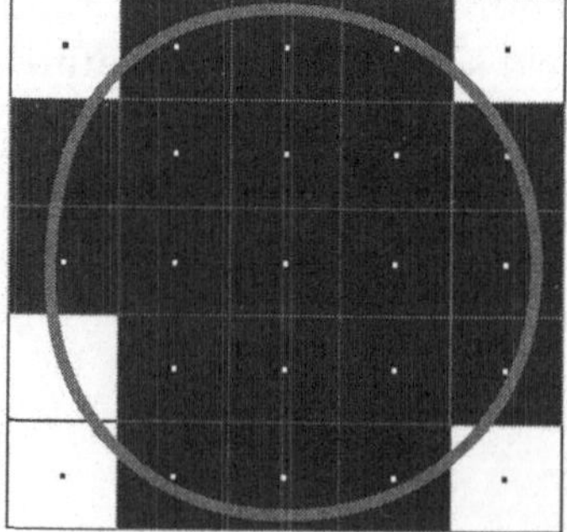

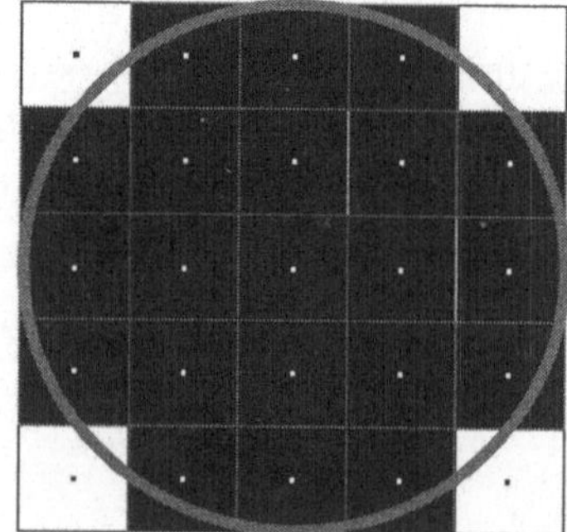

Willkürliche Kurvenextrema können zu
unerwünschten Ausbuchtungen führen.

Kurvenextrema sind wie Balken auf
die Zielgitterlinien gerundet.

Abb. 57
Schon geringfügige
Abweichung von
Rasterpapier und
Umrißlinien
zeigen ganz
unterschiedliche
Ergebnisse

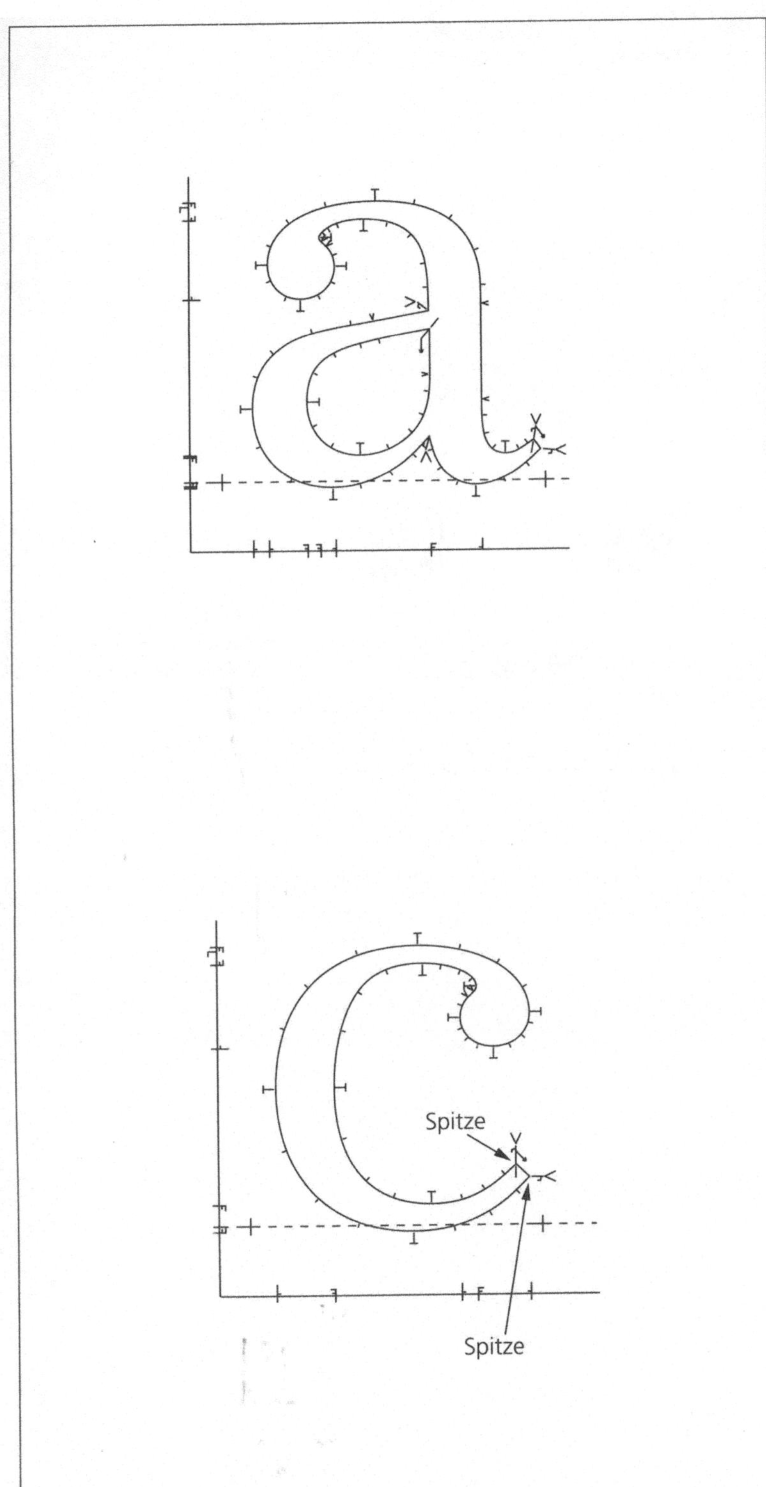

*Abb. 58
Bildinformation
und Instruktion
für »a« und »c«.*

109

Wie wirkt eine Instruktion?

Eine Instruktion bewirkt, daß die wichtigen beschreibenden Elemente (Abb. 58) einer Schrift in homogener Weise gerastert werden.

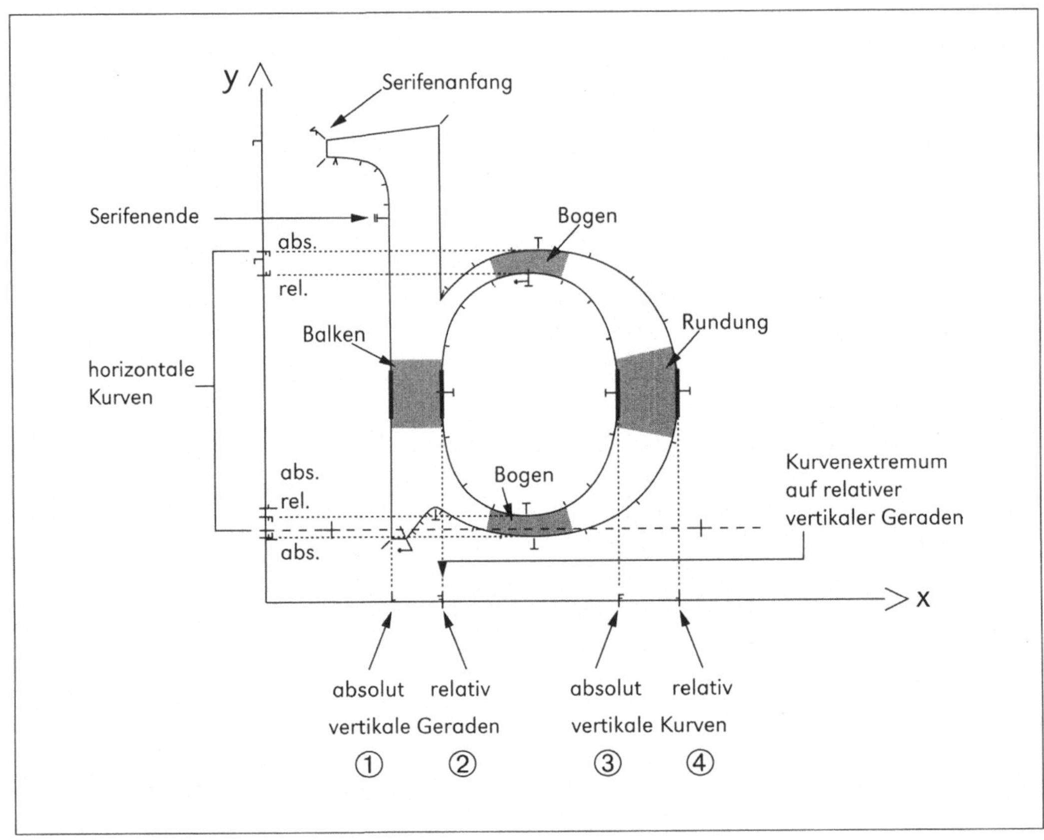

Abb. 59
Graphische
Darstellung
von Instruktionen
am »b«.

Zur näheren Erläuterung betrachten wir den Balken (einen geraden senkrechten Abstrich, z. B. beim b in Abb. 59). Mit Hilfe der Balken-Instruktion werden die Teile des Umrisses automatisch gefunden, die die linke und rechte Begrenzung bilden. Um unglückliche Zufälle beim Rastern zu vermeiden, wird per Programm der linke Rand des b-Balkens auf die nächstgelegene Gitterlinie des Rasters verschoben. Das wird durch eine x-Verschiebung bewirkt, die auf alle Koordinaten der Umrißlinie angewendet wird. Also tritt noch keine Formveränderung des Buchstabens ein. Der rechte Rand wird dann auf die Gitterlinie geschoben, die um eine bestimmte Zahl von Gitterpunkten rechts vom linken Rand liegt. Diese feste Zahl wird vorher aus der Art der Instruktion allgemein für die ganze Schrift errechnet. Dabei geht man in unserem Beispiel von der mittleren Balkendicke aus und ermittelt durch Runden die bestmögliche Anzahl von Rasterpunkten für die Darstellung der Balkendicke. Auf diese Weise kann es zu einer Formveränderung des b derart kommen, daß das b nach der Verschiebung des rechten Randes eine etwas dünnere oder dickere Balkenstärke hat. Aber immerhin eine solche, die Zufallseffekte beim nachfolgenden Rastern automatisch vermeidet und die im Einklang mit den übrigen Balkenstärken des Alphabets steht. Bei dieser Formveränderung wird darauf geachtet, daß sie möglichst gering ist, im Falle des b werden nur die Teile des Umrisses in x-Richtung verschoben, die rechts vom rechten Balkenrand liegen. Diese Programmtechnik bewirkt also, daß man Balken und andere Buchstabenelemente erzwungenermaßen entweder verdicken oder verdünnen kann, oder diese Elemente (wie Balken) kontrolliert zum Beispiel insgesamt nach links oder nach rechts rücken kann. Wegen der zum Teil für kleine Schriftgrößen relativ großen Veränderungen durch die damit verbundenen groben Rasterungen und des allgemeinen Bestrebens, die Formveränderungen so gering und so harmonisch wie möglich zu halten, ist diese Technik nicht nur dafür geeignet, zufälligen Rastereffekten vorzubeugen, sondern auch für andere gewünschte Formveränderungen an Schriften benutzt zu werden.

Sinnbild (icon)	Instruktion (instruction)	Bedeutung
	Balken (stem)	Einhalten der Stärken von Abstrichen mit zwei geraden, senkrechten Konturen
	Querbalken (bar)	Einhalten der Stärke von Querstrichen mit zwei geraden, horizontalen Konturen
	Rundung (bow)	Einhalten der Stärke von Rundungen mit zwei runden, vertikalen Konturen
	Bogen (arch)	Einhalten der Stärke von Rundverbindungen mit zwei runden, horizontalen Konturen
	Kurvenbalken (curve stem)	Einhalten der Stärke von vertikalen Abstrichen mit je einer geraden und einer runden Kontur
	Brücke (curve bar)	Einhalten der Stärke von horizontalen Strichen mit je einer geraden und einer runden Kontur
	Punze (counter)	Einhalten der Stärke von Weißräumen (Punzen)
	Fette (weight)	kanonisches Einhalten von verwandten Strichstärken
	Schräge (slant)	Einhalten der Strichstärke von Schrägstrichen (Diagonalen)
	Extremum (extreme)	Plazierung von extrem liegenden Kurvenpunkten (tiefste, höchste, am weitesten links oder rechts befindliche Kontrollpunkte)
	Serife (serif)	Kontrolle von waagerechten Serifen bzw. Teilserifen
	Querserife (bar serif)	Kontrolle von abgestrichenen Serifen bzw. Teilserifen
	Überhang (overhang)	Anwendung der Grundlinien zur Kontrolle der Überhänge von Bögen
	Spannung (tension)	Begradigung von flachen Kurven bei kleinen Punktgrößen (Optima-Schalter)
	Fleck (spot)	Anpassung der Strichstärken für weiß- oder schwarzschreibende Geräte
	Delta (delta)	spezielle Instruktionen von Apple/ Microsoft zum Einhalten einer Mindeststärke für Striche
	Mindeststärke (dropout)	Einhalten einer Mindeststärke für Striche (Kontrolle des Herausfallens von einzelnen Pixel)

Abb. 60
Icons und Namen
für verschiedene
Instruktionen

Liste der Instruktionen

Der Begriff Instruktion (instruction) ist von Apple geprägt worden. Bei Adobe spricht man von »hints«. Im Rahmen der URW haben wir bisher von Schaltern gesprochen, wollen aber in Zukunft den Begriff Instruktion verwenden. Andere Firmen haben einfach von intelligenten Fonts (intelligent fonts) oder »intelligenten Outlines« gesprochen. Wir meinen, daß sich das Wort Instruktion wegen des lateinischen Ursprungs am besten eignet, international treffend zu schildern, daß zusätzliche Hinweise (hints) benötigt werden, um den Programmen in den sogenannten Rips (raster image processors) zur Umgrößerung (Skalierung) von Schriften optimal Funktion zu geben. Eine Schrift kann man sich aufgebaut aus beschreibenden Elementen vorstellen. Ohne Zweifel sind dabei die geraden senkrechten Abstriche die wichtigsten in lateinischen Alphabeten. Daneben sind Querstriche wie beim »E« oder »H« von Bedeutung. Dann kommen die runden Abstriche z. B. im »O« oder die runden Verbindungen z. B. im »o«, »m« oder »n«. Ferner sind Serifen bei sehr vielen Schriften von Wichtigkeit, das sind die besonders gestalteten Anfänge und Enden von Strichen, z. B. besteht der Buchstabe »I« aus der Schrift »Times Roman« aus einem geraden senkrechten Abstrich, der oben und unten am Anfang und am Ende kürzere Querstriche, sogenannte Serifen, wie Füßchen hat. Schließlich sind noch die Schrägstriche (Diagonalen) besondere Elemente. Darüber hinaus gibt es weitere allgemein bestimmende Bestandteile von Buchstaben einer Schrift. Ihre Anzahl ist doch so groß, daß es sich lohnt, eine Liste von beschreibenden Elementen bzw. Besonderheiten zusammenzustellen (Abb. 60). Diese führen zu Instruktionen, die speziell von Skalierungsprogrammen bearbeitet werden sollten, um eine optimale Darstellung von Schriften bei besonders kleinen Punktgrößen (≈ 10 pt) und grober Auflösung ($100 - 300$ lpi) zu ermöglichen. Es erscheint uns wichtig, für die einzelnen Instruktionen einen jeweils treffenden Begriff zu finden. Er sollte im Deutschen und im Englischen möglichst einprägsam und kurz sein. Zusätzlich führen wir ein Sinnbild (icon) für die Instruktionen ein. Mit dem folgenden Kommentar in der Liste soll eine kurze Erläuterung gegeben werden. Genauer werden die Instruktionen im Glossar beschrieben.

Die wichtigen beschreibenden Elemente einer Schrift

Leistung der verschiedenen Skaliertechniken

Die verschiedenen Skaliertechniken lassen sich durchaus vergleichen. Seit 1978 gibt es dafür folgenden Ansatz: man stellt sich vor, daß der Kontur eines Buchstabens ein Gitternetz hinterlegt wird, das dem Raster der zu errechnenden Bitmap entspricht. Dieses Raster ist grob, wenn bei gleicher Auflösung Buchstaben in kleinen Punktgrößen dargestellt werden sollen, und wird feiner, je größer die Punktgrößen wiedergegeben werden sollen. Der allgemeine Ansatz ist nun, die Kontur des Buchstabens so zu verändern, daß möglichst keine »Raster-Unglücke« entstehen, man also nicht auf sein Glück vertrauen muß. Ein solches Unglück liegt zum Beispiel dann vor, wenn die drei senkrechten Abstriche des Kleinbuchstabens »m« nicht gleich breit ausfallen (Abb. 61). Halbe Pixel (Bildpunkte) gibt es nun einmal nicht. Die Auflösung der verschiedenen Geräte ist zwar unterschiedlich, aber in jedem Fall begrenzt und bei einem bestimmten Apparat konstant. Sie wird allgemein − nicht metrisch − in lpi (lines per inch) gemessen und bedeutet in der Regel: die Anzahl von Bild- oder Rasterpunkten sowohl in waagerechter (x-) als auch in senkrechter (y-) Richtung, die auf eine Strecke von 25,4 mm (1 inch) entfallen.

Diese Erklärungen sind einigen Kritikern zu kurz gewesen, deshalb sind die vorstehenden Erläuterungen zusätzlich geschrieben worden.

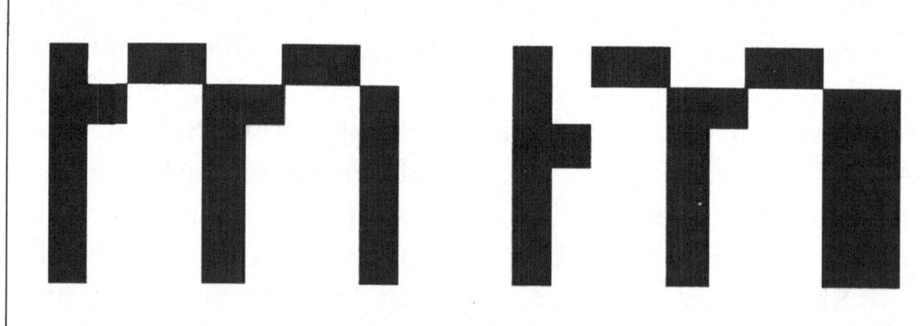

Abb. 61
Glück und Unglück beim Rastern

Typischerweise haben Bildschirme eine Auflösung von etwa 50 bis 150 lpi, Laserdrucker eine von etwa 300 lpi mit der Tendenz zu 600 lpi, Setzmaschinen eine Auflösung von über 1000 lpi bis hin zu 2540 lpi (100 l/mm).

Für den Vergleich der Skaliertechniken führen wir in der folgenden Tabelle die Firmen, die Namen der Skalierprogramme und der zugehörigen Formate und eine Abkürzung der entsprechenden Techniken auf (Abb. 62).

Der Vergleich der Skaliertechniken basiert auf den Instruktionen, die jeweils interpretiert werden können. Je größer die Zahl der ausführbaren Instruktionen ist, je intelligenter ist ein Skalierer. Ferner haben wir die einzelnen Instruktionen gewichtet in der Annahme, daß es wichtige und relativ bedeutungslose gibt. Mit der Note 10 haben wir sehr wirksame Instruktionen bewertet, mit 5 die noch bedeutungsvollen und mit 0 die unwichtigen.

Firma	Skalierer	Format	Abkürzung
Adobe	PostScript	Type 1	T1
Agfa	Intellifont	IF	IF
Apple	TrueType	TrueFont	TT
Sun/Folio	FontScaler	F3	F3
URW	NIMBUS	IKARUS mit Instruktionen	II

Abb. 62
Übersicht über
Skalierprogramme

Doch die Zahl der interpretierbaren Instruktionen allein macht einen Skalierer nicht unbedingt zum Favoriten. Am Beispiel von Adobe kann man erkennen, daß sorgfältige Fontproduktion fehlende Intelligenz aufheben kann. Am Beispiel von Apple wird man erkennen, daß eine große Zahl von Instruktionen die Herstellung von intelligenten Fonts erschwert und damit die entsprechende Technik fragwürdig machen kann (Abb. 63). Die Leistung eines Skalierprogrammes kann ferner gemessen werden an folgenden Kriterien:

• Art der Konturbeschreibung
• Verarbeitungsgeschwindigkeit
• Speicherbedarf für eine Schrift
• unterstützte Schriftbelegung
• unterstützte Fontmetrik
• allgemeine Ausgabequalität

Instruktion	Sinn-bild	Gewicht	Format				
			Adobe PostScript T1*	Agfa-CG Intellifont IF	Apple TrueType TT	Sun/Folio FontScaler F3	URW Nimbus II
Balken		10	X	X	X	X	X
Querbalken		8	X	X	X	X	X
Rundung		9	X	X	X	X	X
Bogen		7	X	X	X	X	X
Kurvenbalken		5	-	(d)	X	(d)	d
Brücke		5	-	(d)	X	(d)	d
Punze		4	-	X	X	-	X
Fette		10	X	-	X	X	X
Schräge		5	-	X	X	X	d
Extremum		10	X	X	X	X	X
Serife		6	X	X	X	X	X
Querserife		4	-	-	X	-	X
Überhang		7	X	X	X	X	X
Spannung		3	X	X	X	X	d
Fleck		5	-	-	X	-	d
Delta		7	-	-	X	-	-
Mindeststärke		5	X	X	X	X	X
Zahl der Instruktionen			9 (10)	11 (13)	17	11 (13)	12 (16)
gewichtete Summe			65 (75)	74 (84)	110	80 (90)	80 (103)

Erläuterungen der Kürzel

X   =   ausführbar seit 1991
d   =   in Entwicklung
-   =   nicht ausführbar in 1991
(d) =   mögliche Entwicklung

Gewichte der Instruktionen

10 = sehr wichtig
5 = brauchbar
0 = nutzlos

* = besonders für Adobe gilt, daß die Verfeinerung der Konturen zu guten Resultaten führt.

Abb. 63
Vergleich der ausführbaren Instruktionen

Art der Konturbeschreibung

Die verschiedenen Firmen verwenden verschiedene mathematische Beschreibungen für die Konturen. In nachstehender Tabelle geben wir zunächst einmal einen Überblick über die heute verwendeten geometrischen Funktionen. Dabei benutzen wir den Freiheitsgrad einer mathematischen Darstellung als Ordnungsprinzip. Je kleiner der Freiheitsgrad ist, je einfacher die Funktion. Zum Beispiel hat der Kreisbogen den Freiheitsgrad drei, wenn man von der Position des Bogens in der Fläche absieht, nämlich die drei Parameter Δx, Δy und r (relative Lage des Endpunktes und Radius). Die absolute Lage bzw. die Koordinaten des Anfangspunktes stellen keine weiteren zwei Freiheitsgrade dar. Dies kann man so festlegen, weil bei den Konturbeschreibungen von Buchstaben die jeweiligen Funktionen aneinandergesetzt werden, also der Endpunkt eines Kurvenstückes den Anfangspunkt des Folgebogens bestimmt (Abb. 64).

Name Funktion	Abbildungen mit Parametern	Freiheitsgrad
Bildpunkt		0
Lauflänge		1
Vektor		2
Kreis		3
quadratischer Spline		4
allgemeiner Kegelschnitt		5
Bézier (kubischer Spline)		6

Abb. 64
Verschiedene
mathematische
Funktionen

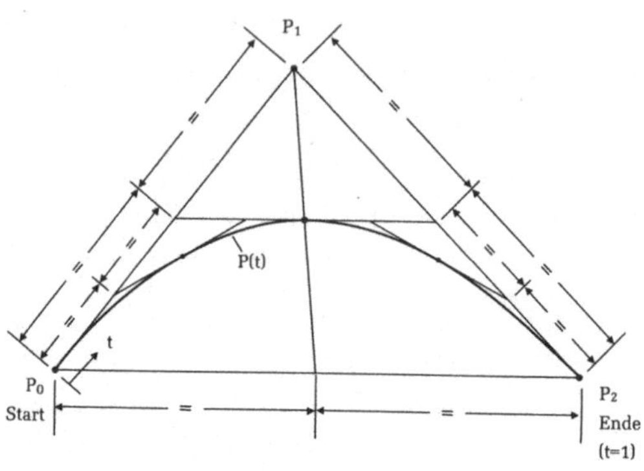

$P_1 = (X_1, Y_1) =$ Kontrollpunkt = Schnittpunkt der Tangenten am Anfang und Ende

$P_0 = (X_0, Y_0)$ und $P_2 = (X_2, Y_2)$ Knotenpunkte
$P(t) = (X(t), Y(t)) =$ beliebiger Kurvenpunkt $0 \leq t \leq 1$

$$X(t) = X_0 (1 - t)^2 + 2 \cdot X_1 \cdot (1 - t) \cdot t + X_2 \cdot t^2$$
$$Y(t) = Y_0 (1 - t)^2 + 2 \cdot Y_1 \cdot (1 - t) \cdot t + Y_2 \cdot t^2$$

Abb. 65
Quadratische
Spline-Funktion

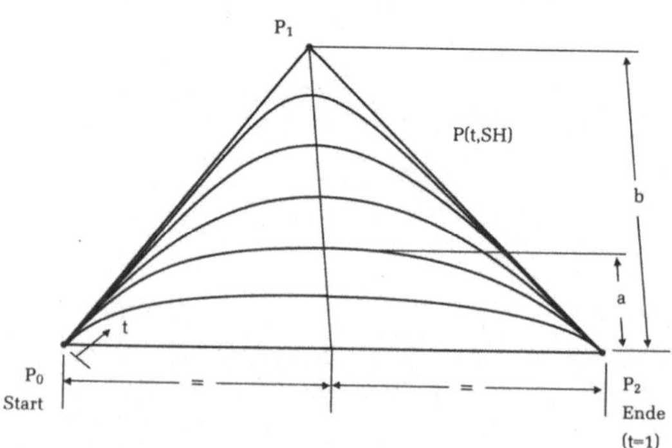

$P_1 = (X_1, Y_1) =$ Kontrollpunkt = Schnittpunkt der Tangenten am Anfang und Ende

$P_0 = (X_0, Y_0)$ und $P_2 = (X_2, Y_2)$ Knotenpunkte
$P(t) = (X(t), Y(t)) =$ beliebiger Kurvenpunkt $0 \leq t \leq 1$

$$X(t) = \frac{X_0 - t \{ 2 (X_0 - S \cdot X_1) - t (X_0 - 2 \cdot S \cdot X_1 + X_2) \}}{1 - 2 (1 - S) \cdot t (1 - t)}$$

$$Y(t) = \frac{Y_0 - t \{ 2 (Y_0 - S \cdot Y_1) - t (Y_0 - 2 \cdot S \cdot Y_1 + Y_2) \}}{1 - 2 (1 - S) \cdot t (1 - t)}$$

$$SH = \frac{a}{b} = \text{Verbiegung (sharpness)}$$

$$S = \frac{a}{b - a} = \frac{SH}{1 - SH}$$

Abb. 66
Allgemeine
Kegelschnitte

Wir nehmen an, daß die Funktionen Länge, Vektor und Kreis vertraut sind, daß aber quadratische Splines, allgemeine Kegelschnitte (g-conics) und kubische Splines (Béziers) einer weiteren wenigstens bildlichen Darstellung bedürfen. Die vorstehend und unten gezeigten Abbildungen sollen einen qualitativen Begriff vermitteln. Wir verzichten absichtlich auf einen mathematischen Exkurs und bieten nur die Betrachtung der entsprechenden Prinzipzeichnungen an (Abb. 65, Abb. 66, Abb. 67).

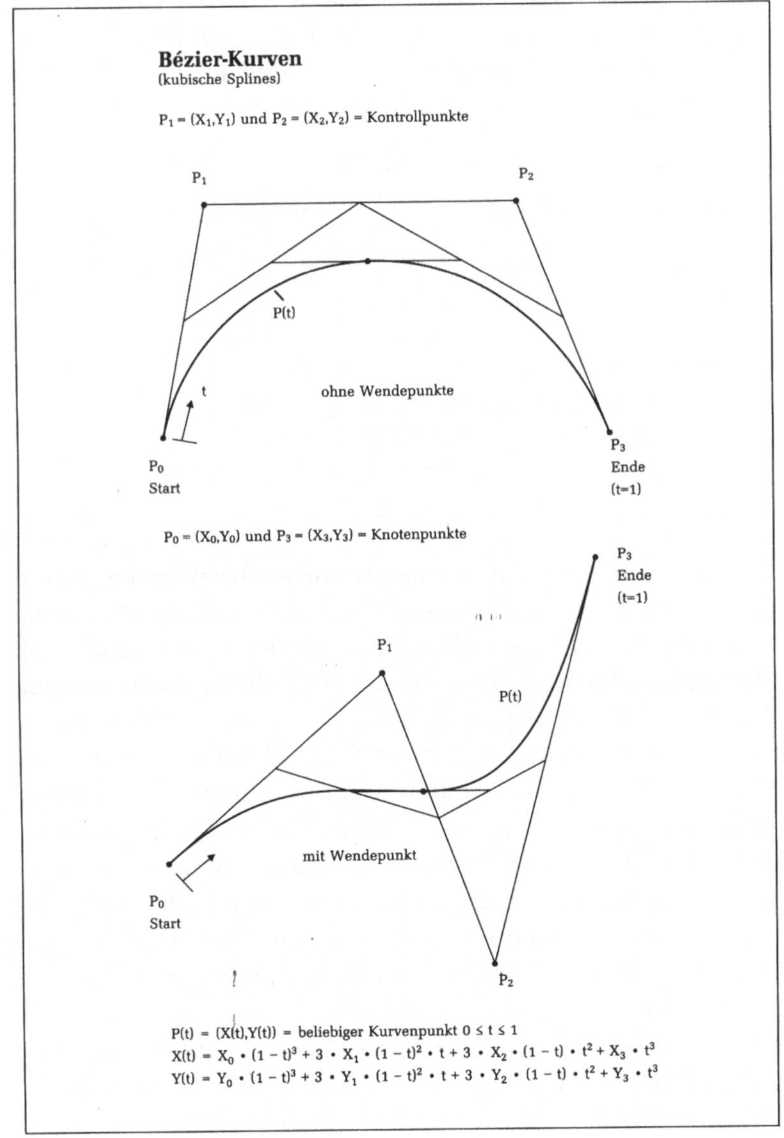

Abb. 67
Kubische
Spline-Funktion

Die verschiedenen Firmen benutzen unterschiedliche Funktionen, wie untenstehende Übersicht zeigt (Abb. 68). NIMBUS ist der einzige Skalierer, der mit vier verschiedenen Funktionen umgehen kann. Dies ist nicht notwendigerweise ein Vorteil. Im Falle einer bestimmten Anwendung wird auch NIMBUS mit nur einem bestimmten Format und damit einer bestimmten Funktion als Grundformat benutzt. Die Flexibilität des NIMBUS bewirkt allerdings, daß man es dazu einsetzen kann, die verschiedenen, am Markt befindlichen Formate wahlweise zu interpretieren (siehe weiter unten). Die drei komplexen Darstellungen (quadratische Splines, g-conics, Béziers) lassen sich relativ leicht mathematisch ineinander überführen. Die genannten Skalierprogramme sind alle im

Format	Funktion	kompatibel zu
T1	Bézier-Splines	PS
IF	Vektoren / Kreise	HP
TT	quadratische Splines	PS, Apple
F3	g-conics	SUN
II	Bézier, g-conics quadratische Splines Vektoren / Kreise	PS, Apple

*Abb. 68
Gebräuchliche
Funktionen*

*Auf die Wiedergabe-
qualität hat die
gewählte Art der
mathematischen
Beschreibung
keinen Einfluß!*

Prinzip flexibel bezüglich der Konturbeschreibungen. Allein die auf Vektoren und Teilkreisen beruhende Beschreibung von Agfa läßt sich nur mit höherem Programmier- und Speicheraufwand in obige komplexere Darstellungen umrechnen. Auf die Wiedergabequalität hat die gewählte Art der mathematischen Beschreibung keinen Einfluß! Selbst eine nur auf Vektoren basierende Darstellung ist voll ausreichend, wenn man die Länge der einzelnen Vektoren so kurz wählt, daß dem Betrachter die kleinen Geraden, die eine Kurve zusammensetzen, nicht mehr ins Auge fallen. Allerdings haftet einer nur auf Vektoren basierenden Darstellung ein theoretischer Nachteil an: bläht man die Konturen zu unsinnigen Punktgrößen (z. B. 1000 pt ≈ 250 mm Versalhöhe) auf, dann werden selbst kleine Vektoren derart vergrößert, daß man gerade Segmente in Kurven erkennen kann. Diese Erscheinung ist auch letzten Endes ein wichtiger Grund dafür gewesen, daß sich die Firmen für komplexere Darstellungen entschieden haben.

Verarbeitungsgeschwindigkeit

Die Verarbeitungsgeschwindigkeit ist eines der wichtigsten
Kriterien für den Vergleich der Skalierprogramme. Ganz allgemein läßt sich einführend feststellen, daß ein Skalierer je
langsamer ist, desto komplexer die gewählte mathematische
Konturdarstellung ist, also je höher der Freiheitsgrad der gewählten Funktion. Die untenstehende Übersicht gibt einen
qualitativen Überblick (Abb. 69).

		Geschwindigkeit		
		Niedrigauflösung	Hochauflösung	
0	Bildpunkt	höchste		
1	Lauflänge	hoch	hoch	
2	Vektor	gut	hoch	
3	Kreis	gut	gut	im Vergleich
4	Spline^2	gering	gut	1.6
5	G-conic	gering	gut	1.3
6	Spline^3	gering	gut	1.0
7	IK	Nicht für direkte Anwendung in Maschinen, muß vorher in eines der obenstehenden Formate gewandelt werden.		
Schlußfolgerung:		Spline^2, G-conic, Spline^3 sind geeignet für DTP in Verbindung mit Bitmaps und Bildschirmdarstellung.		

*Je komplexer,
je langsamer.*

*Abb. 69
Geschwindigkeit
entsprechend der
mathematischen
Darstellung*

Speziell kann man an den drei komplexen Funktionen (quadratische Splines, g-conics, Béziers) festhalten, daß aus mathematischen Gründen quadratische Splines doppelt so schnell
gerastert werden müßten wie die kubischen Bézier-Splines.
Tatsächlich kommt aber nur ein Faktor 1.6 zustande wegen
des Verwaltungsaufwandes in den Programmen, der immer
erbracht werden muß, um die Rasterung selbst vorzubereiten.
Die Zerlegung der jeweiligen mathematischen Kurvenapproxi-
mation durch Geraden in Rasterpunkte spielt eine weitere
Rolle, sie nimmt etwa 25% der Rechenzeit ein. Ebenso viel
Zeit wird in den Skalierern für die Interpretation der Instruktionen verbraucht. Ferner verzehrt das Laden und Dekom-
primieren eines Fonts allein schon 25% der Rechenzeit. Den
verbleibenden Rest von etwa 25% verliert man mit der Bitmap-

erzeugung, also mit dem Ausfüllen der schwarzen Flächen durch Bildpunkte, die von Kontur- zu Konturgrenze gesetzt werden müssen. Diese letzte Aktion wird von der Rechenzeit her gesehen schließlich sogar dominant, wenn keine normalen Punktgrößen erstellt werden, sondern einmal ausnahmsweise sehr große Punktgrößen.

Im Vergleich der Skalierprogramme hat sich bei Einsatz folgender Rechnerleistung das in Abbildung 70 beschriebene Ergebnis gezeigt.

Rechnerleistung:	
CPU	i80 386
Frequenz	16 MHZ
Fontgröße	10 pt
Auflösung	300 lpi
Schriftart	Antiqua (z. B. Times Roman)

Abb. 70
Verarbeitungs-
geschwindigkeit

	Skalierprogramm				
	T1	**IF**	**TT**	**F3**	**II**
Buchstaben/sec	35	50	≈60	40	50

Speicherbedarf für eine Schrift

Während für die Geschwindigkeit gilt: »Je einfacher die Mathematik, desto schneller«, ist es für den Speicherbedarf gerade umgekehrt: »Je komplexer, je weniger Platz«. In nachfolgender Tabelle zeigen wir eine Übersicht über den Zusammenhang von Mathematik und Speicherplatz. Die Angaben beziehen sich auf eine »mittlere« Schrift wie zum Beispiel die Times Roman. Für eine einfache Schrift wie Helvetica kann man bis zu 50% abziehen, eine graphisch aufwendige Schrift wie Palatino oder English Script erfordert den doppelten Speicherbedarf. Verglichen mit der Times Roman sind die chinesischen Zeichen (Kanji), die zum Beispiel in Japan und im chinesischen Raum verwendet werden, 4,5 mal aufwendiger!

Die Angaben von Abbildung 71 gelten für die Kodierung der Buchstaben ausschließlich der Instruktionen. Kommen sie hinzu, muß man mit einem Mehrbedarf von 30% rechnen.

Bei diesen Angaben ist nicht berücksichtigt, daß man mit Hilfe von besonderen Kodierungstechniken (z. B. Huffman-Coding) wiederum bis zu 50% Platz sparen kann. Wenn man dies allerdings zuläßt, wird es etwa 10% bis 20% mehr Rechenzeit erfordern, um die Schrift vor dem Gebrauch im Rip zu dekodieren und den Skalierprogrammen zugänglich zu machen.

Speicherbedarf		
	für 100 × 100 Geviertraster	für 1000 × 1000 Geviertraster
0 Bildpunkt	1200 Bytes	120.000 Bytes
1 Lauflänge	450 Bytes	4.500 Bytes
2 Vektor	60 Bytes	300 Bytes
3 Kreis	2 Bytes ⎡ 300—	600 Bytes ⎤ 4 Bytes
4 Spline^2	pro 125—	250 Bytes pro
5 G-conic	Kurven- 105—	210 Bytes Kurven-
6 Spline^3	punkt ⎣ 100—	200 Bytes ⎦ punkt
IK	200 Bytes	
Schlußfolgerung:	die Vektordarstellung ist brauchbar, Spline^2, G-conic, Spline^3 sind durchaus vergleichbar.	

Je komplexer,
je kürzer.

Abb. 71
Speicherbedarf
entsprechend der
mathematischen
Darstellung

Es gibt noch eine weitere beliebte Möglichkeit, Platz zu sparen, indem man wiederholbare Elemente einer Schrift wie ganze Buchstaben, Buchstabenteile, Akzente und Serifen nur einmal speichert und im RIP erst die Zeichen aus ihren Bauteilen zusammensetzt. Der Platzgewinn kann bei lateinischen Schriften bis zu 30% betragen.

	Skalierprogramm				
	T1	**IF**	**TT**	**F3**	**II**
Länge des Programms in (Kb)	(70)	32	160*	70	32
Größe eines Fonts in (Kb)	40	70	60	60	50
*einschließlich aller Möglichkeiten von TrueType im System 7					

Abb. 72
Speicherbedarf im
Vergleich

Wenn wir den Speicherbedarf von Schriften für die verschiedenen Techniken vergleichen, können wir nur die Zahlen nebeneinanderstellen und die obige komplexe Situation zu bedenken geben. Wir können nicht weiter erläutern, worauf Unterschiede zurückzuführen sind (Abb. 72). Die Angaben für die Länge der Programme T1 und TT sind geschätzt, genaue Zahlen liegen uns nicht vor.

Unterstützte Schriftbelegung

Der Anwender wünscht sich sicherlich nur einen Standard, zum Beispiel eine allseits akzeptierte PostScript-Belegung, wie von Adobe definiert. Doch unsere Welt ist anders. In ihr herrscht auch geistige und technische Konkurrenz. Unter diesen Gesichtspunkten ist es dann nicht verwunderlich, wenn die Qualität eines Skalierers unter anderem auch an dem Umfang der Schriftbelegung gemessen wird. So bestehen heute die Alphabete nicht mehr aus der Schrift selbst. Dazu waren und sind etwa 108 bis 128 Zeichen notwendig, um auch international Texte setzen zu können, etwa in 19 verschiedenen europäischen Sprachen. Früher waren zusätzlich sogenannte Pi-Fonts im Gebrauch, mit denen man besondere Zeichen, mathematische Symbole und dergleichen setzen konnte. Mit der Einführung des Desktop Publishing hat sich dies geändert. Man benutzt nicht mehr besondere Tastaturen wie an Setzmaschinen, sondern standardisierte Tastaturen der Personalcomputer, die nur einen Umfang ähnlich dem von Schreibmaschinen haben. Über Hilfsmaßnahmen (Control-Taste, Shift-Taste und dergleichen) können die Buchstabentasten mehrfach belegt und damit der angebbare Zeichenumfang bis auf mehr als 255 Figuren vergrößert werden. Heute gibt es verschiedene populäre Belegungen (layouts), die nebenstehend beschriebenen Umfänge haben (Abb. 73).

Diese zu großen Belegungen kommen durch Hinzunahme von Graphiksymbolen, mehr Währungszeichen und Brüchen, aber auch durch griechische Buchstaben – wohl für die Mathematik – zustande. Wir haben den Eindruck, als wollten sich die oben genannten Firmen darin übertreffen, im Vergleich noch mehr Zeichen in ein Font aufzunehmen nach dem Motto: es könnte ja sein, daß auf dem Nordpol ein Mathematiker am PC sitzt, dem beim Schreiben seiner Liebesbriefe

Firma	Anzahl der Zeichen
IBM	380
Adobe	221
HP	194
Apple	223
Microsoft	380

Abb. 73
Umfang von
Alphabeten

noch ein Zeichen fehlt, um sich vollendet ausdrücken zu können. Die Schriftabteilungen der Hersteller von Druckgeräten
behelfen sich damit, daß sie eine Buchstabenbäckerei (font
bakery) entwickelt haben. Mit ihrer Hilfe werden die jenseits
einer Schrift liegenden Figuren zu einem Font »hinzugebacken«. Dies ist ein eindeutiger Hinweis auf die geringe Bedeutung der Zeichen oberhalb von 128 Buchstaben. Anhand
der untenstehenden Tabelle werden die von den verschiedenen Skalierern unterstützten Belegungen gezeigt (Abb. 74).

Belegung	Skalierer				
	T1	**IF**	**TT**	**F3**	**II**
IBM	x				x
Adobe	x	x		x	x
HP	x	x			x
Apple	x		x		x
Microsoft	x		x		x

Abb. 74
Unterstützte
Belegungen

Man sieht, daß die Firmen ohne eigene Systeme natürlich
sehr flexibel sind. Man sollte aber auch wissen, daß im Prinzip
jede Firma jede Belegung unterstützen könnte. Zusammenfassend läßt sich also feststellen, daß die Anzahl der unterstützten Belegungen nur ein Kriterium für denjenigen ist, der
sich letztendlich als Konkurrent in den Märkten der etablierten Firmen bewegen will.

Unterstützte Fontmetrik

Ähnliche Argumentation gilt für die unterstützte Metrik. Wie
bei der Belegung gilt auch für die Metrik, daß sie bei den verschiedenen Firmen nicht gleich ist. Dies hat eine eigene
Geschichte. Im Rahmen der Konkurrenz der Schriftabteilungen verschiedener Hersteller gibt es unterschiedliche Auffassungen über die bessere Spationierung (Laufweite) und
Form, aber auch unterschiedliche Quellen. Zum Beispiel gibt
es die Schrift Times Roman in unterschiedlichen Formen und
Laufweiten, siehe Abbildung 75.

Weitere Verwicklungen sollen nur angedeutet werden.
Zum Beispiel ist die Times Roman von Adobe durch Linotype

125

lizenziert, aber von URW handdigitalisiert und von Adobe numerisch endgültig für PostScript aufbereitet worden. Dreimal haben sich kleine »Abweichungen« vom nirgendwo vorhandenen Original eingeschlichen: die schwarzweißen Vorlagen hatten die Ungenauigkeit durch Handarbeit an sich, die Digitalisierungen die Ungenauigkeiten der ersten Umsetzung in ein digitales Format, die PostScriptform die Abweichungen durch die notwendige Regularisierung (homogenisation) zur numerischen Genauigkeit, ohne die ein PostScript-Rip nun einmal nicht auskommt.

Firma	Name
Adobe	Times Roman
AGFA	CG-Times
Berthold AG	Times New Roman
Hell	Tempora
Linotype	Times Roman
Monotype	Times New Roman
Typoart	Timeless
URW	Nimbus Roman

Abb. 75
Einige Quellen für
Times Roman

An dem Beispiel der Times Roman hat sich folgendes pragmatisches Vorgehen entwickelt: man betrachtet die Adobe-Metrik als aktuell gültige Definition. Dies bereitet aber allen anderen Skalierern außerhalb des Adobe-Rips die Schwierigkeit, genauso zu rastern wie dieser selbst. Theoretisch ist dies nur möglich, wenn man genau gleiche Mathematik und Verfahren verwenden würde. Da jeder aber sein Verfahren als geheim ansieht, ist es Praxis, daß nur die Laufweiten und Unterschneidungen (kerning values) eingehalten werden können, nicht aber Bildpunkt für Bildpunkt in allen Punktgrößen die gleichen Buchstabenformen. So kommt es auch, daß eine Diskussion über bessere Formen bei der Darstellung geführt werden kann (siehe später). Uns erscheint die Times New Roman von der Berthold AG als die beste Times.

De facto wird es wohl nie eine weltweit verbindliche Einheitsmetrik für die jeweiligen Schriften geben. Die Metrik für die heute vorhandenen etwa 1500 Schriften der Adobe-PostScript Library gilt aber als Richtgröße im Desktop Publishing.

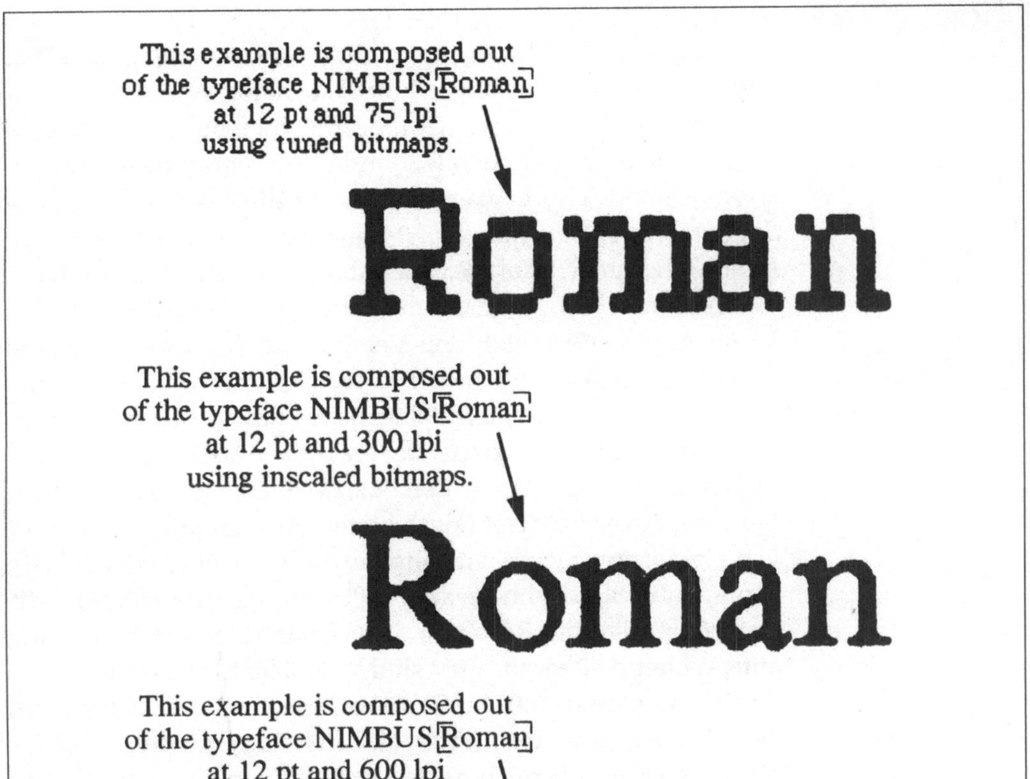

This example is composed out
of the typeface NIMBUS Roman
at 12 pt and 75 lpi
using tuned bitmaps.

Roman

This example is composed out
of the typeface NIMBUS Roman
at 12 pt and 300 lpi
using inscaled bitmaps.

Roman

This example is composed out
of the typeface NIMBUS Roman
at 12 pt and 600 lpi
using inscaled bitmaps.

Roman

This example is composed out
of the typeface NIMBUS Roman
at 12 pt and 2400 lpi
using rastered bitmaps.

Roman

Abb. 76
Typische Qualität für
versch. Auflösungen **127**

Allgemeine Ausgabequalität

Hinsichtlich der Wiedergabequalität unterscheiden sich die Skalierprogramme wenig. Zunächst hatte Adobe mit der Rasterung im PostScript Ausgabegerät einen bestimmten Standard geschaffen, der von allen anderen Programmen erreicht werden mußte. Im ganzen gesehen, trifft dies heute zu. Der Skalierer von Folio/Sun für F3-Formate zeichnet sich eindeutig durch gute Resultate auch bei kleinsten Rasterungen (Screenfonts) aus. Mit der Entwicklung von TrueType unternahm Apple erfolgreich den Versuch, auch Screenfonts aus intelligenten Konturen »on the fly« zu rastern und so die Vielzahl der Speicherplatz belegenden Bitmaps überflüssig zu machen. Praktisch zeitgleich brachte Adobe den Adobe TypeManager (ATM) auf den Markt, der eine vergleichbare Leistung für PostScript-Fonts bietet. Alle anderen Anbieter von Skalierungstechniken bieten inzwischen ebenfalls Lösungen auch für Bildschirme an. Aus unserer Warte können wir feststellen, daß die Resultate den Umständen der Auflösung entsprechend überall gut sind. Natürlich darf man die Darstellungen nur mit der Brille der beschränkten Auflösung der Geräte betrachten (Abb. 76). Allerdings müssen im Rahmen des TrueType noch Fakten in Form von vielen verfügbaren Schriften geschaffen werden. Die betroffenen Firmen sind zuversichtlich, daß dies schließlich geschehen wird.

Screenfonts
»on the fly«

Auswirkungen auf die Schriftherstellung

Die verschiedenen Skalierungstechniken verursachen jeweils auf die Herstellung von Schriften unterschiedliche Belastungen, die sich als Aufwand für die Fertigung einer Schrift ausdrücken. Ist der Aufwand groß, kann man ihn verringern

Abb. 77
Namen der
Herstellungs-
programme

Firma	Prozedur	Font-Kürzel
Adobe	Build Font	T1
Agfa	Intellifont	IF
Apple		TT
Sun / Folio	Font Department	F3
URW	II-Tooling	II

durch Verbesserung der Programme, mit denen die numerische Qualität und die Instruktionen (hints) erzeugt werden. Alle fünf Techniken haben teils automatische Programme dafür. Jeder hat wenigstens eine automatische Prozedur zum Erzeugen der Instruktionen (Abb. 77).

Im Vergleich hat URW die meiste Arbeit in ihr II-Tooling gesteckt zur Absicherung der numerischen Qualität. Bei einem Lieferanten von Mutter-Digitalisierungen für z. B. Adobe (20% aller heutigen PostScript-Schriften), Folio, Monotype (mehr als 50%) und DTC (100%) muß Qualität nach wie vor die größte Sorge bleiben.

Arbeitsziel	Skalierprogramm				
	T1	IF	TT*	F3*	II
a) Numerische Qualität (in Stunden)	140 - 280	120 - 270	66	66	66
b) Hinting (in Stunden)	1	1	1	2	4
	* Font-Fertigung bei URW				

Abb. 78
Vergleich der
Aufwände zur
Schriftherstellung

Die Prozeduren für das automatische Erzeugen von Instruktionen sind unterschiedlich sensibel für mangelhafte numerische Qualität. Als relativ stabil zeichnet sich das Font Department von Folio aus. Sehr feinfühlig verhält sich das Build Font von Adobe. Im Vergleich ergeben sich obenstehende Produktionszeiten für ein Font (siehe Abb. 78). Die vergleichsweise älteren Techniken (T1 und IF) erfordern relativ viel Aufwand. Allerdings hat man dort den Vorteil, bereits größere Mengen Schriften durch das jeweilige Verfahren gebracht zu haben.

T1: Die meisten Daten stammen von Adobe und Linotype. Die Aufwände entstehen zum Teil aus großer Sorgfalt wegen der wenigen Hints und zum Teil daher, daß auf beiden Seiten geprüft wird. Zum Beispiel schickt Linotype erst die Schriften zu Adobe zur Abnahme, bevor sie an den Markt gehen.

IF: Durch die Zusammenarbeit mit HP sind ständig erweiterte Forderungen an das Intellifont gestellt worden. AGFA ist heftig bemüht, an der Teil-Automatisierung der Produktion zu arbeiten.

129

TT: Die Entwicklung der Programme für die Fontentwicklung ist noch nicht abgeschlossen. Mehrere Hersteller, wie auch URW, haben passende Werkzeuge für die Fontherstellung programmiert und erweitern diese.

F3: Linotype benötigt etwa 80 Stunden zur Fonterzeugung. Folio behauptet, es schneller zu können.

II: URW benötigt immer noch etwa 70 Stunden pro Schrift insgesamt. Man möchte auf unter 20 Stunden kommen, bevor man größere Mengen an II-Formaten produziert.

Zahl der verfügbaren Schriften

Die Zahl der bislang hergestellten Schriftschnitte ist nur im Rahmen der PostScript-Schriften befriedigend. Die untenstehende Tabelle zeigt eine Übersicht über den Status vor drei Jahren und die Erwartungen für 1992 (Abb. 79). Es ist sicher, daß Ende 1992 etwa 1800 PostScript-Schriften für die Adobe Library hergestellt sein werden. Weltweit werden es etwa 10.000 sein. Wir nehmen an, daß sehr viele Schriften im True-Type Format an den Markt gelangen werden.

*Abb. 79
Verfügbare
Schriften*

	T1	IF	TT	F3	II
Ende 1989	700	70	2	35	100
Ende 1992	1800	650	200	650	≈2500

URW hat sich sehr viel vorgenommen in Bezug auf Automatisierung (Abb. 80). Insgesamt zeichnet sich eine Wende im DTP ab: die Auswahl der Schriften wird tatsächlich vergleichbar mit der in der traditionellen graphischen Industrie.

Universelle Rips wären eine Verbesserung für die Zukunft

Noch vor kurzem hielten die meisten Schrifthersteller ihre Formate geheim, inzwischen haben aber alle hier aufgeführten Firmen ihre Formate offengelegt. Wir nehmen an, daß eine Standardisierung noch lange auf sich warten läßt, und daß außerdem nur die jeweils aktuelle Technologie festgeschrieben werden kann. Und dies wiederum einem Standard widerspricht, der ja möglichst lange gelten sollte. Also wird sich er-

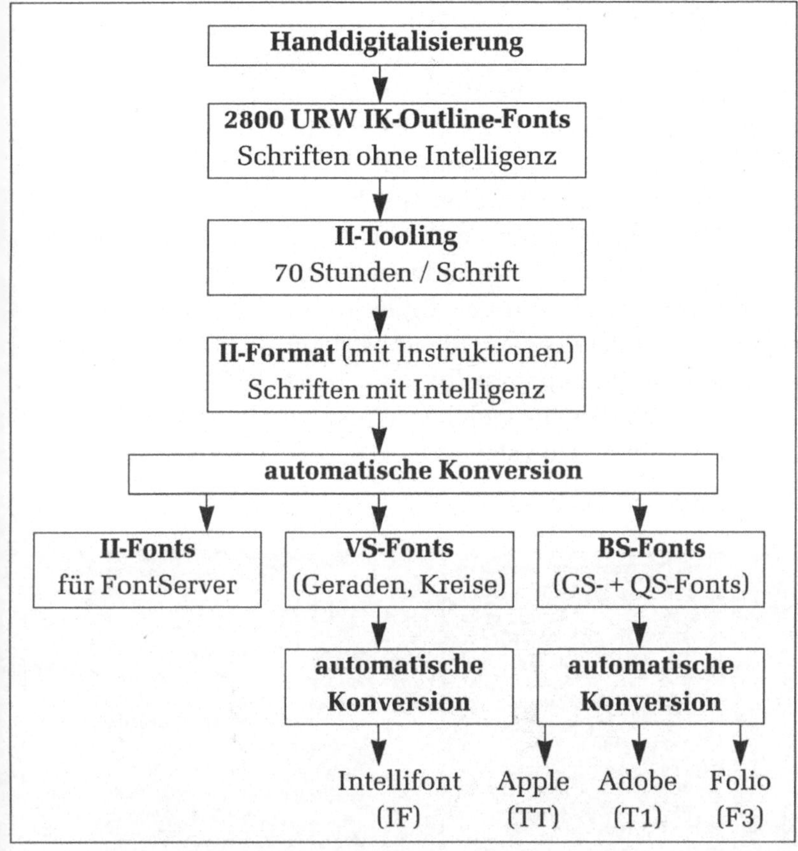

Abb. 80
Schema der
Schriftproduktion
bei URW

geben, daß die Programme in den Rips flexibler werden. Ohnehin sind sie unabhängig von der sie beherbergenden Hardware. Wir erwarten daher universelle Rips, die alle unterschiedlichen Formate akzeptieren können. So kommen die Hersteller dem Anwender entgegen, der sich nicht um das Format einer intelligenten Schrift oder ein spezielles Programm im Rahmen einer speziellen Hardware kümmern möchte. Zum Beispiel hat URW vor, für ihr Skalierprogramm NIMBUS Interpretationen nicht nur für das eigene II-, sondern auch für T1-, F3-, TT- und IF-Format zu programmieren. Die Erweiterung für T1 ist bereits fertiggestellt. Umgekehrt werden die Schrifthersteller auch dazu übergehen, die gängigen Formate zu produzieren. Zum Beispiel wird Linotype neben PostScript und F3 auch TrueType herstellen. Dem Ideal eines Standards kommt man damit nicht näher, aber immerhin wird ein Zustand geschaffen, in dem man die Schriften in einem der gängigen Formate kaufen und sie an seiner speziellen Anlage zur Anwendung bringen kann.

ScreenFonts der Zukunft

*Abb. 81 (links)
Bildschirm-
ausschnitt, der einen
gescannten Text
schwarzweiß 1 : 1
darstellt. Auf einem
Laserdrucker würde
dieser Text
in 8 pt Größe
herauskommen.*

Die Darstellung von Schriften auf Bildschirmen wird weiter Einschränkungen unterliegen. Es soll Bildschirme mit einer Auflösung von 300 lpi geben. Doch bilden die Preise eine große Barriere, so daß weiter mit heutigen Auflösungen für Bildschirme zu rechnen ist. Es bleibt die Möglichkeit eines Kompromisses, den die Graudarstellung von Schriften bietet. Wir zeigen Ausschnitte von Bildschirmaufnahmen, die eine mögliche Vorgehensweise demonstrieren (Abb. 81, 82, 83). Während die Bitmapdarstellung (Abb. 82) kein Lesen gestattet, kann man den in gleicher Weise verkleinerten Text in Graudarstellung wenigstens lesen.

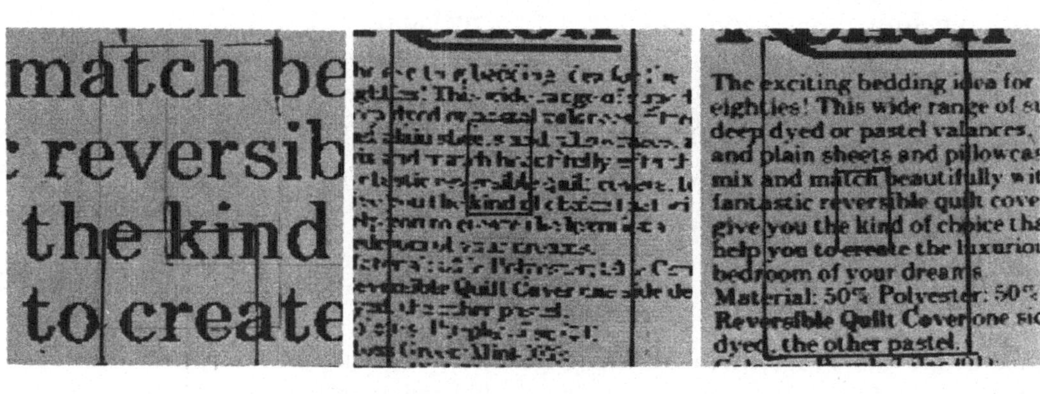

*Abb. 82 (Mitte)
Der Text verkleinert
in Schwarz-weiß,
indem mit einem
Programm nur jede
4. Zeile und Spalte
herausgegriffen wurde
(blinde Rasterung).*

*Abb. 83 (rechts)
Derselbe Text in Grau-
darstellung wie Bild 81,
4 × 4 Bits sind zu einem
Graupixel zusammen-
gefaßt worden.*

Man kann auch ahnen, um welche Schrift es sich handelt. Solche Bildschirmdarstellungen wären eine deutliche Verbesserung, verglichen mit dem, was heute vorliegt. Und heute werden Darstellungen gemäß der Abbildung 82 verwendet! Allerdings werden nicht die Bitmaps für die Laserdrucker in so blinder Weise umgerechnet, wie in unserem obigen Beispiel, sondern es werden spezielle Bitmaps entweder durch Bildschirmbearbeitung oder mehr oder weniger gute Skalierungstechnik erzeugt.

Hierbei geht die Bedeutung der mit der Hand editierten Bitmaps immer stärker zurück, da die beschriebenen Techniken, wie TrueType und ATM, in der Lage sind, befriedigende Bildschirmschriften erst bei Bedarf »on the fly« auszurechnen und zur Darstellung zur Verfügung zu stellen.

Der Vergleich von automatisch erzeugten und mit der Hand am Computer entworfenen Bitmaps zeigt, daß die automatischen Resultate schon relativ gut sind und wir für die Zukunft noch bessere Resultate erwarten können. Allerdings müssen wir uns darüber im klaren sein, daß eine Auflösung von nur 72 lpi eine große Einschränkung bedeutet. Dies kann man sich am Beispiel folgender Vorgabe verbildlichen: 72 lpi bedeutet, daß eine Bildzeile so breit ist wie ein typographischer Punkt. Will man 6 pt Schriftgröße darstellen, hat man also nur 6 Zeilen oder Bildpunkte für die Kegelhöhe. Das Geviert besteht also nur noch aus 6 × 6 Pixel. Für den Kleinbuchstaben »s« bleibt dann nur noch ein Raum von 4 Punkten Höhe und 3 Punkten Breite (Abb. 84).

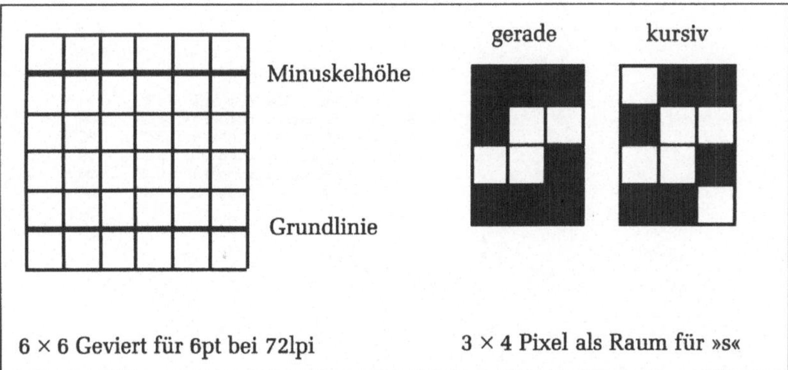

Abb. 84
Es gibt nur noch ein gerades und ein kursives »s« bei einem 6 × 6 Raster.

Die dargestellten Möglichkeiten für das »s« sind die einzigen! Man versuche sich an Alternativen und wird schnell von obiger Behauptung überzeugt. Bereits ein 5 × 5 Geviert erlaubt nicht mehr die Darstellung von lesbaren, proportional geschriebenen lateinischen Zeichen mit Ober- und Unterlänge. Dieses besagt auch, daß wir zu höher auflösenden Bildschirmen kommen müssen, wenigstens zu Grau-Bildschirmen.

Glossar zu den Instruktionen

Die Positionen von Instruktionen können sowohl absolut als auch relativ kodiert werden. Absolut bedeutet, daß sie unabhängig von anderen sind, relativ heißt, daß sie von anderen (absoluten) Positionen abhängig sind.

Unter den Instruktionen sind die am wichtigsten, die über die Strichstärke entscheiden. Nehmen wir als Beispiel die »Balken«, die senkrechten, geraden Abstriche. Sie haben verschiedene Strichstärken, herrührend von den Ungenauigkeiten der Handarbeit, Verfeinerungen für die einzelnen Zeichen und Darstellung von großen und kleinen Buchstaben oder anderen Buchstabengruppen. Wir zeigen in Abb. 85 eine Verteilung der Häufigkeit der Strichstärken von Balken für die Schrift Times Roman. Man sieht, daß sich Klassen bilden: Versalien, Minuskeln, dünne Versalstriche und andere. Die Strichstärken werden nun klassifiziert und in Gruppen gleicher Strichstärke eingeordnet. Weitere Histogramme für die anderen wesentlichen beschreibenden Elemente werden erzeugt, analysiert und klassifiziert. Auf diese Weise werden alle Striche, Serifen und Weißräume einer besonderen Behandlung beim Aufrastern zugänglich gemacht.

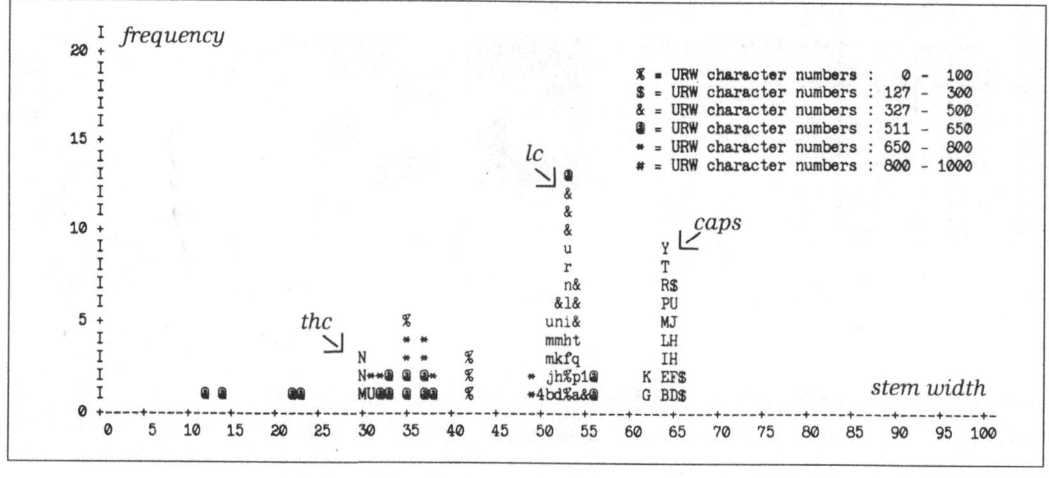

Abb. 85
Die Verteilung von Strichstärken für die vertikalen Balken in den Gruppen ist durch Handarbeit und typographische Feinheiten hervorgerufen.

Für die Strichstärken der geraden vertikalen Balken werden nun zwölf Mittelwerte und zwölf Einfangtoleranzen bestimmt. Sie können von dem Programm II so angewendet werden, daß es in der Schrift danach nur noch zwölf verschiedene Balkenstärken gibt. Wenn die zu erzeugenden Schriftformate es zulassen, werden die Mittelwerte und Toleranzen in das Zielformat übernommen und die Auswertung dem Rasterprogramm überlassen. Das neue Histogramm zeigt das Ergebnis (Abb. 86).

Die Herstellung von II-Formaten ist durch die Methoden der Bildverarbeitung automatisiert. Dadurch ist die Herstellungsgeschwindigkeit von II-Formaten kürzer verglichen mit interaktiven Methoden. Die Kontrolle der Balkenstärken ist an die Leistungsfähigkeit der einzusetzenden Skalierungs-

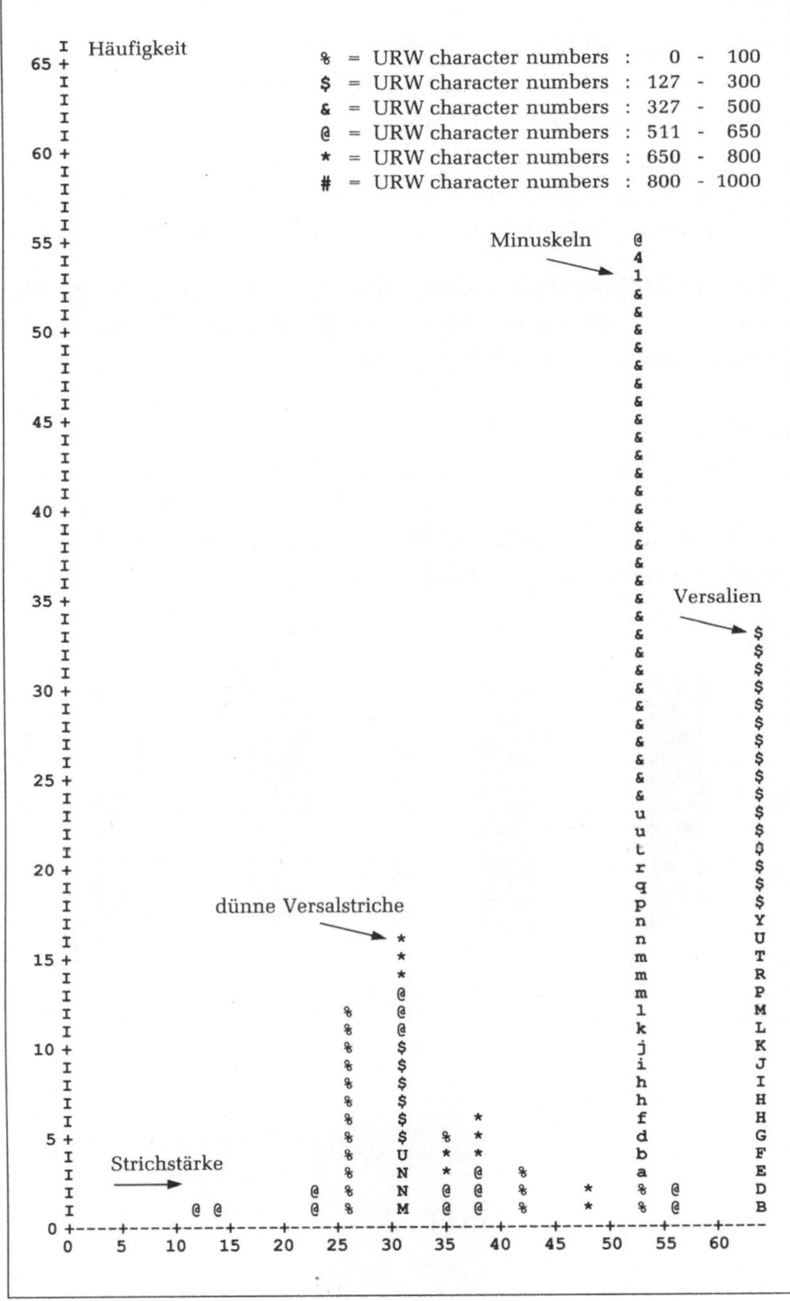

Abb. 86
Nachdem die Balken erkannt und klassifiziert worden sind, hat man eindeutige Voraussetzungen für das intelligente Umgrößern ohne willkürliche Rundungseffekte.

programme anpaßbar. In der Praxis ist die II-Herstellung selbst nur einer von weiteren Produktionsschritten. Zur Erinnerung:

Es gibt:

- Kanalverarbeitung
- An- und Abbau von Teilserifen und Serifen
- Dicktenanpassung (Unitizing)
- Symmetrisierung
- Setzen der Extremwerte mathematisch genau
- Prüfen auf Einhaltung der Digitalisierungsregeln.

Alle Produktionsstufen laufen durch Parameter gesteuert ab und sind daher automatisiert, so ähnlich wie bei anderen Programmen des IKARUS Systems.

Balken

Balken haben zwei vertikale gerade Begrenzungen. Sie kommen in Buchstaben vor wie B, D, E, F, H, I usw. Betrachten wir ein H, es hat zwei Balken (Abb. 87). Es kann sein, daß die Balken am Anfang und am Ende Füßchen haben, man nennt sie

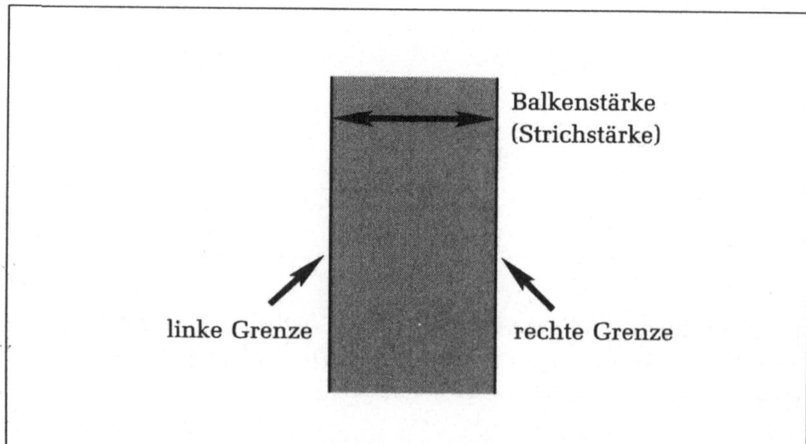

Abb. 87 - 89
Lage und Parameter
für Balken

136

Serifen (Abb. 88. Die Serifen werden dann als etwas Zusätzliches so betrachtet, als wären sie an den Balken angeheftet. Damit erreicht man eine einheitliche Behandlung der Balken, unabhängig von den Serifen und ihren Formen. Balken werden durch Instruktionen gekennzeichnet (Abb. 89).

• Balkenklasse (ob Groß-, Kleinbuchstabe usw.)
• x-Position einer Grenze
• x-Strichstärke.

Einige Skalierprogramme verwenden als Parameter stattdessen:

• Klasse
• absolute x-Position einer Grenze
• relative x-Position der anderen Grenze.

Querbalken
Ein Querbalken ist ein gerader horizontaler Balken mit zwei geraden horizontalen Grenzen. Querbalken kommen vor in den Buchstaben E, F, H, L usw. Das große E ist ein klassischer Vertreter und hat drei Querbalken (Abb. 90). Die Querbalken können auch am Anfang oder am Ende Serifen haben, die sogenannten Querserifen (Abb. 91). Analog Balken werden Querbalken durch folgende Instruktionen gekennzeichnet (Abb. 92).

• Klasse
• y-Position einer Grenze
• Strichstärke oder
• y-Position (relativ) der anderen Grenze.

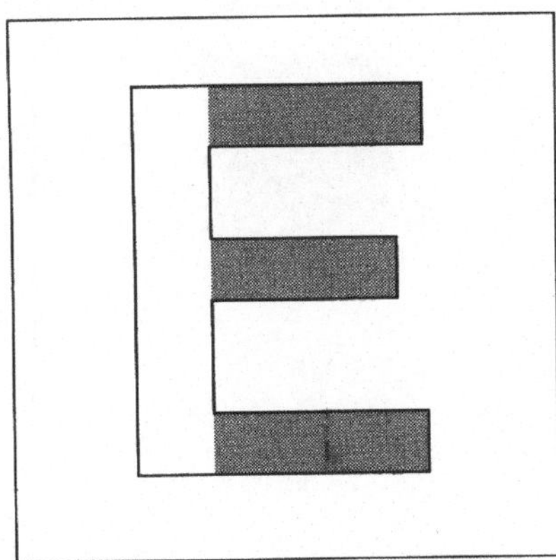

Abb. 90 + 91
Lage von
Querbalken

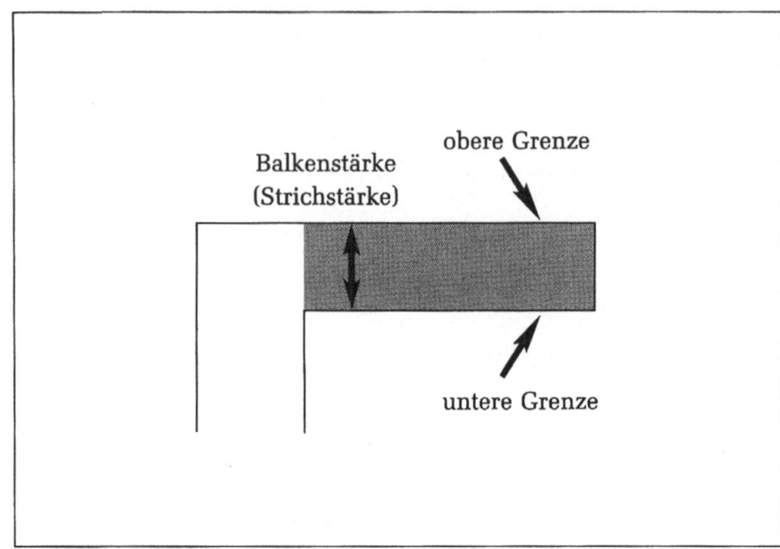

Abb. 92
Parameter für
Querbalken

Rundung

Es gibt neben den geraden auch runde Abstriche. Rundungen werden durch zwei vertikale, runde Konturen begrenzt. Sie tauchen auf in den Buchstaben B, C, D, ... und b, c, e usw. Der typische Vertreter ist das O (Abb. 93). Rundungen werden mit folgenden Instruktionen versehen (Abb. 94):

- Klasse
- x-Position des Extrempunktes einer Grenze
- Strichstärke bzw. relative x-Position des Extrempunktes der anderen Grenze

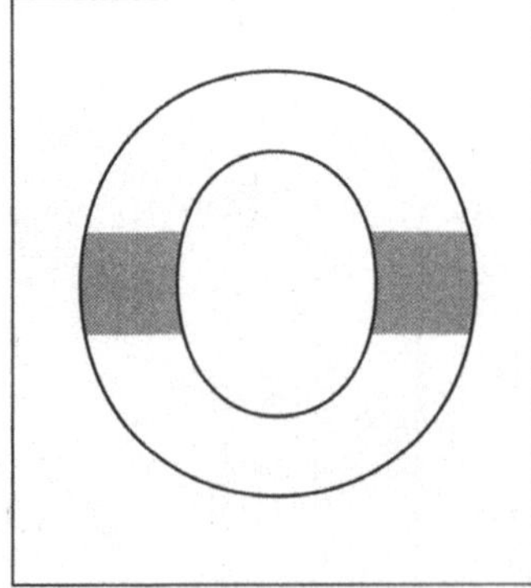

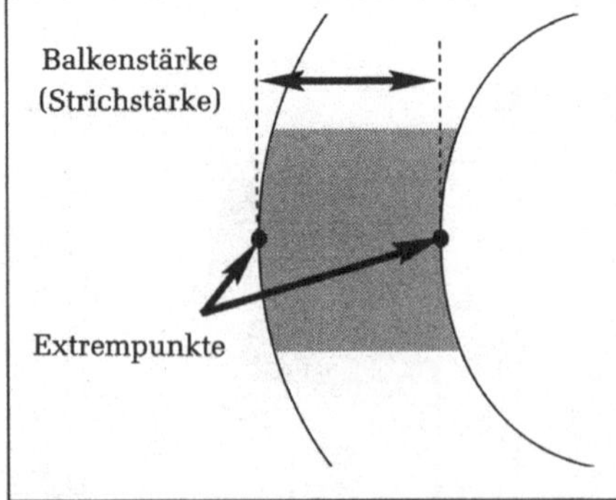

Abb. 93 + 94
Lage und Parameter
fü· Rundungen

Bogen

Ein Bogen ist die runde Verbindung von entweder geraden oder runden Abstrichen. Er wird von zwei horizontalen, runden Konturen begrenzt. Bögen tauchen auf in den Buchstaben C, G, O, ... und a, c, h, m usw. Nehmen wir das »s« als typischen Vertreter (Abb. 95). Bögen werden mit untenstehenden Instruktionen versehen (Abb. 96):

- Klasse
- y-Position des Extrempunktes einer Grenze
- Strichstärke bzw. relative y-Position des Extrempunktes der anderen Grenze

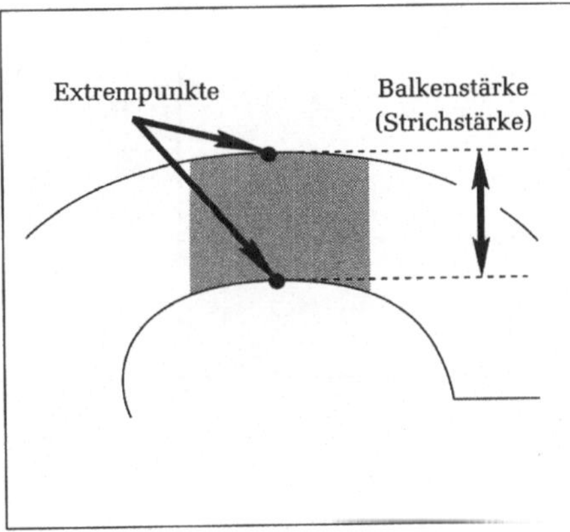

Abb. 95 + 96
Lage und Parameter
für Bögen

Kurvenbalken

Ein Kurvenbalken ist ein vertikaler Strich und teils gerade und teils rund begrenzt. Kurvenbalken kommen vor in den Buchstaben b, d, ... usw. (Abb. 97). Sie werden mit folgenden Instruktionen versehen (Abb. 98):

- Klasse
- absolute x-Position der geraden Grenze
- relative x-Position des Extrempunktes der runden Grenze

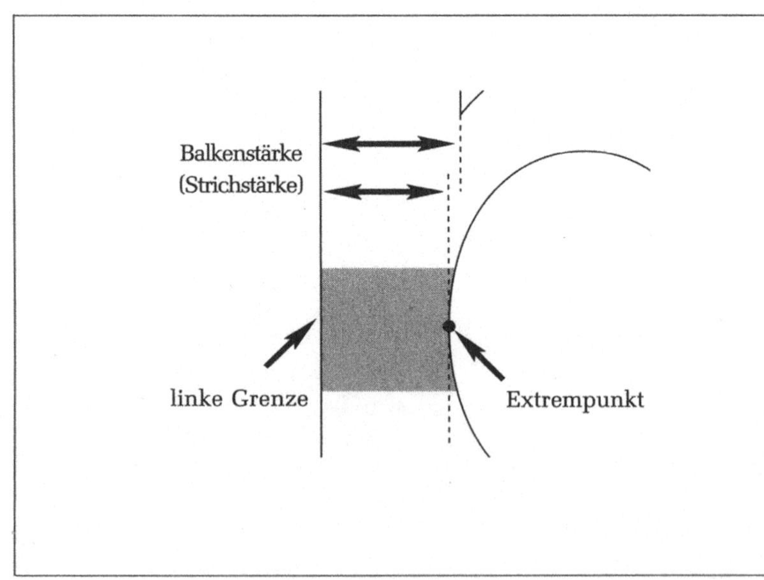

*Abb. 97 + 98
Lage und Parameter
für Kurvenbalken*

140

Brücke

Eine Brücke besteht aus einem horizontalen Querstrich, der eine gerade und eine runde Grenze hat. Brücken können vorkommen an den Buchstaben B, D, E in bestimmten Schriften (Abb. 99). Brücken erhalten folgende Instruktionen (Abb. 100):

- Klasse
- absolute y-Position der geraden Grenze
- relative y-Position des Extrempunktes der runden Grenze

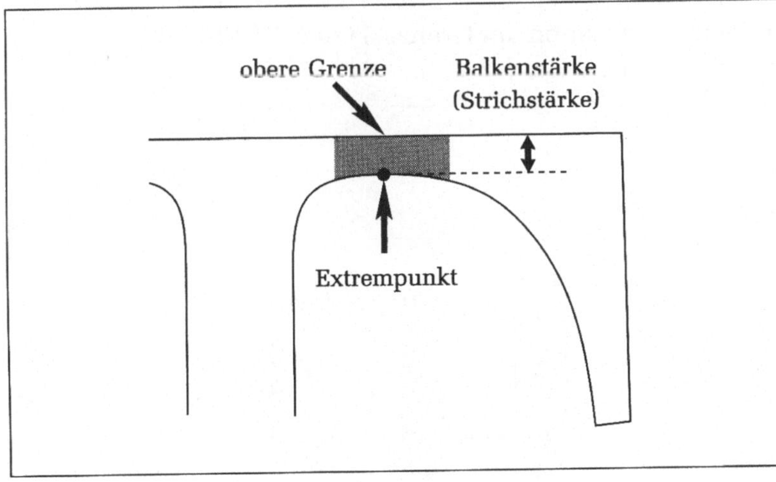

Abb. 99 + 100
Lage und Parameter
von Brücken

Punze

Mit Punzen werden die Weißräume zwischen den schwarzen Strichen bezeichnet. Die Kleinbuchstaben a, b, d haben geschlossene, h, m, n haben offene Punzen (Abb. 101). Die beiden Punzen des m werden mit folgenden Instruktionen gekennzeichnet:

- Klasse
- x-Position der Grenze 2
- relative x-Position der Grenze 3 bzw. die Breite des 1. Weißraumes
- x-Position der Grenze 4
- relative x-Position der Grenze 5 bzw. die Breite des 2. Weißraumes

Alternativ können auch folgende hierarchisch angeordnete Instruktionen gegeben werden in Verbindung mit den Instruktionen für die Balken:

- Klasse der Balken (KL 1)
- Klasse der Weißräume (KL 2)
- absolute x-Position der Grenze 1
- relative x-Position der Grenze 2 (KL 1)
- relative x-Position der Grenze 3 (zu 2, KL 2)
- relative x-Position der Grenze 4 (zu 3, KL 1)
- relative x-Position der Grenze 5 (zu 4, KL 2)
- relative x-Position der Grenze 6 (zu 5, KL 1)

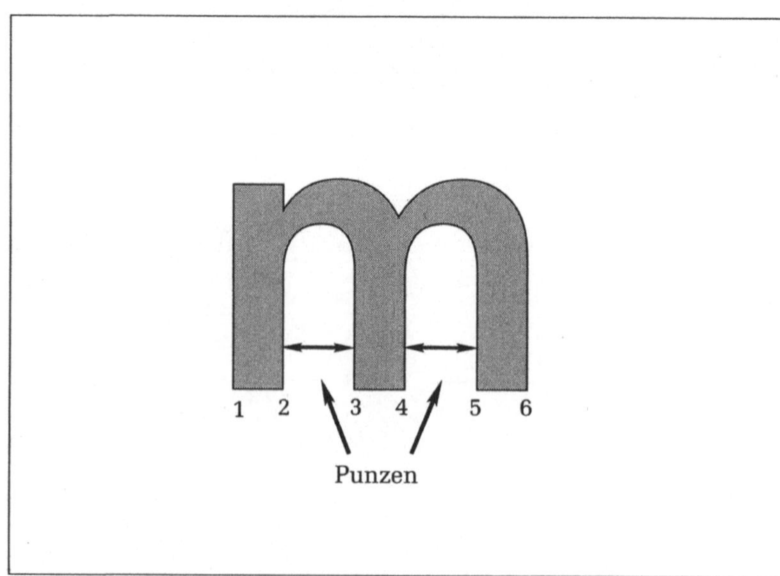

*Abb. 101
Parameter
von Punzen*

Fette

In den Schriften gibt es gewöhnlich verschiedene Gruppen
von Strichstärken, z. B. haben Versalien in der Regel stärkere
Balken als die Minuskeln. Dies führt zur Bildung von Klassen
(siehe Balken). Bei der Herstellung von Screenfonts kann es
vorkommen, daß die Balken der Großbuchstaben schon zwei
Bildpunkte dick werden sollen, wenn die Kleinbuchstaben
noch einen Bildpunkt dicke Balken bekommen (Abb. 102).

Dies ist zwar rechnerisch richtig, wenn Großbuchstaben
eine Strichstärke von z. B. 1.6 Pixel und die Kleinbuchstaben
eine von z. B. 1.4 haben. Aber optisch sieht die Aufspaltung in
zwei und ein Pixel starke Striche in einem Alphabet bei einer
Punktgröße nicht gut aus. Es ist aber vertretbar, sich entweder
für einen oder zwei Bildpunkte insgesamt zu entscheiden.
Dies wird durch die kanonische Strichstärke erreicht, die die
Fette des Alphabets insgesamt so beeinflußt, daß keine Resultate bei Groß- und Kleinbuchstaben entstehen, die zu weit aus-
einanderklaffen. Die Instruktion besteht aus einem oder mehreren Parametern, den sogenannten kanonischen Strichstärken.
Sie beziehen sich auf den vollen Umfang des Alphabets.

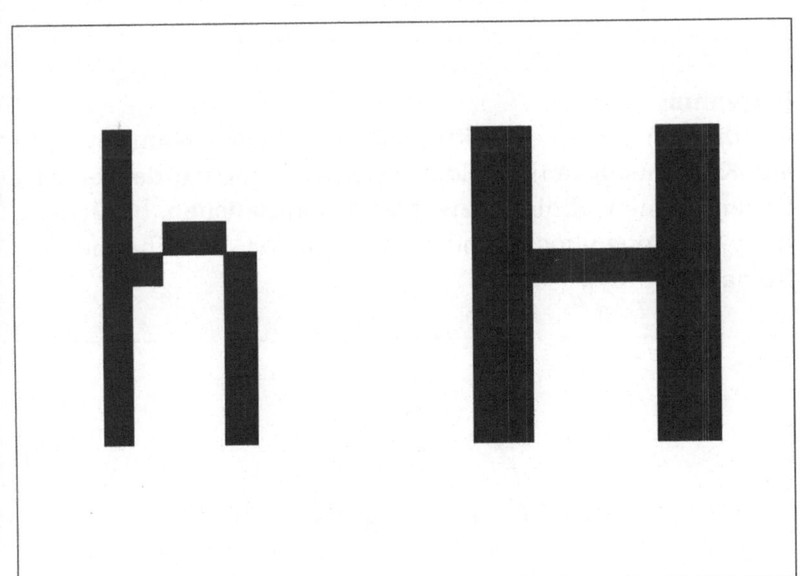

Abb. 102
Die Fette
(kanonische
Behandlung der
Strichstärken)
verhindert diese
Diskrepanz
zwischen h und H.

Schräge

Eine Schräge ist ein gerader diagonaler Balken mit zwei geraden Grenzen. Schrägen kommen z. B. im A, K, Y und W vor (Abb. 103). Die Instruktionen für Schrägen (Diagonalen) kennzeichnen die Lage der Spitzen und Einzüge. Sie werden durch die folgenden Parameter gegeben:

- Klasse
- Lage der Eckpunkte von Schrägen
- Zugehörigkeit zu den jeweiligen Schrägen

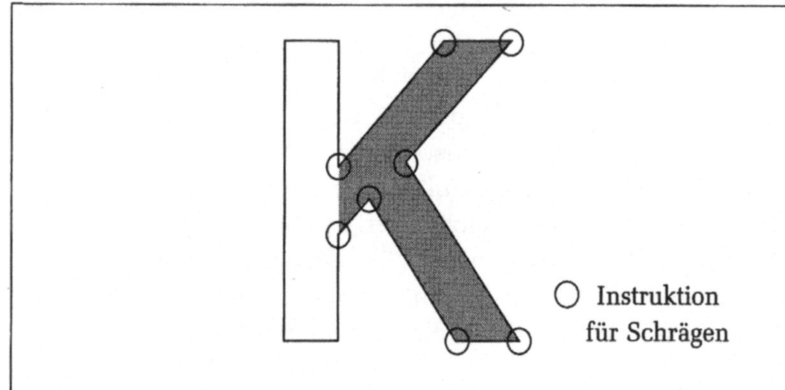

Abb. 103
Schräge

Extremum

Rundungen, Bögen und Kurvenbalken haben Grenzen, die aus Kurven(stücken) gebildet werden. Bezüglich der x-Positionen können Minima bzw. Maxima auftauchen, bezüglich der y-Positionen höchste oder tiefste Stellen. Das sind die Extrema (Abb. 104).

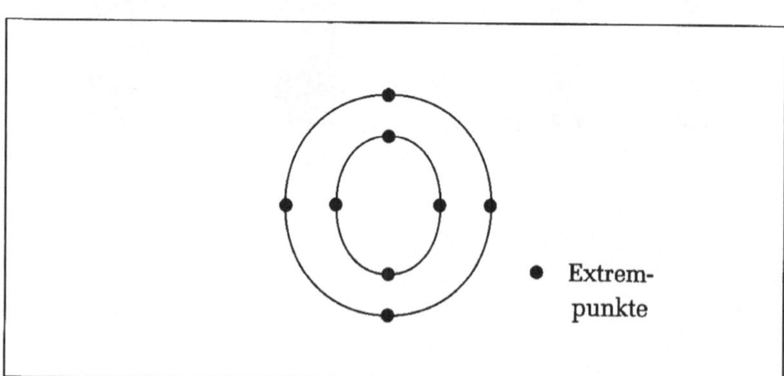

Abb. 104
Extrema

Beim Rastern solcher Kurvenstücke muß natürlich darauf geachtet werden, daß die Darstellung durch Bildpunkte nicht zu gerade bzw. nicht zu spitz erfolgt (Abb. 105). Die Instruktion besteht hier lediglich aus der Kennzeichnung als Extremum.

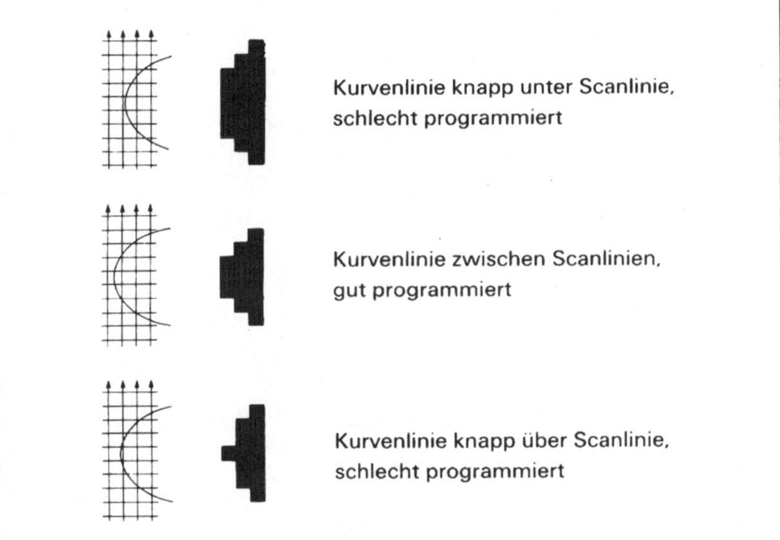

Abb. 105
Gute und schlechte
Behandlung von
Überhängen

Serife

Die Serifen sind die Füßchen am Anfang und am Ende von senkrechten Strichen (Abb. 106). Grotesk-Schriften wie die Helvetica haben keine Serifen. Die Instruktionen für (Teil-) Serifen bestehen aus den Parametern:

- Kennzeichnung von Serifenstart und -ende
- Länge und Höhe der Serife

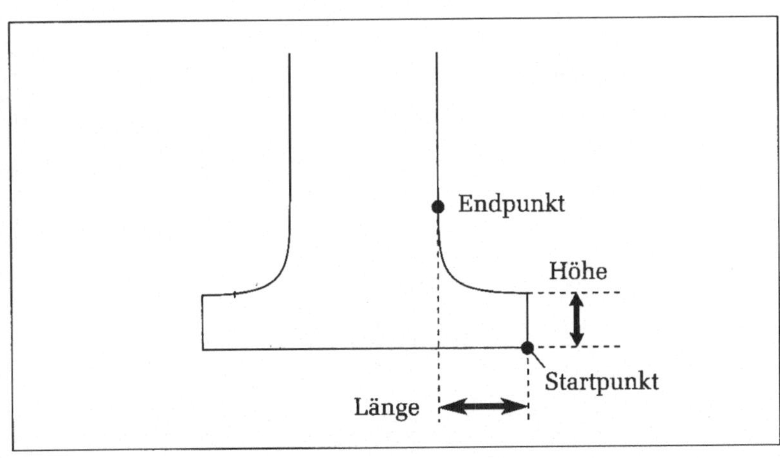

Abb. 106
Parameter
von Serifen

Querserife

Die Querserifen sind die Füßchen der Querbalken. Sie werden analog zu den Serifen behandelt. Im wesentlichen besteht ja nur der Unterschied in einer 90°-Drehung. Sie kommen vor in den Buchstaben E, F, T usw. (Abb. 107).

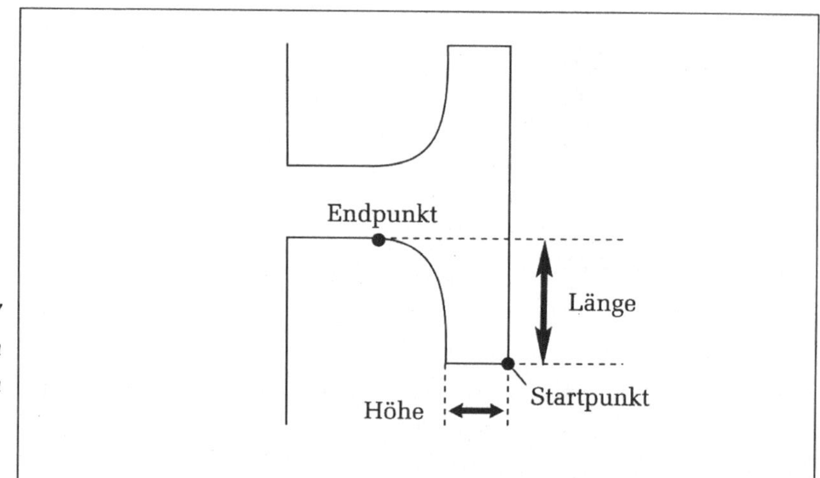

Abb. 107
Parameter von
Querserifen

Überhang

Die Überhänge sorgen dafür, daß die runden Bögen optisch so hoch bzw. so tief aussehen wie jene Buchstabenteile, die gerade abschließen. Überhänge gibt es an den Buchstaben C, G, O bzw. am a, b, c, d, o usw. (Abb. 108). Die Instruktion für Überhänge besteht aus Angabe der Klasse und Bezug zu einer der Grundlinien.

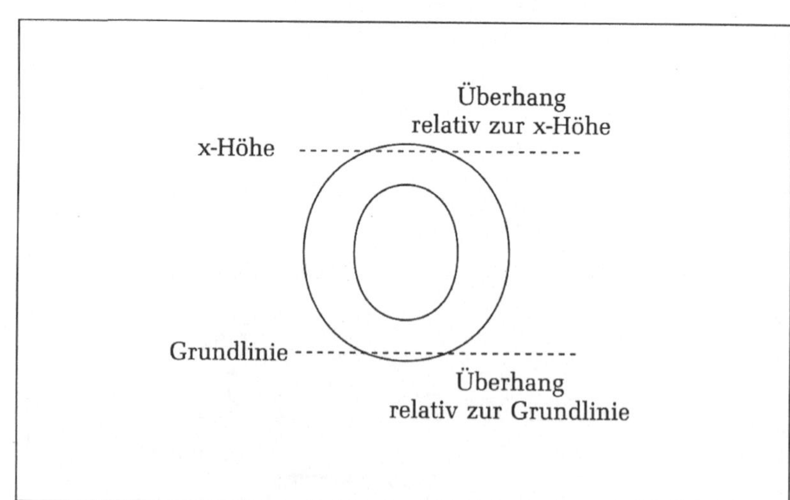

Abb. 108
Überhänge

Spannung

Am Beispiel der Optima ist das Problem der geraden (gespannten) Darstellung flacher Rundungen gut zu verstehen. Geht nämlich die Auflösung hin zum Groben (Laserprinter und kleine Punktgrößen) oder noch gröber zu Screenfonts, dann muß man durch eine Instruktion dafür sorgen, daß flache Rundungen gespannt, also gerade dargestellt werden. Sonst erhält zum Beispiel das »i« der Schrift Optima das Aussehen eines Knochens bzw. das Aussehen eines Antiqua-Buchstabens (Abb. 109).

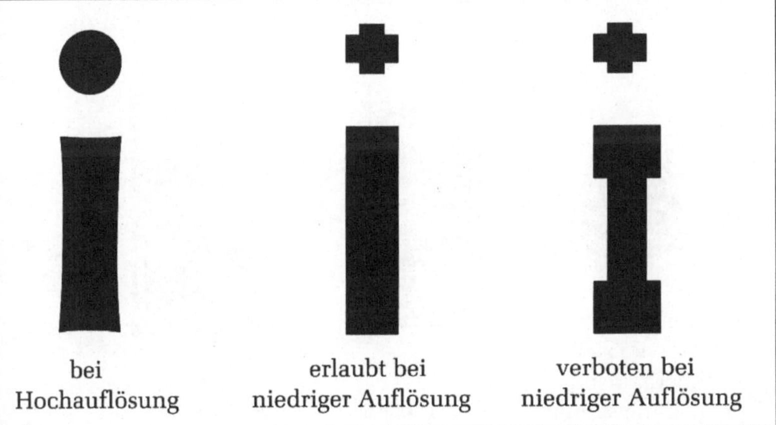

Abb. 109

Fleck

Es gibt weiß- und schwarzschreibene Bildschirme und Laserdrucker. Bei den Laserdruckern belichten die weißschreibenden alle Flächen, die auf dem Papier weiß bleiben, während die schwarzschreibenden alle schwarzen Flächen, also z. B. die Striche der Buchstaben belichten. Technisch muß man dafür sorgen, daß man die belichteten Flächen voll ausleuchtet. Dies geht praktisch nur dadurch, daß der belichtende Laserstrahl einen Beleuchtungsfleck für einen Bildpunkt hinterläßt, der sich mit den anderen Flecken überlappt (Abb. 110).

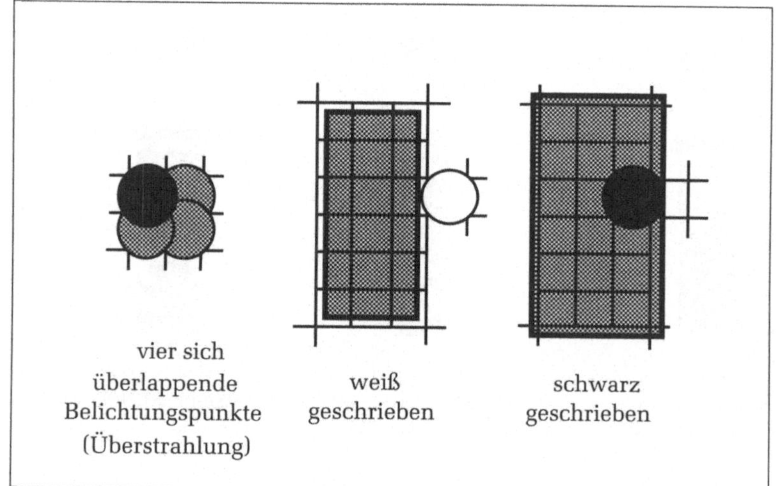

Abb. 110

Gleiches gilt für die Kathodenstrahlröhre von Bildschirmen. Dadurch werden gleichgroße schwarze Bildpunktflächen kleiner (weißschreibend) oder größer (schwarzschreibend) abgebildet. Nun sollen aber die schwarzen Flächen gleichgroß auf den unterschiedlichen Bildschirmen und Laserdruckern herauskommen. Dem kann man nur entsprechen, wenn man dem weißschreibenden Gerät mehr Bildpunkte für schwarze Flächen berechnet, bzw. wenn man dem schwarzschreibenden Gerät weniger Bildpunkte für schwarze Flächen anbietet. Dies wird in den Skalierprogrammen durch die Fleck-Instruktion bewirkt. Maximal kann man damit eine schwarze Fläche an ihrer Grenze zum Weißen um einen Bildpunkt überfüllen oder absparen. Die Instruktion besteht also aus einem Parameter mit einem Wert zwischen −1 und +1, gemessen in Bruchteilen des Durchmessers des Lichtfleckes.

Delta

Für das TrueType von Apple sind speziell sogenannte Delta-Instruktionen erfunden worden. Delta-Instruktionen dienen u. a. zur Optimierung der Darstellung einer Kontur bei bestimmten Punktgrößen für die groben Raster von Bildschirmdarstellungen. Mit Hilfe der Delta-Instruktionen werden einzelne Stützpunkte der Buchstabenkontur dann absolut verschoben, wenn ein Satz von TT-Instruktionen über einen weiten Bereich zufriedenstellende Ergebnisse liefert, aber bei einer bestimmten Punktgröße versagt. In diesen Ausnahmefällen werden Deltas als Hilfsmittel eingesetzt (Abb. 111).

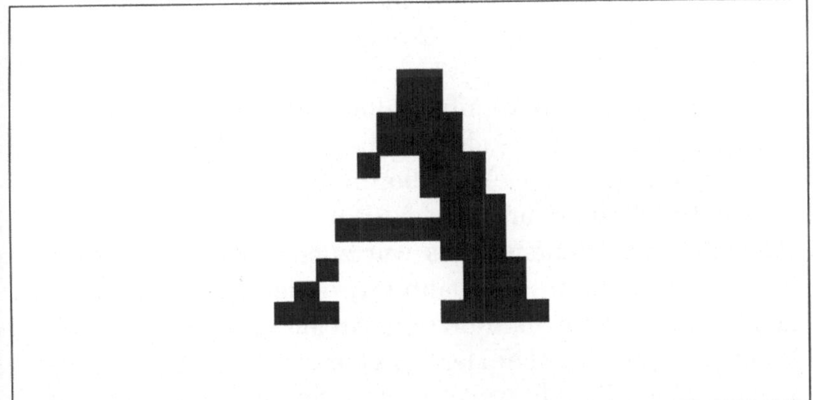

Abb. 111

Mindeststärke

Alle Skalierprogramme (und inzwischen auch TrueType) brauchen keine explizite Instruktion für das Einhalten einer Mindeststrichstärke von einem Bildpunkt. Dies ist heute eine implizite Leistung der Skalierer.

Arbeitnehmer und -geber

Mein Patentanwalt ist jetzt 79 Jahre alt und wurde in Bosnien als Sohn eines österreichischen Fabrikdirektors geboren. Um die Wende des 19. Jahrhunderts war die Welt dort noch hierarchisch geordnet: die leitenden Mitarbeiter in der großen Chemiefabrik des Vaters waren österreichische und deutsche Akademiker, die Facharbeiter und Techniker stammten aus Kroatien, und die einfachen Fabrikarbeiter waren die dort ansässigen Bosniaken, meist moslemischen Glaubens. Die Chemie war ein sehr gutes Geschäft, daher nimmt es nicht wunder, daß die Arbeiter Werkswohnungen in bisher nicht gekannter Größe und Komfort hatten und gegenüber anderen Arbeitern ein Vielfaches als Lohn bezogen.

Eines Tages kam eine Abordnung der Chemiearbeiter zum Fabrikdirektor und sagte: »Wir wollen streiken!« Der Vater meines Patentanwaltes war zuerst ganz entsetzt und konnte sich kaum fassen. Dann fing er doch an zu sprechen, zunächst stockend: »Ist Euch die Arbeit zu schwer oder der Lohn zu niedrig?« »Aber Herr Direktor, wir wissen ja, wie gut wir es haben. Gerade weil wir stolz sind auf unsere Fabrik, wollen wir es nicht hinnehmen, daß die Fabrik in Puračić, die ja viel kleiner ist als unsere, schon einen Streik gehabt hat und wir noch nicht.« »So, und wie stellt Ihr Euch das vor?« »Am besten nachmittags, vielleicht könnte es etwas zu essen geben?« Daraufhin wurde mit Begeisterung ein großes Fabrikfest in allen Einzelheiten geplant und der Streik zu aller Zufriedenheit gefeiert.

Nachtrag:
In den Jahren 1980/81 hatten wir Probleme mit sehr jungen Akademikern im Betriebsrat. Sie zogen aus, um »mehr Politik in der Firma« zu machen. Einmal sollte unsere flexible Arbeitszeitregelung (ohne Kernzeit) abgeschafft werden. Begründung: »Dadurch würden die Mitarbeiter ausgebeutet und gestriezt«. Ein andermal hat mir ein Betriebsrat geraten: »Es ist schwer, Sie von anderen Mitarbeitern zu unterscheiden. Sie sollten sich mehr wie ein Arbeitgeber verhalten.«

Visuelle Bedeutung des Rasterns

Kapitel 8

Das Auflösungsvermögen des Auges

Das Auflösungsvermögen eines menschlichen Auges beträgt im Fokus eine Bogenminute (= 1/60 Grad), d.h. 0,072 mm bzw. etwa 350 lpi bei 25 cm Leseabstand. Zwei Raumpunkte oder Linien, die diesen Abstand voneinander haben, können von normalen Augen gerade noch als getrennt wahrgenommen werden (Abb. 112). Für die Darstellung von Schrift können wir daraus ableiten, daß wir es schwer haben, bei einer Auflösung von 400 lpi *einzelne Bildpunkte* zu erkennen, daß wir aber relativ leicht auf Bildschirmen bei einer Auflösung von 100 lpi einzelne Bildpunkte ausmachen. Gemäß dem Abtasttheorem der Elektrotechnik müssen die Abstände der Sehzellen im Fokus (Fovea centralis) des Auges mindestens halb

Wir können nur 350 lpi »auflösen«?

151

so klein sein wie die noch aufzulösenden Einzelheiten eines
Bildes. Übertragen auf den Gegenstand im Sehabstand von
25 cm bedeutet das, daß Änderungen von der Größe 700 lpi
(2 × 350 lpi) noch wahrgenommen werden können.

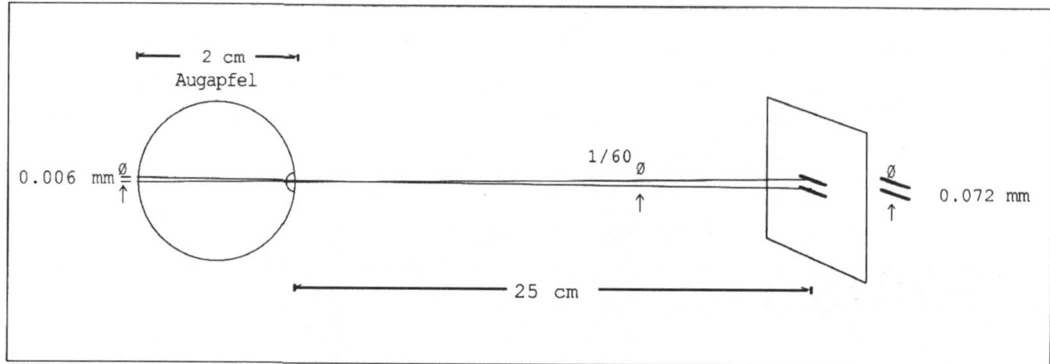

Abb. 112
Auflösung
der Augen

Daraus läßt sich für die Darstellung von Schrift herleiten, daß
Strichstärkenänderungen erst ab einer Auflösung von 700 lpi
schwerer wahrgenommen werden.

Stark unterstützt ist das Auflösungsvermögen der Augen
für einzelne Objekte. Unsere Augen führen nämlich fort-
während feinste, von uns nicht wahrnehmbare oder bewußt
steuerbare Zitterbewegungen aus, etwa 50 - 100 pro Sekunde.
Das löst Reize auf benachbarte Sehzellen der Netzhaut aus.
Dieser permanente Reizwechsel selbst wird von unserem Seh-
apparat zusätzlich zum Bild summarisch (integriert) wahrgenommen und erhöht das Auflösungsvermögen für einzelne
Objekte (Abb. 113).

Abb. 113
Wahrnehmung von
Einzelheiten

	Wahrnehmung von schwarzen Flächen bei:		
Bereich	**einzelnen Bildpunkten**	**Strichstärken-änderungen**	**Treppen in Haarlinien**
Grobauflösung (100 lpi)	deutlich	sehr deutlich	erschreckend deutlich
Niedrigauflösung (400 lpi)	schwach	deutlich	sehr deutlich
Normalauflösung (800 lpi)	–	schwach	deutlich
Hochauflösung (2400 lpi)	–	–	schwach

In der Abbildung 114 kann man zur Einschätzung dieser Leistungen einmal ein Quadrat betrachten, das aus einer Linie (einzelnes Objekt) und aus zwei Linien (getrenntes Wahrnehmen von zwei Objekten) besteht. Man schätzt, daß das Auflösungsvermögen für einzelne Objekte sogar etwa 0,01 mm bei 25 cm Sehabstand beträgt. Aus eigener Erfahrung wissen wir, daß wir bei sehr gutem Kontrast noch kleinere Objekte wahrnehmen können, z. B. die Sterne am Nachthimmel. Allerdings können wir über ihre Größe nicht mehr aussagen, als daß ihre Durchmesser kleiner als 1/400 Bogenminuten sein müssen. Tatsächlich sind sie entschieden kleiner.

Einzelne Objekte können auch dann noch wahrgenommen werden, wenn sie kleiner sind als das, was wir auflösen können.

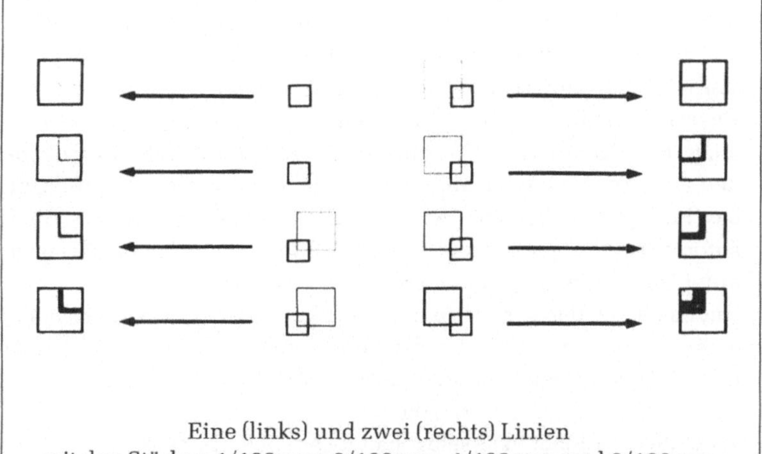

Eine (links) und zwei (rechts) Linien
mit den Stärken 1/100 mm, 2/100 mm, 4/100 mm und 8/100 mm
und den Abständen 1/100 mm, 2/100 mm, 4/100 mm und 8/100 mm
entsprechend 2540 lpi, 1270 lpi, 635 lip und 318 lpi.

*Abb. 114
Die Auflösung einzelner Objekte und die Trennung zweier Objekte*

Sehr empfindlich sind unsere Augen auch für wiederholte Strukturen. Zum Beispiel erkennen wir sofort bei schraffierten Flächen, ob der Abstand oder die Stärke der Linien leicht variiert. Bezogen auf Schrift heißt das, daß wir zum Beispiel sehr empfindlich sind für die Strichstärke von Haarlinien und für regelmäßige Graufärbung durch Schraffuren.

Dies hat zur Folge, daß man Schriften bei Hochauflösung beliebig *ohne besondere digitale Behandlung* vergrößern oder verkleinern kann, daß man Schriften bei normaler oder niedriger Auflösung mindestens intelligent skalieren muß, d.h. unter Einhaltung gleicher Strichstärken, und daß man bei Grobauflösung sogar einzelne Bildpunkte zum Teil *mit der Hand* setzen muß, wenn man mit Hilfe von Computern die

153

Bitmaps für Bildschirmschriften (screen fonts) bestmöglich herstellen will. Wir definieren die Möglichkeiten zur Herstellung von Bitmap-Schriften wie folgt (siehe Abbildung 115).

Auflösung	Stufen der Schriftbearbeitung
grob	rastered → inscaled → tuned → (»new design«)
niedrig	rastered → inscaled → (tuned)
normal	rastered → (inscaled)
hoch	rastered

*Abb. 115
Stufen der
Schriftbearbeitung
(optional)*

- »rastered« heißt, daß die Buchstaben einer Schrift in Form einer Bitmap dargestellt, also gerastert (engl. rasterized) werden. Dabei werden bezüglich der Qualität keine besonderen Vorkehrungen getroffen, außer daß Soft-scanning und nicht Hard-scanning (bloßes Aufrastern durch Scanner) angewendet werden sollte.
- »inscaled« heißt, daß die Buchstaben intelligent umgrößert werden (engl. *intelligently scaled*). Dabei wird durch zusätzliche Instruktionen eine konsistente Behandlung der wichtigen, die jeweilige Schrift beschreibenden Elemente wie Abstriche, Querstriche oder Serifen automatisch vorgenommen. Einzelne Bildpunkte können dagegen unter Umständen nicht optimal plaziert werden.
- »tuned« heißt, daß gerasterte und intelligent umgrößerte Buchstaben einer Schrift interaktiv am Bildschirm bearbeitet werden (engl. handtuned). Es wird versucht, Bildpunkte optimal zu setzen, mindestens aber doch die Lesbarkeit zu erhöhen.
- »new design« heißt, daß selbst handbearbeitete Bitmaps bei groben Auflösungen für bestimmte Schriften nicht ausreichen. Es kommt zum Entwurf einer neuen Bitmap-Schrift (screen font).

*Neue
Begriffe
werden
geprägt.*

Wir haben diese Begriffe mit Absicht kürzer als im Englischen üblich gewählt, um für ihren Gebrauch im folgenden Abschnitt eine gewisse Eleganz zu erzeugen.

Darstellung der Schrift

Wir wollen eine Schrift in verschiedenen Auflösungsstufen betrachten, nämlich bei 75 lpi, 150 lpi, 300 lpi, 600 lpi, 1200 lpi und 2400 lpi. Wir haben dazu einen kurzen Probetext jeweils in der Schrift NIMBUS Roman geschrieben. Die NIMBUS Roman ist aus verschiedenen Vorbildern (Times Roman, Times New Roman, Tempora, CG Times) entstanden. Im Vergleich mit Times Roman hat sie festere Serifen und wirkt rustikaler.

Die Texte sind jeweils in der Schriftgröße zwölf Punkt (12 pt ≅ 3 mm Versalhöhe) abgesetzt worden. Das Wort »Roman« wird jeweils sechsmal größer dargestellt (Vergrößerung durch eine Reprokamera). Damit wird für den Leser klar, daß die Buchstaben tatsächlich durch Bildpunkte aufgebaut werden, und zum anderen, daß die erwähnten Effekte des begrenzten Auflösungsvermögens des Auges wirklich vorhanden sind und begriffen werden können (entweder durch vergleichende Betrachtung oder durch Nachmessen).

Bei den folgenden Bildern dienen die 6 fachen Vergrößerungen nur zur Erläuterung.

75 lpi, Grobauflösung

Die Ausgabe ist mit Hilfe eines Laserdruckers (300 lpi) dadurch simuliert worden, daß die Bildpunkte einer 3pt-Schrift viermal vergrößert ausgegeben worden sind (4:1). In einem zweiten Satz von Bildern zeigen wir die Simulation durch einen 150 lpi-Nadeldrucker (2:1) und in einem dritten Satz Photographien, die wir von einem Macintosh-Bildschirm gemacht haben (1:1). Die Strichstärke bei »m« und »n« beträgt ein Pixel, die Weißräume (Punzen) sind 2 - 3 Bildpunkte groß (siehe Abbildungen).

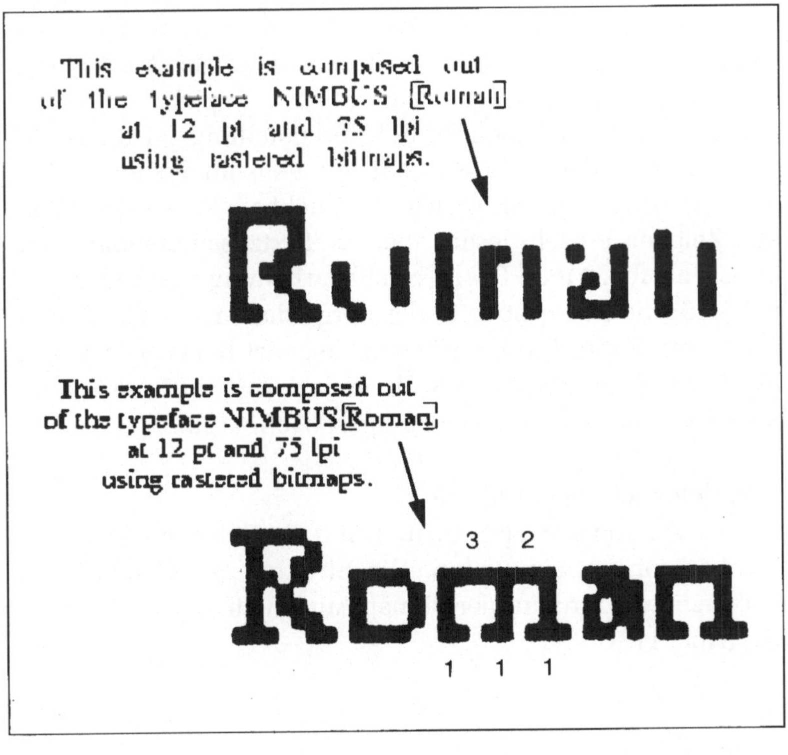

*Abb. 116a
75 lpi,
Laserdrucker (4 : 1)*

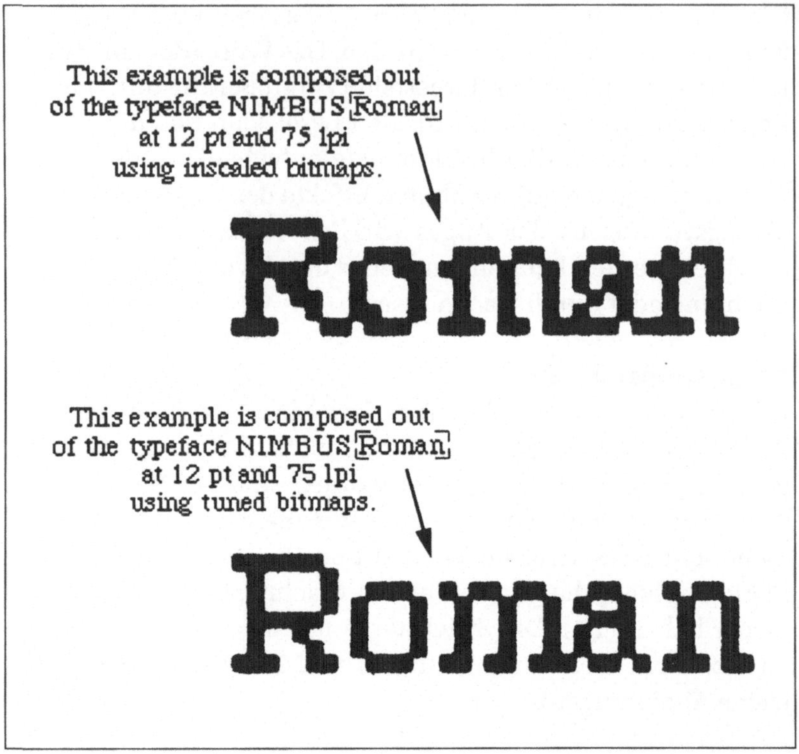

*Abb. 116b
75 lpi,
Laserdrucker (4 : 1)*

• Laserdrucker-Simulation

Abhängig vom Programm erhält man durch bloßes Rastern unterschiedliche Resultate, das zweite Beispiel ist deutlich besser, aber immer noch für Schriftdarstellung auf Bildschirmen unbrauchbar. Das Resultat aus dem intelligenten Umgrößern ist für Bildschirmarbeit brauchbar. Man kann nicht alle Zeichen einzeln lesen, aber im Textzusammenhang gut erfassen (Abb. 116a). Durch Nachbearbeitung erhält man Bitmaps für die Buchstaben in der Form, daß man sie auch einzeln lesen kann. Im dargestellten Beispiel haben wir es mit der Times Roman zu tun, die als »new design« auf den Macintosh-Rechnern von Apple vorrätig ist (Abb. 116b).

*Screenfonts
für kleine
Punktgrößen
führen zu
»new design«.*

• Nadeldrucker-Simulation

Die letzten drei Bitmap-Schriften sind die gleichen wie die für die Laserprinter-Simulation. Die Struktur des Nadeldrucks überlagert die Struktur der Bitmaps und auch die des Farbbandes (Abb. 117).

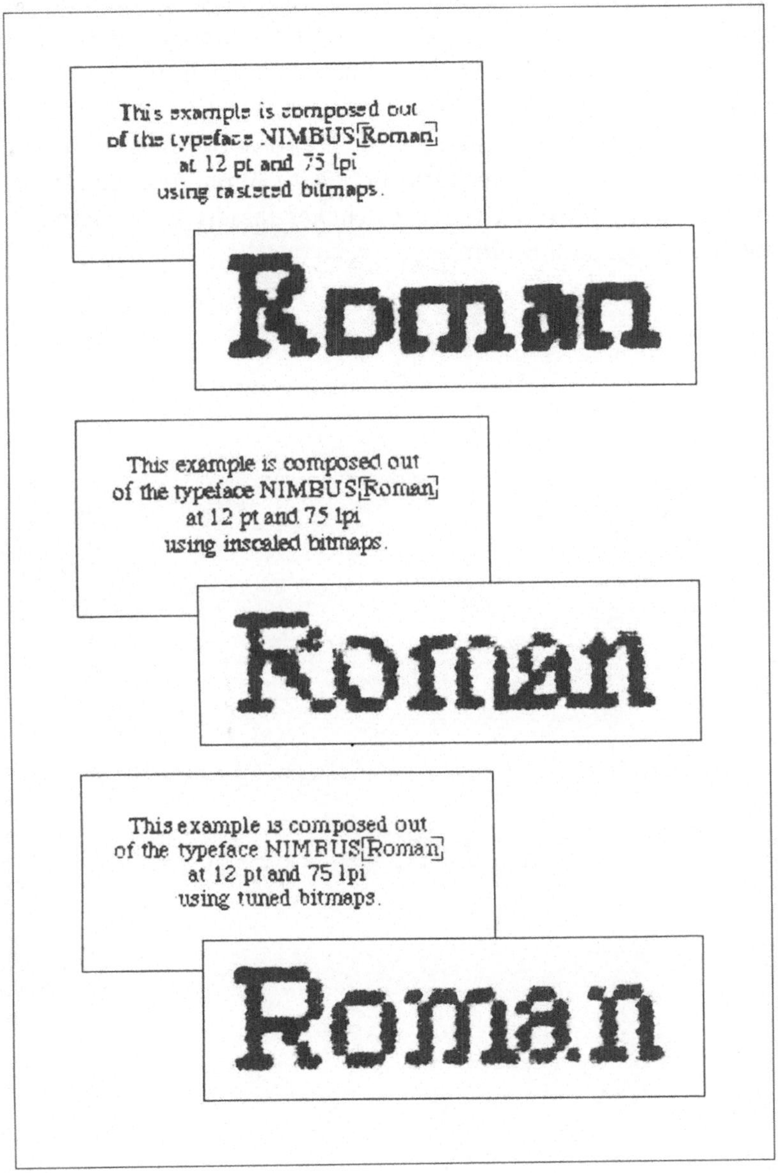

Abb. 117
75 lpi,
Nadeldrucker (2 : 1)

• Bildschirmdarstellung

Wir haben einen Macintosh-Bildschirm photographiert. Es sind zur Darstellung der Texte dieselben Bitmaps verwendet worden wie bei der Nadel- bzw. Laserdruckersimulation. Man sieht, daß die Struktur der Bitmaps durch die CRT-Technik des Bildschirmes verändert wird. Wenn z. B. Bildpunkte auf schrägen Linien nur an ihren Ecken zusammenhängen, werden sie aufgetrennt. Die Laserdrucker lassen sie zusammen wegen der »Überstrahlung«

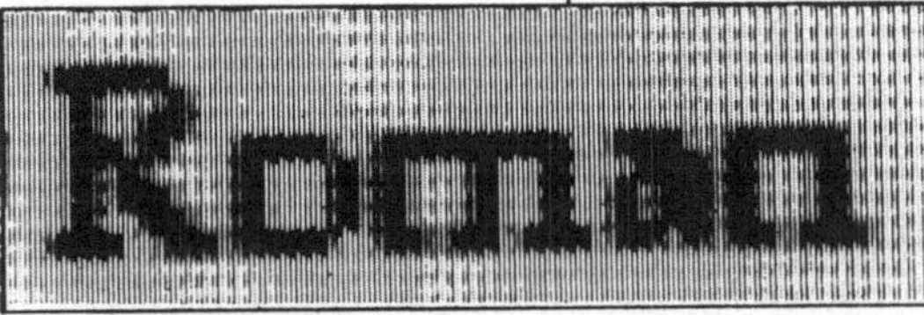

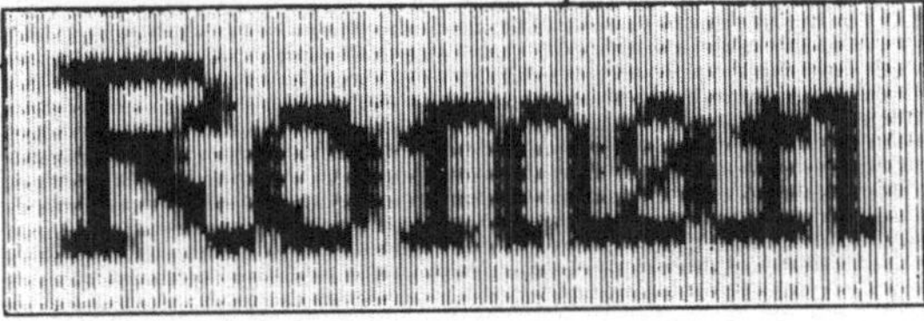

*Abb. 118
75 lpi,
Bildschirm (1 : 1)*

150 lpi, Grobauflösung

Der erste Satz von Bildern zeigt eine Laserprinter-Simulation (2:1), der zweite eine Nadeldruckerdarstellung (1:1). Wir konnten keinen Bildschirm mit 150 lpi auftreiben. Die Stärke der schwarzen Striche von »m« und »n« beträgt 2 (3) Pixel, die Weißräume sind 4 Bildpunkte breit.

• Laserdrucker-Simulation

In allen drei Fällen sind die Schriften lesbar. Das »inscaled« Ergebnis ist akzeptabel. Das »tuned« Ergebnis ist insofern überzeugend, als es das Beste darstellt, was bei dieser Auflösung gestalterisch für eine Times-Schrift möglich ist. Insgesamt kann der Leser feststellen, daß er einzelne Pixel erkennt (Abb. 119).

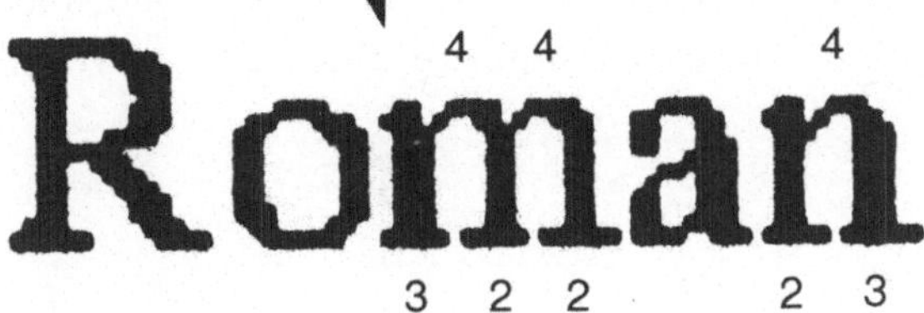

Abb. 119
150 lpi,
Laserdrucker (2 : 1)

*150 lpi
ist nicht
brauchbar.*

• Nadeldruckerdarstellung

Es werden dieselben Bitmaps verwendet wie bei der vorstehenden Laserdrucker-Simulation. Der Gesamteindruck ist in allen drei Fällen nicht befriedigend, d.h. 150 lpi sind für die Büroautomatisierung nicht geeignet. Wir halten dies für einen Kompromiß mit den aktuellen technischen Gegebenheiten unter Beachtung der wirtschaftlichen Bedingungen. Deshalb liegt hier nur eine temporäre Erscheinung vor (Abb. 120).

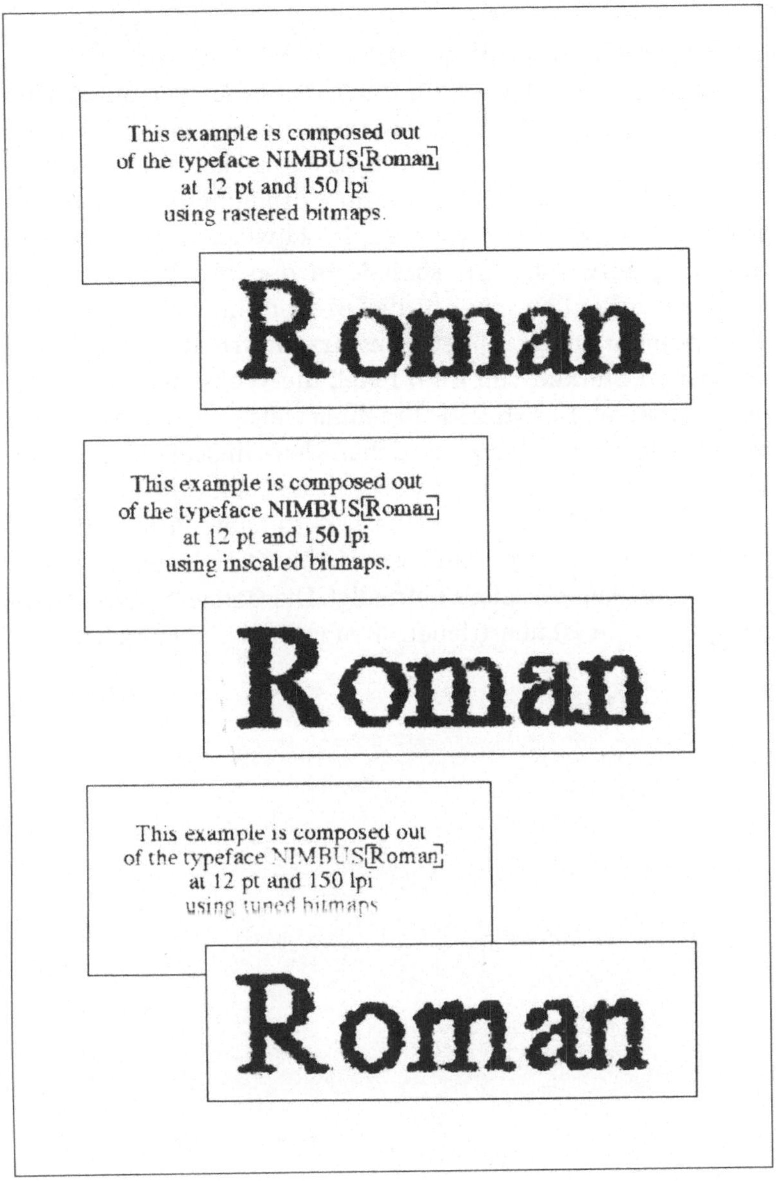

This example is composed out
of the typeface NIMBUS[Roman]
at 12 pt and 150 lpi
using rastered bitmaps.

Roman

This example is composed out
of the typeface NIMBUS[Roman]
at 12 pt and 150 lpi
using inscaled bitmaps.

Roman

This example is composed out
of the typeface NIMBUS[Roman]
at 12 pt and 150 lpi
using tuned bitmaps

Roman

Abb. 120
150 lpi,
Nadeldrucker (1 : 1)

300 lpi, Niedrigauflösung

Wir haben einen Laserwriter zur Darstellung benutzt. Hier wird es schwer, einzelne Bildpunkte zu erkennen. Dies wird schon deshalb nicht leicht, weil Laserdrucker mit einer Bildpunkt-Überstrahlung von etwa 50% arbeiten, und außerdem der physikalische Prozeß der Papierschwärzung eine gewisse Streuung aufweist. Unterschiede in den Strichstärken sind leicht zu erkennen, ebenso die Breitenunterschiede in den Weißräumen (siehe m). Die schwarzen Striche von »m« und »n« haben Stärken von 4 (5) Pixel, die Weißräume (Punzen) von 9 (8) Pixel. Das »tuned« Ergebnis weist 4 bzw. 9 Bildpunkte auf. Die Unterschiede zwischen dem »inscaled« und dem »tuned« Ergebnis fallen nicht sofort auf, aber die »m«-Bögen sind runder, das »a« hat eine besser gestaltete Punze, die Einzüge von »m« und »n« sind besser (Abb. 121). Insgesamt kann man sagen, daß »inscaled« befriedigt. Die Darstellung der Überhänge vom »o« ist übertrieben, aber anders nicht möglich.

300 lpi ist für das OA brauchbar.

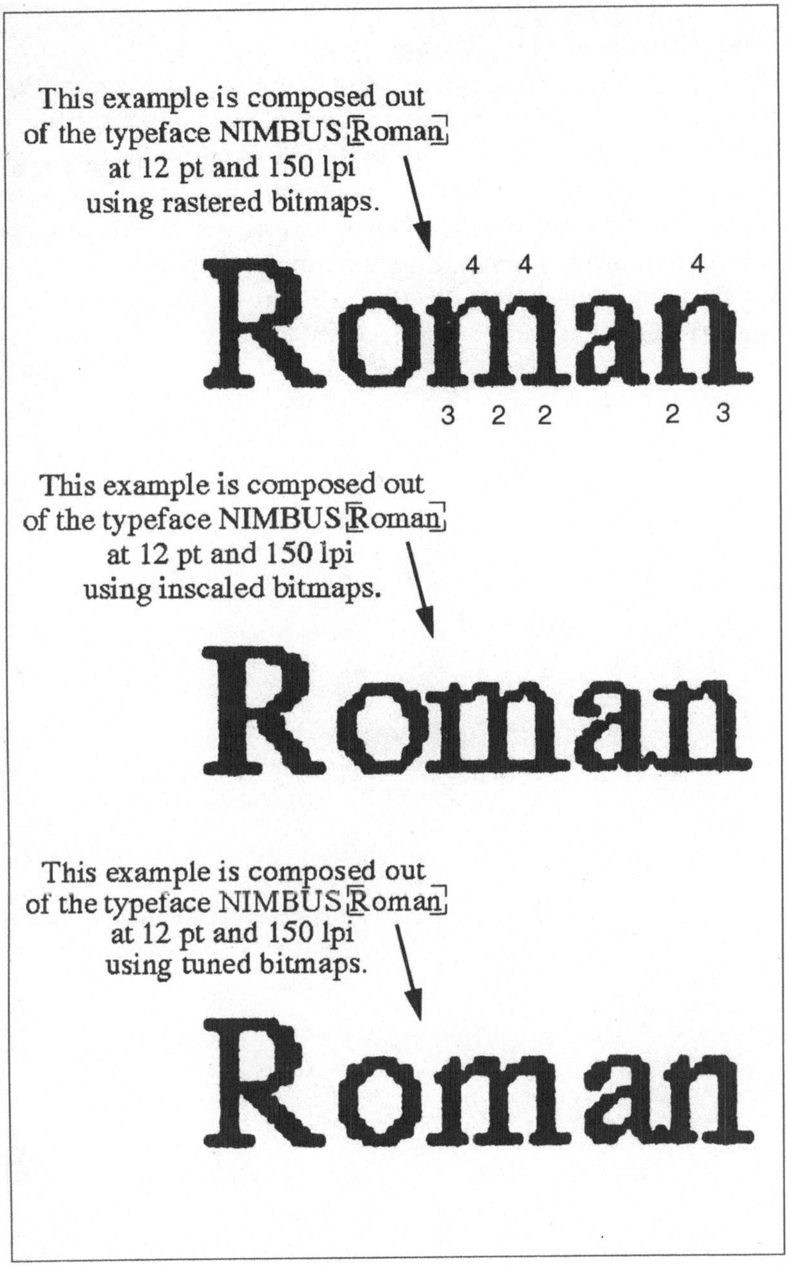

Abb. 121
300 lpi,
Laserdrucker

600 lpi, Normalauflösung

Die Darstellung ist mit einem Laserwriter dadurch simuliert worden, daß die 24 pt-Ausgabe auf 50% verkleinert worden ist. Die schwarzen Striche sind 9 (8), die Weißräume 16 (17) Bildpunkte breit an den Buchstaben »m« und »n«. Man erkennt nach wie vor Strichstärkenschwankungen. Es besteht kein Bedarf nach »tuned« Ergebnissen. Die Überhänge vom »o« sind gut dargestellt (Abb. 122). Mit einem Wort gesagt: Es liegt DTP-Qualität vor.

DTP braucht mindestens 600 lpi.

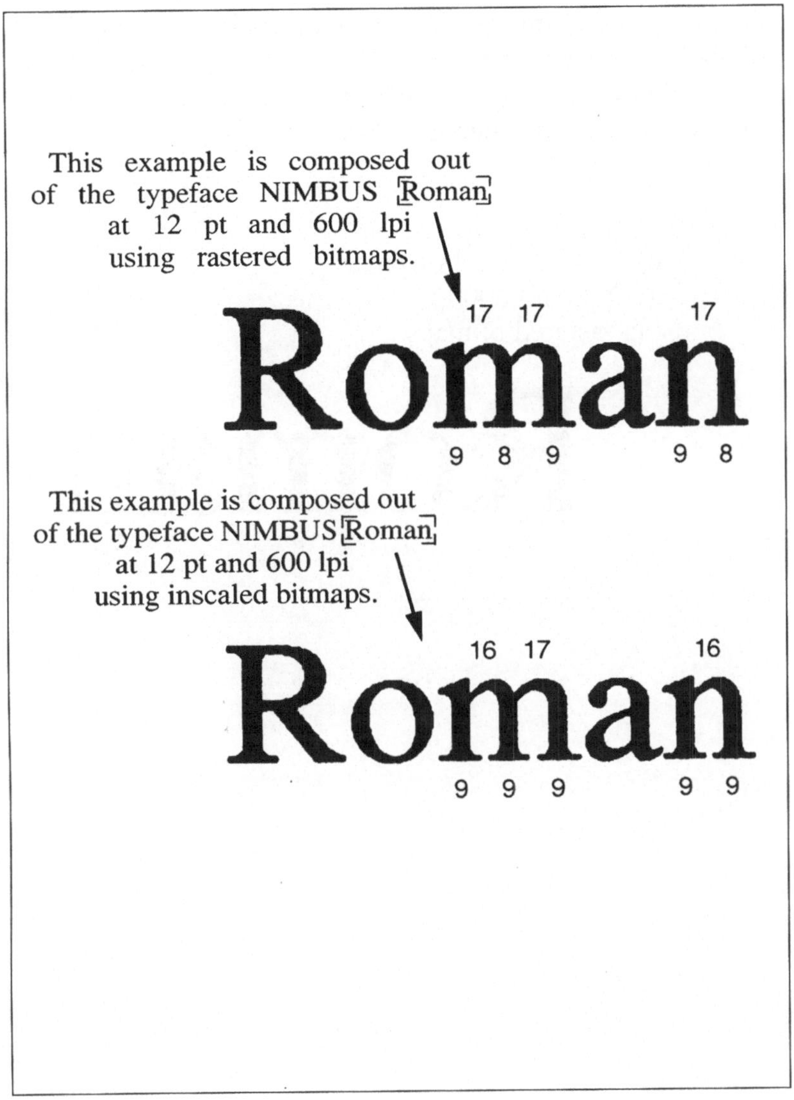

Abb. 122
600 lpi
Laserdrucker

Man kann die Normalauflösung schließlich auch mit einem Filmbelichter erzeugen (Abb. 123). Die schwarzen Striche sind 10 (9) Bildpunkte und die Weißräume 16 (17) Bildpunkte breit (siehe auch Angaben im Bild).

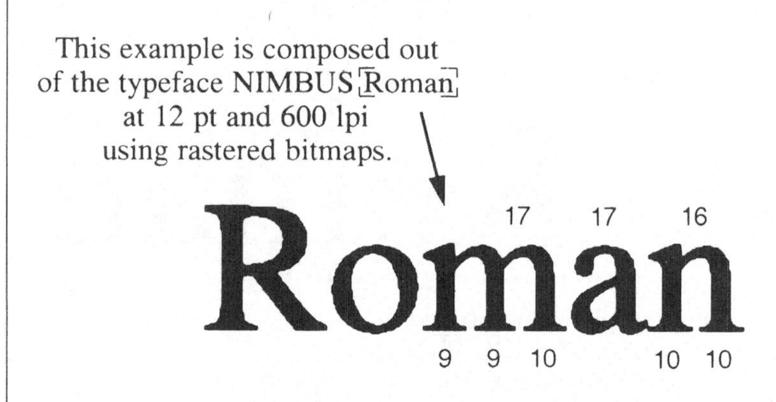

Abb. 123
600 lpi,
Filmplotter

1200 - 2400 lpi, Hochauflösung

Es werden Ergebnisse dargestellt, die mit einem Filmbelichter erreicht werden unter Verwendung der Schriften NIMBUS Roman und Times Roman. Die Strichstärken betragen 19 (18) und die Breiten der Weißräume 37 (36) Bildpunkte bei 1200 lpi. Für 2400 lpi ergeben sich etwa doppelte Pixelmengen. Alle Maßangaben sind in die Vergrößerung von »Roman« als Zahlen eingetragen (Abb. 124). Man kann in beiden Fällen Strichstärkenschwankungen nicht wahrnehmen. Man »fühlt«, daß die Darstellung mit 2400 lpi feiner ist. Bei der Beurteilung sollte man nicht die Vergrößerungen betrachten, sondern nur die linken Textwiedergaben.

Ab 1200 lpi erkennt man keine Strichstärkenschwankungen.

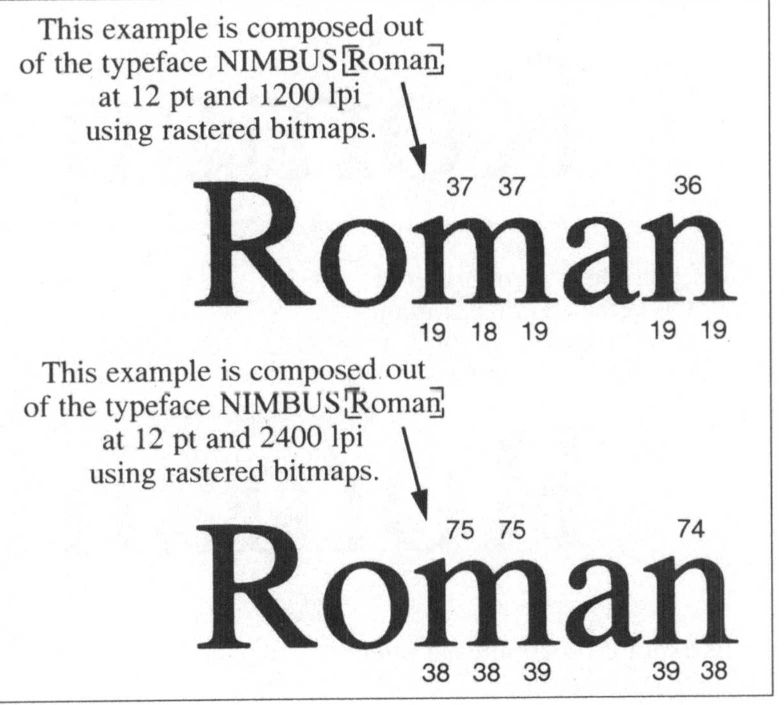

*Abb. 124
600 lpi,
2400 lpi,
Filmplotter*

Zum Abschluß noch einmal fast der gleiche Text in 600, 1200 und 2400 lpi, nur diesmal aus der Times Roman gesetzt. Neben den bereits erwähnten Unterschieden zur NIMBUS Roman (die Times hat feinere Serifen) erkennen wir bei 600 lpi Striche, die um einen Bildpunkt feiner, und Weißräume, die entsprechend weiter sind. Die Laufweiten (Dickten) sind gleich. Bei 1200 lpi beträgt der Unterschied 2, bei 2400 lpi 4 Bildpunkte (Abb. 125).

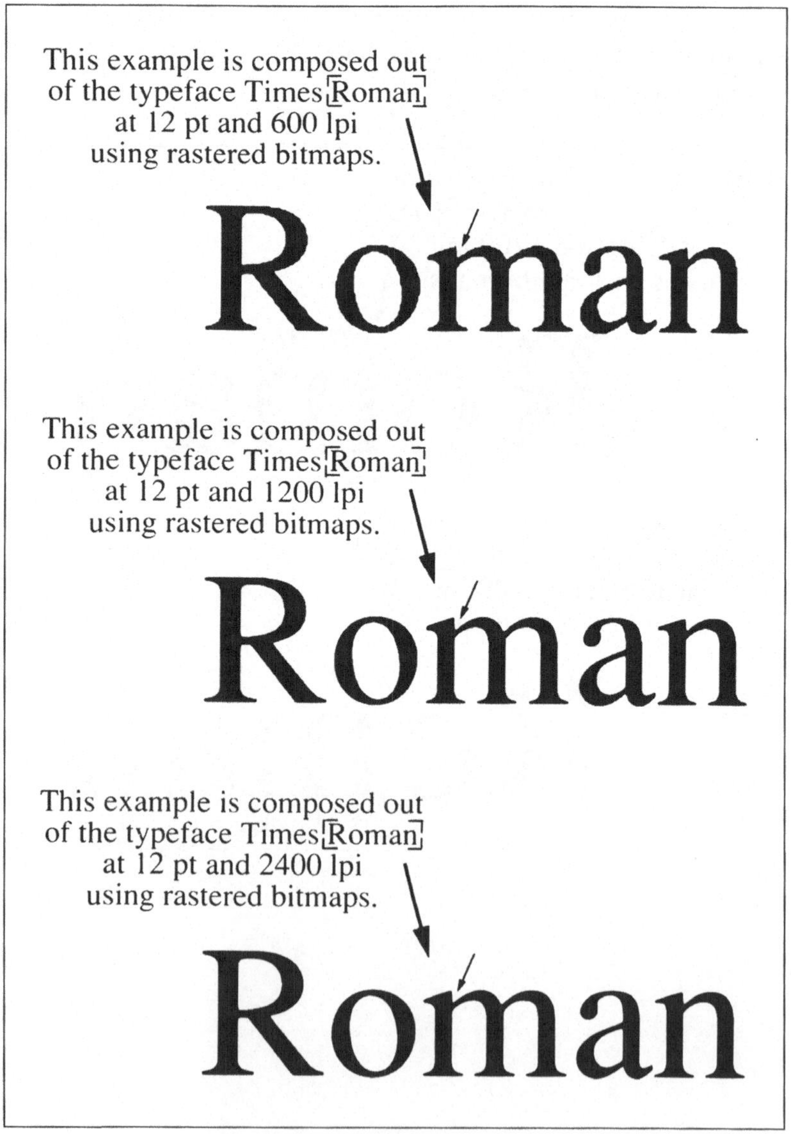

Abb. 125
Ergebnisse mit
Times Roman

Zusammenfassend läßt sich sagen, daß die abgeleiteten Grundsätze aus dem gegebenen Auflösungsvermögen der menschlichen Augen sich am Beispiel der verschiedenen Auflösungen erkennen lassen. Das intelligente Umgrößern (inscaling) von Schriften spielt eine entscheidende und wichtige Rolle, um die Bedürfnisse des Druckes in der Büroautomatisierung (office automation = OA) und im Desktop Publishing (DTP) abzudecken.

DTP der Zukunft

Bei der Wiedergabe von Schrift kommt es weniger auf die Darstellung einzelner feinster Objekte an, sondern auf die Variation von Strichstärken und kleiner Änderungen an relativ großen Flächen. Gemäß den neurophysiologischen Bemerkungen im zweiten Abschnitt lassen sich diese gut wahrnehmen.

Gerät	Strahldurchmesser
Bildschirm	0,5 mm
Laserwriter	0,10 mm
Filmrecorder	0,01 - 0,05 mm

Abb. 126
Stahldurchmesser

In Abbildung 126 führen wir für drei typische physikalische Methoden die Durchmesser der Bildpunkte (Pixel) auf. Ein Pixel wird durch den belichtenden Strahl erzeugt und hat in der Regel eine ovale (fast kreisrunde) Form. Wir nehmen – aus realistischem Denken – diese Strahldurchmesser als gegeben hin und unterstellen, daß unsere Ingenieure in den USA, Japan oder Europa in nächster Zukunft keine günstigeren Kompromisse in Bezug auf Qualität finden können. Dann sollten die Laserdruckerhersteller mindestens aber einen DTP-Drucker anbieten, der lediglich eine feiner unterteilte Strahlablenkung und einen feineren Trommelvorschub besitzt.

Bei gleichem Strahldurchmesser – und 0,13 mm ist klein – kann bei 300 lpi mit »Höchstgeschwindigkeit« gedruckt werden, bei 600 lpi bzw. 1200 lpi die Strichstärkenqualität wesentlich erhöht werden und mit DTP tatsächlich Schrift auf Papier mit typographischem Anspruch erhalten werden! Zum

Größere Strahlüberlappung ergibt höhere Schriftqualität.

Beispiel würden die Überhänge von Rundungen richtig herauskommen. Man würde dann zum ersten Mal die Optima oder die Palatino von Hermann Zapf wiedererkennen können.

Im Prinzip gilt die gleiche Logik für Bildschirme. Die Strahlüberlappung sollte allerdings durch Graudarstellung der Zeichen (»grey scaling«) ersetzt werden. Auf diese Weise könnte eine äquivalente Qualitätsverbesserung für Bildschirme erreicht werden. Die am DTP beteiligten Firmen sollten erkennen, daß die Entwicklung in die oben skizzierte Richtung läuft, und Mut haben zur baldigen Ausführung – zum Nutzen für uns alle.

Graudarstellung ermöglicht besseres »WYSIWYG«.

Kapitel 9

Zurichtung und Kerning

von Bodo Kämmle

Auffällige Lücken zwischen den Buchstaben eines Wortes oder zu dicht beieinanderstehende Buchstaben hemmen den Lesefluß. Zur Gestaltung einer Schrift gehört darum auch die Bestimmung der Buchstabenabstände. Die Buchstaben werden *zugerichtet*.

Buchstabenabstände werden »zugerichtet«.

Modische Trends verändern das Bild typographischer Gestaltung, und die Entwicklungen neuer Satztechniken machen inzwischen professionelle Gestaltung mit Schrift für jedermann möglich. Gerade darum sollte jeder Anwender eine gute Vorstellung vom Zusammenwirken der Buchstabenformen und -abstände haben (Abb. 127).

Buchstabenzwischenraum

Zurichtung ist von alters her Bestandteil der Schriftzeichen. Dicht zueinandergesetzte oder zusammengefügte Zeichenelemente als Wortzeichen einer Schrift wurden durch etwas größere Zeichenabstände voneinander unterschieden (Abb. 128).

In Wortschriften, wie dem Chinesischen, werden Begriffe teilweise durch Zusammenlegung und Überlagerung von einfacheren Zeichen dargestellt. Auch dabei handelt es sich, wenn man so will, um eine Art Zurichtung, wobei hier durch die Anordnung der Zeichen sogar neue Bedeutungen entstehen. Das heißt, der Abstand der Buchstaben, oder allgemeiner: das räumliche Verhältnis der Schriftzeichen zueinander, kann Informationen enthalten. Besonders auffällig ist das bei anderen Kodierungsformen. Die Transskription einer Melodie geschieht zum Beispiel wesentlich durch die vertikale Ausrichtung der einzelnen Notenzeichen. Noch klarer ist die

Abb. 127 (rechts)
Werbebotschaft mit
unausgeglichenen
Versalien

Abb. 128 (rechts)
Zeichenelemente
werden durch
Zwischenräume
getrennt.
Beispiel: Keilschrift
und Schrift der
Tinne-Indianer

Abb. 129 (ganz rechts)
Abstände im
Barcode gehören
mit zur Kodierung.

Bedeutungsfunktion der Abstände bei den Strichcodes, die für die Warenauszeichnung verwendet werden. Man kann da gar nicht mehr sagen, daß Zeichen durch Zwischenräume getrennt wären. Die weißen Linien haben offenbar einen ebenso großen Informationsgehalt wie die schwarzen Linien (Abb. 129). In lateinischen Schriften hingegen dient die Anordnung der Zeichen lediglich als Orientierungsfaktor. Die Bedeutung des Begriffzeichens ist allein durch die Aufeinanderfolge und die Ausrichtung an der Schriftlinie gegeben.

Lesbarkeit und Erkennbarkeit

In der Typographie unterscheidet man Lesbarkeit und Erkennbarkeit einer Schrift [TRA]. Die Erkennbarkeit bezieht sich auf die archetypische Form des einzelnen Buchstabens. Die Lesbarkeit dagegen ist vom Gesamteindruck der Schrift bestimmt, von Spaltenbreite, Zeilenabstand, Wortabstand und eben der Zurichtung. Die Erkennbarkeit des Einzelzeichens ist dabei von untergeordneter Bedeutung. Das Maß der Erkennbarkeit ist die Zeit, die benötigt wird, um ein Zeichen zu erfassen, das Maß der Lesbarkeit ist die Zeit, in der ein Leser einen Text aufnehmen kann, ohne zu ermüden.

Das richtige Maß der Zeichenabstände in Wort, Zeile und Spalte optimiert die Lesbarkeit einer Schrift.

Die Tatsache, daß wir ohne Probleme Hunderte oder Tausende von verschiedenen Schriften lesen oder zumindest entziffern können, zeigt, daß die Variationsmöglichkeiten bei der Schriftgestaltung kaum begrenzt sind. Die Bestimmung der Buchstabenabstände dagegen muß relativ festen Kriterien folgen, wenn das Hauptziel der guten Lesbarkeit erreicht werden soll. Erst wenn klar ist, was richtige Zurichtung in Bezug auf eine gegebene Schrift bedeutet, können abhängig von der Schriftgröße auch andere Laufweiten gewählt werden, um das Erscheinungsbild der Schrift zu variieren oder um besondere Effekte zu erzielen.

Gut lesbar ist der Text, wenn man sich des Lesens nicht bewußt ist.

Auch eine sehr schlecht zugerichtete Schrift mit völlig willkürlichen Abständen bleibt entzifferbar. Aber optisch gleichmäßige Buchstabenabstände, abgestimmt auf die Schriftgröße, Zeichenweite und Grundstrichstärke, sind erforderlich, um aus einer bloßen Aneinanderreihung von Buchstaben lesbaren Text zu machen. Sie gewährleisten im Kontrast zu den größeren Wortabständen, daß ein Wort in seiner Struktur erfaßt werden kann. Ein geübter Leser zieht nicht einzelne

Schriftwechsel erfordern das Erfassen neuer Wortbildstrukturen.

175

Buchstaben zu Silben und Wörtern zusammen, sondern nimmt ganze Buchstabengruppen mit einer Fixation auf. Das ist möglich, weil das Silben- oder Wortbild als Ganzes, Buchstabenform und Abstände, bekannt sind. Abbildung 130 zeigt, wie die Änderung der Abstände sich auf die Lesbarkeit auswirkt. Ab einer bestimmten Laufweite findet ein qualitativer Sprung in der Wahrnehmung statt. Vorher getrennt wahrgenommene Buchstaben bilden plötzlich für das Auge eine Einheit. Umgekehrt verschwimmt das Wortbild bei zu enger

nononononononon

nononononononon

Abb. 130
Wo ist der richtige Zeichenabstand? Welche Buchstaben bilden ein Wort?

Zurichtung, und der Leser muß die Buchstaben im Geiste entzerren, um die Bedeutung des Wortes zu erfassen. Folge und Variation der Buchstabengruppen in gleichmäßigen Abständen prägt sich der Leser als schwarzweiße Struktur oder als Umriß nach kurzer Zeit ein.

Der Leser erkennt die Zeichen einer Schrift also nicht so sehr an den Buchstaben selbst. Er sieht vornehmlich Textzeilen als Linien mit herausragenden Ober- und Unterlängen der Buchstaben und als Variation und Rhythmus der Grundstriche und Weißräume (schwarzweiße Struktur/Textur). Die Zwischenräume von Buchstaben, Worten und Zeilen verschmelzen mit dem weißen Grund der Seite (Abb. 131).

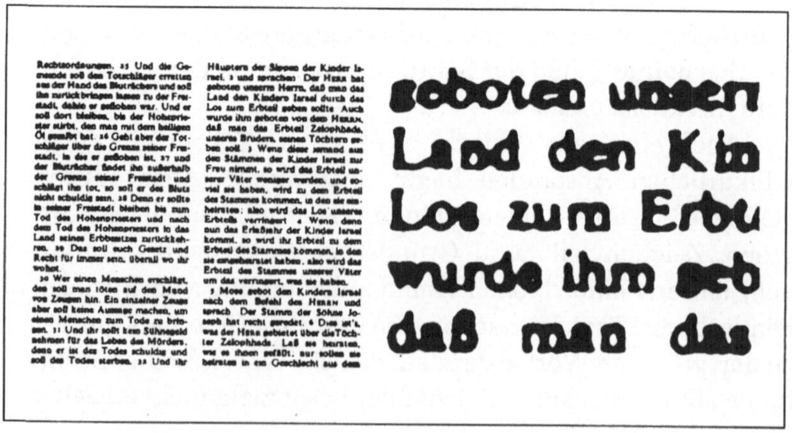

Abb. 131
Wortbilder erkennt der Leser durch den Rhythmus der Zeichen. Das Original ist besser lesbar als die Vergrößerung.

Anders verhält es sich mit sehr großen Schriften. Der Leser hat weniger Zeichen in seinem Blickfeld und die Buchstaben wirken schon fast gegenständlich in ihrer Form. Der optisch gleichmäßige Zeichenabstand bezieht sich dort weniger auf den Rhythmus der Grundstriche und Weißräume als zunehmend auf den kleinsten Abstand zwischen den Konturen. Das enge Setzen kreiert Wortbilder mit charakteristischen Variationen und Verdichtungen der Grundstriche und Weißräume (Abb. 132). So betrachtet sind unregelmäßige Abstände, auf ein Wort bezogen, sehr einprägsam, wirken sich aber in Texten zu ungunsten der Lesbarkeit und des Erscheinungsbildes aus.

Abb. 132
Buchstaben großer Schriften werden gegenständlich wahrgenommen. Der enge Zeichenabstand läßt Berührungspunkte entstehen.

Die Regelmäßigkeit der Buchstabenabstände hat natürlich zunächst mit Schriftästhetik und weniger mit Leseökonomie zu tun. Auch in sehr alten Inschriften, als an schnelle Lesbarkeit sicher noch nicht gedacht wurde, waren die einzelnen Zeichen harmonisch aufeinander abgestimmt. Die Gewohnheit, Wortzwischenräume zu lassen, was für die Lesbarkeit sicher ungleich wichtiger ist als die Optimierung der Buchstabenabstände, kam erst, wie übrigens auch die Zeichensetzung, im 6. und 7. Jahrhundert auf (Abb. 133).

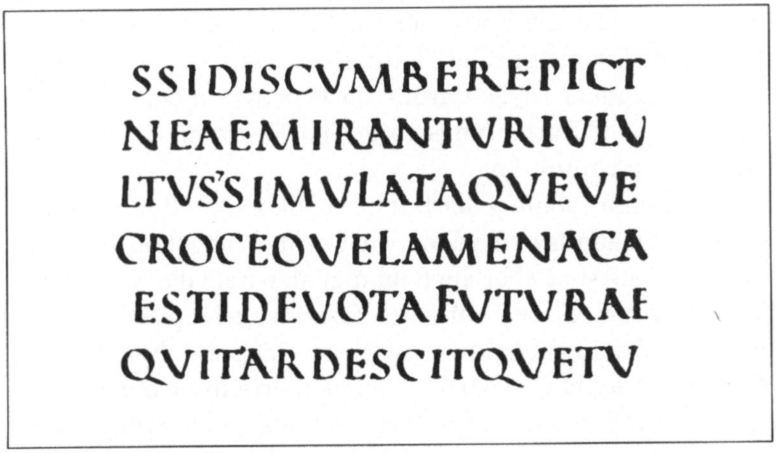

Abb. 133
Capitalis quadrata (3.-5. Jh). Der Text enthält keinen Wortzwischenraum, der Buchstabenabstand jedoch ist harmonisch.

Traditionelle Zurichtung

Mit Erfindung der beweglichen Lettern begann dann eine bewußtere Auseinandersetzung mit der Frage des optimalen Abstandes der Buchstaben für Druckschriften.

Der italienische Schriftsetzer Vicentino schreibt in seinem »Schreibbüchlein« von 1522: »Der Abstand zwischen Wort und Wort soll so breit sein wie ein »n«. Buchstabe an Buchstabe aber soll man so reihen, daß der weiße Zwischenraum so breit ist wie der Abstand der Senkrechten des »n« (Abb.134).« Diese Empfehlung kann zwar auch heute noch als Anhalt dienen, aber der tatsächliche Vorgang der Zurichtung erfordert vom Schriftdesigner die Berücksichtigung von vielen weiteren Faktoren.

Abb. 134 (unten)
Baskerville-Antiqua.
Der Zeichenabstand
entspricht der
Punze des »n«.

Tibi autem porro ut n
Nam deteriores fumus
Quodcunque inciderit
Putabit, pravumne an

Baskerville-Antiqua.

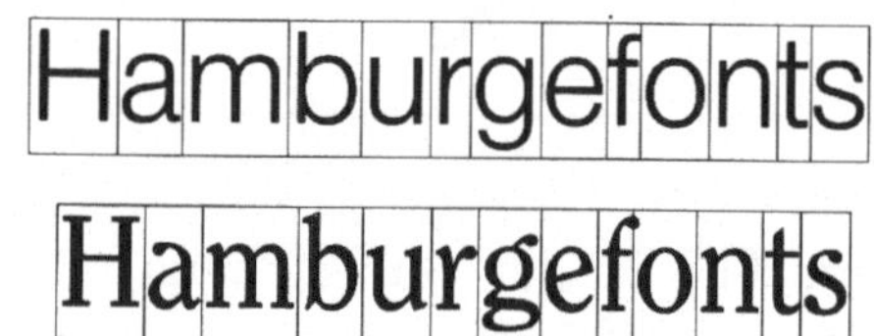

Abb. 135
(oben rechts)
Die Reihung der
Buchstaben in ihrem
Kegel ergibt den
Zeichenabstand.
Die Ober- und Unter-
kanten des Kegels
bestimmen den
engsten Zeilen-
abstand.
Obere Zeile = Schrift
mit Einheitsdickte
untere Zeile = pro-
portionale Dickten.

Die Hauptschwierigkeit besteht darin, daß der Buchstabenabstand nicht tatsächlich gleichmäßig sein darf, sondern gleichmäßig wirken soll. Hätten alle Buchstaben gleiche Zurichtungswerte, so würde die Schrift dem Leser als sehr unruhig erscheinen, weil die Form der Buchstaben, die Serifen und die Balkenstärken optische Täuschungen verursachen. Aufgabe des Designers ist es darum, so weit wie möglich durch Anpassung der Zurichtungswerte den Eindruck der Gleichmäßigkeit zu vermitteln.

Im Idealfall sollte jeder Buchstabenkombination ein individueller Abstandswert zugeordnet sein. Wie schon im Blei- und Photosatz sind aber auch im digitalen Satz die Schriftzeichen in ihrem Stand auf dem Schriftkegel optisch mittig innerhalb der Kegeldickte ausgerichtet. Der Zeichenabstand (Weißraum) ergibt sich bei der Aneinanderreihung der Schriftkegel aus der Summe von Nachbreite und Vorbreite (Abb. 135).

Bei der Bestimmung der Normallaufweite einer Schrift ordnet der Designer jedem Buchstaben eine feste Vor- und Nachbreite so zu, daß beliebige Kombinationen von Zeichen einen in etwa gleichmäßigen Weißraum ergeben. Diese Art der Zurichtung nennen wir traditionell, weil jeder Buchstabe eine starre Dickte erhält, ganz so als handele es sich tatsächlich um einen Bleikegel (Abb. 136). Es ist klar, daß die Zurichtung Kompromißcharakter hat. Die Vorbreite des »y« muß beispielsweise so gewählt sein, daß der Buchstabe sowohl auf ein »v« als auch auf ein »l« folgen kann, ohne Überschneidungen oder Lücken zu erzeugen.

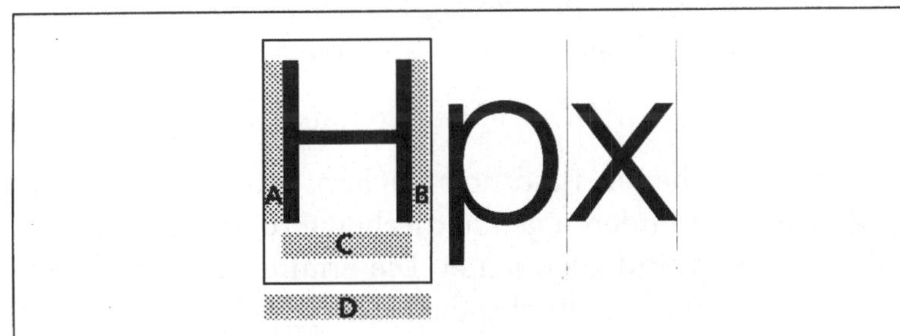

Abb. 136
Stand des
Buchstabens in
seinem Kegel.
(A = Vorbreite,
B = Nachbreite,
C = Buchstabenbreite,
D = Dickte des Kegels)

Erste Annäherung – Grundzurichtung

Die lateinischen Schriften lassen sich im Prinzip auf wenige Grundformen wie Quadrat, Kreis und Dreieck reduzieren bzw. den Grundstrichen der Buchstaben »H«, »O« und »V« zuordnen. Um die optische Gleichmäßigkeit zu erhalten, müssen zwei Kreise enger aneinandergereiht werden als zwei Quadrate.

Entsprechend dieser Vereinfachung werden die Buchstaben, gesondert nach Großbuchstaben (Versalien), Kleinbuchstaben (Minuskeln), Ziffern, Satz- und Sonderzeichen sowie Akzenten, in verschiedene Gruppen aufgeteilt. Das versale »D« zum Beispiel gehört in bezug auf die Vorbreite in die H-Gruppe, in bezug auf die Nachbreite in die O-Gruppe (Abb. 137). Zu Beginn der Zurichtung wird die Innenfläche des Minuskel n oder auch des m je zur Hälfte auf die Fläche der Vor- und Nachbreite verteilt. Dabei darf der Weißraum zwischen den Grundstrichen nicht genau dem Schwarzraum der Grundstriche entsprechen, weil sonst ein Flimmereffekt entstehen würde.

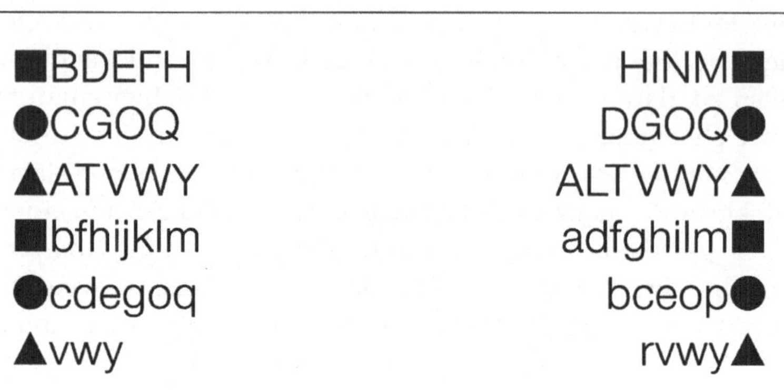

Abb. 137
Rechte und linke
Buchstabenhälften
werden getrennt
nach ihrer
Grundform in
verschiedene
Gruppen eingeteilt.

Vor- und Nachbreite der Bezugsbuchstaben werden dann solange variiert, bis Buchstabentestreihen, zum Beispiel:

»HOOHHOHnnoonon«

einen ausgeglichenen Eindruck machen. Dann wird jeweils ein Zeichen der anderen geometrischen Grundformen in die Reihe eingefügt und zugerichtet. Die ermittelten Werte werden auf die anderen Buchstaben der jeweiligen Gruppen übernommen und an Testwörtern wie »Hamburgefonts« und schließlich an ganzen Texten überprüft. Nach Gruppen zugeordnet und in Form und Funktion unterschieden, erhalten die Zeichen dadurch unterschiedliche Zurichtungswerte der Vor- und Nachbreiten für gerade, gekrümmte, diagonale und andere Formen (Abb. 138).

Abb. 138
Neigung und
Krümmung der
Grundstriche
beeinflussen die
Vor- und Nachbreite.

Optische Mitte

Die Berücksichtigung der geometrischen Form allein reicht natürlich nicht aus, um den Eindruck optischer Mittigkeit zu erzielen. Die Größen der Vor- und Nachbreiten müssen zusätzlich abgestimmt werden mit der Grundstrichstärke, Zei-

chenweite, Zeicheninnenfläche (Punze) und mit Designeigen-
arten wie Länge der Serifen oder Krümmung der Kurven
(Abb. 139).

HHHAHBHCHDHEHFHGHHIH
OOOAOBOCODOEOFOGOH
nnnanbncndnenfngnhninjnknl
ooooaobocodoeofogohoiojokol

Das »U« der Times fett hat zum Beispiel unterschiedlich starke Grundstriche und muß daher im Vergleich mit dem »U« der
Helvetica fett auf der linken Seite einen größeren Weißraum
haben. Einige Zeichen im Alphabet wie das »L« und »r« können nicht optisch mittig gestellt werden, denn ihr innerer
Weißraum ist zur Erkennung der Zeichen besonders in kleinen Schriften von Bedeutung.

Eine wichtige Rolle bei der Entscheidung über die Vergabe der Zurichtungswerte spielt auch die relative Häufigkeit
von Buchstabenkombinationen. Doppelbuchstaben wie »ll«
müssen »stimmen«, während auf den Fall »jk« weniger Rücksicht genommen werden muß. In erster Priorität wird das
Schriftbild der Minuskeln zugerichtet und, abgesehen von
wenigen Ausnahmen wie dem Buchstaben f, im wesentlichen
zwischen der Schriftlinie und der x-Höhe (Oberkante des x)
beurteilt. Die Versalien erhalten zwar entsprechend ihrer
Größe eine weitere Zurichtung, sie sind aber an gemischtem
Satz mit Minuskeln orientiert. Für reinen Versalsatz ist darum
eine größere Laufweite angemessen, die der Setzer abhängig
von Maschinentyp und Satzprogramm einstellen kann.

Ziffern und Satzzeichen fügen sich in das Schriftbild vorrangig zu den Minuskeln ein. Es gibt einige Zeichen auch in
mehreren Versionen, so auch dicktengleich für den Satz von
Tabellen.

Abb. 139
Grundzurichtung mit
formsymmetrischen
Zeichen, »H«, »O«
für Versalien,
»n« und »o« für
Minuskeln.

Kursive Schriften und Serifen

Unter Berücksichtigung des Winkels einer schrägen (kursiven) Schrift sind die meisten Zeichen so zugerichtet, als handle es sich um eine gerade Schrift, wenngleich auch die oftmals aus der Schreibschrift kommenden Formen der Kleinbuchstaben eine besondere Ausrichtung zu den anderen Zeichen der Schrift erfordern. Am Ende der Schriftherstellung erhalten sie einen Kursivversatz nach links, so daß sie am Spaltenrand optisch bündig mit einer geraden Schrift stehen. (Abb. 140)

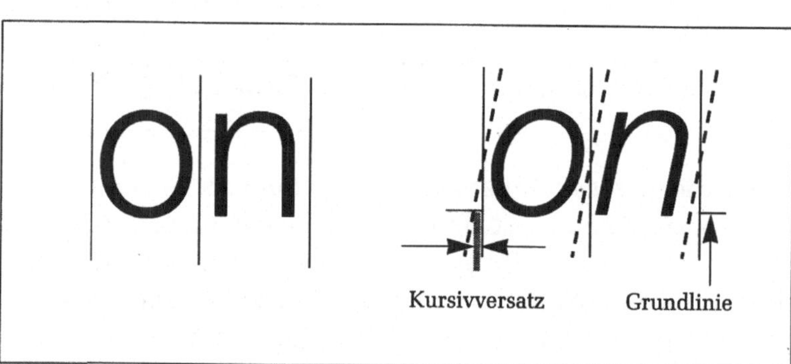

Abb. 140
Kursivversatz,
kursive Buchstaben
werden nach links
versetzt.

Schriften mit Serifen bedingen entsprechend ihrer Serifengröße und Zeichenweite andere Abstände zwischen den Zeichen als serifenlose Schriften. Bei Schriften mit langen Serifen und enger Zurichtung wirken die Zeichenpaare der Versalien »OO« und »HH« eng, aber »OH« weit (Abb. 141).

Löcher und Verengungen fallen bei zu eng gehaltener Zurichtung von Serifenschriften deutlich auf. Für eine enggesetzte Headline sollte daher eine Headlineversion der Schrift oder eine andere Schrift mit kurzen Serifen bevorzugt werden.

Abb. 141
Abstände der
Grundstriche sind
in Serifenschriften
größer als in
Serifenlosen.

Prüftexte und Laufweite

Die Zurichtung einer Schrift wird an Testwörtern wie »Hamburgefonts« abgestimmt und anschließend an umfangreichen Texten hinsichtlich des Zeichenstandes geprüft. Es folgen Laufweitenvergleiche in verschiedenen Schriftgrößen, Spaltenbreiten und Zeilenabständen, auch im Vergleich mit anderen Schriftschnitten (Abb. 142).

inventurinvonturinvonturinvonturinvonturinvonturinvon
invonturinvonturinvonturinvonturinvon
invonturinvonturinvonturinv
invonturinvontur
invontur
invo

Abb. 142
Innenräume und Zwischenräume bei kleinen bis großen Schriftgrößen, Wahrnehmung der Schrift als Struktur oder Form.

Abgesehen von unterschiedlichen Auffassungen der »richtigen Laufweite« sind objektive Grenzen der Laufweitenänderung dort gegeben, wo durch enge Zurichtung das Schriftbild fleckig wird und die Zeichen schwer unterscheidbar werden oder wo bei weiter Zurichtung der Wortzusammenhang verloren geht (Abb. 143).

l a u f w e i t e l a u f
laufweitelaufweitelau
laufweitelaufweitelaufweitela

Abb. 143
Die Grenzen der Lesbarkeit werden bei extrem enger oder weiter Laufweite erreicht.

Innerhalb dieser Grenzen lassen sich durch bewußt eingesetzte ungewöhnliche Zurichtung bestimmte Effekte erzielen. Einige Logotypen zeichnen sich zum Beispiel allein durch eine charakteristische Laufweite aus (Abb. 144).

Zum ersten Mal überhaupt gibt die alte chinesische Kaiserstadt Xi'an gleich 15 Originale ihrer legendären Terrakotta-Armee im Ausland zur Ausstellung frei. Das bedeutet Weltpremiere am 12. August im Museum am Ostwall.

Nicht zuletzt die Schriftgröße läßt die Weißräume in Relation zu Punzen und Grundstrichen unterschiedlich erscheinen. Die Laufweite, der durchschnittliche Buchstabenabstand, sollte darum, wenn möglich, für jede Schriftgröße getrennt bestimmt werden. In professionellen Satzanlagen passen sich die Laufweiten automatisch der Satzgröße an oder werden manuell eingestellt, damit die Laufweite optisch gleich bleibt bei variierender Größe. Das bedeutet, daß bei Vergrößerung einer Schrift der Vergrößerungsfaktor für die Zeichenabstände kleiner ist als der der Zeichenweite. In DTP-Satzprogrammen ist gerade dieses Problem automatischer Laufweitenanpassung nicht gelöst, und oftmals werden die aus dem Laserdrucker ausgegebenen Texte genauso unkritisch hingenommen, wie man auch das Schriftbild aus einer Schreibmaschine als unabänderlich akzeptiert hat.

Wortabstand im Blocksatz

Der Wortabstand sollte auf den durchschnittlichen Buchstabenabstand abgestimmt sein. Im Blocksatz wird auf Spaltenbreite ausgeschlossen, und daher ist der Wortzwischenraum eine variable Größe. Gerade in schmalen Spalten wechselt er oft von Zeile zu Zeile und stört damit den Lesefluß (Abb. 145).

Expandieren und Kondensieren der Schrift zur Erhaltung des Wortzwischenraumes dienen der Lesbarkeit ebensowenig wie eine zeilenweise Laufweitenänderung. Die typo-

graphisch beste Lösung besteht in der Wahl einer engeren
Schrift oder einer größeren Spaltenbreite. Auch ein besseres
Silbentrennungsprogramm kann hier helfen, und schließlich
bleibt immer noch die Möglichkeit der Textumformulierung.

Einheiten

Ein technisches Problem bei der Zurichtung besteht darin,
daß die Dickte des Kegels an maschinenspezifische Einheiten
gebunden ist. Darum kann das Verhältnis von Vor- und Nachbreite zu Zeichenweite nicht beliebig sein. Ob es sich um eine
Zeilengießmaschine, eine Schreibmaschine, einen Composer,
Matrixdrucker, eine Photosatzanlage, einen CRT- oder um
einen Laserbelichter handelt, immer müssen die Schriften an
mehr oder weniger feine Einheiten angepaßt werden. Die sim-
ple Mechanik einer Schreibmaschine oder auch viele Bildschirmschriften erfordern für jedes Zeichen eine gleiche
Dickte, also eine Einheit. Sie bedeutet den Vorschub (Versatz)
für das nachfolgende Zeichen. In diesen Schriften hat das ver-
engte »m« die gleiche Dickte wie das geweitete »i« mit seinem
breiten Fuß. Die meisten Zeichen dieser dicktengleichen,
nichtproportionalen oder *monospaced* genannten Schriften
sind in ihrer Form auf ähnliche Zeichenweiten verzerrt.
Wären die Zeichen dicktengleicher Schriften nicht verzerrt,
würden wir das Schriftbild als unangenehmer empfinden,
weil dann notwendigerweise die Zurichtung unregelmäßig
wäre (Abb. 146). Aber auch der Composer mit neun Einheiten
und selbst der Photosatz, der mit 54 Einheiten schon sehr gute
Schriftqualität bot, machten teilweise noch Korrekturen an
der Buchstabenweite erforderlich, um dadurch das als richtig
erkannte Verhältnis zu Vor- und Nachbreite zu erhalten.

A Hamburgefonts
B Hamburgefonts
C Hamburgefonts
D Hamburgefonts

Abb. 146
Courier, die Zeichen
auf einheitliche
Dickte angepaßt (A).
Helvetica, proportio-
nale Zeichen mit ein-
heitlicher Dickte (B).
Helvetica, alle
Zeichen mit einheit-
lichen Vor- und
Nachbreiten (C).
Helvetica, mit indivi-
duellen Vor- und
Nachbreiten (D). **185**

Seit Einführung der digitalen Speicherung von Schriften vor 20 Jahren ist mit der IKARUS-Software feinste Auflösung von 15.000 Einheiten möglich. Jeder Buchstabe kann damit ohne jede Abweichung von dem Originalentwurf digitalisiert und gespeichert werden. Erst bei der Wiedergabe wird der Buchstabe den Einheiten bzw. Auflösungen der unterschiedlichsten Belichter und Satzsysteme in seiner Größe, Strichstärke, Zeichenweite und Dickte angepaßt.

Nur mit traditioneller Zurichtung ist es nicht möglich, zwischen allen Zeichenpaaren gleichmäßige Weißräume zu erhalten. Sie bietet aber den bestmöglichen Kompromiß zugunsten der wichtigsten und meistgesetzten Zeichenpaare mit dem Ziel, auffällige Löcher und Verdichtungen zwischen den Grundstrichen im Schriftbild gering zu halten. Sie ist die Basis für ein Schriftfont mit variierenden Laufweiten und Schriftgrößen (von 6 bis 96 Punkt und größer). Darauf aufbauend bieten die Schrifthersteller ihre Standards oder kundenspezifische Möglichkeiten an, um mit Ästhetiktabellen, Short-, Long- und automatischem Kerning die Schriften für verschiedene Anwendungsbereiche im Schriftbild zu optimieren (Abb. 147).

Abb. 147
Beim Satz mit traditioneller Zurichtung (oben und Mitte) können Löcher im Wortbild nur manuell oder durch Unterschneidungstabellen korrigiert werden.

HHOHATEDAVO
HHOHATEDAVO
HHOHATEDAVO

Kerning – Ausnahmen werden die Regel

Während uns in der Struktur der Textschrift nur wenige typische Löcher (VO,TA,To,vo...) auffallen, erkennt man bei einer als Headline gesetzten Schrift deutlich mehr Ungleichmäßigkeiten der Zeichenabstände. Anders betrachtet könnte man bei extrem weiter Laufweite beinahe auf individuelle Vor- und Nachbreiten der Buchstaben verzichten. Bei enger Laufweite dagegen sollten alle Zeichenpaare eines Wortes individuell zugerichtet werden. Aber auch spezielle Headlineversionen der Schriften mit anderem Design und engerer Zurichtung weisen typische Probleme der traditionellen Zurichtung auf, die entweder manuell vom Setzer oder automatisch mit »Unterschneidungstabellen« korrigiert werden können, die inzwischen von den meisten Schriftherstellern in unterschiedlichen Umfängen und Formaten angeboten werden.

Früher wurden handgeschriebene Texte vom Schreiber ausgeglichen bzw. Schriftzeichen waren durch Linien fließend miteinander verbunden. Römische Inschriften (Capitalis monumentalis) zeigen uns, wie auch früher schon der Buchstabenabstand individuell bestimmt wurde.

Mit den beweglichen Lettern wurden die Schriftzeichen in ihrer Form dem Kegel angepaßt und für die Aneinanderreihung der Zeichen optimiert. Die Zeichenabstände waren jetzt mit den Zeichen fest verankert. Daraus resultierende Mängel mußte der Setzer durch »Sperren« bei kleineren und »Ausklinken« (Unterschneiden) bei großen Schriftgraden mühevoll ausgleichen (Abb. 148).

Abb. 148
Kerning durch
»Ausklinken« (AT)
und Sperren
(LONDON) bedeutete
mühsame
Handarbeit.

Unterschneidungstabellen

Heute sind Unterschneidungstabellen zum Standard in professionellen Satzanlagen geworden. Auch einige DTP-Programme unterstützen bereits Unterschneidungstabellen und bieten darüber hinaus die Möglichkeit, zusätzliche Ästhetikwerte während der Texterstellung zusammen mit der Textdatei abzulegen.

Unterschneidung, Kerning, bedeutet, daß für bestimmte Buchstabenpaare der Abstand, wie er durch die traditionelle Zurichtung gegeben ist, verändert wird. Sogenannte Ästhetiktabellen bzw. Long- oder Short Kerning Tabellen enthalten, in verschiedenen Formaten und Umfängen, für Buchstabenpaare Korrekturwerte, die beim Satz dem Abstand hinzugefügt werden. Beim Satz mit traditioneller Zurichtung wirken die Zeichendickten des ersten Zeichens als Versatzwert für das nachfolgende Zeichen. Der (zumeist) negative Kerningwert aus einer Ästhetiktabelle, beispielsweise für das Zeichenpaar »AV«, wird der Dickte von »A« entzogen. Das »V« wird dadurch vom »A« gesehen nach links um diesen neuen Wert versetzt gedruckt (Abb. 149).

Abb. 149
Der Unterschneidungswert eines Zeichenpaares versetzt das zweite Zeichen in seiner Position zum ersten Zeichen.

Ästhetiktabellen

In einer Ästhetiktabelle stehen die korrigierbaren Zeichenpaare mit ihren Korrekturwerten als geordnete Kette (AT-31, AV-27, AW-23, ..., Ay-8, ..By-3, ..., rw4, 01-3, ...) hintereinander. Der Zugriff auf ein Zeichenpaar erfolgt über das linke auf das rechte Zeichen mit dem Korrekturwert.

Ästhetiktabellen finden starke Verbreitung mit den PostScript Schriftfonts. Für Text ist nur eine Ästhetiktabelle mit 100 bis 400 Werten für die wichtigsten Zeichenpaare wie »AV«, »Te«, »Ry«, »ov« und so weiter vorgesehen. Bei Verwendung als Headline-Schrift sind weitere Korrekturen notwendig; deshalb bietet URW bereits Tabellen mit ca. 1000 Werten an. Größere Tabellen sind bei obiger Speicher- und Programmtechnik nicht sinnvoll, weil die Zugriffszeit zu groß wird. Der Anwender ist somit darauf angewiesen, bei großen Schriften noch anfallende Korrekturen manuell auszuführen oder, sofern möglich, auf Long- bzw. Short Kerning Tabellen zurückzugreifen (Abb. 150).

AA □	AC □	AG □	AO □	AT □	AV □	AW □	AY □ →
→ Av ⌐	Ay □	A- □	BY □	CH □	CK □	DT □	DV □ →
→ DY □	FA □	FC □	Fa □	→ ca. 400 bis 1000 Zeichenpaare			

Abb. 150
Nur die wichtigsten
und auffälligsten
Zeichenpaare
beinhalten
individuelle
Korrekturwerte in
Abhängigkeit zur
Schriftzurichtung.

Long Kerning

Große Schriftgrade, überwiegend enger zugerichtet, können mit umfangreicheren Long Kerning Tabellen ausgestattet werden. Die Tabellen dieser Art haben besondere Verbreitung in Beschriftungssystemen wie dem SIGNUS-System gefunden.

Typische Problemfälle, wie zu eng stehende Kurven bei Zeichenpaaren »DO« und »po« oder zu große Abstände bei »HO« und »fo«, die durch die Ästhetiktabellen nicht berücksichtigt werden, insbesondere bei Schriften mit Serifen, können nur mit den 10.000 bis 16.000 Korrekturwerten der Long Kerning Tabellen korrigiert werden. Die Long Kerning Tabellen sind als Matrix aufgebaut. Im Prinzip vorstellbar als fein unterteiltes Gitter, wo in der waagerechten und senkrechten Achse bis zu 130 Schriftzeichen über Adressenlisten (Pointer) zugeordnet sind (Abb. 151). In den Achsenschnittpunkten stehen die Korrekturwerte der Zeichenpaare. Der Zugriff auf die Korrekturwerte ist über die Adressenlisten sehr schnell. Zwar beansprucht eine Long Kerning Tabelle deutlich mehr Speicherplatz als eine Ästhetiktabelle, aber das wird heute kaum noch als Problem angesehen.

Unterschneidungstabellen können auch sich überschneidende Buchstabenpaare beinhalten. Wenn solche Tabellen für Folienbeschriftung und Dia-Belichtung eingesetzt werden sollen, dann werden nachträglich durch spezielle Programme die Mindestabstände der Zeichenpaare berechnet.

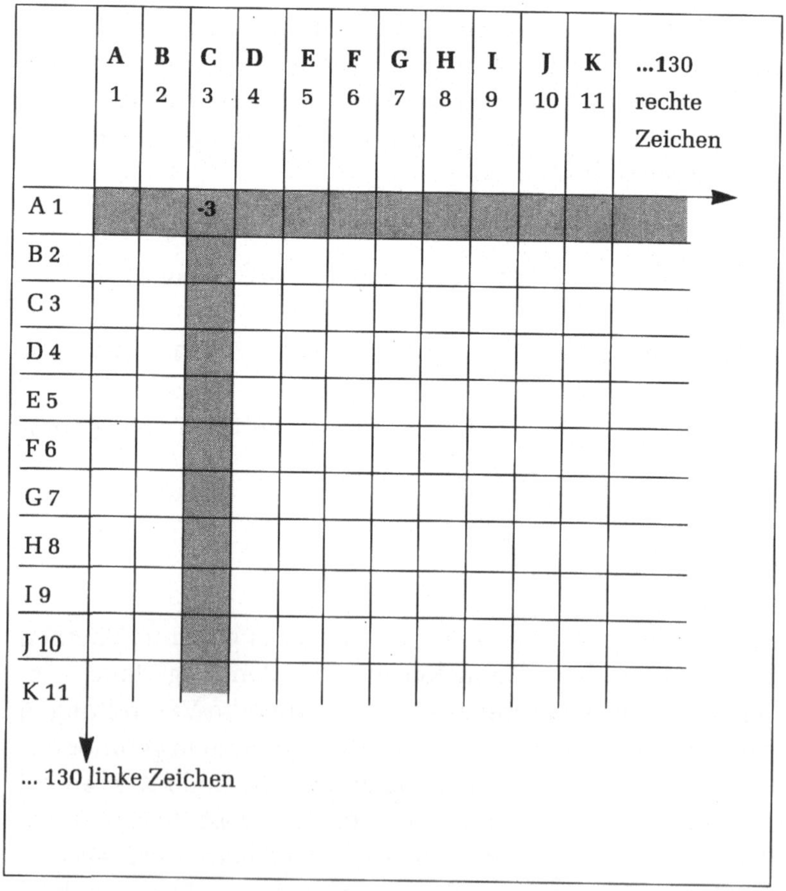

	A 1	B 2	C 3	D 4	E 5	F 6	G 7	H 8	I 9	J 10	K 11	...130 rechte Zeichen
A 1			-3									→
B 2												
C 3												
D 4												
E 5												
F 6												
G 7												
H 8												
I 9												
J 10												
K 11												

... 130 linke Zeichen

Abb. 151
Long Kerning Tabellen bieten individuelle Korrekturwerte für jedes Zeichenpaar der Matrix. Besonders für enge Display Schriften bieten sich optimale Möglichkeiten.

Short Kerning

Auf der Basis der Long Kerning Tabellen werden auch Short Kerning Tabellen eingerichtet. Die Buchstaben werden, ähnlich wie beim ersten Schritt der traditionellen Zurichtung, in etwa 32 verschiedene Klassen aufgeteilt. Die Matrix enthält für jedes Klassenpaar einen Korrekturwert. So haben beispielsweise »H« und »D« auf der linken Seite (Klasse 2 rechtsstehender Zeichen) und »D« und »O« auf der rechten Seite (Klasse 3 linksstehender Zeichen) jeweils gleiche Klassenzuordnungen. Für das Zeichenpaar »OD« wird wie für »DH« der Korrekturwert 3,2 zugewiesen.

Short Kerning beansprucht wenig Speicherplatz und ist im Zugriff sehr schnell. Mit einer kleineren Matrix können ebensoviel Korrekturen vorgenommen werden, wie mit einer Long Kerning Tabelle, allerdings mit Werten, die für die Zeichen der Klassen jeweils gleich sind (Abb. 152).

	A Æ Ä 1	T V W Y 2	C G O Q 3	J 4	U Ü 5	B D E F 6	... 32 Klassen* rechter Zeichen
0							
A,Ä 1			-3				
T,V,W,Y 2							
D,O,Q 3							
F,P 4							
E,Æ,Œ 5							
H,I,M,N 6							

...32 Klassen* linker Zeichen

*jede Klasse kann beliebig viele Zeichen enthalten

Abb. 152
Short Kerning Tabellen haben für Zeichen, die in vergleichbare Zurichtungskriterien nach Klassen gruppiert werden, jeweils gemeinsame Korrekturwerte.

Die meisten Satzmaschinenhersteller haben aus technischen und kommerziellen Gründen eigene Ästhetik-Layouts entwickelt, die jeweils für alle Schriften gleich sind. Ästhetiktabellen werden vor allem für DTP-Satzanlagen mit den Post-

Scriptfonts angeboten. Long Kerning Tabellen mit 10.000 und mehr Zeichenpaaren bieten eine gute Qualität für Displayschriften.

WORLDWIDE

A

WORLDWIDEWORLDWIDEWORLDWIDEWORLDWIDE
WORLDWIDEWORLDWIDEWORLDWIDEWORLDWIDEWORLDWIDEWORLDWIDEWORLDWIDE

WORLDWIDEWORLDWIDEWORLDWIDEWORLDWIDEWORLDWIDEWORLDWIDEWORLDWIDEWORLDWIDE

B

WORLDWIDEWORLDWIDEWORLDWIDEWORLDWIDE

C

WORLDWIDE

D

Abb. 153
Traditionelle
Zurichtung in drei
Schriftgrößen (A),
Ästhetiktabellen
sind für Text
ausreichend (B).
Short-Kerning und
Long-Kerning sind
für große und kleine
Schriften geeignet (C).
Für große und
enge Schriften bietet
Long Kerning gute
Möglichkeiten (D).

In der Mikrotypographie kann keine Automatik das trainierte Auge des Gestalters ersetzen. Die Ergebnisse der heutigen Ästhetikprogramme liefern in der Regel jedoch eine Qualität, die man als Grundlage für viele Gestaltungsaufgaben akzeptieren kann.

Es ist wichtig, daß der Anwender die Wirkung von Schrift und Zurichtung selbst experimentell erfährt. Die Schriftanwendung reicht vom Telefonbuch bis zur Flugzeugbeschriftung. Der Gestalter muß Distanz und Nähe des Lesers berücksichtigen, um Distanz und Nähe der Buchstaben, die Balance, optimal bestimmen zu können.

Kapitel 10

Display, Text und Poster

URW liefert als weltweit einziger Schrifthersteller alle Schriften wahlweise in drei Designgrößen für verschiedene Anwendungsbereiche aus. Je nachdem, wie – und vor allem wo – Sie Schriften einsetzen wollen, Sie erhalten immer die optimale Designgröße: Text (T), Display (D) oder Poster (P). Um Ihnen als Anwender die Vorteile dieser Schriftunterschiede verständlich zu machen und Ihre Arbeit zu vereinfachen, geben wir einige Faustregeln für den Gebrauch der drei Designgrößen.

URW liefert drei Designgrößen.

Im folgenden benutzen wir die Maßeinheiten mm, cm und pt. Die metrischen Angaben beziehen sich auf die Versalhöhe (Höhe der Großbuchstaben). Die typographische Maßeinheit pt (Punkt) beträgt etwa 1/72 Zoll (engl. inch = 2.54 cm) und mißt die sogenannte Kegelhöhe einer Schrift. Das ist der Mindestabstand zweier Schriftzeilen, also Versalhöhe plus Unterlänge und Akzentraum.

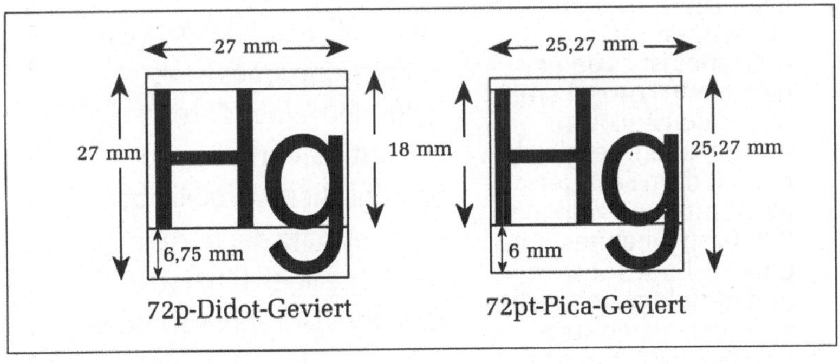

Abb. 154 Die Versalhöhen sind in Didot- und Pica-Geviert ungefähr gleich groß.

Text

Bücher bestehen aus Text. Wenn wir sie lesen, wollen wir größere Mengen an Information aufnehmen. Dabei befinden wir uns normalerweise in Ruhestellung und bewegen uns wenig. Wir empfinden sogar unnötige Bewegungen unseres

Körpers als störend. Es ist optimal, den zu lesenden Text möglichst mit einem Blick zu erfassen, um den Inhalt leicht verarbeiten zu können. Das hat dazu geführt, daß Schriftgrößen für Text – etwa 2.5 mm Versalhöhe – klein sind. Zeitungs- oder Buchtexte werden in Größen von 8 bis 10 pt dargestellt und können nach einer Anlaufphase (Aufwärmperiode) gut gelesen werden. Die halbe Größe, nämlich 4 bis 5 pt, ist unangenehm klein und kann nicht mehr sicher und schon gar nicht schnell gelesen werden. Texte in Werbedrucksachen und Korrespondenzen werden meistens größer (bis zu 3 mm Versalhöhe, oder 11 - 12 pt) gedruckt. Sie sollen auch ohne lange Anlaufphase gut und schnell erfaßt werden können, deshalb etwas größer.

Ferner ist es handlicher, Texte für Printmedien in Formaten zwischen A5 und A4 dargeboten zu bekommen. Die großformatigen Zeitungen werden von uns oft gefaltet, wenn wir »richtig« lesen. In bezug auf die Länge der Textzeilen sind 60 bis 80 mm für optimale Erfaßbarkeit ideal, die untere Grenze liegt etwa bei 40, die obere bei 120 mm Zeilenlänge.

Nicht allein die Schriftgröße, auch der Zeilenabstand (erzielt mit sogenanntem Durchschuß) ist wichtig! 8 pt Schrift auf 10 pt Zeilenabstand (kurz: 8/10 pt) ist besser lesbar als 10/10 pt.

Abb. 155
Faustregel:
Der Text sollte
20% Durchschuß
haben. Beispiel
8/10, 10/10 und
12/14 pt

Durch den Einsatz der elektronischen Möglichkeiten innerhalb eines neuartigen Satzprogrammes ist es gelungen, einen Fotosatz mit optimalen Zeilen zu ermöglichen, vergleichbar mit dem Satz der berühmten 42-zeiligen Bibel von Johannes Gutenberg. Enges Setzen und perfekt ausgeglichene Zeilen waren stets das Ziel der Satzgestaltung, erforderten aber in der Vergangenheit einen ungewöhnlichen Zeitaufwand und damit eine Verteuerung der Satzarbeit. Mit Spatien und Papier wurde früher gearbeitet, um ein engeres und ausgeglicheneres Satzbild zu bekommen.

Durch den Einsatz der elektronischen Möglichkeiten innerhalb eines neuartigen Satzprogrammes ist es gelungen, einen Fotosatz mit optimalen Zeilen zu ermöglichen, vergleichbar mit dem Satz der berühmten 42-zeiligen Bibel von Johannes Gutenberg. Enges Setzen und perfekt ausgeglichene Zeilen waren stets das Ziel der Satzgestaltung, erforderten aber in der Vergangenheit einen ungewöhnlichen Zeitaufwand und damit eine Verteuerung der Satzarbeit. Mit Spatien

Durch den Einsatz der elektronischen Möglichkeiten innerhalb eines neuartigen Satzprogrammes ist es gelungen, einen Fotosatz mit optimalen Zeilen zu ermöglichen, vergleichbar mit dem Satz der berühmten 42-zeiligen Bibel von Johannes Gutenberg. Enges Setzen und perfekt ausgeglichene Zeilen waren stets das Ziel der Satzgestaltung, erforderten aber in der Vergangenheit einen ungewöh

Display

Unter dem (englischen) Wort Display sind generell große Schriften, zum Beispiel Überschriften in Printmedien, Beschilderung zur Orientierung, wie z.B. Leitsysteme oder Fahrzeugbeschriftungen, zu verstehen. Es werden dafür logischerweise größere Schriftgrade gewählt, die wir mit Display- oder Titelgrößen bezeichnen. Um auch aus größeren Entfernungen noch eine gute Erfaßbarkeit dieser Texte zu gewährleisten, beträgt die Versalhöhe hier meistens 2 bis 10 cm.

Texte in Büchern oder Zeitungen werden ebenfalls nie ohne Orientierungshilfen dargeboten. Durch Überschriften, Titel und Untertitel werden uns die Inhalte der Texte angekündigt. Sie dienen uns bei der Suche, wecken unser Interesse oder Desinteresse und verhelfen uns zur ersten Information. Wir verwenden für diese »Display«-Anwendungen als Punktgrößen den Bereich von etwa 16 pt bis 24 pt oder auch größer, also Versalhöhen von 4 bis 9 mm. Zum Teil sind wir noch nicht auf das Lesen konzentriert oder befinden uns in körperlicher Bewegung oder wollen noch gar nicht lesen.

Wir bei URW haben unsere Schriften dieser Praxis im Display angepaßt durch Verfeinerung der Formen und Erstellen einer engeren Zurichtung. Nicht nur als logische Konsequenz aus diesem Anwendungsbereich, sondern vor allem als

Abb. 156
Fahrzeug-
beschriftung,
eigentlich nur da
sinnvoll, wo es um
Anschrift etc. (auf
Türen) geht.

Ausdrucksmittel, von dem SIGNUS-Kunden nur profitieren können. Diese geänderten Schriften nennen wir Displayschriften. Wir kommen darauf zurück, wenn wir den Einsatz von Schriften in der Werbetechnik für Orientierung und Display »beleuchten«.

Abb.157
*Titel und Untertitel,
Leitsystem, gerade
hier finden wir die
erwähnten VHs*

Anzeigetafeln

Anzeigetafeln und Anzeigen haben gemeinsam, daß sie aus mehr Text als ein Display bestehen, doch noch nicht soviel Text haben wie eine Drucksache.

Zu den ältesten Anzeigetafeln gehören Gesetzestafeln und Inschriften. Uns allen sind sie von Bauten her bekannt. Eine andere Art von Anzeigen – normalerweise denken wir ja an Inserate in Zeitungen und Zeitschriften – bilden Seminar- und Konferenzankündigungen in Hotels oder Baustellenbeschriftungen. Anzeigen sollen informieren und deshalb sowohl überflogen als auch gelesen werden können. Ihr Textumfang ist geringer, verglichen mit einer Zeitung – jedoch groß, verglichen mit einer Wegweisung. Die Römer haben dafür die Buchstaben der »Capitalis« (Bezeichnung für die römische Schrift) relativ weit spationiert und eine den Textschriften entsprechende, relativ dünne Strichstärke von etwa

Abb. 158
Typische Anzeige

10 % der Versalhöhe verwendet. Heute hat der Text in den
Anzeigen eine mittlere Strichstärke von 12 - 16 % der Versalhöhe. Anzeigen können in ihrer Gestaltung und Spationierung zwischen Text und Display eingeordnet werden.

Abb. 159
Römische Inschrift

Poster

Reklame ist wichtig, Reklame muß sein. Statt Reklame sagt man heute Werbung und dann: »Wer nicht wirbt, der stirbt«. Wie kann Schrift dabei helfen? Ganz einfach, durch Schriftgröße. Wir verwenden sehr große Schrift, wenn wir den möglicherweise entfernten Passanten erreichen wollen, wenn wir ihn auf etwas aufmerksam machen wollen. Er ist vielleicht in Gedanken woanders und soll sich über die gestaltete Beschriftung dem Produkt zuwenden.

Abb. 160
Poster an der
Litfaß-Säule

Abb. 161
Plakatwand

URW hat für diesen Zweck die Posterschriften entwickelt. Sie sind im Vergleich mit den Displayschriften zum Teil noch feiner in ihrer Gestalt und in jedem Fall enger zugerichtet.

Das übertrieben enge Zurichten wird oft als unnötig angesehen. In der Regel liegen aber Kompromisse mit gegebenen Wünschen vor. Einmal soll zum Beispiel ein Buchtitel möglichst groß auf einem relativ kleinen Umschlag dargestellt, ein andermal in ein vorhandenes Rechteck die größtmögliche Beschriftung eingepaßt werden, damit sie noch aus weiter Entfernung »entziffert« (schnell erfaßt und inhaltlich aufgenommen) werden kann. Neben der Signalwirkung geht es also auch um die Aufnahme beim Betrachter. In jedem Fall sollen also die Buchstaben größer werden, und sie können es dann am besten, wenn sie sich auch den Platz links und rechts greifen können, der eigentlich als Buchstabenzwischenraum gedacht war. So entsteht eine sehr enge Zurichtung und daher Bedarf an Posterschriften.

Die zugehörigen Schriftgrößen fangen bei mehr als 36pt an
und haben nach oben im Prinzip nur eine Begrenzung durch
das beschriftete Objekt selbst. Beispiele sind Plakate, Zeitungsnamen und Filmtitel, in der Werbetechnik sind es
Leuchtkästen mit Firmennamen oder Betriebs- und Produktbezeichnungen.

Graphik

Schrift wird in der Graphik häufig als Gestaltungselement verwendet. Dabei kann der Satz zur Spielwiese werden. Man
kann sperren oder durch zu kleine Schrift verblüffen, durch
zu große Schrift Platz für Bilder oder Text in den zu großen
Buchstaben selbst schaffen. In den Logotypen für Firmen
können die Buchstaben sich berühren oder sogar überlappen.
Man kann Text-, Display- oder Posterschriften verwenden,
mischen und sich tüchtig austoben. Nach speziellen Satzregeln sollte man eigentlich nicht fragen. Allerdings unterstellen wir, daß der Graphiker sowieso die Regeln für den Satz
zum Lesen, zur Orientierung und in der Werbung beherrscht.
Mit diesen Regeln wollen wir uns nun unter zwei Aspekten
auseinandersetzen: Auflösungsvermögen der Augen und
Anwendung in der Werbetechnik.

Abb.162
Satz als
Spielwiese

Auflösungsvermögen der Augen

Was hat das Auflösungsvermögen der Augen mit Schrift, Setzen und Werbetechnik zu tun? Nun, wir müssen schließlich Texte und Beschriftungen lesen, mindestens aber erfassen können. Texte unterhalb 4 pt können nicht gelesen werden, weil das Auflösungsvermögen der Augen begrenzt ist. Für die Praxis heißt das, daß mindestens die doppelte Größe – nämlich ab 8 pt – erst zu brauchbaren, relativ schnell zu lesenden Texten führt. Der nachfolgende klein gedruckte Text kann überflogen werden; denn er stellt einen vermeidbaren Ausflug in die Physiologie dar. Bisher ist dieser Text in 10 pt geschrieben worden, nun wird 8 pt verwendet.

---

8 Punkt mit 2 Punkt Durchschuß

Es ist in der Meßtechnik bekannt, daß man für die Abtastung mit einer bestimmten Genauigkeit bzw. Auflösung mindestens die doppelte Präzision in der Meßmaschine selbst benötigt. Die Umkehrung dieser Erfahrung besagt, da die Meßmaschine »Mensch« nun einmal vorgegeben ist, daß die Buchstaben mindestens doppelt so groß sein müssen, wie es die Grenze des Lesevermögens erlaubt. Am einfachsten und am wichtigsten für unser Verständnis ist es, wenn wir uns nur mit dem Buchstabenzwischenraum befassen. Er dient dazu, zwei Buchstaben voneinander zu trennen und kann leicht mit dem Auflösungsvermögen der Augen in Verbindung gebracht werden; denn es ist gerade dadurch definiert, daß die Grenze da erreicht wird, wo zwei Objekte – zum Beispiel zwei Punkte oder Striche – von uns nicht mehr als getrennt wahrgenommen werden können. Mit anderen Worten: wird diese Distanz unterschritten, empfinden wir eine Berührung der Buchstaben.

8 Punkt mit 3 Punkt Durchschuß

Es ist in der Meßtechnik bekannt, daß man für die Abtastung mit einer bestimmten Genauigkeit bzw. Auflösung mindestens die doppelte Präzision in der Meßmaschine selbst benötigt. Die Umkehrung dieser Erfahrung besagt, da die Meßmaschine »Mensch« nun einmal vorgegeben ist, daß die Buchstaben mindestens doppelt so groß sein müssen, wie es die Grenze des Lesevermögens erlaubt. Am einfachsten und am wichtigsten für unser Verständnis ist es, wenn wir uns nur mit dem Buchstabenzwischenraum befassen. Er dient dazu, zwei Buchstaben voneinander zu trennen und kann leicht mit dem Auflösungsvermögen der Augen in Verbindung gebracht werden; denn es ist gerade dadurch definiert, daß die Grenze da erreicht wird, wo zwei Objekte – zum Beispiel zwei Punkte oder Striche – von uns nicht mehr als getrennt wahrgenommen werden können. Mit anderen Worten: wird diese Distanz unterschritten, empfinden wir eine Berührung der Buchstaben.

Abb. 163
Textblock in 8 pt
gesetzt,
oben mit 2 pt
unten mit 3 pt
Durchschuß

8 Punkt mit 4 Punkt Durchschuß

Es ist in der Meßtechnik bekannt, daß man für die Abtastung mit einer bestimmten Genauigkeit bzw. Auflösung mindestens die doppelte Präzision in der Meßmaschine selbst benötigt. Die Umkehrung dieser Erfahrung besagt, da die Meßmaschine »Mensch« nun einmal vorgegeben ist, daß die Buchstaben mindestens doppelt so groß sein müssen, wie es die Grenze des Lesevermögens erlaubt. Am einfachsten und am wichtigsten für unser Verständnis ist es, wenn wir uns nur mit dem Buchstabenzwischenraum befassen. Er dient dazu, zwei Buchstaben voneinander zu trennen und kann leicht mit dem Auflösungsvermögen der Augen in Verbindung gebracht werden; denn es ist gerade dadurch definiert, daß die Grenze da erreicht wird, wo zwei Objekte – zum Beispiel zwei Punkte oder Striche – von uns nicht mehr als getrennt wahrgenommen werden können. Mit anderen Worten: wird diese Distanz unterschritten, empfinden wir eine Berührung der Buchstaben.

8 Punkt mit 6 Punkt Durchschuß

Es ist in der Meßtechnik bekannt, daß man für die Abtastung mit einer bestimmten Genauigkeit bzw. Auflösung mindestens die doppelte Präzision in der Meßmaschine selbst benötigt. Die Umkehrung dieser Erfahrung besagt, da die Meßmaschine »Mensch« nun einmal vorgegeben ist, daß die Buchstaben mindestens doppelt so groß sein müssen, wie es die Grenze des Lesevermögens erlaubt. Am einfachsten und am wichtigsten für unser Verständnis ist es, wenn wir uns nur mit dem Buchstabenzwischenraum befassen. Er dient dazu, zwei Buchstaben voneinander zu trennen und kann leicht mit dem Auflösungsvermögen der Augen in Verbindung gebracht werden; denn es ist gerade dadurch definiert, daß die Grenze da erreicht wird, wo zwei Objekte – zum Beispiel zwei Punkte oder Striche – von uns nicht mehr als getrennt wahrgenommen werden können. Mit anderen Worten: wird diese Distanz unterschritten, empfinden wir eine Berührung der Buchstaben.

Abb. 164
Textblock in 8 pt
gesetzt,
oben mit 4 pt
unten mit 6 pt
Durchschuß

8 Punkt mit 8 Punkt Durchschuß

Es ist in der Meßtechnik bekannt, daß man für die Abtastung mit einer bestimmten Genauigkeit bzw. Auflösung mindestens die doppelte Präzision in der Meßmaschine selbst benötigt. Die Umkehrung dieser Erfahrung besagt, da die Meßmaschine »Mensch« nun einmal vorgegeben ist, daß die Buchstaben mindestens doppelt so groß sein müssen, wie es die Grenze des Lesevermögens erlaubt. Am einfachsten und am wichtigsten für unser Verständnis ist es, wenn wir uns nur mit dem Buchstabenzwischenraum befassen. Er dient dazu, zwei Buchstaben voneinander zu trennen und kann leicht mit dem Auflösungsvermögen der Augen in Verbindung gebracht werden; denn es ist gerade dadurch definiert, daß die Grenze da erreicht wird, wo zwei Objekte – zum Beispiel zwei Punkte oder Striche – von uns nicht mehr als getrennt wahrgenommen werden können. Mit anderen Worten: wird diese Distanz unterschritten, empfinden wir eine Berührung der Buchstaben.

8 Punkt mit 10 Punkt Durchschuß

Es ist in der Meßtechnik bekannt, daß man für die Abtastung mit einer bestimmten Genauigkeit bzw. Auflösung mindestens die doppelte Präzision in der Meßmaschine selbst benötigt. Die Umkehrung dieser Erfahrung besagt, da die Meßmaschine »Mensch« nun einmal vorgegeben ist, daß die Buchstaben mindestens doppelt so groß sein müssen, wie es die Grenze des Lesevermögens erlaubt. Am einfachsten und am wichtigsten für unser Verständnis ist es, wenn wir uns nur mit dem Buchstabenzwischenraum befassen. Er dient dazu, zwei Buchstaben voneinander zu trennen und kann leicht mit dem Auflösungsvermögen der Augen in Verbindung gebracht werden; denn es ist gerade dadurch definiert, daß die Grenze da erreicht wird, wo zwei Objekte – zum Beispiel zwei Punkte oder Striche – von uns nicht mehr als getrennt wahrgenommen werden können. Mit anderen Worten: wird diese Distanz unterschritten, empfinden wir eine Berührung der Buchstaben.

*Abb. 165
Textblock in 8 pt
gesetzt,
oben mit 8 pt
unten mit 10 pt
Durchschuß*

In der Physiologie hat man ermittelt, daß das Auflösungsvermögen der Augen eine Bogenminute beträgt. Das bedeutet bei einem Leseabstand von 40 cm etwa 1/10 mm als Mindestabstand zweier zu trennender Objekte. Wir können dies überprüfen, indem wir im folgenden Bild den Buchstaben **E** betrachten. Wir haben ihn abgesetzt in der Schriftgröße 10pt und dadurch gestaltet, daß wir das **E** in Scheiben zerlegt haben. Dabei werden die Scheibenstärke und der Zwischenraum gleich groß gewählt und immer senkrecht zum Buchstabenstrich. Beim **E** ergeben sich senkrechte und waagerechte Striche, also können wir unser Auflösungsvermögen sogar in beiden Richtungen prüfen. Die Scheiben- bzw. die Zwischenraumstärke variiert in Abstufungen von 0,05, 0,075, 0,1, 0,125 und 0,15 mm.

Abb. 166
*Fünfmal E,
zerlegt in
verschieden dicke
Scheiben*

Der Mindestabstand von 1/10 mm bedeutet, daß wir die Buchstabenzwischenräume größer als 2/10 mm halten müssen. Bezogen auf 5 pt großen Text heißt das 1/5 der Kleinbuchstabenhöhe. Das bedeutet also, daß bei kleinen Schriftgrößen ein relativ großer Buchstabenzwischenraum unbedingt erforderlich ist.

An dieser Stelle erhalten Sie drei Faustregeln für den Umgang mit Millimeter, typographischen Punkten (pt) und Buchstabengrößen (Versalhöhe = Höhe der Großbuchstaben; Minuskelhöhe = Höhe der Kleinbuchstaben):

Regel 1

1 mm Versalhöhe ≈ 4 pt Kegelhöhe

z. B. 2,5 mm VH ≈ 10 pt KH

Regel 2

2/3 Kegelhöhe ≈ H-Höhe (Versalhöhe)

Regel 3

1/2 Kegelhöhe ≈ x-Höhe (Minuskelhöhe)

Andererseits erlaubt die Grenze des Auflösungsvermögens, daß wir bei sehr großen Buchstaben durchaus sehr eng zurichten können. Zum Beispiel würde bei 100pt erst unter 1/100 der Minuskelhöhe die Berührung empfunden werden.

Zwischen 1/5 und 1/100 der Minuskelhöhe liegt der Entscheidungsspielraum für die Zurichtung der normalen Text-, engen Display- und sehr engen Posterschrift.

			Latin Typefaces
Hamburgefonts	Bauer Bodoni	regular italic kursiv normal	B015023P
Hamburgefonts		demi-bold italic kursiv halbfett	B015024T
Hamburgefonts C		demi-bold italic kursiv halbfett	B015024D
Hamburgefonts		demi-bold italic kursiv halbfett	B015024P
Hamburgefonts		bold italic kursiv fett	B015026T
Hamburgefonts P		bold italic kursiv fett	B015026D
Hamburgefonts		bold italic kursiv fett	B015026P
Hamburgefonts M	Bodoni Antiqua	light mager	B044002T
Hamburgefonts		light mager	B044002P
Hamburgefonts P		regular normal	B044003T
Hamburgefonts		regular normal	B044003P
Hamburgefonts P		demi-bold halbfett	B044004T
Hamburgefonts		demi-bold halbfett	B044004P
Hamburgefonts M		bold fett	B044006T
Hamburgefonts		bold fett	B044006P
Hamburgefonts M		light italic kursiv mager	B044022T
Hamburgefonts		light italic kursiv mager	B044022P
Hamburgefonts P		regular italic kursiv normal	B044023T
Hamburgefonts		regular italic kursiv normal	B044023P
Hamburgefonts M		demi-bold italic kursiv halbfett	B044024T
Hamburgefonts		demi-bold italic kursiv halbfett	B044024P
Hamburgefonts M		bold italic kursiv fett	B044026T
Hamburgefonts		bold italic kursiv fett	B044026P
Hamburgefonts M		regular condensed schmalnormal	B044043T
Hamburgefonts		regular condensed schmalnormal	B044043P

URW Type Program   B 11

Abb. 167 Text, Display und Poster haben verschiedene Zurichtungen

Werbetechnik

Diese Erfahrungen mit Schriften lassen sich für den Gebrauch in der Werbetechnik wie folgt umsetzen.

Wir müssen uns zuerst den Zweck der Beschriftung erklären lassen und dann eine Einteilung versuchen in

- Lesen   (Text → Anzeige),
- Orientierung   (Anzeige, Wegweisung → Display) und
- Werbung   (Display, Plakat → Poster).

Daraus kann man die Zurichtung (Text, Display, Poster) ableiten. Dann müssen wir uns über die mittlere Entfernung des Betrachters klar werden. Wieviele Meter ist er im allgemeinen von dem beschrifteten Objekt entfernt? Daraus kann man die Schriftgröße ableiten.

Ein Leseabstand von 1000 m wird selten in Frage kommen, eventuell für die Beschriftung auf Dächern oder Fassaden, für Flughafengebäude oder in der Seefahrt. Theoretisch gibt es keine obere Grenze für die Buchstabengröße, doch praktisch wird die Größe immer von der Architektur des Objektes bestimmt.

Der Werbegraphiker nimmt diese Angaben als Anhaltspunkt und wird seinem Geschmack oder dem Kundenwunsch entsprechend die richtige Größe und Zurichtung finden. Bei der Angabe der mittleren Entfernung sollte nicht übersehen werden, daß es sich um einen Mittelwert handelt. Manchmal genügt es, aus der Entfernung – ohne lesen zu können – zu erkennen, daß eine Beschriftung vorhanden ist, um sich ihr auf Leseentfernung zu nähern. Das heißt: die Signalwirkung muß so groß sein, daß der Betrachter den Inhalt lesen und damit erfassen will. Oder die Signalwirkung ist groß genug, eine vollständige Erfassung der Botschaft auch ohne genaues Lesen zu ermöglichen. Gerade in der Außenwerbung reicht oft der bloße, gut gesetzte Impuls aus, eine Botschaft zu übermitteln. Allerdings muß der Werbetechniker selbst entscheiden, welche Leseentfernung nicht unterschritten werden kann oder soll. Bei dieser Entfernung darf er auf keinen Fall die Größen für die Lesegrenze unterschreiten.

Wir haben bei URW drei Designgrößen (Text, Display, Poster) hergestellt und in unseren Bestellunterlagen für Schriften mit T, D und P entsprechend gekennzeichnet. SIGNUS-Kunden werden diese Unterscheidungen in ihrer tägli-

mittlere Entfernung		Schriftgröße					
		Lese-Grenze	Text	Anzeige	Orientie-rung	Werbung	Plakat
Buch	40 cm	4 pt	10 pt	14 pt	18 pt	30 pt	48 pt
			Angaben für Versalhöhe				
Schaufenster	4 m	1 cm	2,5 cm	3,5 cm	4,5 cm	7,5 cm	2 cm
Fahrzeuge	10 m	2,5 cm	7 cm	10 cm	13 cm	21 cm	
Wegweisung	40 m	10 cm	25 cm	35 cm	45 cm		
Autobahn	100 m	25 cm	70 cm	100 cm			
für weites Gelände	400 m	100 cm	250 cm				
Unternehmens-kennzeichnung		1000 m	250 cm				

Text ←——————————→

Display ←————————————————————————————→

Poster ←————————————→

Abb. 168
Entfernungstabelle
für Lesbarkeit von
Schriftgrößen

chen Arbeit zu schätzen wissen. Wir können auch die drei Buchstaben umstellen, DTP (DeskTop Publishing) bilden und die Herstellung von Display-, Text- und Posterschriften als unseren DTP-Beitrag bezeichnen.

Der Geigenspieler

Wir kennen alle den idealen, dynamischen, jungen Manager. Einer von ihnen hatte einmal ein bißchen Zeit, so um die Mittagspause. Er ging auf dem Broadway in New York spazieren und hörte plötzlich Musik. Er sah einen Geigenspieler an einer Häuserwand verloren stehen, in Lumpen gekleidet, einen Hut vor sich auf der Straße mit ein paar kleinen Münzen darin. Die Passanten hörten ihm nicht zu, doch das schien den Spieler nicht im geringsten zu stören. Der Manager erfaßte sofort, daß der Geigenspieler hochbegabt war und wunderbar spielte.

Er hört ihm nur kurz zu und sprach ihn bald an. So erfuhr er, daß der arme Mann unter Brücken schlief, von Almosen lebte und im großen und ganzen zufrieden war. Doch es plagte ihn das Rheuma, im Winter war es manchmal wirklich hart. Also machte ihm der Manager einen Vorschlag: »Ich manage Dich, Du kriegst immer zu essen, eine warme Unterkunft und ordentliche Kleidung.« »Ja, und darf ich bei Dir Geige spielen?« »Na klar, so viel Du willst, den ganzen Tag.«

Der Manager besorgte sich einen beheizbaren Keller, stellte ein Bett mit Zudecke hinein, kleidete den Geigenspieler in seine gebrauchte Kleidung und ließ ab und zu Essen von McDonalds bringen.

Der Geigenspieler war zufrieden, er spielte lustig drauflos. Wie auf dem Broadway hatte er unten im Keller keine Zuhörer, was ihn aber nicht störte. Zusätzlich stellte der Manager ein Mikrofon vor den Geiger und zeichnete die Musik auf.

Es wurden Platten, Kassetten und CD's hergestellt und am Markt angeboten. Der Verkauf wurde vom Manager organisiert, durch Marketingmaßnahmen begleitet und entwickelte sich hervorragend.

Es mußte bald eine größere Firma gebildet werden. Zum Glück konnten hinreichend Räume in dem Wolkenkratzer gefunden werden, wo unten irgendwo in einem Kellerraum der Geigenspieler hauste. Die Firma wuchs und wuchs. Immer mehr Mitarbeiter beschäftigten sich intensiv und fleißig mit

Marketing, Absatz, Support, Verpackung, Messen, Anzeigenschaltung, Fernsehinterviews und Anwesenheit auf Musiktagen und vielfältigen kulturellen Ereignissen. Die Firma erhielt große Anerkennung auch dadurch, daß sie keine eigenen Produktionsanlagen und Fabriken benötigte, also die Umwelt nicht verschmutzte. Mit der Zeit wurden neben Musik auch andere Produkte in den Vertrieb aufgenommen, u. a. T-shirts, Musikliteratur, Musikinstrumente und Noten.

Unser Manager mußte sich eines Tages aus den eigentlichen Tagesgeschäften zurückziehen, weil ihn diverse andere Aufgaben zu sehr beanspruchten. Inzwischen saß er in Aufsichtsräten anderer Firmen, sein guter Rat war oft gefragt. Er konnte nur noch im Aufsichtsrat seiner eigenen Firma sporadisch die strategischen Aufgaben wahrnehmen.

Also tauchte umgehend ein neuer Manager in der Musikfirma auf. Neue Besen kehren gut. Der neue krempelte die Ärmel hoch und stellte bald fest, daß viel zu viele Mitarbeiter irgendwelche Arbeiten doppelt ausführten, noch keine PC's einsetzten oder schlicht und einfach als Drückeberger irgendwo dem Nichtstun nachgingen. Es kam zu erfolgreichen Umstrukturierungen, die Firma arbeitete noch profitabler.

Der erfolgreiche Manager drang in seiner Schaffenskraft mehr und mehr an die Peripherie der Firma vor und hatte durch seinen Assistenten auch eine Viertelstunde für einen Rundgang durch den Keller des Wolkenkratzers angesetzt bekommen. Forsch gingen beide durch die dunklen Räume und kamen schließlich in den Kellerraum des Geigenspielers. Der Manager wunderte sich :»Was macht denn dieser Mann hier?«

»Das ist unser Geigenspieler.«

»Ok, gut und schön, aber wir sind doch kein Sozialverein. Draußen scheint die Sonne, geben Sie dem Mann noch einen Dollar und schicken Sie ihn raus.«

Nachtrag:

Diese Story kommt mir immer in den Kopf, wenn ich von der Firma Bitstream höre. Ihre Gründer - Mike Parker, Matthew Carter, Sherrie Cone, Rob Friedmann - sind inzwischen ausgeschieden bzw. »gegangen worden«.

Kapitel 11

Schriftqualität

S chrift ist ein Medium des Informationstransportes. Durch die Kombination der einzelnen Zeichen wird Sinn erzeugt, der vom Leser erkannt wird. Warum aber gibt es so viele Schriften? Worin unterscheiden sie sich? Eine häufige Antwort lautet: Zunächst einmal in ihrem Anwendungsfeld. Die Schrift in einem Telephonbuch kann und muß anders aussehen als die in einer Bibel und die anders als die Schrift eines Werbeplakates.

Aber auch wenn man das Anwendungsfeld beliebig eingrenzt, gibt es genügend Schriften, die für sich beanspruchen, genau für dieses Gebiet geeignet zu sein. Teilweise sind die Schriften für den Laien gar nicht mehr zu unterscheiden, und doch gibt es Unterschiede – nicht zuletzt in der Qualität.

Was macht die Qualität von Schriften aus?

Ich habe in vielen Diskussionen mit fast allen international bekannten Schriftentwerfern erlebt, daß auf diese Frage manchmal gereizt und oft abwehrend reagiert wurde. Hin und wieder hört man Formulierungen wie:

»Das muß man in den Fingerspitzen haben«, »Ich kann nicht sagen, weshalb ich diese Schrift für eine der besten seit Menschengedenken halte« oder folgende Abfertigungen für Berufsfremde: »Das versteht man erst, wenn man selbst Schriften entworfen hat« und: »Du hast ja keine Ahnung, laß mich nur machen.«

Zweifellos ist Schrift ein künstlerisches Produkt und wirft als solches alle Fragen auf, die auch bei der Beurteilung von Musik, Poesie oder Gemälden entstehen: Ist Kunst überhaupt beurteilbar und wenn ja, darf jemand urteilen, der »es selbst nicht besser kann«?

»Du hast ja keine Ahnung, laß mich nur machen.«

213

Schrift ist aber in erster Linie ein Gebrauchsgegenstand, sie ähnelt darum eher einem Stuhl als einem Gedicht. Sie ist somit auch ein Handwerksprodukt, sie kann danach bewertet werden, in wieweit die Regeln des Handwerks befolgt worden sind. Und so, wie man auf einem Stuhl vor allem bequem sitzen können sollte, muß auch eine Schrift gut lesbar sein, und zumindest dies wird auch der Laie beurteilen dürfen.

Natürlich gibt es emotionale Gründe, warum ein Mensch die eine Schrift der anderen vorzieht. Aber das heißt nicht, daß nicht auch objektive Maßstäbe angelegt werden könnten. Und das ist wörtlich gemeint. Ich behaupte, daß die Qualität von Schriften meßbar ist.

Mit diesem Artikel wird diese Behauptung erläutert und belegt, aber nur in Ansätzen auch in die Praxis umgesetzt. Wir sagen nicht, wir können eine beliebige Schrift messen und dann eine objektive Note vergeben. Was wir aber sagen, ist dies: Es gibt objektive Qualitätskriterien, und es macht Sinn, Schriften hinsichtlich dieser Kriterien miteinander zu vergleichen.

Messen dient der Qualitätssicherung.

Für uns als Schriftproduzenten bedeutet die Messung von Qualität ein Mittel zur Qualitätssicherung, für einen Kunden könnte sie aber auch eine gute Hilfe für die Kaufentscheidung darstellen.

Was ist Qualität?

Qualität ist das, was eine Sache zu dem macht, was sie ist. Mit dem Begriff ist zunächst keine Bewertung verbunden. Gewöhnlich verstehen wir aber heute unter Qualität etwas, das hoch oder niedrig sein kann, das ein Produkt hat, ein anderes nicht.

Ein Definitionsvorschlag des Deutschen Instituts für Normung (DIN) lautet:
»Gesamtheit von Eigenschaften und Merkmalen eines Produktes oder einer Tätigkeit, die sich auf deren Eignung zur Erfüllung gegebener Erfordernisse beziehen.« [MAS]

Dabei kann man unter Merkmal die Ausprägung einer Eigenschaft verstehen. Sie ist qualitativ oder quantitativ. Zum Beispiel ist die Strichstärke der Buchstaben eine Eigenschaft der Schrift. Wenn die Stärke gemessen wird, handelt es sich um ein quantitatives Merkmal, wird sie visuell beurteilt, anhand von Vergleichsmustern etwa, so würde man es ein qualitatives Merkmal nennen. Wird nun die Ausprägung der Eigenschaft mit festgesetzten Ansprüchen verglichen bzw. auf Konsistenz überprüft, so kommt es zu einer Qualitätsbeurteilung im engeren Sinn. Eine solche Betrachtung nehme ich im Hauptteil dieses Kapitels unter dem Stichwort *Güte* vor.

Vorher soll aber noch auf drei andere Aspekte eingegangen werden, die sich mit dem Begriff Qualität verbinden, nämlich: *Wertstufe, Eigenschaft, Beschaffenheit.*

Wertstufe

Der Wert einer Schrift kann darauf basieren, daß sie beliebt und bekannt ist, daß sie teuer verpackt ist, oder daß modische Trends (Zeitgeschmack, Marketing) wirken. Der Wert einer Schrift kann auch nach ihrer Nützlichkeit für bestimmte Zwecke veranschlagt werden, zum Beispiel danach, daß sie besonders gut lesbar ist oder – in der Werbung – besonders aufregend aussieht (Abb. 169).

	Lesbarkeit	Auffälligkeit
Nimbus Sans Nimbus Roman	gut	schlecht
Slogan Littera	schlecht	gut

Abb. 169
Schriften können
normal sein oder
absichtlich anormal.

Die Wertstufe drückt sich letzten Endes in dem zu zahlenden Preis aus. Also können wir den Preis als Meßwert nehmen. Zum Beispiel ist der Preis beim Wein ein für den Laien einigermaßen verläßliches Kriterium für die Qualität – je teurer desto besser. Doch im Bereich der Schriften würde die Bewertung nach dem Preis zu Mißverständnissen führen. So ist eine so berühmte Schrift wie die Helvetica heute praktisch kostenlos, da sie mit dem Kauf eines jeden Laserdruckers oder – in naher Zukunft – eines jeden Betriebssystems wie MacOS, MS-Windows oder UNIX mitgeliefert wird. Da die Schriften digital vorliegen, können keine Produktionsengpässe entste-

Die Wertstufe drückt
sich letzten Endes in
dem zu zahlenden
Preis aus.

hen, das Angebot kann sich also ganz nach der Nachfrage richten. In diesen Fällen bewirkt die Massenproduktion (z.B. bloßes Kopieren auf Speichermedien) eine derartige Preissenkung, daß der Wert für den Käufer nicht mehr sichtbar wird. Ergänzend müßte als Wertstufe zumindest die Summe der Nutzungslizenzen verstanden werden, die die Hersteller von Druckern bzw. Betriebssystemen an den Schrifteigentümer zahlen. Mit dieser Einschränkung kann gesagt werden, daß der Wert einer Schrift am Preis ablesbar ist.

Als ein weiteres Wertkriterium könnte man auch die Anzahl der Nachahmungen einer Schrift ansehen. Durch die Arbeiten von Karl-Heinz Warkentin im Hause URW zur typographischen Geschichte von Schriften können wir die Schriften mit einer nennenswerten Zahl von Nachbildungen bzw. Nachahmungen nennen (Abb. 170).

Je öfter eine Schrift nachgemacht worden ist, je wertvoller ist sie.

Nachbildungen			
Schrift	Anzahl	Schrift	Anzahl
Helvetica	34	Park Avenue	10
Times Roman	28	Kaufmann	10
Palatino	28	ITC Souvenir	10
Cheltenham	26	ITC Korinna	10
Optima	25	ITC Avant Gard Gothic	10
Melior	22	Della Robbia	10
Futura	22	Americana	10
Univers	19	Janson	9
Copperplate Gothic	18	Goudy Old Style	9
Wedding Text	17	Garamond	9
Corona	16	Franklin Gothic	9
Gill Sans	14	Dom Casual	9
Caledonia	14	Century Schoolbook	9
Aster	14	Amelia	9
Eurostile	13		
Arnold Böcklin	13	**Ferner gibt es:**	
Trump Mediaeval	12		
Cooper Black	12	14 Schriften	mit 8
ITC American Typewriter	11	13 Schriften	mit 7
Frutiger	11	13 Schriften	mit 6
Excelsior	11	21 Schriften	mit 5
Bembo	11	31 Schriften	mit 4
Rockwell	10	38 Schriften	mit 3

Abb. 170
Anzahl von
Nachbildungen

Zu dieser Aufreihung muß allerdings bemerkt werden, daß die ITC-Schriften frei sind, weil sie in Lizenzen zur Nutzung an jeden Interessenten gegeben werden. Für andere Schriften wie Courier besteht gar kein Eigentumsrecht, sie sind praktisch »public domain«. Diese Schriften tauchen darum in der Liste nicht auf.

Wenn die Beliebtheit ein Kriterium für den Wert ist, können schließlich auch Bestsellerlisten Aufschluß geben. Als Beispiele führen wir hier die Bestsellerliste von Agfa aus dem Jahr 1989 (Abb. 171) und von dem Magazin Page aus dem Jahre 1991 (Abb. 172) an.

Bestsellerliste von Agfa aus dem Jahre 1989	Bestseller nach dem Magazin Page, August 1992
1. CG Triumvirate	1. Futura Lig.
2. CG Triumvirate Bold	2. Univers
3. CG Triumvirate Light	3. Futura Medium
4. Round Corner Font	4. Futura Condensed
5. English Times	5. Times Greek
6. CG Triumvirate Black	6. Helvetica 45
7. English Times Bold	7. VAG Rounded
8. Futura Light II	8. Frutiger 55
9. English Times Italic	9. Univers Condensed
10. Futura Bold II	10. Helvetica 35
11. Futura Extra Bold II	11. Helvetica Lig, Blk.
12. ITC Souvenir Light	12. Künstler Script
13. Futura Book II	13. Helvetica Condensed
14. Rockwell Bold (Monotype)	14. Frutiger 45
15. Futura Demi II	15. Antique Olive
16. Rockwell Light (Monotype)	16. Optima
17. Rockwell Medium (Monotype)	17. Arnold Böcklin
18. Univers Medium	18. Creative Selection
19. CG Times	19. Gill Sans
20. Univers Bold	20. ITC Garamond

Abb. 171 (ganz links)
Bestsellerliste
von Agfa aus dem
Jahr 1989

Abb. 172 (links)
Bestseller nach Page,
August 1992

Selbstverständlich unterscheiden sich solche Listen in den verschiedenen Ländern und bei den verschiedenen Herstellern. Nach unserer Kenntnis sind die abgebildeten Listen aber durchaus repräsentativ.

Eigenschaft

Eigenschaften sind entweder rein ordnender Natur (objektiv) oder bewertend (subjektiv). Die leicht zu beschreibenden ordnenden Eigenschaften einer Schrift sind dabei: Stil, Strichführung (Duktus), Strichstärke, Laufweite und Modifikation.

Stil und Strichführung finden ihren Niederschlag in der Schriftklassifizierung, sie werden in dem Schriftnamen (meist) nicht formalisiert ausgedrückt, sondern führen in der Regel zur freien Erfindung des »Familiennamens« wie Palatino oder Palatino kursiv. Die Eigenschaften Strichstärke, Laufweite und Modifikation führen zu einer formalisierten

Eigenschaften
werden teils objektiv,
teils subjektiv
empfunden.

Bestimmung der nachgestellten »Vornamen« einer Schrift wie halbfett, schmal (kondensiert) oder konturiert (Abb. 173).

Familienname   Vornamen

ITC Cheltenham
ITC Cheltenham kursiv
ITC Cheltenham kursiv fett
ITC Cheltenham kursiv schmalfett
ITC Cheltenham kursiv schmalfett konturiert

Firma   Stil   Strichführung   Weite   Fette   Modifikation

Abb.173
Schriften haben Familiennamen und nachgestellte Vornamen.

Zu den Eigenschaften einer Schrift gehört auch der Grad der Vollständigkeit. Das ist einerseits die Belegung (Layout), also die Anzahl der Zeichen in der Schrift, andererseits auch das Vorhandensein (oder Fehlen) von Zurichtungstabellen und verschiedenen Designversionen.

Ebenfalls als Eigenschaft der Schrift wollen wir auffassen, daß sie von einem bestimmten Entwerfer stammt. Jeder Entwerfer hat seine bestimmte Handschrift und Vorliebe (Abb. 6). Auch diese Eigenschaft ist klassifizierend und nicht qualifizierend, es sei denn, man findet die Schriften des Ent-

URW Antiqua	Hermann Zapf (D)
Barbedor	Hans Meier (CH)
ITC Bengiuat	Ed Benguiat (USA)
Caxton	Colin Brignall (UK)
Corporate A	Kurt Weidemann (D)
ITC Galliard	Matthew Carter (USA)
Glypha	Adrian Frutiger (F)
Swift	Gerard Unger (NL)

Abb. 174
Jeder Entwerfer hat eine bestimmte Handschrift.

werfers A grundsätzlich gut, die des Entwerfers B grundsätzlich schlecht. Der Entwerfer erzeugt also eine bestimmte Eigentümlichkeit, die wiedererkennbar – und darum (letztlich) meßbar ist (mit der Einschränkung, daß auch Graphologen und Kunstsachverständige bei ihren Gutachten Fehler

machen). Wenn man bei manchen Schriften keine Eigentüm-
lichkeiten feststellen kann, dann liegt das schlicht daran, daß
der betreffende Entwerfer noch keine Handschrift hat im obigen Sinne und deshalb eher unter den Nachahmern einzustu-
fen ist.

Doch wie steht es mit den rein subjektiven Eigenschaften
schön, stilvoll, großartig, schwungvoll, schlicht und *aufregend*
um nur einige zu nennen? Diese Eigenschaften sind offenbar
vom Geschmack abhängig und können anscheinend kaum
objektiviert werden. Sie betreffen die Anmutung einer
Schrift. Aber der Geschmack ist von der Zeit und der Umgebung geprägt. Die Übereinstimmung bei der Vergabe von so
subjektiven Prädikaten wie klassisch, sachlich oder technisch
ist in Wirklichkeit sehr groß (Abb. 175).

Corporate A • S • E	
Stil	Anwendungsfelder
Corporate A	Geschäftsberichte, klassische Themen
Corporate S	Werbung, Schilder, sachliche Themen
Corporate E	Manuale, technische Themen

Abb. 175

Die Hausschrift von Daimler-Benz und ihre verschiedenen Anwendungs-bereiche

Durch die richtige Wahl einer Schrift können wir einer bestimmten Botschaft besonderen Ausdruck verleihen (Abb. 176
und 177). Man will gemessen haben, daß 2% bis 5% des Erfol-
ges einer Werbung auf die richtige Schrift zurückzuführen ist.
Also spielt die Anmutung einer Schrift eine bedeutende Rolle.
Wir wollen uns mit ihr im Rahmen dieses Kapitels nur kurz
auseinandersetzen [siehe dazu Anhang B].

Welche Eigenschaft eine Schrift haben soll, um eine
bestimmte Werbebotschaft zu transportieren, ist eine wichtige Frage. Wenn aber einmal eine Entscheidung, zum Beispiel
für die Nutzung einer eleganten Schrift, gefallen ist, so stellt
es kein weiteres Problem dar zu erkennen, welche Schrift elegant und welche schlicht wirkt. Zumindest in der Beurteilung
von extremen Beispielen für die Gegensatzpaare wie schlicht/
elegant, ruhig/aufregend, still/laut usw. herrscht »intersubjek-
tive« Übereinstimmung. Das bedeutet, daß man durch Befra-

219

gung von Lesern auch zu »subjektiven« Prädikaten für die Schriften kommen kann. Wenn 80% die Schrift X für elegant halten, so können wir die Eleganz als innere Eigenschaft der Schrift ansehen und damit auch als Kriterium für den Wert hinsichtlich einer beabsichtigten Verwendung. Ich halte es auch nicht prinzipiell für ausgeschlossen, das, was die Übereinstimmung bei Menschen entstehen läßt, in physikalisch meßbaren Parametern auszudrücken, so daß auf »soziologische Meßverfahren« eines Tages verzichtet werden könnte.

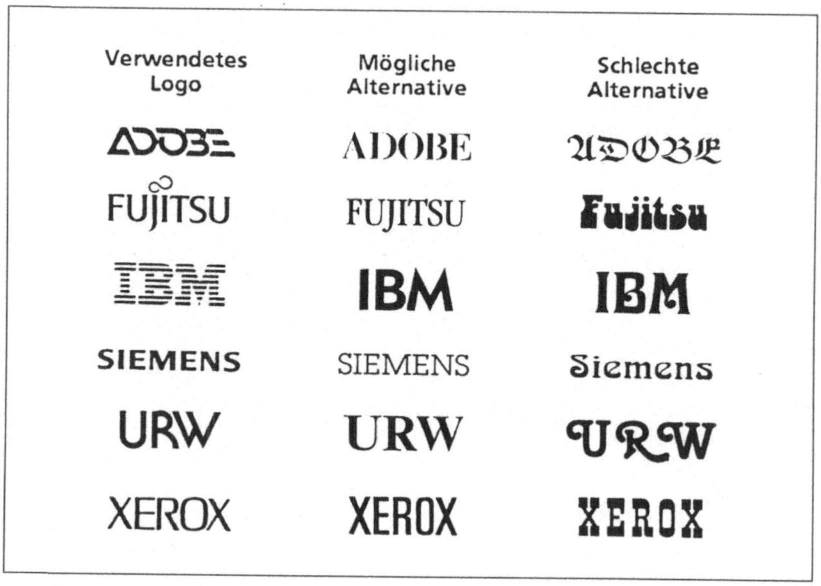

Abb. 176
Schrift und
Wirkung

Etwas anders verhält es sich mit eher künstlichen, jedenfalls temporären Eigenschaften wie »modisch« oder »beliebt«. Ob eine Schrift modisch ist, kann nicht ein einzelner entscheiden, es ist auch keine Eigenschaft, die aus der Summe von Einzelurteilen entsteht. Eine Schrift ist dann modisch, wenn der Einzelne glaubt, daß *andere* sie modisch finden, und wenn er glaubt, sie anwenden zu müssen, um nicht abseits zu stehen. Genauso wird man eine Schrift, die als beliebt gilt, auch dann benutzen, wenn sie womöglich dem eigenen Geschmack widerspricht. Diese Eigenschaften werden durch geschicktes Marketing erzeugt oder auch dadurch, daß Schriften von »Trendsettern« eingesetzt werden.

Was modisch ist,
wird oft von
Trendsettern
bestimmt.

    Wiederum anders liegt der Fall bei der Eigenschaft »modern«. Im Gegensatz zu einer modischen muß eine moderne Schrift auch neu sein. Sie muß, wenn schon keinen Fortschritt, so doch einen Entwicklungsschritt bedeuten. Eine solche Entwicklung läßt sich zum Beispiel bei den Grotesk-Schriften verfolgen.

Abb. 177
Schrift und
Ausdruck

Eine Schrift ohne Serifen war im vorigen Jahrhundert so ungewöhnlich, daß sie als »grotesk« bezeichnet wurde. Das Weglassen der Serifen stellte einen bewußten Neuerungsversuch dar. Im Falle der Futura, in den 30er Jahren entstanden, ging die Neuerung noch weiter. Die Schrift erfüllte die programmatischen Forderungen der Bauhaus-Schule, insofern sie gänzlich »mit Zirkel und Lineal« konstruiert war und auf alle Schnörkel verzichtete. Die Balkenstärke und die Buchstabenweite der Versalien war aus Prinzip gleich.

Die Helvetica rückte in den 50er Jahren von diesem Prinzip ab, das a und o lehnten sich wieder an die Form der Antiqua-Buchstaben an, insgesamt wirkt die Schrift nicht mehr so stark konstruiert. Noch weiter geht die Rückbesinnung auf Antiqua-Formen bei der Frutiger in den 60er Jahren, und die Entwicklung endet hier vorläufig bei der Formata, einer Schrift aus den 80er Jahren. Die Formata hat konisch abgerundete Balken, verschiedene Balkenstärken und Buchstabenweiten. In diesem Sinne ist also heute die Formata moderner als die Helvetica (Abb. 178).

Abb. 178
Die Entwicklung
von der Futura zur
Formata

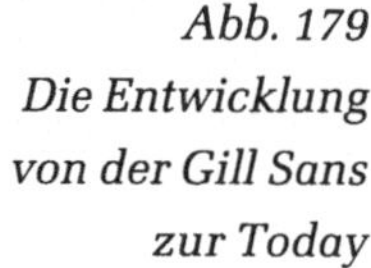

Abb. 179
Die Entwicklung
von der Gill Sans
zur Today

Eine andere Entwicklung geht von der Gill Sans aus, die sich in der Form bewußt auf die Capitalis stützt, und gelangt über die Syntax zur Today. Man differenziert darum bei den »Sans Serif«-Schriften zwischen reinen Grotesk-Schriften wie Futura, die konstruiert wirken sollen, und serifenlosen, linearen Antiqua-Schriften, die sich von echten Antiqua-Schriften »nur« durch fehlende Serifen und weitgehend einheitliche Balkenstärke unterscheiden.

Eine Voraussetzung für die Akzeptanz einer neuen Schrift ist ihre Lesbarkeit. Gerade dies macht es Schriftentwerfern so schwer, mit neuen Schriften Erfolg zu haben; denn es scheint, als wären auf dem schmalen Pfad aller lesbaren Stile schon alle möglichen Varianten gefunden worden. Und wenn man zu stark abweicht, also zum Beispiel Musik komponiert, bei der sich keiner etwas denken oder empfinden kann, oder Bilder malt, die niemand versteht, oder Schriften entwirft, die keiner lesen kann, dann ignoriert man die normierende Wirkung des von allen getragenen Zeitgeschmackes.

Doch ist es mit den Schriften so wie in der Musik oder der Malerei. Zu jeder Zeit gibt es für talentierte Künstler die Möglichkeit, Tendenzen zu erkennen und weiterzuentwickeln, und für das Genie die Möglichkeit, eine neue Stilrichtung zu finden. Das heißt, es kann versucht werden, den schmalen Pfad vorsichtig zu verbreitern oder in eine andere Richtung gehen zu lassen. Um von dem allgemeinen Geschmack abzuweichen oder gar sich über ihn mit Erfolg hinwegzusetzen, bedarf es aber in jedem Fall großen Könnens und vieler Mitstreiter auf dem neuen Weg.

Magazine wie »Emigre«, herausgegeben von Zuzana Licko,
oder »Fuse« von der FSI GmbH stellen neue Schriften vor, die
sicherlich vom Herkömmlichen abweichen (Abb. 180). Ich
sehe eine Spiel-, aber keine Stilrichtung, da die Forderung der
Lesbarkeit nicht erfüllt wird. An dieser Stelle drücke ich
absichtlich meinen Geschmack aus, um abschließend festzustellen: Eigenschaften sind angebbar, wenn auch nicht alle
objektiv meßbar. Aber auch dort, wo Geschmack die Höhe der
Meßlatte bestimmt, kann man noch zu gültigen Resultaten
kommen.

Da auf die Lesbarkeit sehr viel Rücksicht genommen werden muß, verdient diese Eigenschaft eine besondere Behandlung (siehe Kapitel 12).

Abb. 180
Neue
Schriftschöpfungen

Beschaffenheit

Unter Beschaffenheit einer Schrift möchte ich zunächst einmal ihre physikalische Konsistenz verstehen. Schriften können in Form von analogen Buchstaben oder von abstrakten
Zeichen (glyphs) realisiert sein. Entsprechend sind sie einerseits beschaffen aus Metall, Holz (»Buchen«-Stäbe), Plastik
oder bedrucktem bzw. beschriebenem Papier. Gegenständ-

liche Buchstaben können schön, robust, klein oder sogar schmackhaft sein, wie die Schokoladenbuchstaben von Gerard Unger [UNG]. Andererseits sind Buchstaben heute digitale Schriftzeichen und durch Computer in bestimmten digitalen Formaten auf Datenträgern wie Floppy, Magnetplatte oder CD-ROM gespeichert. Die Beschaffenheit von digitalen Schriften drückt sich dann aus durch

- ihr Format [KA1],
- ihre Auflösung [siehe Kapitel 8],
- ihre »Intelligenz« [siehe Kapitel 7],
- ihre elektronische Modifizierbarkeit [siehe Kapitel 5].

Die letztere Eigenschaft ist gebunden an Programme, mit denen eine digitale Schrift in einem bestimmten Format mehr oder weniger vielfältig variiert bzw. modifiziert werden kann. Alle diese Eigenschaften, die die Beschaffenheit einer digitalen Schrift betreffen, haben große Bedeutung. Sie werden hier jedoch nicht weiter betrachtet, da sie an anderer Stelle ausführlich behandelt werden.

Während aber die analogen Buchstaben leicht faßbare Beschaffenheit haben, muß man erst vermittels der modernen Fonttechnologie an einen Begriff von der digitalen Beschaffenheit herangeführt werden. In beiden Fällen jedoch gibt es eine beschreibbare Beschaffenheit, also eine meßbare.

Güte

Wir kommen damit zum vierten und wichtigsten Punkt, Qualität im Sinne von Güte. Bei diesem Qualitätskriterum geht es sowohl um den technischen wie auch handwerklichen Aspekt der Schrift.

Heute sorgt der Schrifttechniker für die Güte.

Für die Güte der Schrift waren früher hauptsächlich die Stempelschneider verantwortlich, heute sind es die Schrifttechniker. Sie setzen den Entwurf des Designers um und erzeugen das Produkt Schrift.

Man kann sagen, daß Designer und Schrifttechniker zusammenarbeiten wie Architekt und Baufirma. Der eine macht den Entwurf des Ganzen, die andere die tatsächliche Umsetzung in ein funktionierendes Haus.

Ein Zeichen für die Güte einer Schrift ist die Konturenführung. Wie gerade sind die geraden Linien oder wie gestrichen glatt und strakend die Kurven? Zweitens ist eine Schrift dann technisch gut, wenn vergleichbare Buchstaben optisch die gleiche Größe und den gleichen Stand bezüglich der Schriftlinien haben. Wenn die Buchstaben tanzen, wird die Lesbarkeit reduziert. Weiter sollten die wichtigen beschreibenden Elemente einer Schrift – wie z.B. die geraden Abstriche, die Bögen und die Serifen – zusammenpassen. So darf im allgemeinen das n keine dünneren oder dickeren Abstriche haben als das h. Ferner gehört zu einer guten Schrift eine gute Zurichtung. Das heißt heute, daß sie sowohl eine traditionelle Zurichtung (basierend auf Dickten) haben muß als auch Kerning Tabellen mit Korrekturwerten für einzelne Buchstabenpaare, möglichst auch sogenannte Kissing Tabellen (extremes Kerning). Eine gute Zurichtung erzeugt einen rhythmisch gleichmäßigen Lauf des Textes und dadurch eine höhere Lesbarkeit. Schließlich erkennt man eine gute Schrift daran, daß sie verschiedene sogenannte Designgrößen hat. Das sind an unterschiedliche Punktgrößen angepaßte Designmodifikationen. In den nachfolgenden Abschnitten gehen wir auf diese fünf Kriterien für die Güte einer Schrift ausführlicher ein:

- Linienführung der Umrisse,
- Halten der Schriftlinien,
- Konsistenz in den beschreibenden Elementen,
- variable Zurichtung und
- verschiedene Designgrößen.

Es wird sich zeigen, daß die Güte einer Schrift angebbar und daher meßbar ist.

Linienführung der Umrisse
An den Anfang stellen wir den Vergleich der Schrift Helvetica mit ihren Nachahmungen. Anhand des bekannten Testwortes Hamburgefonts erkennen wir zunächst nur geringe Unterschiede (Abb. 181).

Helvetica (Linotype)	Hamburgefonts
Neue Helvetica (Linotype)	Hamburgefonts
Nimbus Sans (URW)	Hamburgefonts
Arial (Monotype)	Hamburgefonts
Holsatia (Hell)	Hamburgefonts
Triumvirate (Agfa)	Hamburgefonts
AG Buch (Berthold)	Hamburgefonts

Abb. 181
Die Helvetica und
ihre Nachbildungen

225

Auf den ersten Blick variieren die Strichstärke und Laufweite ein wenig. Doch bei näherem Betrachten fallen auch andere Unterschiede auf (Abb. 182).

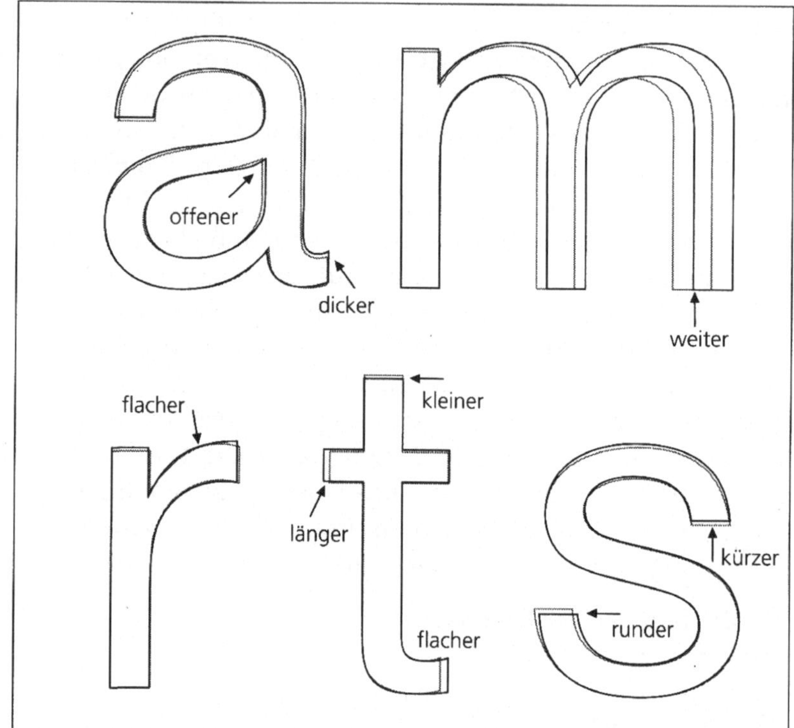

*Abb. 182
Neue Helvetica
(schwarz) und
Helvetica (grau)*

Der Vergleich der Neuen Helvetica und der Helvetica zeigt, daß die Laufweite bei der »Neuen« etwas größer ist. Das ist eine Konzeptfrage (Eigenschaft) und soll hier nicht weiter untersucht werden im Rahmen der Linienführung (Güte). Beide Helvetica-Versionen zeigen eine ausgesprochen gute

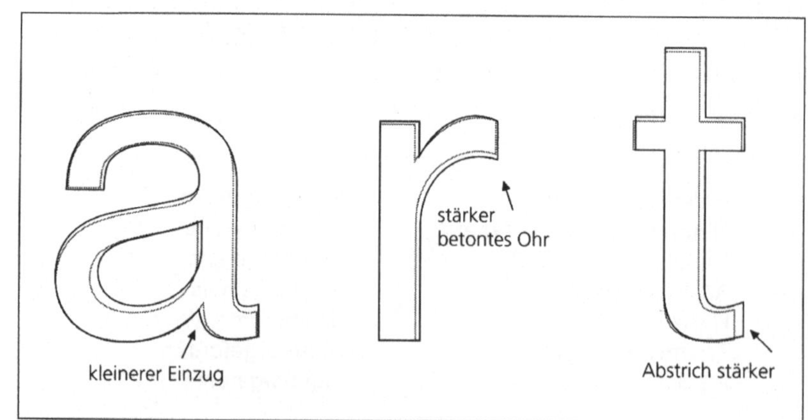

*Abb. 183
Nimbus Sans (schw.)
und Helvetica (grau)*

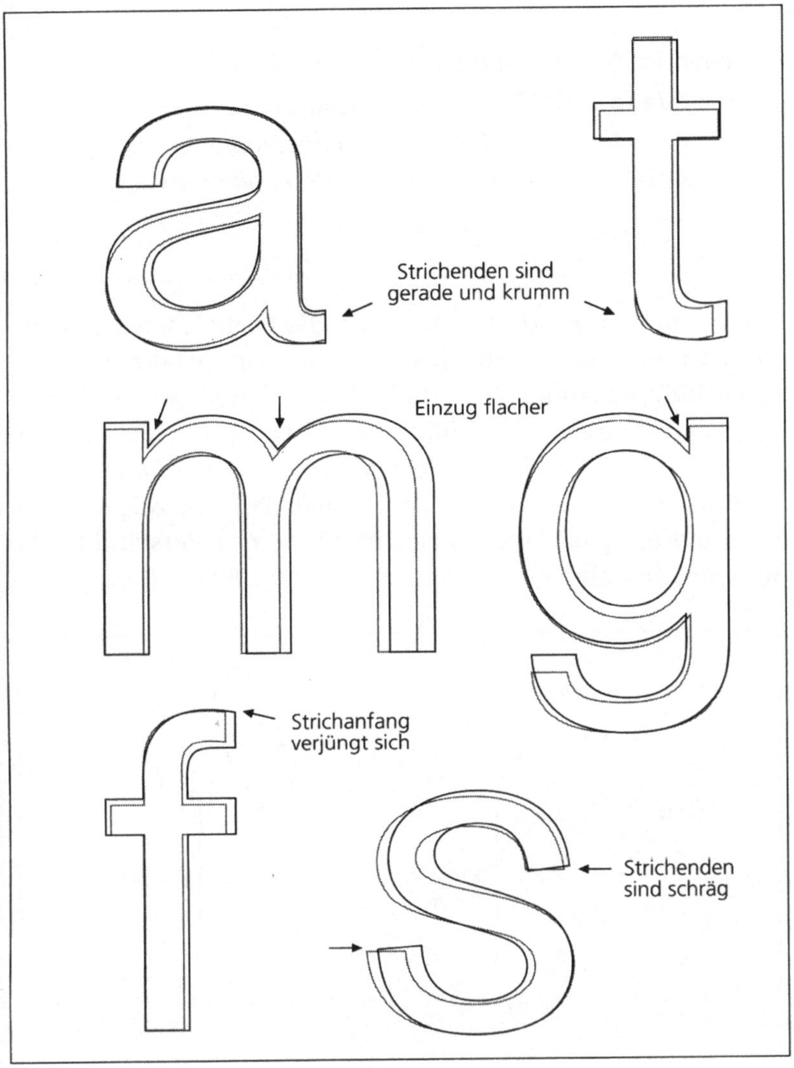

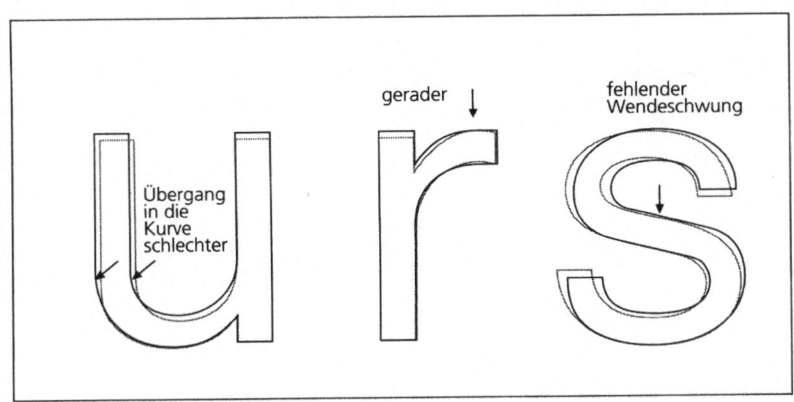

*Abb. 184
AG Buch im
Vergleich mit
Helvetica*

*Abb. 185
Holsatia im
Vergleich mit
Helvetica*

*Abb. 186
Helvetica fett
und kursiv*

Linienführung. Persönlich halte ich die Neue Helvetica technisch für perfekt. Im folgenden nehmen wir die (alte) Helvetica als Referenz und legen ihre Linienführung (grau) unter die zu vergleichenden Nachbildungen (schwarz). Wir greifen hierbei exemplarisch aus dem Wort *Hamburgefonts* einige Figuren heraus, nicht um alle Unterschiede zu zeigen, sondern um ein paar Differenzen im Sinne des Verständnisses für gute Linienführung darzustellen (Abb. 183 bis 191).

*Abb. 187
Vergleich
Holsatia fett mit
Helvetica fett*

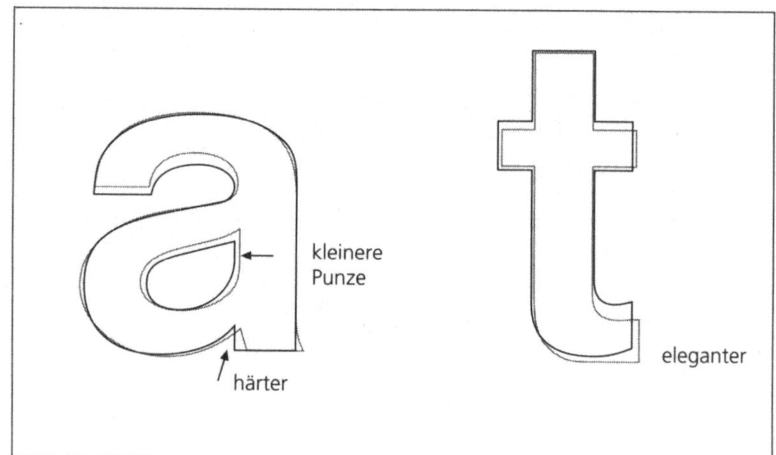

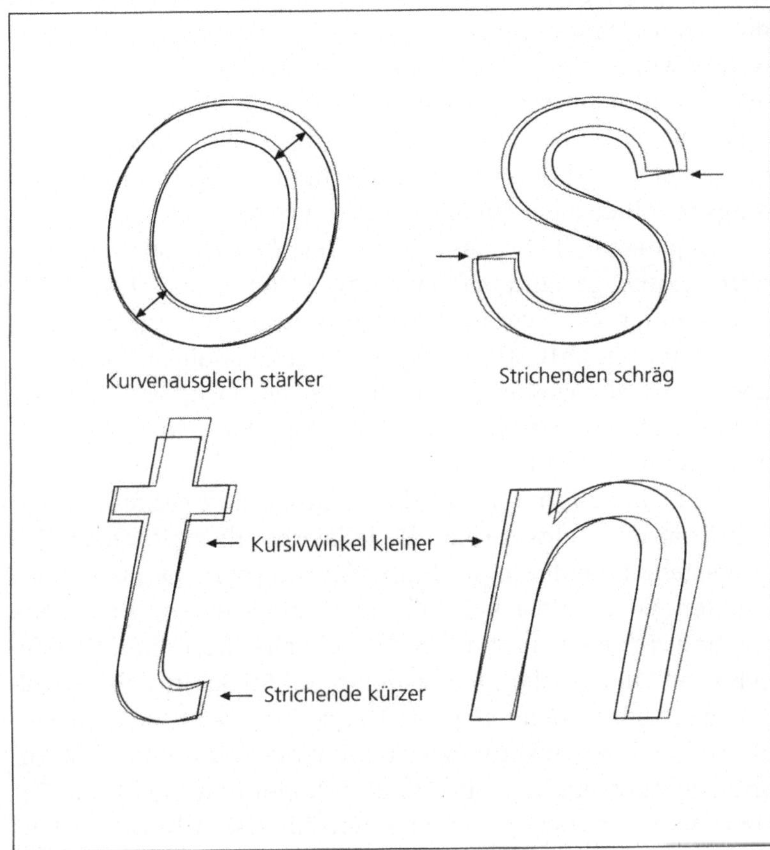

Abb. 188
*AG Buch kursiv im
Vergleich mit
Helvetica kursiv*

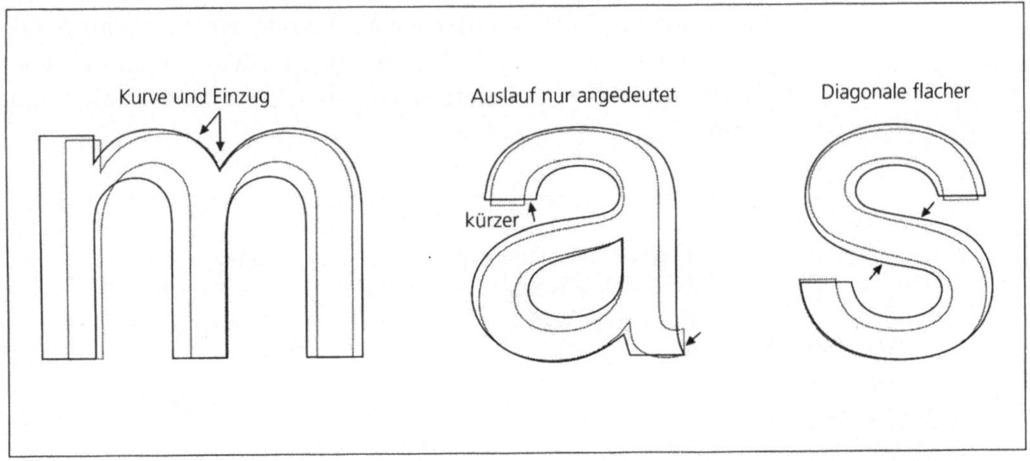

Abb. 189
*Vergleich Helvetica
normal und fett*

229

Der Vergleich der Helvetica und der Times Roman (Abb. 191) mit ihren Nachahmungen zeigt, daß es sich somit um keine reinen Kopien handelt, sondern um Nachbildungen. Dabei erkennt man an den gewählten Beispielen durchaus, daß im Mikrodesign bewußte Abweichungen im Sinne einer gewünschten Verbesserung gezeichnet worden sind. Allerdings scheinen sie nicht alle gelungen zu sein.

In jedem Fall können wir aber feststellen, daß die Linienführung und -gestaltung ein wichtiges Gütemerkmal sind.

Wenden wir uns nun einigen Beispielen ausgesprochen schlechter Linienführung zu. Wenn bei den obigen Beispielen noch von »bewußter Abweichung« in positiver Richtung gesprochen werden könnte, dann bei den nun folgenden nicht mehr (Abb. 192 bis 195).

Die Times Roman und die Palatino sind serifenbetonte Schriften und schwerer zu digitalisieren als serifenlose. Die dargestellten Fehler in der Linienführung sprechen von einer leichten Konzeptlosigkeit bei der Digitalisierung (Eile?). Sie machen sich allerdings nur auf den hochauflösenden Filmbelichtern (2400 lpi) deutlich bemerkbar. Man kann sich vorstellen, daß diese Fehler bei der Darstellung auf Bildschirmen übersehen werden können. Es fehlt der PostScript-Produktion offensichtlich ein hochauflösender Plotter (z.B. ARISTO). Bei URW wären derartige Fehler schon im ersten Korrekturlauf ausgemerzt worden; denn dort gelten die Bildschirme nur als Orientierungshilfe, nicht aber als Geräte zur Qualitätssicherung (proofing device). Die heutigen ATM-Versionen von Times Roman und Palatino zeigen diese Schwächen nicht mehr.

*Abb. 190
Times Roman
und Genossen*

Times Roman (Linotype)	Hamburgefonts
Times New Roman (Monotype)	Hamburgefonts
CG Times (Agfa)	Hamburgefonts
Timeless (Typoart)	Hamburgefonts
Nimbus Roman (URW)	Hamburgefonts

*Abb. 191
Monotype
Times New Roman
(schwarz) im
Vergleich mit
Linotype
Times Roman
(grau)*

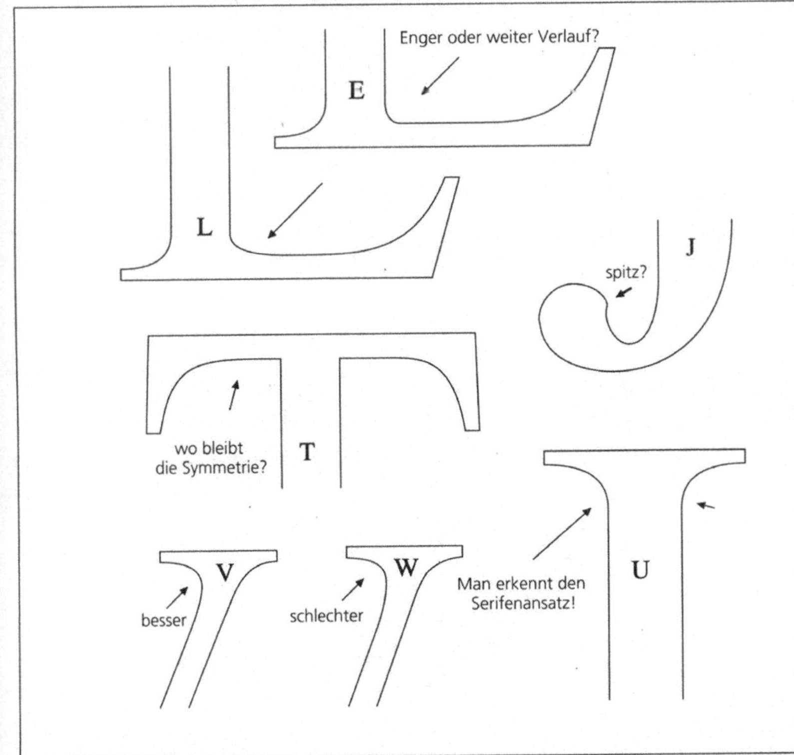

*Abb. 192
Mängel an der
Times Roman
(Apple Laserwriter
1990)*

Die richtige Linienführung kann man von einer falschen unterscheiden, wenn man das Konzept einer Schrift erfaßt hat. Immer dann, wenn zwei Figurenteile zum Vergleich herangezogen werden, kann man sich im Prinzip für die eine oder andere Linienführung entscheiden. In der Regel muß der Designer das letzte Wort haben. Aus Gründen der Konsistenz kann es aber nur eine graphische Lösung für bestimmte, wiederkehrende Buchstabenteile geben. Bis auf einige kleine Ausnahmen folgen zum Beispiel die Times und Palatino dem vom Designer vorgegebenen Konzept, und das ist sicher ein Grund für ihre Beliebtheit.

Wenn es um die Lesbarkeit geht, sollte man sich an folgende Regel von Hermann Zapf erinnern: »Schrift ist die sichtbare Wiedergabe des gesprochenen Wortes. Ihre Aufgabe ist in erster Linie, daß ein Text ohne Mühe, ohne Umwege und ohne den Lesefluß hemmende unnötige Verzierungen dem Leser übermittelt wird.« In diesem Zusammenhang können wir erweiternd feststellen, »auch ohne zufällige Unterschiede in den Details und ohne konzeptionelle Schwächen«.

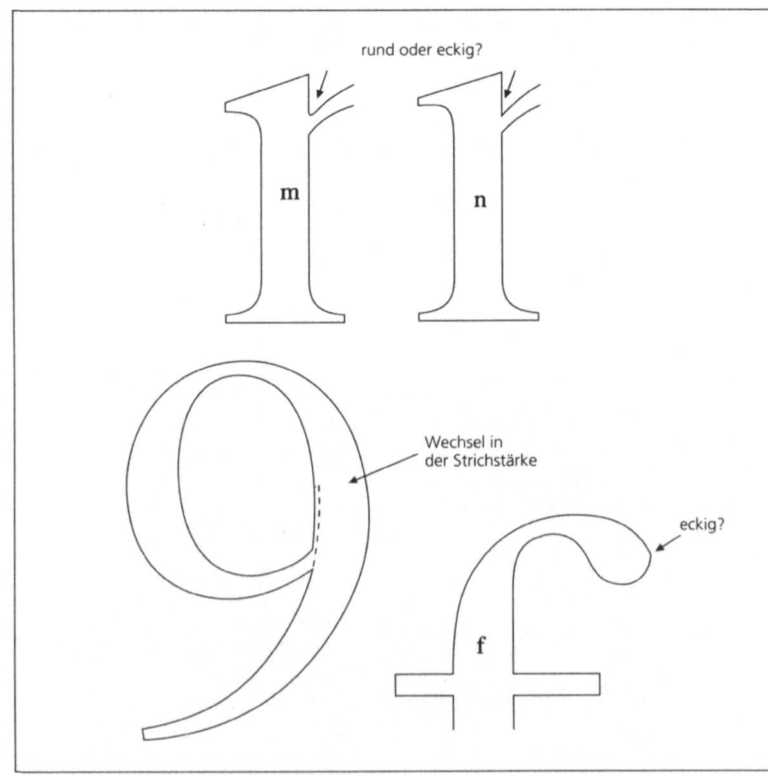

*Abb. 193
Mängel an der
Times Roman
(Apple Laserwriter
1990)*

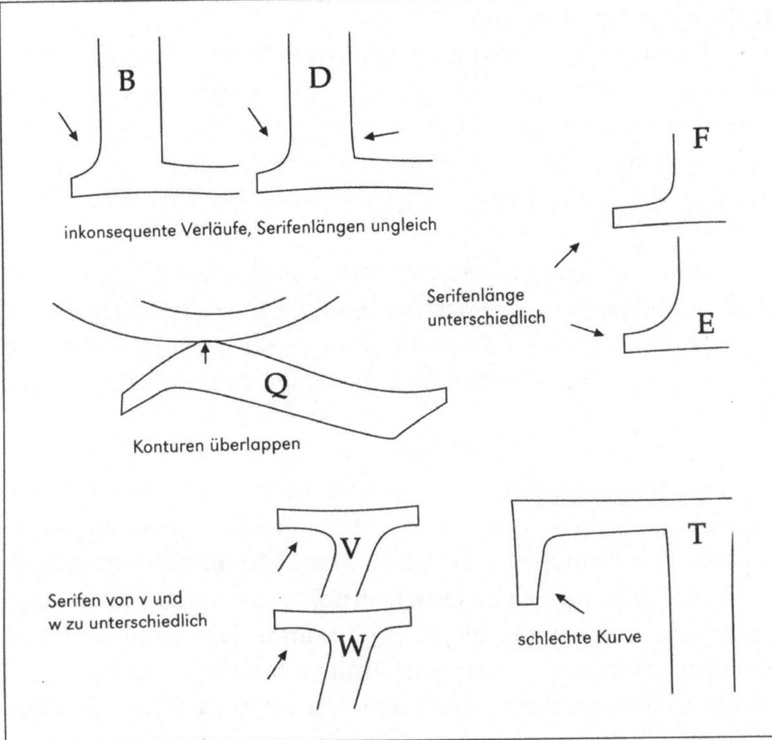

*Abb. 194
Mängel an der
Palatino
(Apple Laserwriter
1990)*

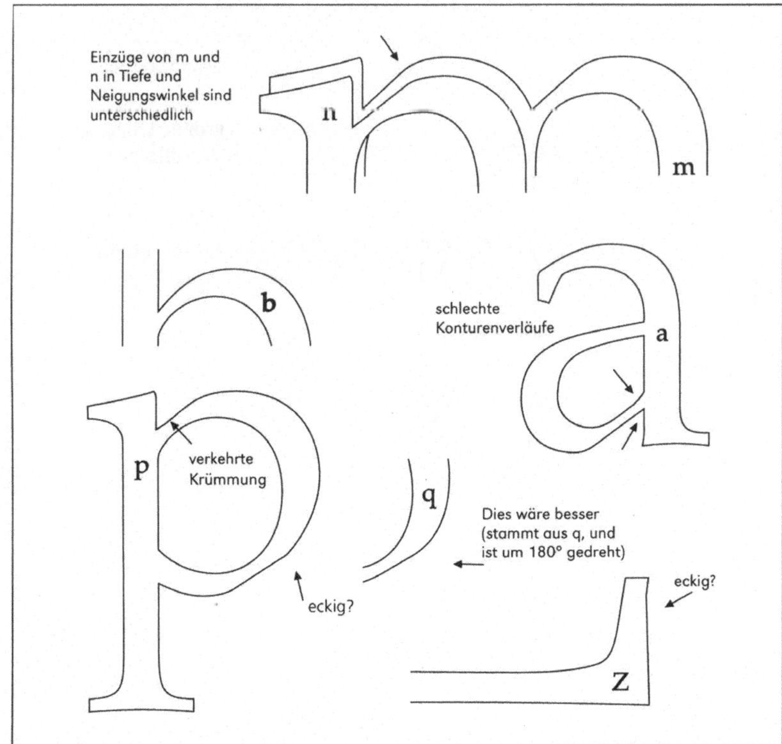

*Abb. 195
Mängel an der
Palatino
(Apple Laserwriter
1990)*

Halten der Schriftlinien

Das Verhältnis der einzelnen Buchstaben einer Schrift zueinander kann mit Hilfe von parallel zur Grundlinie verlaufenden Schriftlinien betrachtet werden. Alle Buchstaben einer Buchstabengruppe, zum Beispiel Kleinbuchstaben mit Überhang, müssen die richtige Lage zu diesen Linien haben (Abb. 196).

Die dicken Linien (Schriftlinien) sind gewichtiger als die dünnen (Überhangslinien). Die relative Lage der dünnen zu ihren dicken Linien schwankt von Schrift zu Schrift. Es gibt keine exakten Richtwerte, weil ihre Lage vom Schriftentwurf bestimmt wird.

Das Halten der Schriftlinien ist besonders wichtig für das intelligente Umgrößern von Schriften (intelligent font scaling). Es dient dazu, bei grober Auflösung (100 – 600 lpi) sogenannte Rasterunglücke zu vermeiden. Davon wäre zum Beispiel ein symmetrisches O betroffen, wenn seine Überhänge oben und unten nicht gleich groß wären. Dann würde beim Rastern oben und unten eine unterschiedliche Anzahl von Bildpunkten ermittelt und damit – ungewollt – das O nicht symmetrisch wiedergegeben werden.

Abb. 196
Wichtige
Schriftlinien

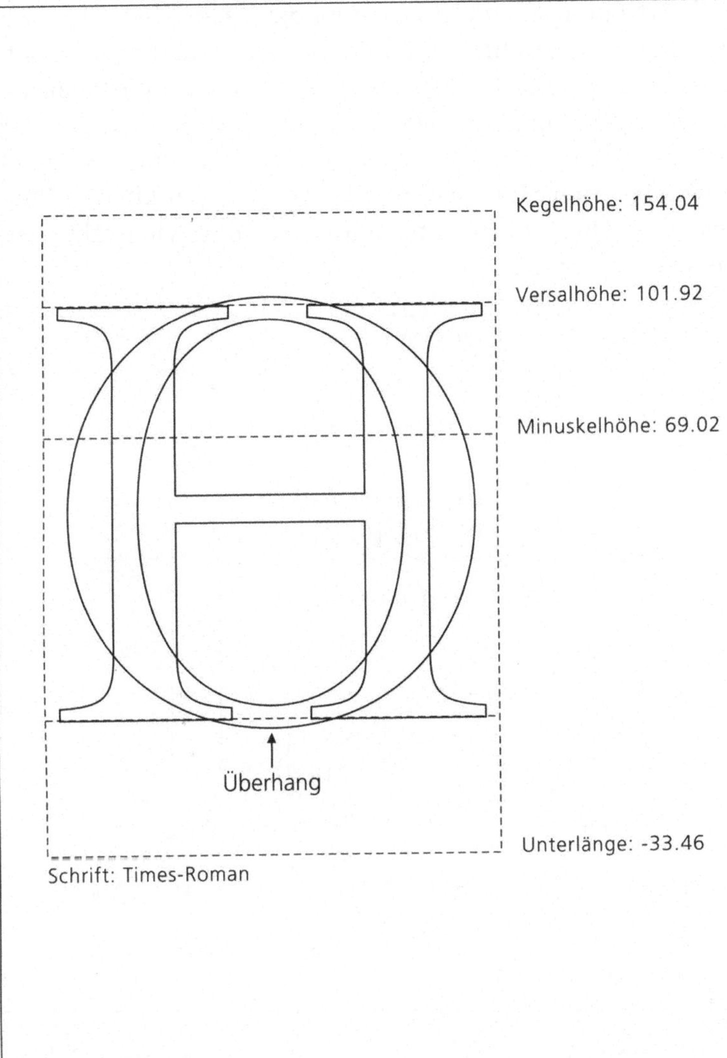

Abb. 197
Gerade
Buchstabenteile
auf den Schriftlinien,
runde
Buchstabenteile
hängen über

Um Anschauungsmaterial zusammenzutragen, habe ich folgende Laserwriterschriften im PostScript-Format untersucht: Times Roman, ITC Bookman, Neue Helvetica und Palatino. Ich habe fast keine Fehler bezüglich des Einhaltens der Schriftlinien gefunden. Zunächst einmal sind immer H und O der Anfang einer Untersuchung (Abb. 197). Mit kleinen Pfeilen wird in Abb. 198 gekennzeichnet, wo und wie exakt positioniert werden muß.

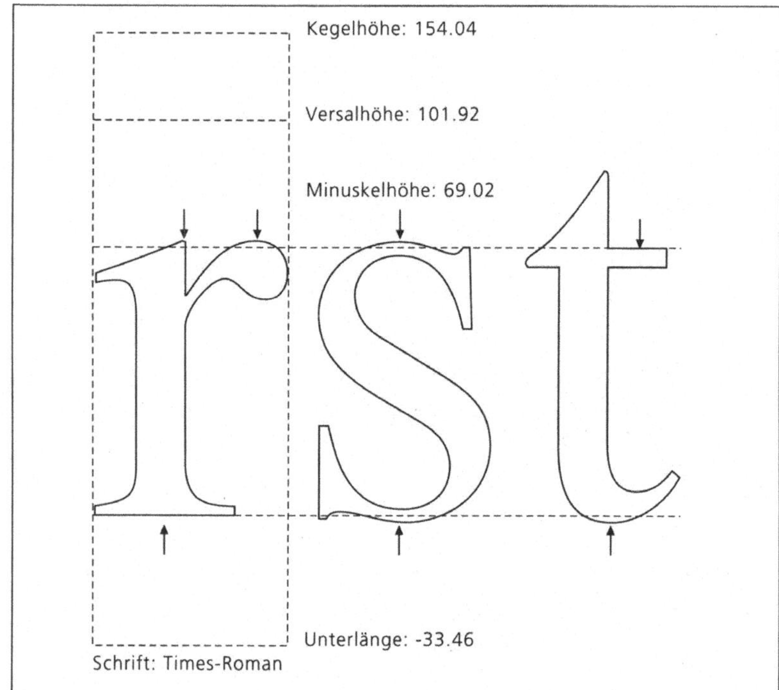

*Abb. 198
Beispielhaftes
Halten der
Schriftlinien
(Times Roman, PS)*

Die Palatino (PS) zeigt, daß a, c, e und o tiefere untere Überlänge haben als b, d, p, q und t (Abb. 199). Dies finden wir bei der Times Roman (PS) nicht (Abb. 200). Mindestens beim a der Palatino liegt vermutlich ein Fehler vor. In Abb. 201 zeigen wir mit alten, nicht mehr im Gebrauch befindlichen Helvetica-Daten, wie früher ein leichtes Tanzen der Buchstaben durchaus an der Tagesordnung war, das auch bei hochauflösenden Geräten (2400 lpi) nicht als störend empfunden worden ist. Ich habe viele Typographen gesprochen, die daran den Geruch der alten Zeiten des Bleisatzes entdecken wollten, dieses leichte Tanzen also als angenehm empfinden.

In jedem Fall liegt hier mit dem Halten der Schriftlinien ein Aspekt der Schriftqualität vor, der meßbar ist.

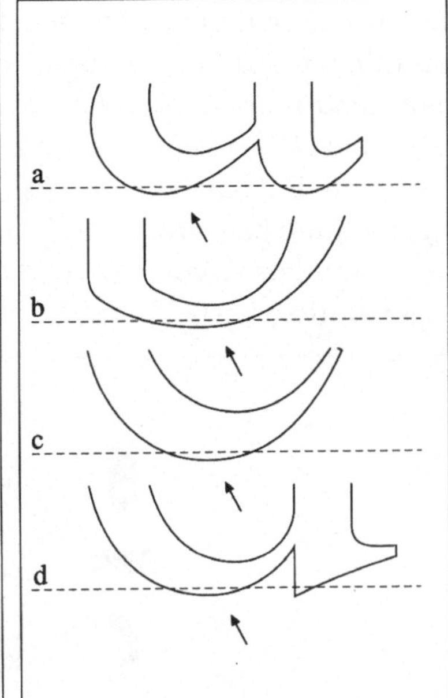

*Abb. 199 (links)
Untere Überhänge
von a, b, c, d
(Palatino, PS)*

*Abb. 200 (rechts)
Untere Überhänge
von a, b, c, d
(Times Roman, PS)*

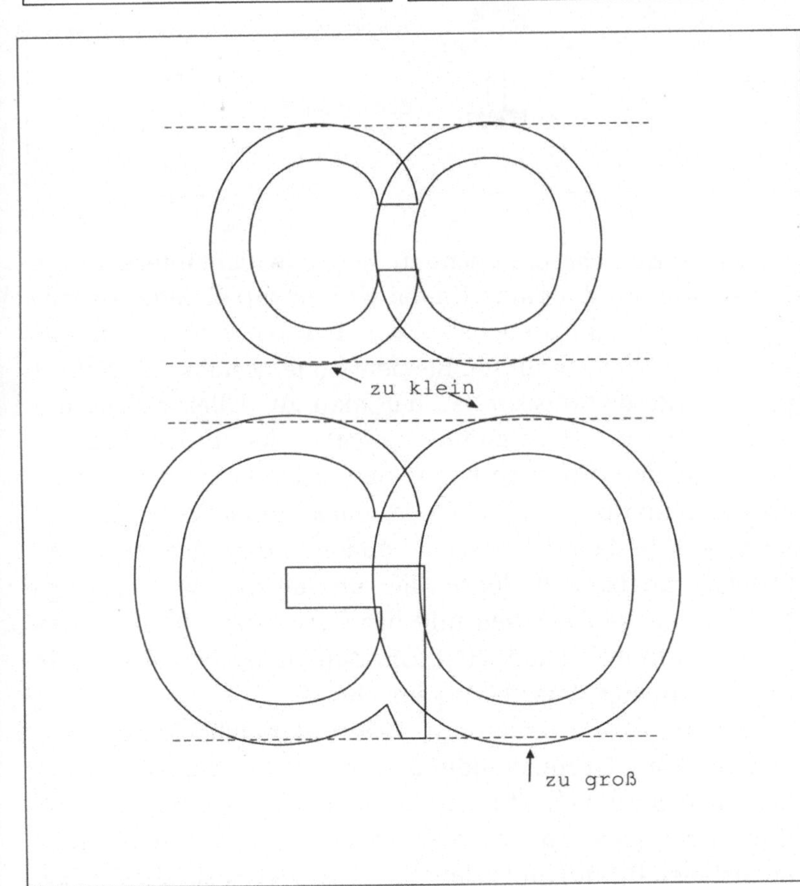

*Abb.201
Mangelhafte
Symmetrisierung,
diese Güte hat früher
im Bleisatz noch
ausgereicht
(ausgemusterte
Helvetica-Daten)*

Konsistenz in den beschreibenden Elementen

Im Rahmen des intelligenten Umgrößerns von Schriften muß man Instruktionen (hints) an den Umrißlinien anbringen, damit ein RIP (raster image processor) z.B. im Laserdrucker bestimmte Buchstabenteile richtig rastert. Diese Teile sind die sogenannten beschreibenden Elemente.

Besonders wichtig sind Balken, Querbalken, Rundung, Bogen und Serife (Abb. 202).

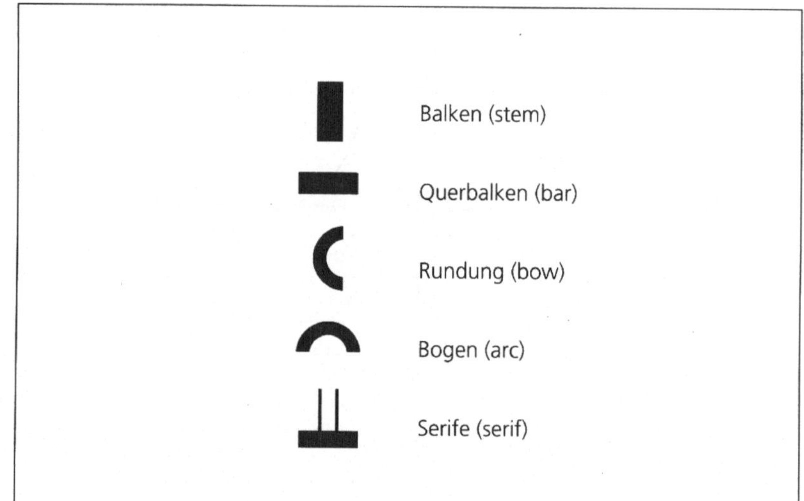

*Abb. 202
Beschreibende
Elemente einer
Schrift*

Damit wir diese beschreibenden Elemente nicht interaktiv am Bildschirm mit der Hand finden und entsprechende Instruktionen angeben müssen, haben wir ein Programm zur automatischen Suche nach diesen Elementen hergestellt. Ein Nebenprodukt dieser Software ist, daß man zur Überprüfung des »Auto-Hintings« Histogramme ausgeben kann, die einem in übersichtlicher Form gestatten, den ordentlichen Programmablauf zu überprüfen. Das Programm kann nicht nur automatisch beschreibende Elemente finden, sondern auch deren Strichstärke (bei den vier Sorten von Balken) bzw. die Länge (bei den Serifen) messen und der Größe nach in ein Histogramm eintragen (Abb. 203). Die Zahlenangaben werden in Prozent von der Versalhöhe gemacht.

Zuerst erkennt man eine außerordentliche Regelmäßigkeit und klare Gruppenbildung. Es handelt sich um eine stark homogenisierte Schrift (englisch: homogenized, regularized). Die Balken gliedern sich in Großbuchstaben (rechts), Kleinbuchstaben (Mitte) und schmalere An- bzw. Abstriche (links).

Die Querbalken sind dicker bei Großbuchstaben, dünner bei mittleren Querstrichen (E, F, …) und am feinsten bei Kleinbuchstaben (f, t, …). Ebenso zeigen die Rundungen und Bögen ein ähnliches Muster.

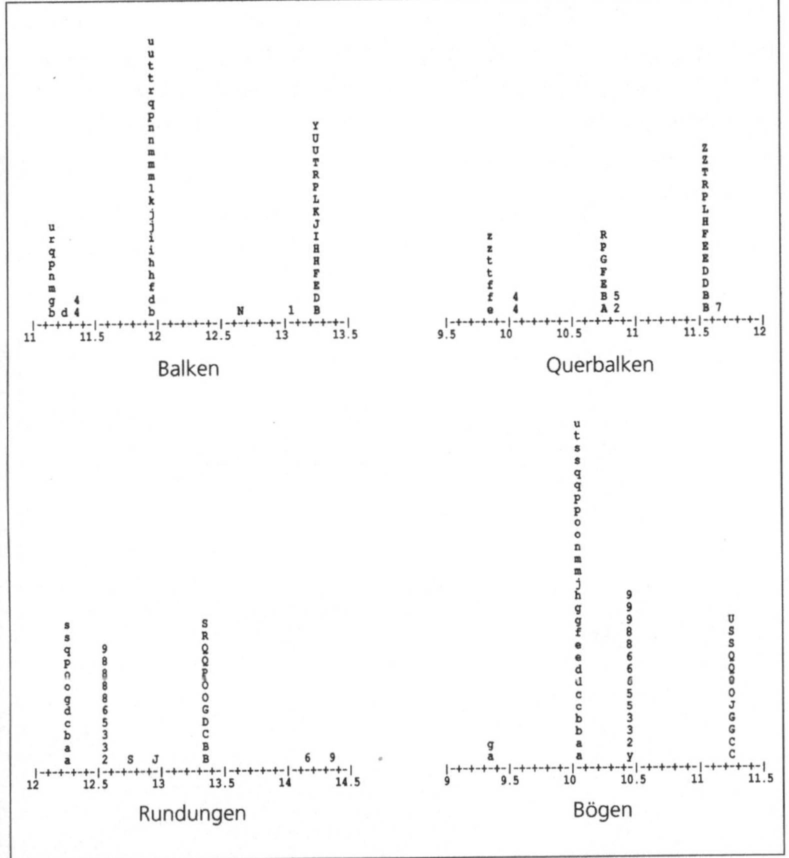

Abb. 203
Die vier Balkenarten
der Neuen Helvetica

Interessant sind die Ausreißer. Das N hat schmalere Balken, damit es nicht zu dunkel wirkt. Bei den Rundungen ist es mit dem S so ähnlich, bei den Bögen mit a und g. Insgesamt ergibt sich eine wohl durchdachte Anlage der Neuen Helvetica. Ich habe einmal für diese Art von guten Digitalisierungen die Bezeichnung »vanilla data« gehört.

Autohinting
als Instrument zur
Qualitätssicherung

Was aber zunächst als Instrument zur Überprüfung automatischer Abläufe gedacht gewesen ist, kann ebenso auch als kritisches Mittel zur Vermessung und damit zur Qualitätssicherung in der Schriftproduktion verwendet werden. Also kehren wir den Spieß um und prüfen Schriften auf ihre konsistente Gestaltung.

239

Wenden wir uns einmal der (alten) Helvetica zu (Abb. 204).

Die Balken haben nur zwei Gruppen, bei den Querbalken gibt es vier statt drei Gruppen, ein paar Buchstaben haben ihre Zugehörigkeit geändert (H, 2, 5, e, ...), bei den Rundungen und Bögen haben sich die Kleinbuchstaben und Ziffern vereinigt und bei den Bögen sind Ausreißer häufiger. Man erkennt, daß die Neue Helvetica einem anderen Konzept folgt als die (alte) Helvetica. Ein Beweis dafür, daß selbst bewährte Schriften verbessert werden können. Oder nicht? Nehmen wir es hin und betrachten weitere Schriften in der Hoffnung, noch mehr zu lernen.

Selbst bewährte Schriften können verbessert werden.

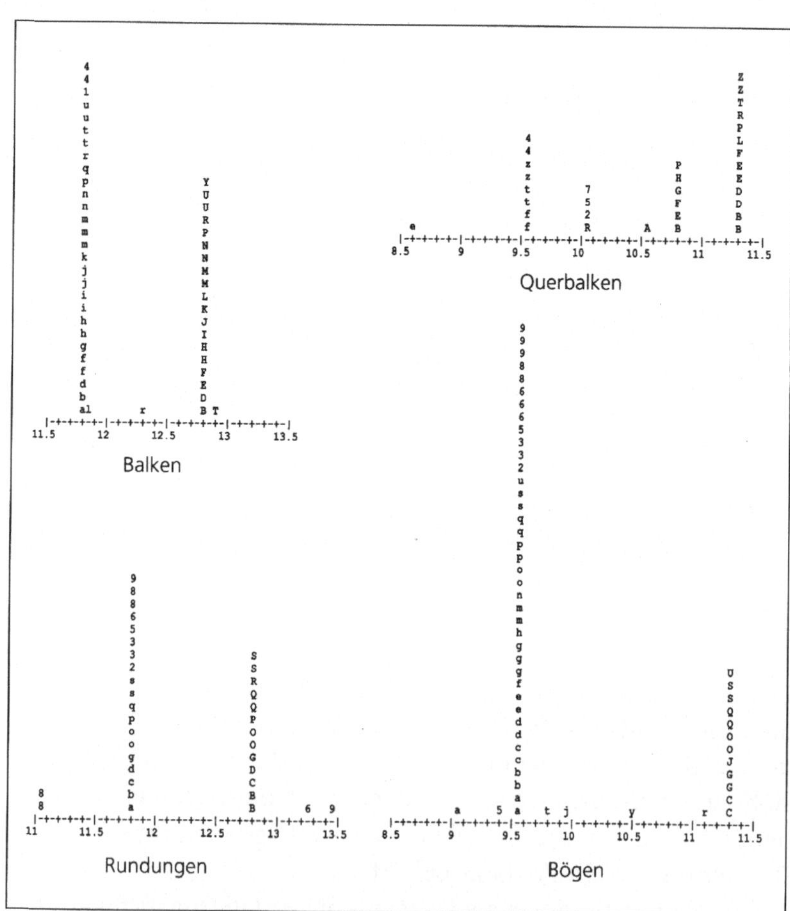

Abb. 204
Die vier Balkenarten der Helvetica

Die Akzidenz-Grotesk Buch (AG Buch) war die Antwort der Berthold AG in Berlin auf den Erfolg der Helvetica gewesen. Sie ist bewußt aus der Akzidenz-Grotesk mit Blick auf die (alte) Helvetica entwickelt worden (Abb. 205).

Helvetica (Linotype)	Hamburgefonts
AG Buch	Hamburgefonts
Akzidenz-Grotesk	Hamburgefonts

Abb. 205
AG Buch und
Helvetica

Wie vorher haben wir die Balkenstärken der AG Buch gemessen und der Größe nach in Prozent der Versalhöhe aufgetragen (Abb. 206).

Die senkrechten Balken zeigen ein leichteres g, um im Text dunkle Flecken zu vermeiden. Bei den Querbalken fallen die Ziffern 2, 5, 7 auf, die Mischung einiger Groß- und Kleinbuchstaben und die Isolierung von f und t. Die Rundungen und Bögen offenbaren noch die Feinheiten des hochauflösenden Photosatzes, sie sind wohlgeordnet und nicht homogenisiert. Wir kommen zu folgendem Urteil: die AG Buch hat ein anderes Konzept, sie ist noch gedacht für den Photosatz und weist unter diesem Blickwinkel keine Fehler auf. Eine Über-

Die AG Buch ist
für den Photosatz
konzipiert.

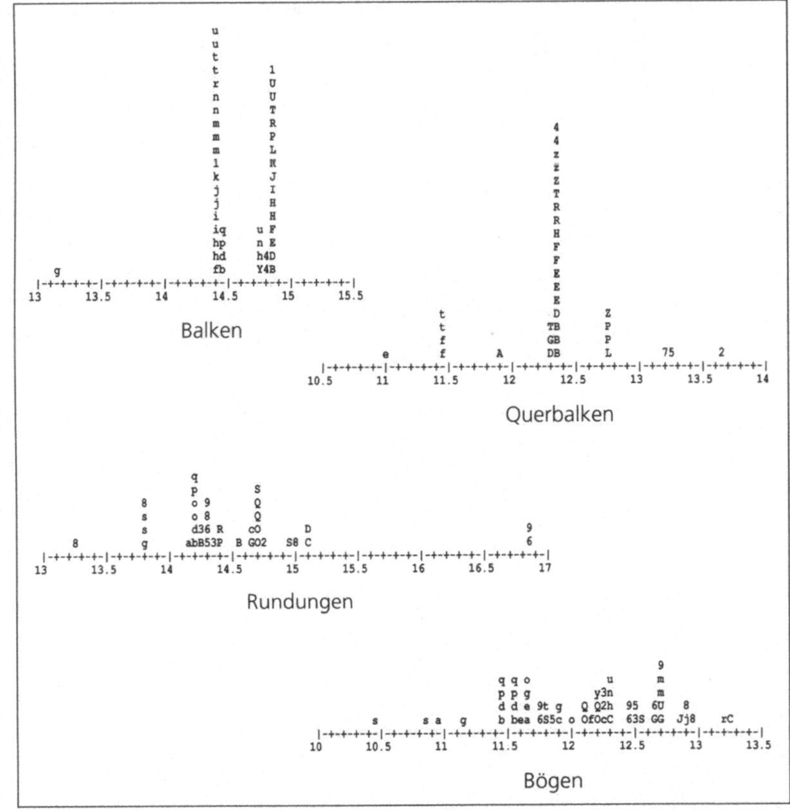

Abb. 206
Balkenstärken der
AG Buch

tragung in den Satz mit Laserdruckern gelingt nur durch die Anwendung der »kanonischen Balkenstärken«, das sind die Instruktionen für die Fette (weight) einer Balkensorte insgesamt.

Weiter untersuchen wir die Balkenstärken und Serifenlängen der Times Roman und der Times New Roman. Auf den ersten Blick (Abb. 207 und 208) stellen wir überall fest, daß die Messungen streuen und sich mehr oder weniger breite Häufigkeitsverteilungen um bestimmte Gruppen in den fünf Meßkategorien ergeben. Großbuchstaben trennen sich meist deutlich von den Kleinbuchstaben in bezug auf senkrechte Striche und Serifenlängen.

Bei der Times streuen unsere Messungen.

Weiter macht es sich bemerkbar, daß die Times einen größeren Kontrast im Vergleich zur Helvetica aufweist. Die senkrechten sind fast doppelt so stark wie die waagerechten

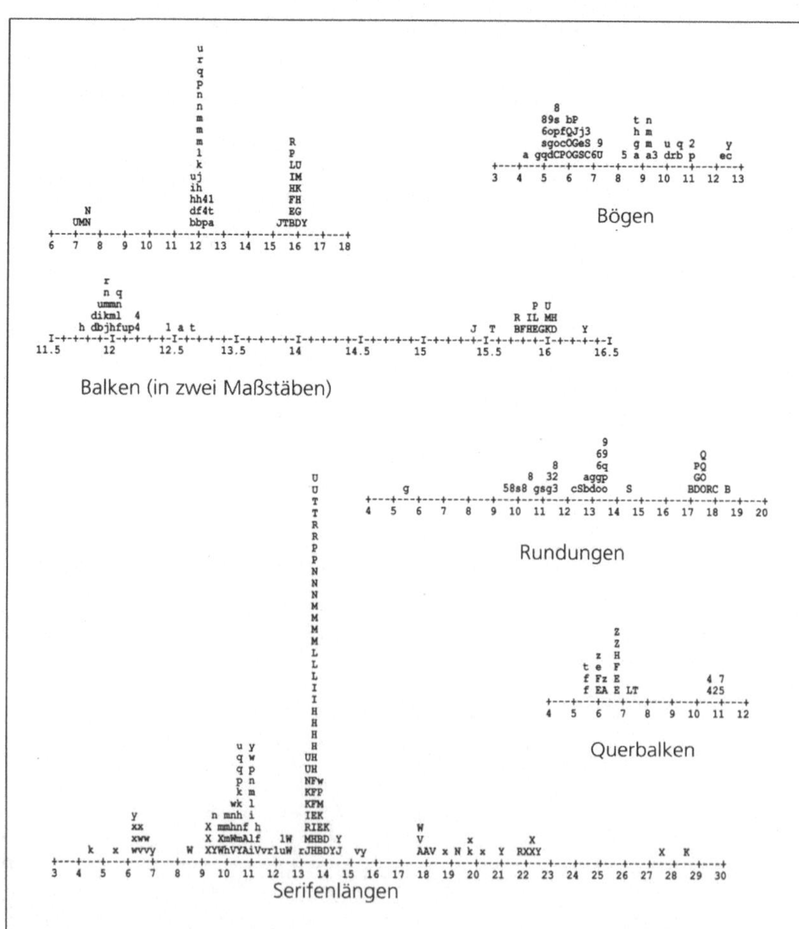

Abb. 20...

Balkenstärken un...

Serifenlänge...

der Times Roma...

(Linotype...

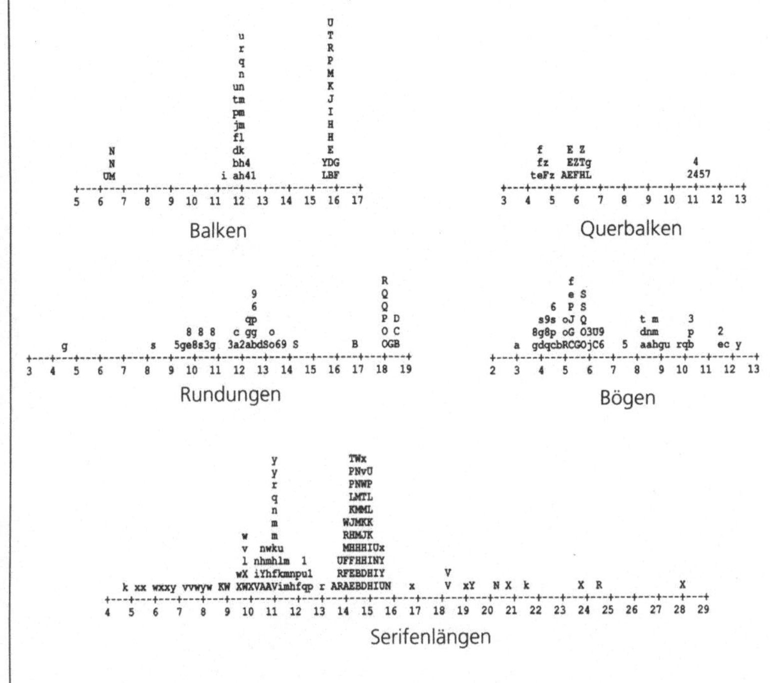

*Abb. 208
Balkenstärken und
Serifenlängen der
Times New Roman
(Monotype)*

Striche. Daher vermischen sich schon Groß- und Kleinbuchstaben bei den Querbalken und Bögen. Blickt man näher auf diese Querstriche, findet man L und T eher rechts (richtig) und f und t links (auch richtig). Bei der Times New Roman sind alle drei Querbalken vom E etwa gleich stark (falsch); denn beim F hat man es wieder gekonnt. Bei den Bögen sind in beiden Fällen b, d, p und q unterschiedlich (falsch).

Wir können auch Ungereimtheiten aufdecken, die aus der Vergangenheit herrühren und im wesentlichen auf die Ungenauigkeiten von Handarbeit zurückzuführen sind. Dazu betrachten wir exemplarisch in Abb. 207 das zweite Histogramm, das einen feineren Maßstab hat und die Balken der Times Roman zeigt. Das t ist dicker als das f, die Striche von b, d, p und q variieren, der Abstrich vom a ist zu stark, L ist stärker als T, H hat verschiedene Abstriche, Y ist zu stark, E ist stärker als F, J ist zu fein und h ist vom n zu weit entfernt.

Schließlich betrachten wir noch die Serifenlängen, die bei der Times New Roman deutlicher »mit der Hand gemacht« sind (Abb. 208). Serifen von f und r sind vorn kürzer als hinten (richtig), die inneren Serifen an x, X, v, V, w, W und k, K sind deutlich kürzer als die äußeren (richtig). Die sechs m-Serifen

*Ungenauigkeiten
lassen sich durch
die Handarbeit
entschuldigen.*

243

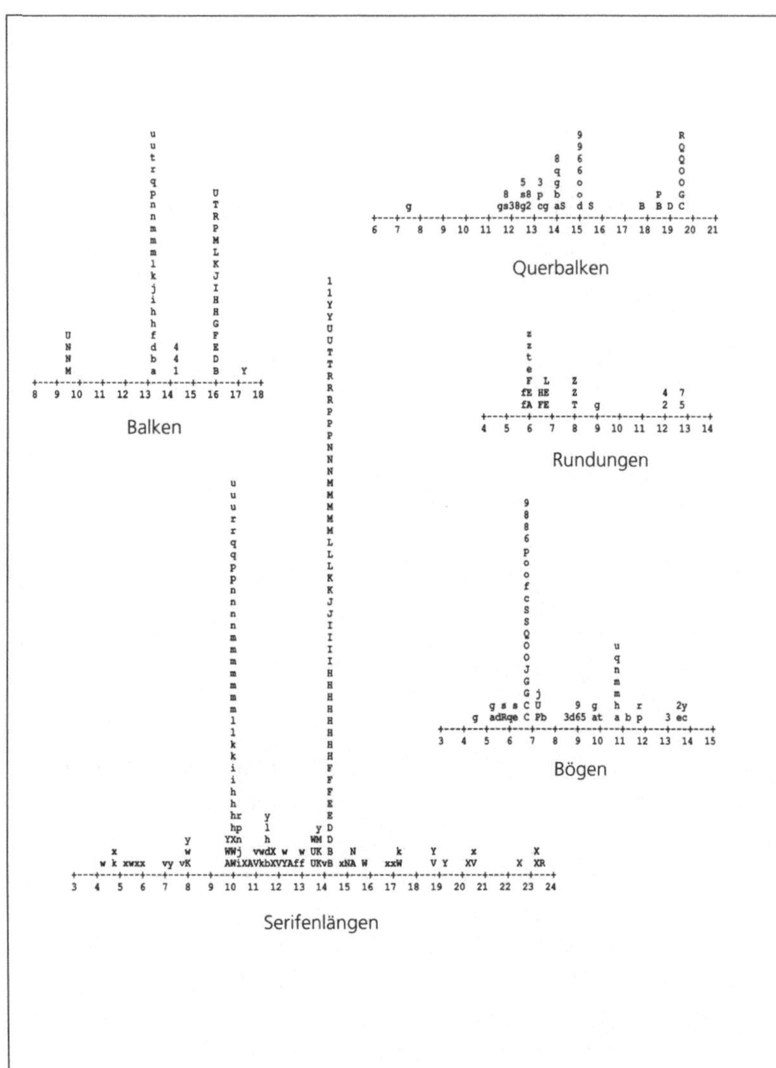

Abb. 209
Times New Roman
(Berthold)

sind verteilt auf drei bzw. vier verschiedene Maße (falsch). Bei der Times Roman hat eine y-Serife einen Ausreißer (falsch).

Bei den Antiqua-Schriften haben wir deutlich mehr Fehler gefunden als bei den Grotesk-Schriften, allerdings war das zu erwarten, da sie komplexer sind. Times Roman und Times New Roman haben aber brauchbare Güte. Dies kann nicht erstaunen, da beide Schriften im Zentrum der Schriftennutzung weltweit stehen.

Die beste Times New Roman hat die Berthold AG.

Doch es geht konsistenter, noch besser, wie man in Abb. 209 am Beispiel der Times New Roman erkennen kann, die von Berthold in München gefertigt worden ist.

Von der CG Times (Abb. 210) wird oft behauptet, daß sie eine schlechte Nachbildung sei. Wir können unseren Messungen entnehmen, daß sie vergleichbar viele Unregelmäßigkeiten wie die anderen aufweist, daher im Rahmen bleibt und unter diesem Aspekt nicht als schlecht betrachtet werden darf.

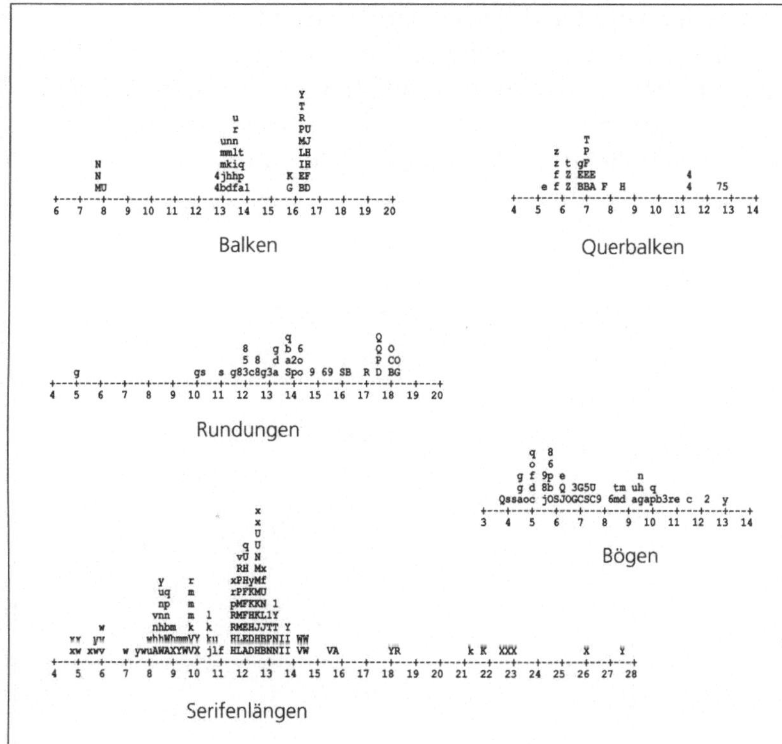

Abb. 210
*Balkenstärken und
Serifenlängen der
CG Times (Agfa)*

Variable Zurichtung

Das deutsche Wort Zurichtung erinnert ein wenig an das Zügeln von Pferden. So, als wollte man den wilden Haufen der Buchstaben eines Alphabets zu einer gewünschten Gangart im Text erziehen. Das englische Wort »spacing« (auf deutsch: spationieren) erklärt weniger aufregend das harmonische Aneinanderreihen der Buchstaben im Text.

*Die Buchstaben
sind »wild«
wie Pferde.*

    Damit dies in den Tagen des Bleisatzes automatisch erfolgen konnte, wurden den einzelnen Zeichen vorn und hinten mehr oder weniger breite Pufferzonen (Vor- und Nachbreiten) zugestanden, so daß jeweils die Nachbreite des Vorderbuchstabens zusammen mit der Vorbreite des Nachbuchstabens einen zum Wortbild passenden Buchstabenzwischenraum ergaben. Es mußten also Nachbreiten gefunden werden, die zusammen mit allen Vorbreiten des Alphabets harmonierten, und umgekehrt Vorbreiten, die zu allen Nachbreiten paßten. Mehr als einen Kompromiß konnte man nicht finden. Dieser Ausgleich funktionierte um so besser, je ähnlicher die Formen der Vorderfronten bzw. Hinterfronten der Buchstaben gestaltet werden konnten. Dies hat jedoch Grenzen.

In grober Vereinfachung können wir die Vorder- bzw. Hinterfronten einteilen in gerade (H), runde (O), winklige (L, T) und schräge (A, V). Am Beispiel der Helvetica zeigen wir, wie entsprechend die Vor- und Nachbreiten verringert werden (Abb. 211).

*Abb. 211
Vor- und
Nachbreiten von
Schlüssel-
Buchstaben der
Helvetica*

Buchstaben wie g a r f e s t und andere fallen aus jedem Schema gern heraus, je nach Schrift einmal mehr oder weniger. Die Serifen der Antiqua-Schriften haben eine »abstoßende« Wirkung, diese Schriften laufen darum weiter als serifenlose.

In Abb. 212 stellen wir für Antiqua-Schriften am Beispiel vom H, O und A aus der Times Roman dar, daß das H eine kleinere Nachbreite, das O weniger (Kompromiß mit den Serifen der Partner) und das A eine negative Nachbreite erhält.

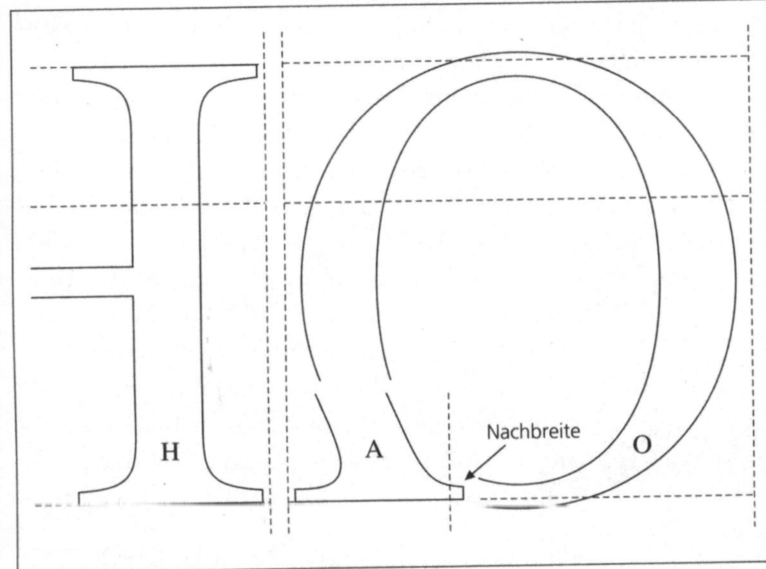

*Abb. 212
Schlüssel-
buchstaben der
Times Roman*

Aufschlußreich ist der Vergleich zweier Schriften, die von der Buchstabenform fast identisch sind, sich aber durch die Serifen unterscheiden. Wenn man die Wörter »HAMMER« und »VOODOO« sowohl in ITC Avant Garde Gothic als auch in ITC Lubalin Graph schreibt, sieht man die Wirkung des Kompromisses mit den Serifen deutlich (Abb. 213):

VOODOO	ITC Avant Garde Gothic
VOODOO	ITC Lubalin Graph
HAMMER	ITC Avant Garde Gothic
HAMMER	ITC Lubalin Graph

*Abb. 213
Kompromiß mit
den Serifen. Die
Buchstaben der
ITC Lubalin Graph
liegen dichter
zusammen, die
Laufweite ist aber
größer.*

VOODOO läuft in beiden Schriften fast gleich, weil das Wort viele Rundbuchstaben ohne Serifen enthält. Die durchschnittliche Dickte der Großbuchstaben der Lubalin ist aber um 14,4% größer, wie in dem Beispiel HAMMER zu sehen. Damit der Weißraum möglichst gleichmäßig wirkt, ist dagegen die durchschnittliche Vor- und Nachbreite der Lubalin um 57,1% kleiner. Aber selbst mit negativen Vor- und Nachbreiten kann bei ungünstiger Buchstabenkombination, wie »VA«, der Weißraum zu groß sein. Allerdings läßt sich dies im Rahmen des traditionellen Satzes nicht abstellen, da man ja nur Vor- und Nachbreiten zur Verfügung hat, die auf alle Partner im späteren Text Rücksicht nehmen müssen.

Im Zeitalter des digitalen Satzes haben wir nun aber endlich wieder die Möglichkeit, für alle Buchstabenpaare besondere Abstände (Unterschneidungswerte, kerning values) herzustellen und zu benutzen. Mit dem Herstellen gibt es aber bereits das erste Problem. Die Kerning Tabellen lassen sich nicht komplett automatisch berechnen. Also kostet die Herstellung zusätzliche Mühe und damit Geld. Bei der Anwendung hapert es ebenfalls. Es gibt immer noch Textprogramme, die keine Kerning Tabellen verarbeiten können. In jedem Fall werden nur Ausnahmetabellen bearbeitet, zum Beispiel Kerning-Werte für 100 bis 400 Buchstabenpaare. Das deckt die größte Not ab, ist aber von dem Idealzustand noch weit entfernt.

Bei der Herstellung von Long Kerning Tabellen für unsere SIGNUS Schriften haben wir folgende, zunächst unerwartete, doch eigentlich logische Erfahrung sammeln können:

Eine gute traditionelle Dicktentabelle erkennt man daran, daß für sie in der Long Kerning Tabelle gleich viele positive und negative Unterschneidungen ermittelt werden!

Wir müssen dazu erklären, daß wir zu jeder Schrift zunächst eine traditionelle Dicktentabelle herstellen, damit aus ihr auch noch traditioneller Satz erfolgen kann, der ja nur mit Dickten arbeitet. Zusätzlich errechnen wir für alle überhaupt nur vorkommenden Buchstabenkombinationen individuelle Abstände. Das sind bei 230 Zeichen in einem Alphabet immerhin über 50.000 Zahlenwerte. In die Long Kerning Tabellen werden nicht diese Abstände eingetragen, sondern die Differenzen, die sich aus dem für das betreffende Buchstabenpaar gefundenen Abstand minus der Summe aus traditioneller Nach- und Vorbreite ergeben. In Abb. 214 geben wir

Eine gute traditionelle Dicktentabelle erkennt man daran, daß für sie in der Long Kerning Tabelle gleich viele positive und negative Unterschneidungen ermittelt werden!

zwei typische Beispiele zur Illustration. Dabei normieren wir auf die Versalhöhe, die wir willkürlich auf 100 Einheiten setzen.

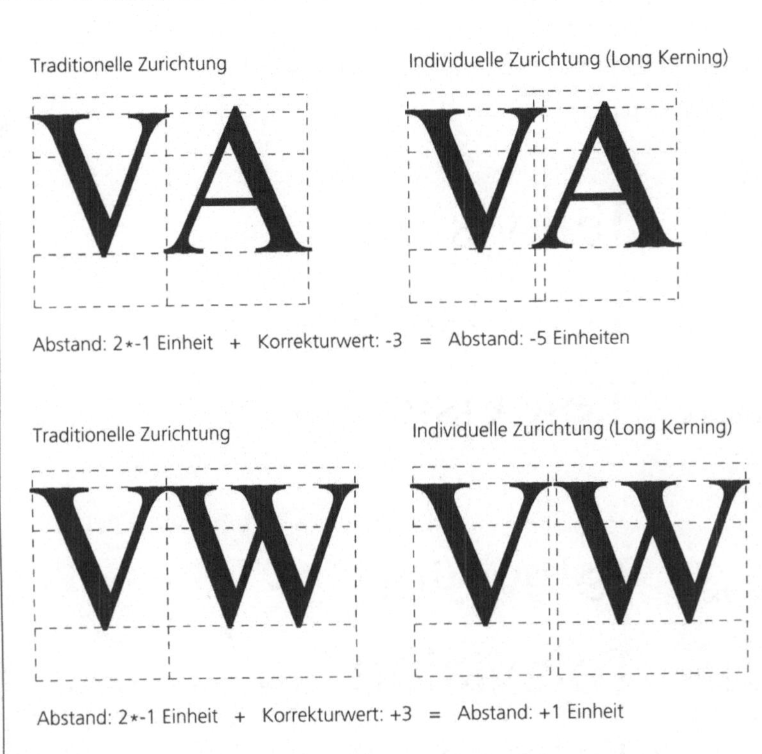

Abb. 214
Long Kerning
für VA und VW

Meines Wissens ist unsere Firma URW bis heute die einzige, die – auf der Basis von IKARUS – ein Satzsystem hergestellt hat und verkauft, das mit Long Kerning Tabellen arbeitet und für jedes überhaupt vorkommende Buchstabenpaar im Alphabet einen besonderen Abstandswert für alle benutzten Schriften gespeichert hält und beim Satz anwendet. Das System heißt SIGNUS und dient zur Herstellung von Beschriftungen in der Werbetechnik (Autobeschriftungen, Schilder, Lichtkästen, etc.).

In Abbildung 215 zeigen wir Text aus der Schrift Helvetica mit zwei verschiedenen, bekannten Setzmaschinen abgesetzt und vergleichen ihre Zurichtung.

Man sieht auf den ersten Blick, daß bei Berthold etwas enger gesetzt wird als bei Linotype. Das ist nicht zu kritisieren; denn weiter oder enger Satz ist eben eine Geschmacksfrage. In diesem speziellen Fall mag es eine Rolle spielen, daß Berthold stärker auf Layout-Setzereien (Akzidenzen), Linotype stärker auf Druckereibetriebe (Texte) konzentriert ist. Generell gilt ja die Regel: je kleiner die Punktgröße, je weiter der Satz. Und (Buch-)Text ist im allgemeinen kleiner (8 – 10 pt) als der Text von Akzidenzen (10 – 14 pt).

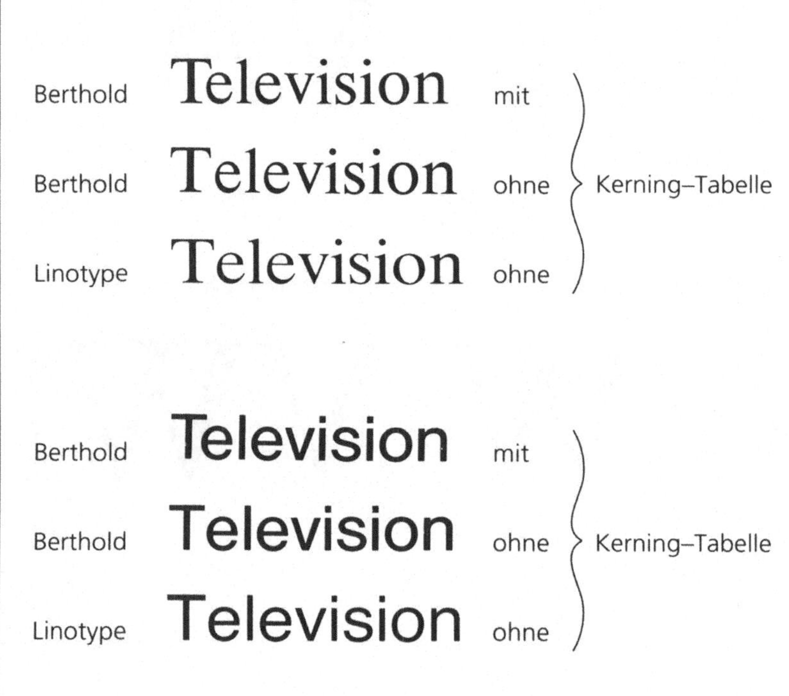

*Abb. 215
Text zweier
Satzsysteme im
Vergleich*

Erweitern wir nun den Vergleich und betrachten den Satz von vier Schriftherstellern anhand von einzelnen Wörtern (in 24 pt) am Beispiel folgender Schriften: Helvetica, Futura, Univers, Optima, Clarendon, ITC Souvenir und Times. Den Satz auf den Belichtern von Linotype und Berthold hat ein bekanntes und angesehenes Satzstudio in Hamburg hergestellt, die Beispiele für PostScript und IKARUS haben wir bei URW erzeugt.

- Der traditionelle Satz erfolgt mit Dicktentabellen, ohne Verwendung von Kerning Tabellen.
- Der Satz mit einer Ästhetik Box bzw. mit PostScript benutzt

Kerning Tabellen, also Korrekturwerte für bestimmte Buchstabenpaare. In der Regel werden für diese Paare geringere Abstände genommen im Vergleich zum traditionellen Satz.
- Der Satz mit IKARUS erfolgt durch »Kerning on the Fly«. Dabei werden für *alle* Paare während des Satzes individuelle Abstände errechnet und sofort angewendet

An den folgenden Beispielen (Abb. 217 bis 223) werden wir erkennen, daß »Kerning on the Fly« endgültig die Befreiung des Setzens von der Bleisatzgeschichte bedeutet.

*»Kerning on the Fly»
ist die Befreiung
von den Fesseln
der Vergangenheit.*

Wir beurteilen den Satz im Rahmen der gegebenen Zurichtung, die allgemein weiter oder enger sein darf und deshalb nicht als fehlerhaft angesehen wird (siehe auch Abb. 215). Als Fehler werten wir eine Störung im Gesamtbild des Wortes. Nach oben gerichtete Pfeile besagen, daß ein engerer Abstand die Erscheinung verbessern würde, ein Pfeil nach unten, daß der Abstand weiter sein sollte. Die dicken Pfeile markieren dabei einen schweren, dünne einen leichteren Fehler.

Durch Summierung der Zurichtungsfehler erhalten wir die Ergebnisse der Abbildung 216.

Wir sehen, daß man an vielen Stellen etwas zu bemängeln hat. Es sollte aber hervorgehoben werden, daß der vorliegende Satz von allen gegebenen Wörtern schon gut ist. Er wäre eben nur noch ein wenig zu verbessern. Selbst mit dem Satz des IKARUS Systems könnten andere zu Gericht sitzen.

	Fehler	
	schwer	leicht
traditionell	23	53
Ästhetik Box	10	44
PostScript	16	25
IKARUS	2	1

*Abb. 216
Auswertung
der Satzbeispiele*

Abb. 217
Satz aus
Helvetica im
Vergleich

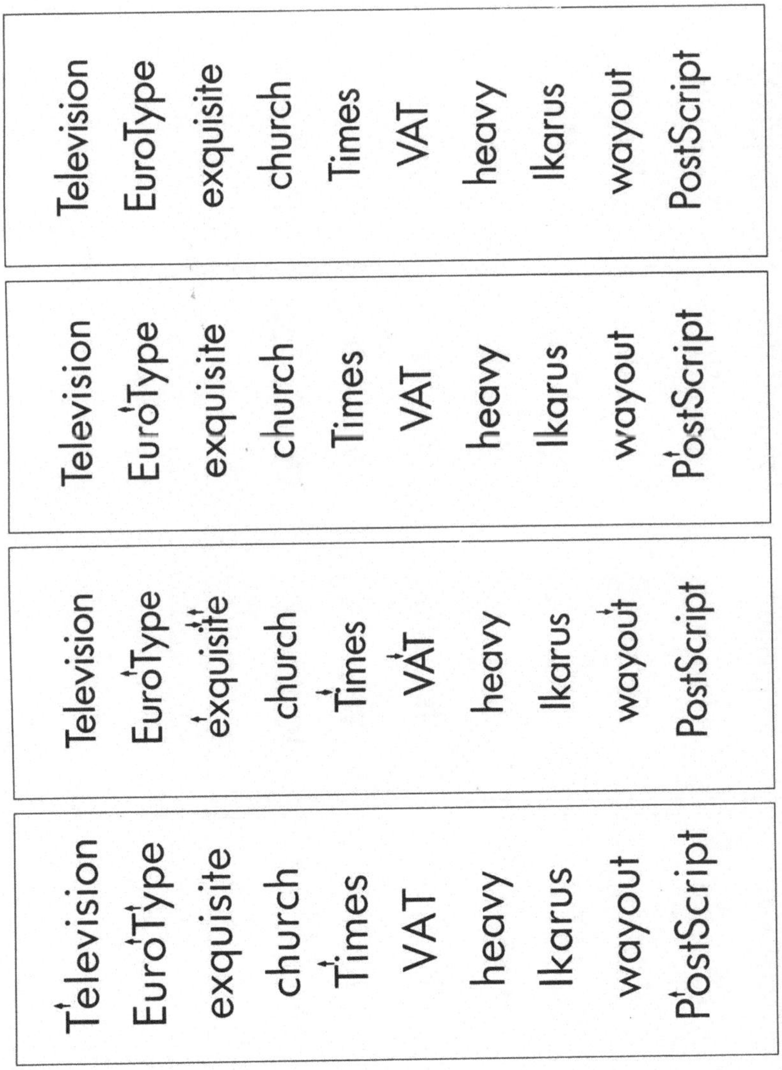

Traditioneller Satz
4/1 Fehler

Satz mit Ästhetik Box
1/7 Fehler

Satz mit PostScript
2/0 Fehler

Satz mit IKARUS
0/0 Fehler

Abb. 218
Satz aus
Futura im
Vergleich

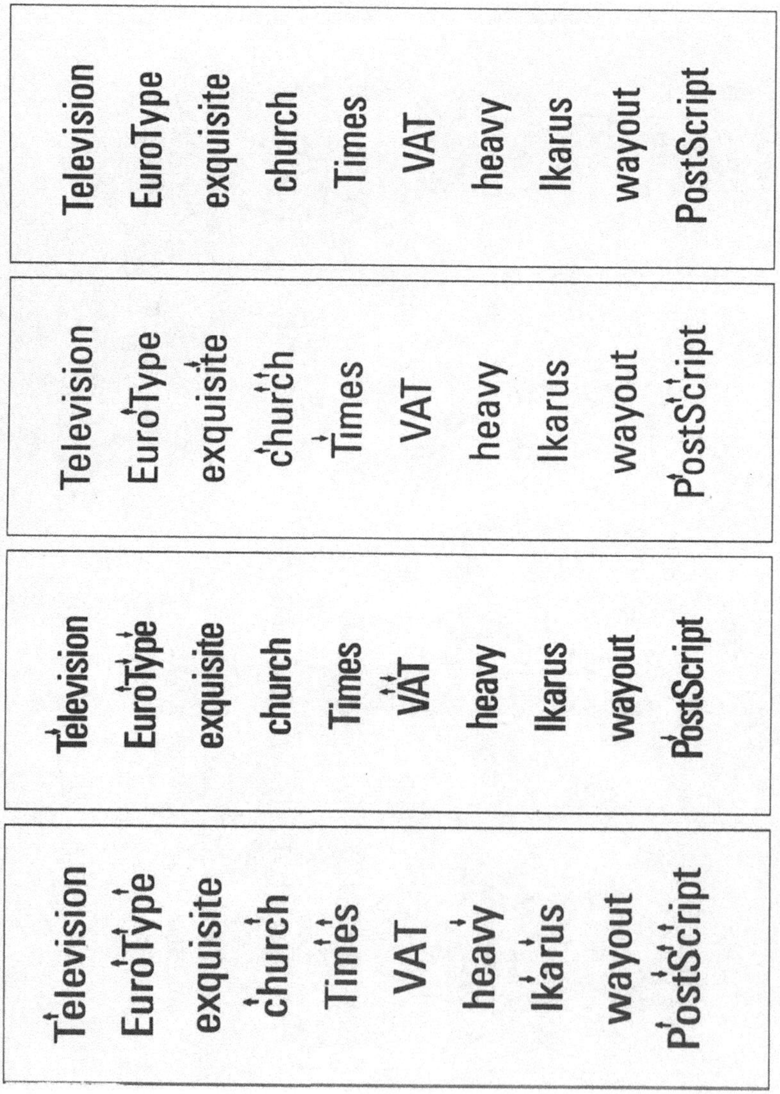

Television	Television	Television	Television
EuroType	EuroType	EuroType	EuroType
exquisite	exquisite	exquisite	exquisite
church	church	church	church
Times	Times	Times	Times
VAT	VAT	VAT	VAT
heavy	heavy	heavy	heavy
Ikarus	Ikarus	Ikarus	Ikarus
wayout	wayout	wayout	wayout
PostScript	PostScript	PostScript	PostScript
Traditioneller Satz	Satz mit Ästhetik Box	Satz mit PostScript	Satz mit IKARUS
4/11 Fehler	1/6 Fehler	4/5 Fehler	0/0 Fehler

Abb. 219
Satz aus
Univers im
Vergleich

Abb. 220
Satz aus Optima im Vergleich

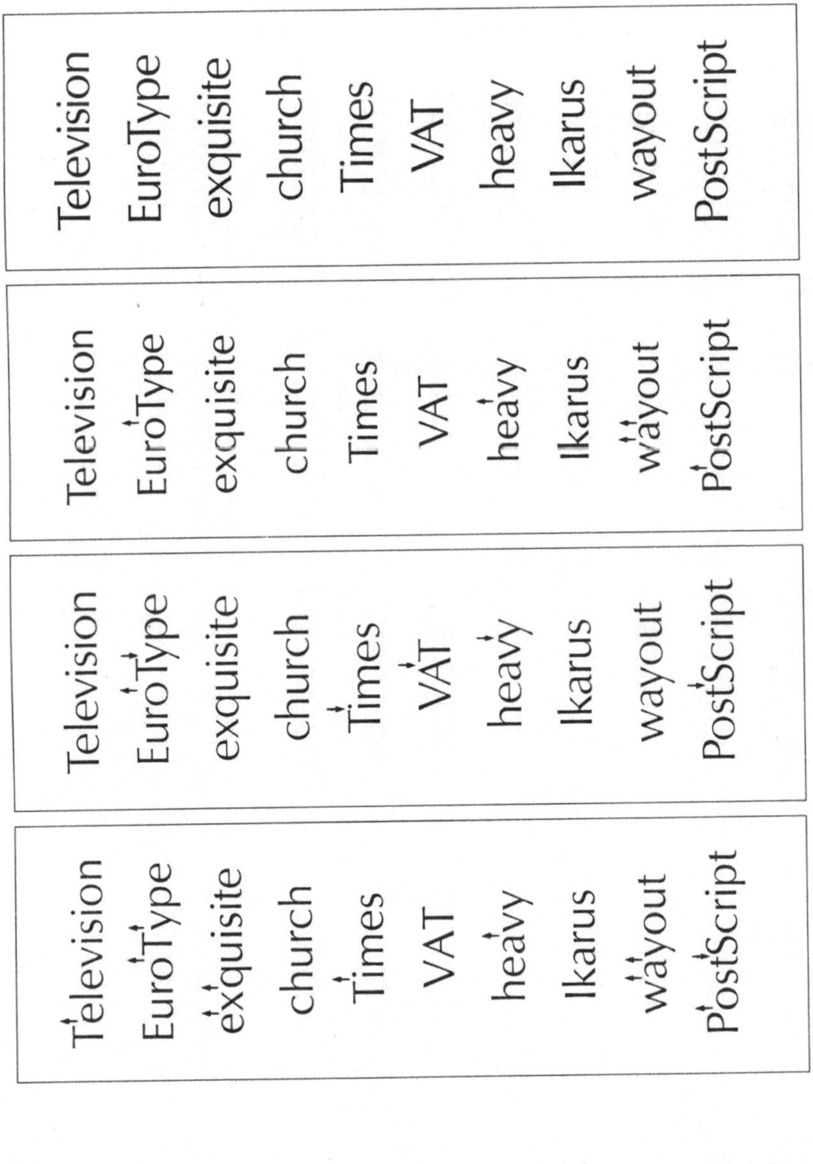

Traditioneller Satz
4/7 Fehler

Satz mit Ästhetik Box
1/5 Fehler

Satz mit PostScript
1/4 Fehler

Satz mit IKARUS
0/0 Fehler

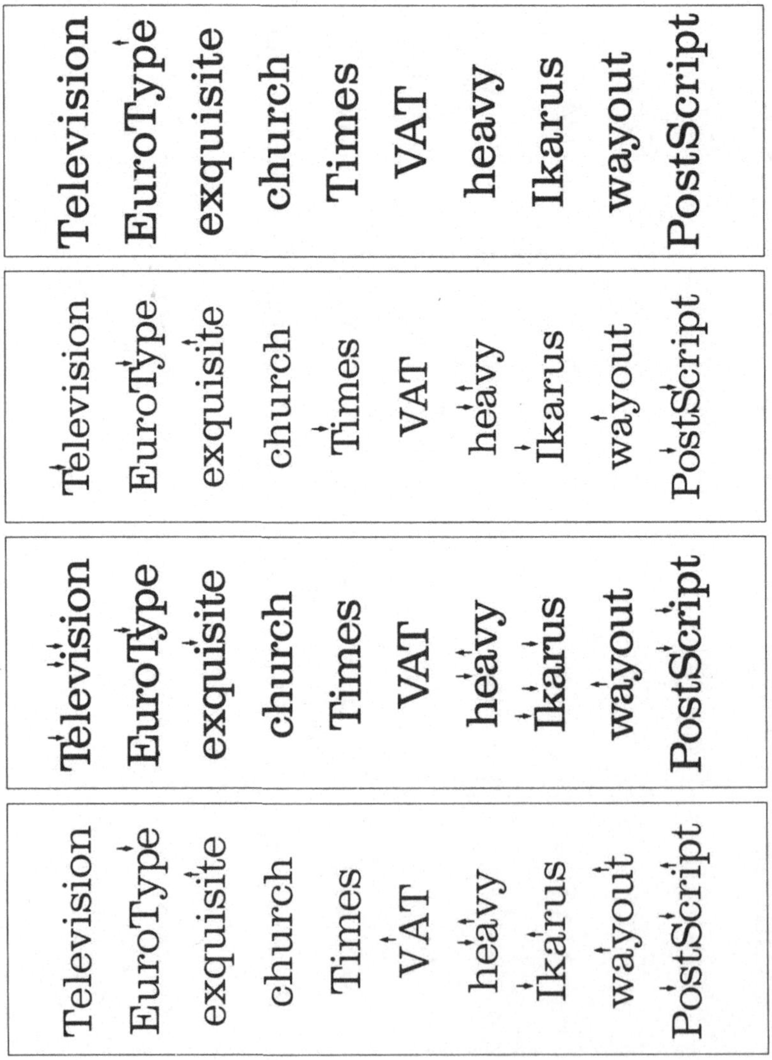

Traditioneller Satz
3/9 Fehler

Satz mit Ästhetik Box
2/5 Fehler

Satz mit PostScript
5/5 Fehler

Satz mit IKARUS
1/1 Fehler

Abb. 221
Satz aus Clarendon im Vergleich

Abb. 222
Satz aus
ITC Souvenir im
Vergleich

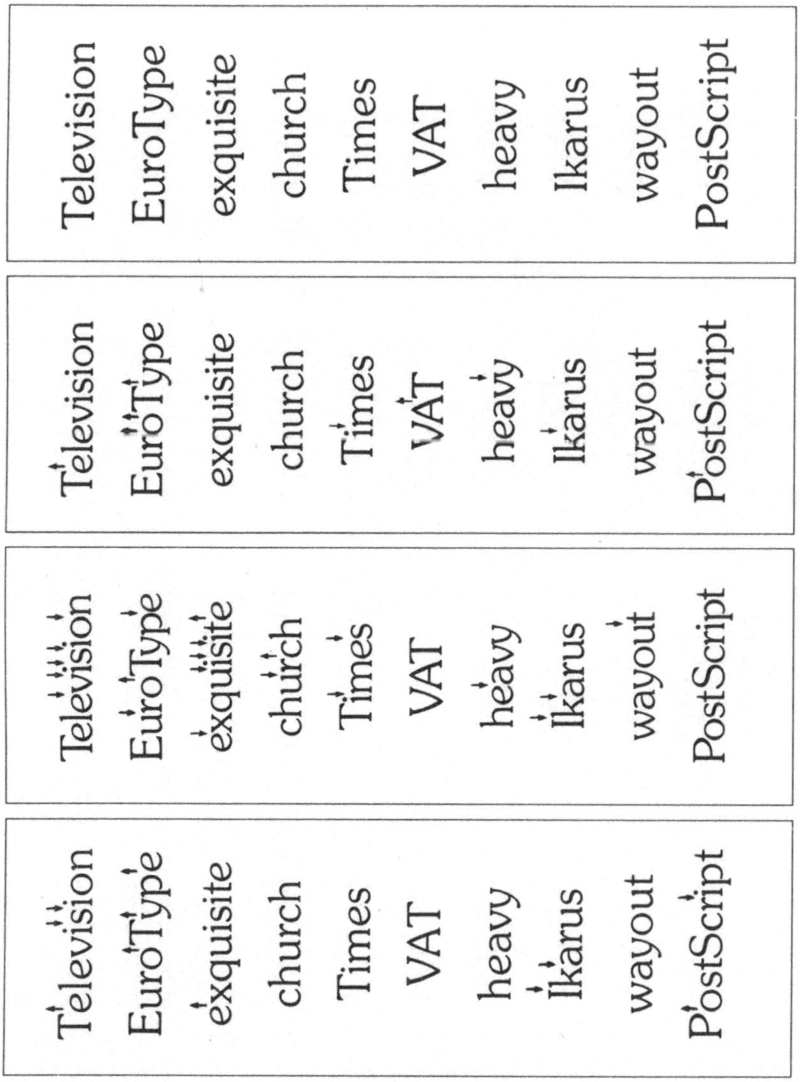

Traditioneller Satz
3/8 Fehler

Satz mit Ästhetik Box
1/12 Fehler

Satz mit PostScript
2/7 Fehler

Satz mit IKARUS
0/0 Fehler

Television
EuroType
exquisite
church
Times
VAT
heavy
Ikarus
wayout
PostScript

Satz mit IKARUS
1/0 Fehler

Television
EuroType
exquisite
church
Times
VAT
heavy
Ikarus
wayout
PostScript

Satz mit PostScript
1/3 Fehler

Television
EuroType
exquisite
church
Times
VAT
heavy
Ikarus
wayout
PostScript

Satz mit Ästhetik Box
3/7 Fehler

Television
EuroType
exquisite
church
Times
VAT
heavy
Ikarus
wayout
PostScript

Traditioneller Satz
1/17 Fehler

*Abb. 223
Satz aus
Times Roman im
Vergleich*

Er ist nur im Vergleich frei von Fehlern gemäß unserem Verständnis vom guten Satz. Hier berühren wir aber – wie bei dem Abschnitt über Eigenschaften – eine Ebene, wo der Geschmack eine wichtige Rolle spielt, also der einzelne Schriftschaffende subjektiv entscheiden kann. Wie gesagt, ob weiter oder enger Satz, ist in erster Linie eine Geschmacksfrage. Nur das Mischen von weit und eng in einem Wort oder Satz verletzt das Gebot der guten Lesbarkeit.

Die folgenden ausgesprochen schlechten Beispiele (Abb. 224) stammen aus drei Zeitschriften. Sie sind wohl mit einem Satzsystem hergestellt worden, das beim Ausschluß nicht nur die Wortzwischenräume, sondern auch Buchstabenzwischenräume und die Laufweite der Buchstaben einschließlich der Strichstärke je nach Bedarf expandiert oder kondensiert. Bei den weiten Zeilen denkt man, daß der Inhalt hervorgehoben werden soll, bei den engen Zeilen meint man, daß es sich um eingeschobene, nebensächliche Information handelt.

Dabei ist alles nur zufällig! Ein Jammer.

Abb. 224
Schlechter Satz

The stable area at Suffolk Downs is considered a tinderbox by the people who work there.

Horsemen complain about the lack of fire safety in and around the ancient wooden structures, but according to Revere Fire Chief James Connery, the horsemen are their own worst enemies.

The Saturday night barn fire at Suffolk that took the lives of 11 thoroughbreds and seriously injured a groom was caused by "probable careless disposal of smoking materials," Connery said yesterday.

"We've ruled out electrical or accelerants as possible causes," Connery said. "It began as a slow, smoldering fire" before bursting into the roaring blaze that destroyed Barn B. The starting point, according to the investigation, was narrowed down to a tack room.

(While the grandstand area at Suffolk is in East Boston, the stable area is in Revere, thus the investigation by the Revere Department.)

Connery said two men from his department patrol the Suffolk backtrack on a regular, unannounced schedule, correcting code violations as they come upon them.

"We find hot plates and toasters in tack rooms and we pull them out. We have 'No Smoking' signs posted all over the place; they know they shouldn't smoke and they know the consequences. Hay will burn like gasoline. But we find people smoking – sometimes right in the stables – and we make them stop. But more hot plates appear and the smokers light up as soon as our people are out of sight. If they won't cooperate, we can't enforce it. The smoking is very blatant.

Die Einträge einer Datenbank lassen sich satzweise einlesen. Damit wird die Beschriftung von Aufkleberbögen, zum Beispiel für Einladungen, sehr vereinfacht. Auch eine längere Liste, beispielsweise auf einer Rechnung läßt sich so erstellen. Bisher war ein übersichtlicher Ausdruck nur schwer zu definieren. Jetzt kann jedes gewünschte Formular verwendet werden.

Mit OfficeForms können Serienbriefe an alle in einer Datenbank enthaltenen Adressen verschickt werden. Sogar eine persönliche Ansprache ist möglich. Beim Druckvorgang werden die Namen oder Anreden aus der Datenbank gelesen und an den definierten Stellen ausgedruckt.

Sollen nicht alle Einträge der Datenbank berücksichtigt werden, dann lassen sich einschränkende Bedingungen definieren. Dies ist sinnvoll, um eine einfache Auswahl von Zielgruppen zu erhalten, zum Beispiel alle Kunden im PLZ-Bereich 2000 bis 3000.

Le secret, c'est la sous-traitance. La petite entreprise, ne produisant que quelques composants, spécialisée, en permanence à la recherche de nouveaux produits. De par sa taille même, elle est capable d'une reconversion rapide, alors qu'il faut un temps infini, écrit G. Kulaguine, pour modifier la production d'une unité soviétique, « lourd vaisseau, difficile à contrôler, et dont le maniement est oblitéré par une grande inertie ».

Le planificateur a commis l'erreur de ne pas en prendre conscience, ajoute l'analyse, mais le changement doit s'opérer en douceur et non en reconstruisant les entreprises eten créant de nouveau ministères.

Le choix de « l'auto-suffisance » est essentiellement dû à la crainte des ruptures de stock, et à la mauvaise distribution. Il faut en conséquence, avant de procéder à toute modification des méthodes de production, créer, au niveau de la région, de la République, de petites entreprises

Nebenbei sei erwähnt, daß das IKARUS System noch eine weitere, einzigartige Besonderheit enthält. Es kann automatisch »berührend« mit Hilfe von Kissing Tabellen setzen. Das ist für Text verboten, aber durchaus manchmal in der Außenwerbung oder auf Plakaten eine gewünschte Variante des Setzens (Abb. 225).

Abb. 225
Berührender Satz

Zum Schluß möchten wir auf eine wertvolle Feinheit im Rahmen der variablen Zurichtung hinweisen, die wir mit dem *hz*-Programm in Zusammenarbeit mit Hermann Zapf entwickelt haben (Abb. 226).

Das hz-Programm liefert den anspruchsvollen Satz.

Wie man sieht, erzeugt das *hz*-Programm einen sehr gut ausgeglichenen Satz, die Wortzwischenräume sind gleichmäßiger und die Anzahl von Trennungen am Zeilenende ist geringer. Am leichtesten nimmt man diese Unterschiede wahr, wenn man aus etwas größerer Entfernung schräg auf den Satz blickt.

Eine weitere Besonderheit des Satzes mit dem *hz*-Programm ist, daß die Vorbreite des ersten Buchstabens und die Nachbreite des letzten Buchstabens jeder Zeile mit einem eigens dafür bestimmten Kerning-Korrekturwert gesetzt werden. Es ergibt sich eine linke und rechte Satzgrenze, die optisch weitaus gerader wirkt, also das Ziel des auf Spalten ausgeschlossenen Satzes optimal und besser erfüllt. Zum Beispiel wird das Worttrennzeichen so gesetzt, daß es ein wenig über die rechte Spaltengrenze hinausragt.

Zusammenfassend können wir feststellen, daß Zurichtung leicht zu beurteilen ist, dank unseres alltäglichen Trainings im Lesen. Es steht außer Frage, daß variable Zurichtung – also Anwendung von Long Kerning – im digitalen Satz das Gebot der Stunde ist. Gute Zurichtung ist erkennbar, daher meßbar.

What makes the Gutenberg Bible the unattainable masterpiece of the art of printing? The printing on a hand-press? Not really, because of today's standards, the inking was not of extraordinary quality. We could order hand-made rag paper also in our day. Maybe the secret of his beautiful pages is in the proportions of the columns on the paper. But this we are also able to copy. Therefore only the composition is to be considered.

How could Gutenberg get those even grey areas of his columns without disturbing or unsightly holes between words? His secret: the master achieved this perfection by using several characters of different width combined with many ligatures and abbreviations in his type case. He finally created 290 characters for the composition of the 42-line Bible. An enormous time consuming job to realize his idea of good typographic lines: the justified lines of even length, compared to the flush-left lines of the works of the famous mediaeval scribes.

But with Johannes Gutenberg's unusual ligatures and abbreviations, today we can't use this principle for contemporary composition. Now we can get help through the versatility of modern electronic software and formats to receive a perfect type area in our production, to get closer to Gutenberg's standards of quality: The *hz*-Program of URW.

What makes the Gutenberg Bible the unattainable masterpiece of the art of printing? The printing on a hand-press? Not really, because of today's standards, the inking was not of extraordinary quality. We could order hand-made rag paper also in our day. Maybe the secret of his beautiful pages is in the proportions of the columns on the paper. But this we are also able to copy. Therefore only the composition is to be considered.

How could Gutenberg get those even grey areas of his columns without disturbing or unsightly holes between words? His secret: the master achieved this perfection by using several characters of different width combined with many ligatures and abbreviations in his type case. He finally created 290 characters for the composition of the 42-line Bible. An enormous time consuming job to realize his idea of good typographic lines: the justified lines of even length, compared to the flush-left lines of the works of the famous mediaeval scribes.

But with Johannes Gutenberg's unusual ligatures and abbreviations, today we can't use this principle for contemporary composition. Now we can get help through the versatility of modern electronic software and formats to receive a perfect type area in our production, to get closer to Gutenberg's standards of quality: The *hz*-Program of URW.

Verschiedene Designgrößen

Für Gutenberg und seine Jünger ist es eigentlich immer selbstverständlich gewesen, für die verschiedenen Größen einer Schrift auch unterschiedliche Schnitte einzusetzen. Noch bis zur Mitte dieses Jahrhunderts hat man sich im Bleisatz meist danach gerichtet.

Mit der Ausbreitung des Photosatzes und auch des elektronischen Satzes sind wir später davon abgewichen. Wir benutzen heute in den digitalen Setzmaschinen (und Laserdruckern) nur noch einen einzigen Schnitt für die Buchstaben. Diese Mutterformen werden linear vergrößert bzw. verkleinert – je nach Anforderung. Dabei geht man meist von einer Standardgröße von 12 pt aus. Das führt einerseits dazu, daß die kleineren Punktgrößen zu klein und mager erscheinen und zu früh nur noch schwer lesbar werden, und hat andererseits zur Folge, daß größere Punktgrößen zu weit und zum Teil grob(schlächtig) aussehen.

Lineares Vergrößern wie im Photosatz ist passé.

In bezug auf die Qualität von Schriften sind verschiedene Stufen zu unterscheiden.

Am besten wäre es, wenn der Schriftentwerfer selbst für verschiedene Punktgrößen seiner Schrift Varianten herstellen würde, die auf die unterschiedliche Auffassungsweise des Menschen Rücksicht nimmt. Dies ist aus Kostengründen kaum praktikabel. Dennoch gibt es auch Alternativen zum einfachen Skalieren.

Eine Textschrift kann durch gezielte Modifikationen so angepaßt werden, daß sie in einer größeren Punktgröße einen optisch ausgeglichenen Eindruck macht. Wir teilen unsere Schriften darum ein in Text (T), Display (D) und Poster (P), für Anwendung im Textbereich (6 pt – 16 pt), Titelsatz (16 pt – 36 pt) und Plakatsatz (36 pt – 1000 pt) (Abb. 227 und 228).

*Abb. 227
Verschiedene
Designgrößen der
Bauer-Bodoni*

Bauer Bodoni	Text
Bauer Bodoni	Display
Bauer Bodoni	Poster
Bauer Bodoni	Text
Bauer Bodoni	Display
Bauer Bodoni	Poster

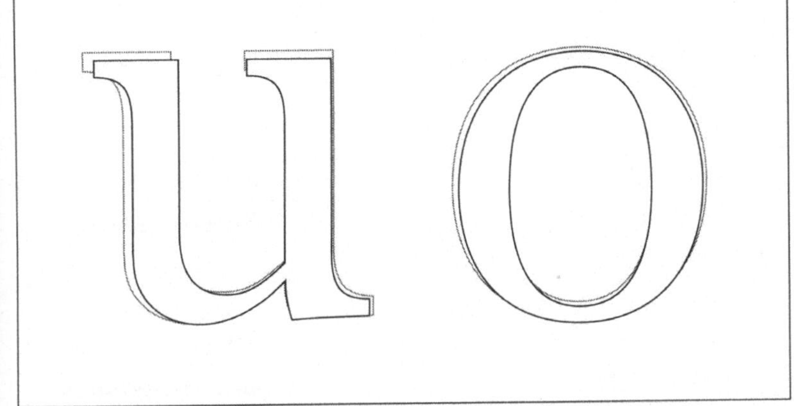

*Abb. 229
Die Querbalken
werden in der
Displayversion
proportional dünner:
im Vordergrund die
Display-Baskerville,
dahinter (grau) die
Textversion.*

Unter Display- oder Headlineschrift verstehen wir eine Schrift, die nicht kleiner als 16 pt gesetzt werden soll. Umgekehrt heißt das natürlich auch, daß eine Textschrift nicht größer gesetzt werden sollte als 16 pt.

Woran liegt das? Die Buchstaben einer Schrift bilden Text und sollen von dem Leser als gleichmäßig fließend wahrgenommen werden. In der üblichen Textgröße bedeutet das, gezeigt am Beispiel der Baskerville, daß der Kontrast zwischen dünneren Querbalken und dickeren (senkrechten) Balken nicht überbetont werden darf. Sonst würden zu dünne Striche, insbesondere Haarlinien, optisch verschwinden, man sagt: durchbrechen. Ab einem bestimmten Vergrößerungsfaktor allerdings nimmt das Auge den Kontrast weniger wahr – und man empfindet ihn als zu wenig ausgeprägt. Also müssen für Display- und Posterversionen die horizontalen Balkenstärken im Vergleich dünner gefertigt und ganz besonders die Haarlinien stärker verfeinert werden (Abb. 229).

*Abb. 230
Helvetica ultra fett
und ihre Display-
version. Die Einzüge
werden für die
Displayschrift ent-
fernt. Die Einzüge
bewirken, daß die
Balken des M in klei-
neren Punktgrößen
einen geraden Ein-
druck machen,
während die tat-
sächlichen geraden
Balken (ohne
Einzüge) verdickt
erscheinen.*

Latin Typefaces

B049020D	ultra / ultra	Bodoni No. 2	[M] **Hamburgefonts**
B049020P	ultra / ultra		**Hamburgefonts**
B070002T	light / mager	Bodoni No. 3	Hamburgefonts
B070004T	medium / halbfett		Hamburgefonts
B070006T	bold / fett		Hamburgefonts
B070008T	extra bold / extrafett		**Hamburgefonts**
B070022T	light italic / kursiv mager		*Hamburgefonts*
B070024T	medium italic / kursiv halbfett		*Hamburgefonts*
B070026T	bold italic / kursiv fett		*Hamburgefonts*
B070028T	extra bold italic / kursiv extrafett		*Hamburgefonts*
B070044T	medium condensed / schmalhalbfett		Hamburgefonts
B070046T	bold condensed / schmalfett		Hamburgefonts
B070064T	medium condensed italic / kursiv schmalhalbfett		*Hamburgefonts*
B070066T	bold condensed italic / kursiv schmalfett		*Hamburgefonts*
B015003T	regular / normal	Bauer Bodoni	Hamburgefonts
B015003D	regular / normal		[P] Hamburgefonts
B015003P	regular / normal		Hamburgefonts
B015004T	demi-bold / halbfett		Hamburgefonts
B015004D	demi-bold / halbfett		[C] Hamburgefonts
B015004P	demi-bold / halbfett		Hamburgefonts
B015006T	bold / fett		**Hamburgefonts**
B015006D	bold / fett		[P] **Hamburgefonts**
B015006P	bold / fett		**Hamburgefonts**
B015023T	regular italic / kursiv normal		*Hamburgefonts*
B015023D	regular italic / kursiv normal		[P] *Hamburgefonts*

B 10   URW Type Program

Abb. 228
Ausschnitt aus dem
URW-
Schriftprogramm

Aus dem gleichen Grund hat eine gute Textschrift Einzüge, um dem optisch entstehenden Eindruck einer Verdickung bei aufeinander zulaufenden Balken so entgegenzuwirken. Auch diese Einzüge müssen für die Displayschrift beseitigt werden (Abb. 230).

Allgemein sollte eine größere Schrift enger laufen und proportional dünnere Strichstärke haben. Außerdem werden Displayschriften meist mit sehr wenig oder ganz ohne Durchschuß gesetzt, was bedeutet, daß Akzente gestaucht oder in den Buchstaben integriert werden müssen (Abb. 231 und 232).

DÄDALUS and IKARUS escaped from Crete.   Text
DÄDALUS and IKARUS escaped from Crete.   Display

DÄDALUS and IKARUS escaped from Crete.

Text

10 mm

DÄDALUS and IKARUS escaped from Crete.

Display

8,8 mm

Abb. 231
Baskerville-Text-
und Displayversion
in 10 und 36pt.
Die Displayschrift
läuft enger,
die Balken sind
etwas schmaler.

Ähnliches gilt für Klammern und andere Zeichen, welche die ganze Kegelhöhe ausfüllen (Abb. 233). Ziffern erhalten eine eigene Zurichtung, da die einheitliche Dickte, die für Tabellensatz notwendig ist, hier keine Rolle spielt. Weiterhin werden schneidene Balken gerade gerückt wie zum Beispiel bei dem Ø.

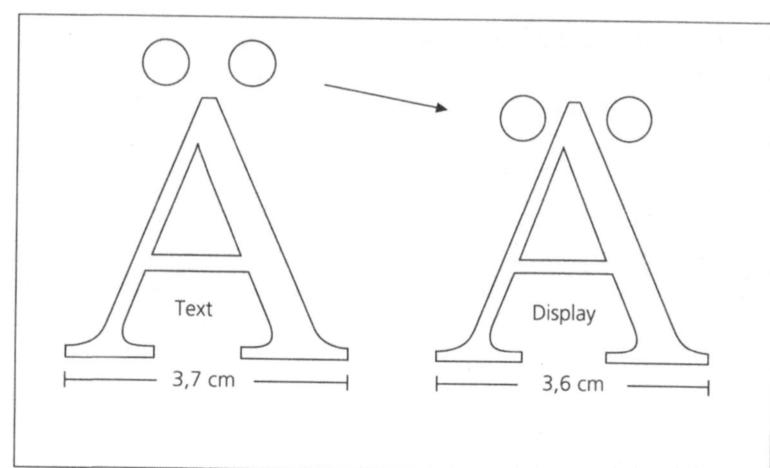

Abb. 232
Akzente werden
in die
Buchstaben
integriert

Schreibschriften erhalten eine Sonderbehandlung. Teilweise werden eigene Versionen mit offenen Konturen hergestellt, bei denen die Übergänge exakt stimmen müssen (Abb. 234).

Abb. 233
Baskerville,
oben Textversion,
unten Displayversion,
jeweils in
12 und 48 Punkt.
Die Ziffern sind
nicht mehr
dicktengleich
und die Klammern
gestaucht.

Abb. 234
Für sehr große
Punktgrößen wird
von dieser Schrift
(Englische Schreib-
schrift) eine Version
mit offenen Konturen
angefertigt, deren
Öffnungen
extrem genau anein-
ander passen müssen.

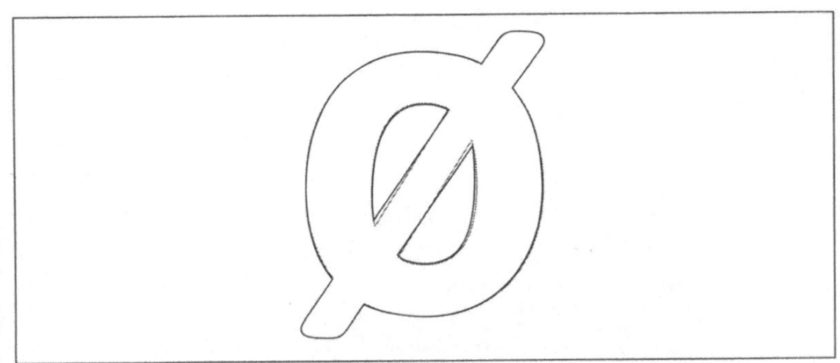

*Abb. 235
American
Typewriter,
der schneidende
Balken wird in der
Displayversion
gerade gerückt.*

Zu diesen Ausführungen muß übrigens noch bemerkt werden, daß sich Form und Zurichtung der Buchstaben nicht nur nach der Schriftgröße, sondern auch noch nach dem Einsatz richten. Wenn die normale Leseentfernung von 40 cm bis 1,5 m deutlich überschritten wird, wie in der Außenwerbung, so muß sich die Zurichtung von Posterschriften wieder der der Textschriften annähern.

*Die Leseentfernung
nicht vergessen!*

Wir können sagen, daß das Vorhandensein einer Displayversion ein Qualitätsmerkmal – im Sinne von Eigenschaft – einer Schrift darstellt. Wieviele der genannten Kriterien eine Displayschrift erfüllt, und in welchem Maße sie das tut, läßt sich messen und als Güte angeben.

Optical Scaling

Neben der Anfertigung von speziellen Versionen für verschiedene Punktgrößen gibt es noch eine Alternative zum einfachen linearen Skalieren, das *optische* Umgrößern. Dieses bedeutet, daß auf die Unterschiede in der Wahrnehmung verschiedener Größen Rücksicht genommen wird. Es wird ein optischer Ausgleich vorgenommen (optical compensation).

*Optical scaling
ist altbekannt.*

Überlegungen zum optischen Umgrößern hat bereits Harry Carter 1937 [CAR] angestellt. Die folgenden Beispiele entstammen einer Untersuchung, die am Rochester Institute of Technology (RIT) vorgenommen worden sind [JON].

In Abb. 236 wird links das Wort Catilina gezeigt, wie es der Bleisatz früher lieferte und rechts die Ausgabe der vier Schriften mit PostScript. Für die Abbildung ist eine photographische Vergrößerung jeweils so gewählt worden, daß eine abgebildete Versalhöhe von 5/8 Zoll (15,9 mm) entstanden ist.

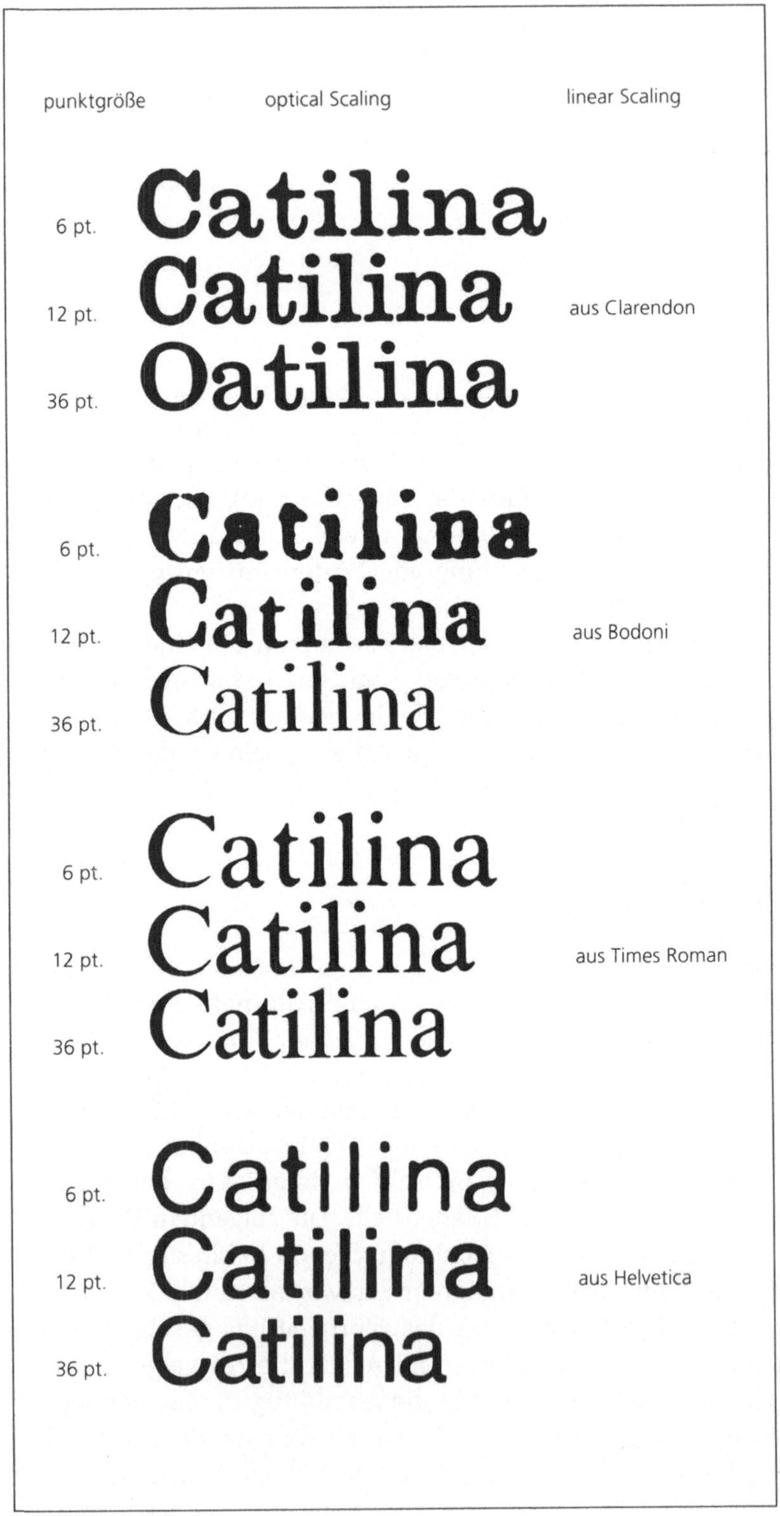

punktgröße	optical Scaling	linear Scaling

6 pt. **Catilina**

12 pt. **Catilina** — aus Clarendon

36 pt. **Oatilina**

6 pt. **Catilina**

12 pt. **Catilina** — aus Bodoni

36 pt. Catilina

6 pt. Catilina

12 pt. Catilina — aus Times Roman

36 pt. Catilina

6 pt. Catilina

12 pt. Catilina — aus Helvetica

36 pt. Catilina

Abb. 236
Verschiedene
Designgrößen
des Bleisatzes im
Vergleich mit
»verschiedenen«
Punktgrößen
heute

Je kleiner der Schriftgrad für den Text wird,

- um so weiter wird der Satz,
- um so offener (breiter) werden die Buchstaben, insbesondere die Kleinbuchstaben, und
- um so stärker werden die Striche, was am wichtigsten und auch technisch am schwierigsten ist.

Je größer der Schriftgrad in Überschriften wird,

- um so enger wird der Satz,
- um so schmaler können die Buchstaben und
- um so feiner die Striche sein (speziell Haarlinien).

Als Kompromiß zwischen dem einfachen linearen Skalieren und der aufwendigen Sonderanfertigung für verschiedene Punktgrößen sollte die Möglichkeit des optischen Umgrößerns in Zukunft eine wichtige Rolle spielen. In Verbindung mit drei verschiedenen Designgrößen ist das optische Umgrößern ideal.

Abb. 237

Das optische Umgrößern geschieht mit dem KQ-Programm von URW, das die wichtigsten Regeln der alten Stempelschneider für das typographisch richtige Erscheinungsbild berücksichtigt. Verschiedene Designgrößen erzeugt mit dem KQ-Programm.

This letters have no self-f
medium for self-represen
to provide clear different
This applies not only to t
importance of numbers i
consider how easily the n

This letters have no self-f
medium for self-represen
provide clear differentati
applies not only to the let
of numbers in a modern i
the numerals 3, 6 and 9 c

This letters have no self-fulfilling purpos
most important task is to provide clear d
only to the letters. Bearing in mind the i
consider how easily the numerals 3, 6 an
especially if pages are overinked - it can
individual numerals in the very small ty
for new types: clearly distinguishable an
purpose, neither are they a medium for
clear differentation between individual

This letters have no self-fulfilling purp
Their most important task is to provide
applies not only to the letters. Bearing i
industrial society, consider how easily
telephone directories - especially if pag
distinguish between these individual n
one of the important criteria for new ty
letters have no self-fulfilling purpose, n
most important task is to provide clear

This letters have no self-fulfilling purpose, neither are they a mediu
individual characters. This applies not only to the letters. Bearing in
3, 6 and 9 can be mistaken for the 8. In telephone directories - especi
numerals in the very small type sizes used. This leads us to one of t
no self-fulfilling purpose, neither are they a medium for self-repres
This applies not only to the letters. Bearing in mind the importance
mistaken for the 8. In telephone directories - especially if pages are
very small type sizes used. This leads us to one of the important crit
purpose, neither are they a medium for self-representation. Their m
only to the letters. Bearing in mind the importance of numbers in a
telephone directories - especially if pages are overinked - it can rapi
used. This leads us to one of the important criteria for new types: cl
they a medium for self-representation. Their most important task is
Bearing in mind the importance of numbers in a modern industrial
directories - especially if pages are overinked - it can rapidly become

This letters have no self-fulfilling purpose, neither are they a
between individual characters. This applies not only to the let
how easily the numerals 3, 6 and 9 can be mistaken for the 8. I
to distinguish between these individual numerals in the very
distinguishable and unmistakable forms. This letters have no s
important task is to provide clear differentation between indi
numbers in a modern industrial society, consider how easily t
are overinked - it can rapidly become a problem to distinguish
the important criteria for new types: clearly distinguishable ar
for self-representation. Their most important task is to provid
Bearing in mind the importance of numbers in a modern indu
telephone directories - especially if pages are overinked - it ca
small type sizes used. This leads us to one of the important cri
fulfilling purpose, neither are they a medium for self-represen
characters. This applies not only to the letters. Bearing in min

ohne KQ-Programm   *mit KQ-Programm*

269

Schlußbetrachtung

Wir haben dem Aspekt Güte den größten Raum gewidmet und dort eine ganze Reihe von Punkten gefunden, die für objektive Betrachtungen geeignet sind. Teilweise können wir Merkmalsausprägungen direkt messen, teilweise haben wir nur gezeigt, daß Messungen prinzipiell möglich sind. Auch die klassifizierenden Eigenschaften und in kleinerem Umfang sogar die »rein« subjektiven Eigenschaften können angegeben und letztlich gemessen werden. Das gleiche gilt für die Beschaffenheit einer Schrift. In jedem Fall wird deutlich, daß die Bewertung einer Schrift durchaus nicht ausschließlich dem subjektiven Urteil eines Fachmanns vorbehalten sein muß.

Im Rahmen unseres Themas »Ist Qualität von Schriften meßbar?« versuchen wir nun abschließend eine Gewichtung sowohl der objektiv meßbaren als auch der nur subjektiv bewertbaren Kriterien (Abb. 238).

Bei der Vergabe der Gewichte gehen wir davon aus, daß sich die betrachtete Schrift nicht schon dadurch einer Auswahl entzieht, daß sie z.B. bestimmte Buchstaben nicht enthält (Beschaffenheit), keine Kerning Tabellen hat (Güte) oder zu einem im Vergleich überhöhten Preis angeboten wird.

Stil und Anmutung haben bei der Schriftauswahl primär ein höheres Gewicht. Wir gehen hier davon aus, daß eine grobe Vorauswahl – z.B. ob grotesk oder antiqua – bereits vor dem Kaufentschluß getroffen worden ist. Gerade das Gewicht der Anmutung hängt vom einzelnen Käufer besonders stark ab. Er kann darüber hinaus seinen eigenen Geschmack in die Waagschale werfen – und ihn den Ausschlag geben lassen.

Die Qualität von Schriften ist meßbar.

Abb. 238
Mögliche
Gewichtung der
Qualitätskriterien

		Kriterium	Gewicht
objektiv meßbar	1.	Beschaffenheit	10
	2.	Güte	25
	2.1	- Linienführung	(3)
	2.2	- Schriftlinien	(2)
	2.3	- Konsistenz	(5)
	2.4	- variable Zurichtung	(11)
	2.5	- verschiedene Designgrößen	(4)
subjektiv bewertbar	3.	Beliebtheit	8
	4.	Preis	12
	5.	Stil und Strichführung	12
	6.	Designer (Originalität)	13
	7.	Anmutung	20
		Total	**100**

Kapitel 12

Lesbarkeit von Druckschriften

von Dirk Wendt

Was ist Lesbarkeit?

Schriften sollen in der Regel der Übermittlung von Informationen dienen. Um diesen Zweck erfüllen zu können, müssen sie lesbar sein, das heißt: Der Empfänger der Information sollte sie möglichst mühelos dekodieren können, die Schriftzeichen als symbolische Repräsentanten von Gegenständen und Vorgängen diesen wieder zuordnen können. Darüber herrscht allgemein Einmütigkeit. Schwieriger ist es, sich darüber zu einigen, wie diese allgemein geforderte Lesbarkeit denn nun erfaßt oder gar gemessen werden soll.

Wie viele Dinge, die uns als mögliches Problem erst bewußt werden, wenn sie *nicht* funktionieren, tritt auch die Lesbarkeit oder Leserlichkeit von Schrift als Problem erst dann auf, wenn wir Schwierigkeiten damit haben. Das wird uns als »Problem« bei den Druckschriften kaum bewußt, solange es sich nicht um irgendwelche besonders ausgefallen künstlerisch verfremdete Schriften handelt; viel eher kennen wir es von Handschriften.

Bei unleserlichen Handschriften kommt es viel häufiger vor, daß wir herumrätseln, ob der Schreiber denn nun »darum« oder »dann« oder »daraus« oder gar noch etwas anderes gemeint hat.

Lesbarkeit hat also mit der eindeutigen Erkennbarkeit der Buchstaben- und Wortbilder zu tun. Wenn wir lange genug hinschauen, ist das bei keiner der gebräuchlichen Druckschriften ein Problem – vielleicht mit Ausnahme einiger Groteskschriften (z. B. Letter Gothic), bei denen das I tatsächlich genauso aussieht wie das l – zumindest für das unbewaffnete Auge des Lesers.

Beim fließenden Lesen schauen wir aber nicht »lange genug« hin, um jeden einzelnen Buchstaben genau anzuse-

Lesbarkeit hat mit der eindeutigen Erkennbarkeit der Buchstaben- und Wortbilder zu tun.

hen, sondern gehen in viel größeren »Augensprüngen«, sog. Sakkaden, über den Text. Nur in einem relativ kleinen Bereich der Netzhaut des Auges, in der Netzhautgrube oder Fovea centralis, ist die Auflösung fein genug, daß einzelne Buchstaben in einer der üblichen Brotschriftgrößen bei normalem Leseabstand überhaupt hinreichend scharf gesehen werden können, wie es für ein eindeutiges Erkennen erforderlich wäre. Hier sehen wir bei jeder Fixation, die etwa 1/4 bis 1/3 Sekunde dauert, maximal drei bis vier Buchstaben. Die Sakkaden beim normalen Lesen sind aber keineswegs so kurz, daß wir alle drei bis vier Buchstaben einen Fixationspunkt hätten; dies tun wir nur bei völlig neuen und unbekannten Wörtern, fremdländischen Eigennamen und nie zuvor gesehenen Fremdwörtern, die wir gleichsam buchstabieren müssen, um sie zu verstehen. Bei normalem Text hilft uns die Redundanz oder Weitschweifigkeit der Sprache, mit größeren Sprüngen voranzukommen: Aus dem Sinnzusammenhang und aufgrund der syntaktischen Struktur der Sprache können wir viele Buchstaben überspringen, ohne sie genau und schart sehen zu müssen. So kommt es, daß wir auch beim normalen Lesen die meisten Druckfehler übersehen und automatisch »richtig« lesen, sowie Sie wahrscheinlich im vorigen Satz nicht bemerkt haben, daß dort »schart« anstatt »scharf« stand, wenn nicht zufällig einer Ihrer Fixationspunkte auf dieses Wort gefallen ist.

Wir sehen bei jeder Fixation maximal drei bis vier Buchstaben.

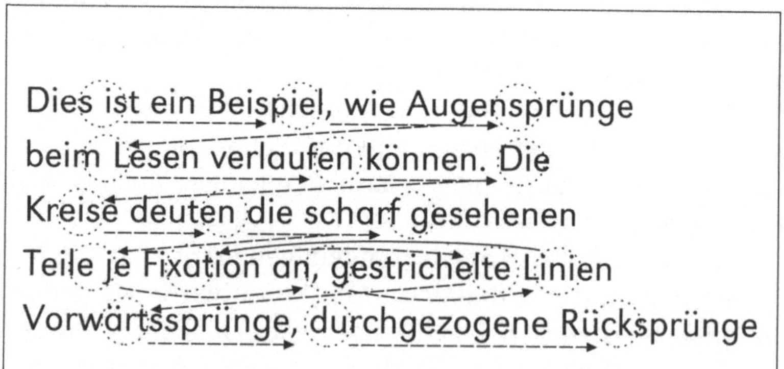

*Abb. 239
Augensprünge beim normalen Lesen*

Die Abb. 239 zeigt mit den gestrichelten Linien, wie Augensprünge beim normalen Lesen verlaufen, und mit den punktierten Kreisen, wieviel bei jeder einzelnen Fixation zwischen den Sakkaden auf die Fovea centralis fällt und scharf erkannt werden kann. Den Rest erschließen wir aufgrund unserer Kenntnis der Sprache aus dem Kontext, mit Hilfe ihrer Redundanz. Nur gelegentlich reicht die aufgenommene Information nicht aus, um den Sinn zu erschließen; dann springt der Blick noch einmal zurück in den bereits übersprungenen Text, wie durch die durchgezogene Linie in Abb. 239 angedeutet. Diese Rücksprünge werden als »Regressionen« bezeichnet und geschehen, ohne daß der Leser selbst sie bemerkt. Sie sind also etwas anderes als die absichtlichen Rücksprünge an den Anfang des Satzes, wenn wir den Inhalt nicht verstanden haben und den Text bewußt noch einmal lesen.

Wir nehmen also beim fließenden Lesen viel Information mit den peripheren Teilen unserer Netzhaut auf, mit denen wir die einzelnen Buchstabenbilder gar nicht scharf erkennen können. Damit das funktionieren kann, müssen die gröberen Umrisse ganzer Wörter und häufig vorkommender Wortgruppen (wie z. B. »ist in der«) möglichst charakteristische Formen haben.

Die gröberen Umrisse ganzer Wörter und häufig vorkommende Wortgruppen haben möglichst charakteristische Formen.

Das alles geht bei erfahrenen Lesern viel schneller, als sie sprechen können, obwohl das Lesenkönnen wahrscheinlich ursprünglich über die Bildung von Assoziationen zwischen Buchstaben- oder Wortbild und gesprochener Sprache in unseren Kopf hineingekommen ist. Bei manchen Lesern hat sich diese Verbindung sogar als Hemmnis für die Beschleunigung des Lesens erwiesen. In den »Schnellese-Kursen«, die gelegentlich zur Verbesserung der Lese-Effektivität für Erwachsene angeboten werden, ist es deshalb eine der wichtigsten Aufgaben, das sog. »Subvokalisieren«, das innere Mitsprechen des gelesenen Textes zu unterbinden, denn sonst kann die Lesegeschwindigkeit nicht über die Sprechgeschwindigkeit hinausgesteigert werden

Lesen als Bestätigung von Erwartungen

Visuelle Wahrnehmung ist ganz allgemein kein passives Aufnehmen irgendwelcher Umweltreize, sondern ein aktiver Vorgang: wir tragen in uns Hypothesen darüber, was die visuellen Reize bedeuten könnten, und »testen« diese Hypothesen an den Informationen oder »Daten«, die uns unsere Sinnesorgane liefern. Wir laufen mit Erwartungen an die Reizstruktur

273

der Umwelt herum und wollen diese bestätigt haben, und zwar möglichst ökonomisch.

Das gilt auch für das Lesen. Wir bilden uns Hypothesen, Erwartungen darüber, wie bestimmte Wortbilder aussehen müßten, und überprüfen beim Überfliegen des Textes, ob die dort beobachteten Reize, die tatsächlichen Wortbilder, diesen entsprechen. Solche Erwartungen bildet der Leser erstens hinsichtlich des *Inhalts* des Textes: er weiß, daß aufgrund des Vorhergegangenen bestimmte Worte und Wortkombinationen wahrscheinlicher sind als andere; z. B. wird er in einem Liebesroman keine Worte erwarten, die zur Beschreibung der Struktur chemischer Verbindungen verwendet werden, es sei denn, es kommen Giftmorde oder Aphrodisiaka darin vor. Zweitens bildet er Hypothesen aufgrund der *syntaktischen Struktur* der Sprache: er weiß, wo mit hoher Wahrscheinlichkeit welche Artikel, Präpositionen und Endungen zu erwarten sind. Und drittens bildet er auch Erwartungen hinsichtlich des *typographischen Bildes* der Buchstaben, Wörter und Wortkombinationen: Selbst wenn in einem Text bisher kein »Y« vorgekommen ist, so hat er doch aufgrund der bisher aufgetretenen Buchstaben eine Vorstellung, wie ein »Y« in dieser Schrift aussehen müßte. Er würde es beispielsweise erkennen, wenn es aus einer anderen Schrift genommen ist, wie in dem obigen Beispiel. Gute Lesbarkeit ist nach dem oben Gesagten also gegeben, wenn hohe Übereinstimmung zwischen den Erwartungen des Lesers und der inhaltlichen, syntaktischen und typographischen Gestaltung des Textes besteht. Für das erste muß der Autor mit seinem didaktischen Geschick sorgen, für das zweite notfalls der Korrektor und für das dritte der Typograph durch die Auswahl einer möglichst »gut lesbaren« Schrift.

Wie aber kann der Typograph herausfinden, welche Schrift gut lesbar ist? Es wird nicht möglich sein, bei allen potentiellen Lesern herauszufinden, wie denn ihre Erwartungen hinsichtlich aller möglichen Wortbilder aussehen, sondern wir können die Lesbarkeit nur mittelbar erfassen. Darüber, wie das geschehen kann, haben sich Forscher seit dem Ende des vorigen Jahrhunderts Gedanken gemacht.

Gute Lesbarkeit ist gegeben, wenn hohe Übereinstimmung zwischen den Erwartungen des Lesers und der inhaltlichen, syntaktischen und typographischen Gestaltung des Textes besteht.

Einige ältere Untersuchungen

In den frühesten uns bekannten Untersuchungen zur Lesbarkeit von Druckschriften versuchte man, diese durch die tachistoskopische Messung von Erkennungsschwellen zu erfassen. Dabei werden visuelle Reize — in diesem Falle Buchstaben oder Worte — mittels eines geeigneten Apparates, beispielsweise eines Photo-Verschlusses, so kurzfristig dargeboten, daß der Betrachter sie noch nicht erkennen kann. Die Darbietungszeit wird dann in kleinen Schritten erhöht, bis er die Reize richtig erkennt (genau: in mindestens 50% der Fälle richtige Antworten gibt).

Mit diesem Verfahren fand beispielsweise J. M. Cattell (1885), daß die zur Erkennung eines Wortes notwendige Darbietungszeit sich nicht summativ aus denen für die einzelnen Buchstaben des Wortes ergibt, sondern daß jedes Wort oder sogar mehrere gleichzeitig dargebotene kurze Wörter synthetische Wahrnehmungseinheiten mit kürzeren Erkennungszeiten bilden, also »ganzheitlich« aufgefaßt werden. Bei seiner näheren Analyse des Leseprozesses fand Cattell auch, daß unser Blick beim Lesen nicht gleichmäßig von Buchstabe zu Buchstabe wandert, wie man das bis dahin angenommen hatte, sondern kurze Sprünge mit Zwischenpausen (Fixationen) macht, wie wir es eingangs dargestellt haben. Weiterhin stellte Cattell aufgrund seiner tachistoskopischen Untersuchungen für die Kleinbuchstaben des Alphabets eine Rangreihe der Erkennbarkeit auf, wobei sich diese in der notwendigen Darbietungszeit allerdings nur wenig unterschieden. In einer Wiederholung dieses Experimentes mit einer anderen Schriftart kam Sanford (1888) dann zu einer anderen Rangreihe — ein früher Hinweis darauf, daß sich Schriften in ihrer Erkennbarkeit unterscheiden können.

Größere Typen werden allgemein besser erkannt als kleinere, fanden Griffing & Franz (1896) beim Vergleich verschiedener Schriftarten und -größen, und die Erkennbarkeit ließ sich bei der von ihnen verwendeten Methode der Helligkeitsschwellenmessung etwas verbessern, wenn zwischen den Buchstaben und Zeilen ein vertikaler Abstand von 1,3 mm eingeschoben wurde — ein Ergebnis, das später mit anderen Methoden bestätigt wurde: Zwei bis vier Punkt Durchschuß verbessern die Lesbarkeit bei den meisten Brotschriften.

Dabei werden Worte kurzfristig dargeboten, daß der Betrachter sie noch nicht erkennen kann. Die Darbietungszeit wird dann in kleinen Schritten erhöht, bis er die Reize richtig erkennt

Messmer (1904) fand, daß bestimmte »dominante« Buchstaben beim Lesen die Aufmerksamkeit der Augen mehr auf sich ziehen als andere. Die »Dominanz« wird durch die besondere Art des Zusammenwirkens der Höhe, Breite und Form dieser Buchstaben bestimmt. Von diesen Merkmalen konnte Javal (1905) nur den Einfluß der Breite bestätigen, und Hamilton (1906) fand, daß solche Buchstaben ihre »Dominanz« in Abhängigkeit von ihren Nachbarn verlieren können, daß aber allgemein solche Buchstaben besser erkannt werden, die in der Sprache häufiger vorkommen — eine frühe Bestätigung der eingangs dargestellten Erwartungs-Theorie, noch ehe diese überhaupt formuliert war.

Durch Bestimmungen der Entfernungsschwellenwerte stellte Roethlein (1912) fest, daß die Erkennbarkeit von Buchstaben eine Funktion ihrer Höhe, Breite und Strichstärke ist, wobei es für die letztgenannte einen Optimalwert gibt, da sie gleichzeitig die Innenfläche des Buchstaben mitbestimmt, die ebenfalls die Erkennbarkeit beeinflußt. Insgesamt sechs Faktoren bestimmen die Erkennbarkeit von Buchstaben: die Form, die Größe, die Strichstärke, die den Buchstaben umgebende Fläche, seine Position in einer Reihe von anderen Buchstaben sowie deren Form und Größe.

6 Faktoren für die Erkennbarkeit:
- *Form*
- *Größe*
- *Strichstärke*
- *Weißfläche*
- *Position in Wort*
- *Wortgröße*

Roethlein (1912) erkannte zwar, daß sich die Erkennbarkeit (genauer: die notwendige Zeit zum Erkennen) isolierter Buchstaben von der zusammenhängender Buchstabengruppen unterscheidet, aber sie zog daraus nicht die richtige Konsequenz, mit sinnvollen Buchstabenkombinationen zu experimentieren, sondern verwendete zufällige Buchstabenfolgen, die der Betrachter laut buchstabieren mußte. Damit waren ihre Ergebnisse nicht geeignet, die Lesbarkeit von Buchstaben im Textzusammenhang zu bestimmen, wie Parsons (1922) ausdrücklich bemerkte und wie schon Cattell (1885) gefunden hatte. Dennoch waren Roethleins Ergebnisse folgenreich für die weitere Forschung.

Die wichtigsten Ergebnisse der Lesbarkeitsforschung bis einschließlich des ersten Viertels dieses Jahrhunderts hat Pyke (1926) in einem Bericht für die staatliche britische Drucksachenproduktion zusammengefaßt. Dieser Bericht zeigt vor allem, wie unkoordiniert die Untersuchungen nebeneinander herliefen. Cattells Befunde von 1885 mußten von Parsons 1922 wieder in Erinnerung gerufen werden, weil sie unbeachtet geblieben waren. »Je weiter die Zeit im ersten

Viertel dieses Jahrhundert vorrückte, desto unübersichtlicher wurde die Situation der Forschung. Eine Vielzahl verschiedenartiger Methoden und Anschauungen sorgte dafür, daß die Experimente in der Quantität zunahmen, in der Qualität jedoch wenig geeignet waren, den systematischen Aufbau einer Wissenschaft von der Erkennbarkeit und Lesbarkeit von Druckschriften zu besorgen.«

Frühe Definitionen der Lesbar- und Erkennbarkeit

Pyke (1926) fand, daß in der Zeit von 1827 bis 1924 zwar insgesamt 36 Autoren versucht hatten, die Lesbarkeit von Buchstaben, Worten und Texten zu messen, aber nur neun von ihnen sich die Mühe gemacht hatten, näher zu bestimmen, was sie denn darunter verstanden [PYK].

Pyke fand 15 Kriterien der Lesbarkeit oder Erkennbarkeit, teilweise als solche explizit definiert, teils auch von den Autoren stillschweigend vorausgesetzt: Lesegeschwindigkeit, Entfernungsschwellenwert, Wahrnehmungsumfang, Fokusschwellenwert, Ermüdungserscheinungen, Anzahl der Fixationspausen, Anzahl der Blick-Rücksprünge (Regressionen) beim Lesen, Regelmäßigkeit der Augenbewegungen, Lese-Rhythmus, »Lesbarkeitskoeffizient« als Summe der durch die einzelnen Buchstaben bedruckten Flächen geteilt durch die Gesamtfläche der betrachteten Buchstabengruppe, »spezifische Lesbarkeit« als Produkt aus Lesbarkeitskoeffizient (wie eben definiert) mit der Druckfläche der beteiligten Buchstaben, Größe der Buchstaben, subjektives Urteil geübter Leser, ästhetisches Urteil von Betrachtern. Mit Hilfe dieser Kriterien wurde unter den verschiedensten experimentellen Bedingungen über die Lesbarkeit, bzw. Erkennbarkeit von Buchstaben, Wörtern und Sätzen entschieden. Die Ergebnisse sind aber zwangsläufig schwer vergleichbar und generalisierbar.

15 Kriterien für Lesbarkeit?

Lesbarkeit und Erkennbarkeit wurden von den meisten Autoren synonym verwendet oder nicht explizit getrennt, in dem sie sich nur auf einen dieser beiden Begriffe bezogen. Maire (1908) machte diesen Unterschied, indem er »Erkennbarkeit« auf den einzelnen Buchstaben und daher seine Wahrnehmungsschwelle unter variierenden Entfernungs- und Beleuchtungsbedingungen bezog, und »Lesbarkeit« auf die Erkennbarkeit eines Buchstabens oder Wortes in normalem

Leseabstand. Bei Javal (1905) dagegen war »Lesbarkeit« die Erkennbarkeit in großer Entfernung und bei geringer Beleuchtung. Nur Weber (1881) verstand unter »Lesbarkeit« die Eigenschaft eines Textes, schnell und leicht gelesen werden zu können.

Die »Vielzahl der widersprüchlichen Überlegungen und Meinungen zur Erkennbarkeit und Lesbarkeit, ihrer Gemeinsamkeit und ihrer Trennung« faßte Gagel in sechs Sätzen zusammen:

*Sechs Kriterien
zur Lesbarkeit*

1) Die Lesbarkeit von Worten und Sätzen ist abhängig von der Erkennbarkeit der die Worte und Sätze konstituierenden Buchstaben sowie deren Elementen.
2) Aus diesem Grunde ist es notwendig, die Bedingungen der Erkennbarkeit von Buchstaben, Wörtern und Sätzen zu untersuchen.
3) Die Lesbarkeit von Worten und Sätzen ergibt sich nicht aus der Erkennbarkeit der die Worte und Sätze konstituierenden Buchstaben (Cattell, 1).
4) Aus diesem Grunde ist es nicht möglich, aus der Erkennbarkeit von Buchstaben und Worten direkte Folgerungen für die Lesbarkeit von Worten und Sätzen zu ziehen.
5) Die Erkennbarkeit von Buchstaben und Worten, bzw. ihre Lesbarkeit kann nicht aufgrund einer analytischen Betrachtung ihrer Buchstaben gewonnen werden.
6) Aus diesem Grunde ist es nötig, die Lesbarkeit von Worten und Sätzen mit anderen Mitteln zu bestimmen als aufgrund einer Analyse der sie aufbauenden Elemente.«

Aus diesem Problemkreis kam die ältere Forschung vor Pyke (1926) nicht heraus; erst durch und nach ihm gelang es, neuere, erfolgversprechendere Ansätze zu finden.

Die wichtigsten Methoden zur Erfassung von Lesbarkeit und Erkennbarkeit

In der Vergangenheit hat es häufig Untersuchungen gegeben, die bei gleicher Fragestellung einander widersprechende Resultate lieferten, weil sie mit unterschiedlichen Methoden gewonnen waren. Deshalb soll hier zunächst eine Übersicht über die gebräuchlichsten Verfahren zur Bestimmung von Lesbarkeit und Erkennbarkeit von Druckschriften gegeben werden.

(1) Das Tachistoskop

Mithilfe eines Tachistoskops ist es möglich, die minimale Darbietungszeit zu bestimmen, die nötig ist, damit ein Betrachter einen Buchstaben, ein Wort oder mehrere Wörter richtig erkennen kann. Üblicherweise wird der Reiz erst ganz kurz dargeboten, so daß niemand ihn erkennen kann; dann wird die Darbietungszeit langsam verlängert, bis er richtig genannt wird, und die dafür notwendige Darbietungszeit als »Schwelle« registriert.

Nachteil: Gelegentlich können bei den kürzeren Darbietungszeiten schon Teile des Reizes erkannt werden, die sich dann kumulieren. Wäre die Darbietung, bei der der Reiz dann »erkannt« wird, die erste mit dieser Darbietungszeit, so würde er möglicherweise noch *nicht* erkannt. Dieser Fehler kann aber vernachlässigt werden, wenn er auf gleiche Weise alle dargebotenen Reize betrifft.

Das Verfahren ist zur Bestimmung der Erkennbarkeit einzelner Zeichen eher geeignet als zur Messung der Lesbarkeit laufender Texte; immerhin konnte Cattell (1885) damit zeigen, daß die Erkennungszeit eines Wortes nicht die Summe der Erkennungszeiten seiner Buchstaben ist, und daß bei einer Reihe gleichzeitig dargebotener Buchstaben immer mehrere zusammen erkannt werden können — eine für die Erforschung des Lesevorganges nicht unwichtige Erkenntnis, auch im Zusammenhang mit dem »Wahrnehmungsumfang«, der Anzahl Buchstaben, die bei kurzzeitiger Darbietung gleichzeitig erfaßt werden können.

Das Verfahren ist zur Bestimmung der Erkennbarkeit einzelner Zeichen eher geeignet als zur Messung der Lesbarkeit laufender Texte.

(2) Der Entfernungsschwellenwert

Zu seiner Bestimmung wird ein Buchstabe, Wort oder Text vom Betrachter soweit entfernt, daß er den Reiz nicht mehr erkennen kann, und dann langsam soweit an ihn herangeführt, bis er ihn gerade eben erkennt. Die dafür notwendige Distanz wird als abhängige Variable registriert. Das Verfahren ist weniger geeignet zur Bestimmung der Lesbarkeit von fließenden Texten, wohl aber für die Auswahl von Schriften auf Plakaten, Verkehrsschildern und Ankündigungen, bei denen wenige Worte aus großer Entfernung erkannt werden sollen.

(3) Helligkeitsschwellenwert

Das Verfahren ist analog zu dem Entfernungsschwellenwert, nur daß der zu erkennende Reiz statt aus großer Entfernung aus sehr schwacher Beleuchtung allmählich in solche Beleuchtung gebracht wird, daß er erkannt werden kann. Die Anwendbarkeit ist entsprechend ähnlich der des Entfernungsschwellenwertes.

(4) Das Luckiesh & Moss Visibility Meter

Luckiesh & Moss (1942) entwickelten ein optisches Gerät, das es gestattet, auch bei normaler Leseentfernung die Erkennbarkeit visueller Reize zu bestimmen. Durch Veränderung der Einstellung eines Linsensystems legt der Betrachter den Punkt fest, bei dem er den Reiz gerade eben erkennen kann. Das Ergebnis entspricht ungefähr dem des Entfernungsschwellenwertes.

Die bisher genannten Verfahren erfassen Variablen dessen, was Spiegel (1958) die »Aktualgenese« der visuellen Wahrnehmung nannte: die Entstehung der inneren Repräsentation des Reizes aus den Umweltbedingungen seines Auftretens. Die im folgenden beschriebenen Methoden nehmen direkter auf den Lesevorgang bezug:

(5) Die Lesegeschwindigkeit

Wieviel Zeit wird für das Lesen einer bestimmten Textmenge benötigt?

Hier wird bestimmt, welche Menge Text, oder Anzahl Buchstaben oder Worte, in einer bestimmten vorgegebenen Zeit (laut oder leise) gelesen werden kann, oder umgekehrt: Wieviel Zeit für das Lesen einer bestimmten Textmenge benötigt wird. Die Lesegeschwindigkeit hatte schon Weber (1881) als Kriterium der Lesbarkeit vorgeschlagen, aber erst in den 30er Jahren hat man eingesehen, daß Lesbarkeit etwas mit Lesen im normalen Gebrauch zu tun haben sollte und dieses Kriterium vermehrt benutzt. Problematisch bei seiner Anwendung zur Bewertung von Typographie ist, *was* für ein Text denn als Test gelesen werden soll, da außer typographischen auch noch inhaltliche Merkmale des Textes und das Vorwissen des Lesers die erreichbare Lesegeschwindigkeit beeinflussen.

(6) Augenbewegungen beim Lesen

Ein längerer Satz oder Text wird je nach seinen typographischen Eigenschaften mit mehr oder weniger Sakkaden und Fixationen erfaßt — je weniger davon bei gleicher Textlänge erforderlich sind, desto lesbarer ist er. Diese Anzahl Augensprünge wird als *Fixationsrate* bezeichnet. Ebenso wichtig ist die Anzahl der Rücksprünge oder *Regressionen*, die dabei durchgeführt werden und die Lesegeschwindigkeit wieder verringern. Die älteren Verfahren zur Registrierung der Blickbewegungen beim Lesen machten die Trennung dieser beiden Arten Augenbewegung so gut wie unmöglich, und auch mit den heutigen Blickbewegungskameras ist es noch sehr schwer, sie so zu justieren, daß eine befriedigend genaue Erfassung der Fixationspunkte möglich wäre.

Diese Anzahl Augensprünge wird als Fixationsrate bezeichnet. Ebenso wichtig ist die Anzahl der Rücksprünge oder Regressionen.

(7) Die Lidschlag-Frequenz

Die Häufigkeit, mit der ein Leser beim Lesen mit den Augenlidern zwinkert, scheint ein Indikator dafür zu sein, wie mühsam oder leicht das Erfassen des gelesenen Textes für ihn ist. Bei ungünstigen typographischen Bedingungen nimmt diese »Blinkrate« zu, bei günstigen sinkt sie ab. Gleichzeitig ist die Häufigkeit des Augenzwinkerns aber auch ein Anzeichen für allgemeine Ermüdung oder Wachheit, die nichts mit den typographischen Eigenschaften eines gelesenen Textes zu tun haben muß, und das macht ihre Anwendbarkeit als Lesbarkeitskriterium wieder zweifelhaft.

Die Trennung von »Lesbar-« und »Erkennbarkeit«

Angesichts der Vielfalt von Methoden und Ergebnissen, die der Bericht von Pyke (1926) zutage gefördert hatte, wurde klar, daß in der Forschung künftig Lesbarkeit laufender Texte und Erkennbarkeit einzelner Zeichen getrennt von einander erforscht werden müßten [PYK]. Später hat man dann wiederum gefunden, daß die Lesbarkeit einer Schrift im laufenden Text und die Erkennbarkeit ihrer einzelnen Buchstaben und Buchstabenkombinationen unter Schwellenbedingungen doch nicht ganz unabhängig voneinander sind; Pyke kam aufgrund seiner Analyse jedoch zunächst zu der Überzeugung, »daß 1. die Lesbarkeit von Sätzen und Texten sich nicht aus der Erkennbarkeit von Buchstaben und Worten ableiten läßt, daß 2. die Lesbarkeit von der Erkennbarkeit getrennt betrachtet werden muß, und daß 3. die Lesbarkeit am besten dadurch neu bestimmt werden kann, indem sie mit Nachdruck auf das bezogen wird, was man allgemein unter Lesen versteht, «to obtain meaning from written or printed symbols». Um das zu gewährleisten, müßte das Lesen nach Pyke (1926) unter folgenden Bedingungen erforscht werden:

(1) normale Sitzposition,

(2) normale Beleuchtung,

(3) Anordnung des Textes in horizontalen Zeilen, die

(4) wie in normalem Buchsatz untereinanderstehen,

(5) Texte, die (im Englischen) aus etwa 90% kleinen und 10% großen Buchstaben bestehen — für deutsche Verhältnisse müßte man diese Forderung an die entsprechenden Verhältnisse in unserer Sprache angleichen.

(6) Der Druck soll schwarz auf weißem Grund sein, wie es beim normalen Lesen meistens der Fall ist, und

(7) die Entfernung des Lesematerials soll vom Auge zwischen 6 und 16 Zoll betragen.

Lesbarkeit sollte also unter diesen Bedingungen durch Leseaufgaben mit sinnvollem Text gemessen werden. Problematisch bei der Erforschung des Einflusses typographischer Variablen auf die Lesbarkeit bleibt der Inhalt des Textes, dessen Schwierigkeit oder Verständlichkeit ebenfalls einen Einfluß auf die gleichen Variablen der Lesbarkeit hat, und die Kontrolle dessen, was tatsächlich gelesen wird. Lautes Vorlesen ist keine Lösung, da die Lesegeschwindigkeit dann durch die Sprechgeschwindigkeit beschränkt wäre.

Lesbarkeit und Erkennbarkeit hängen zusammen.

Lesegeschwindigkeit als Kriterium der Lesbarkeit

Trotz dieser Probleme setzte sich nach dem Erscheinen des Berichts von Pyke (1926) immer mehr die Auffassung durch, daß die Geschwindigkeit, mit der ein Text in einer bestimmten typographischen Gestaltung gelesen werden kann, als Kriterium der Lesbarkeit genommen werden sollte. Maß der Lesbarkeit sollte die benötigte Zeit werden, in der eine festgesetzte Texteinheit stumm, d.h. ohne zu sprechen, gelesen werden kann oder die Textmenge, die in einer festgesetzten Zeiteinheit gelesen werden kann.

Anforderungen an einen Lesbarkeitstest

Paterson & Tinker (1929) legten die Anforderungen fest, die ein standardisierter Lesetext in einem Test erfüllen müßte, um geeignet zu sein, die Auswirkungen verschiedener typographischer Gestaltungen auf die Lesbarkeit objektiv belegen zu können:

(1) Die Anzahl Versuchsteilnehmer muß hinreichend groß sein, damit statistische Signifikanzprüfungen von Differenzen zwischen den durchschnittlichen Lesezeiten möglich sind, die mit den unterschiedlich gestalteten Texten erzielt werden. Erfahrungsgemäß sind die Streuungen der Lesezeiten, die durch die individuell verschiedenen Lesegeschwindigkeiten der einzelnen Leser entstehen, sehr viel größer als die Durchschnittsdifferenzen zwischen verschiedenen typographischen Gestaltungen.

Sechs Anforderungen für den Test

(2) Die Schwierigkeit des verwendeten Textes muß konstant gehalten werden.

(3) Das Lesematerial muß in verschiedenen gleichwertigen Alternativformen vorliegen, damit verschiedene typographische Gestaltungen mit gleich schwierigen Texten vorgegeben werden können. Diese Alternativformen müssen so beschaffen sein, daß eventuelle Übungseffekte aus einer bereits bearbeiteten Form durch eine entsprechend größere Schwierigkeit der nachfolgenden Vergleichsform ausgeglichen werden. (Eine Forderung, die sich in dieser Form nicht immer realisieren ließ — aber es wurden Auswege gefunden, das Problem zu lösen.)

(4) Beim Vergleich der Lesegeschwindigkeiten muß gewährleistet sein, daß geprüft werden kann, mit welcher Sorgfalt und Gründlichkeit gelesen wurde, damit die Lesezeiten vergleichbar sind.

(5) Diese Forderung nach Sorgfalt und Gründlichkeit muß aber so erfüllt werden, daß die Lesezeit durch das Bemühen darum nicht verlängert wird.

(6) Die Texte der parallelen Testformen sollen hinreichend lang sein, so daß eine ausreichende Zuverlässigkeit der Lesezeiten erreicht wird.

Die Konstruktion eines Lesegeschwindigkeitstests

Den Test, der diese Anforderungen erfüllte, konstruierten Paterson und Tinker selbst, wobei sie den bereits existierenden Chapman-Cook Speed of Reading Test aufgriffen und für Zwecke der typographischen Forschung standardisierten (Paterson & Tinker, 1936). Aus diesem machten wir in den 60er Jahren eine deutsche Version mit einigen Veränderungen, die uns für unsere Zwecke notwendig erschienen.

Texte mit 450 Absätzen oder Einzelaufgaben

Der Test bestand in Tinker und Patersons Original aus zwei Parallelformen (was es ihnen bei ihren Anwendungen immer nur erlaubte, zwei verschiedene typographische Gestaltungen miteinander zu vergleichen). Jede dieser Parallelformen bestand aus 450 Absätzen oder Einzelaufgaben. Jeder dieser Absätze enthielt einen Text aus 30 leichten, allgemein bekannten Wörtern, die zu einem oder zwei Sätzen zusammengestellt waren, die eine leicht verständliche, triviale Alltagsgeschichte erzählten. Es wurde dabei absichtlich vermieden, irgend etwas anzusprechen, was positiv oder negativ emotional erregend hätte wirken können, weil befürchtet wurde, daß emotionale Reaktionen des Lesers seine Lesegeschwindigkeit verändern könnten.

Jeder dieser 30-Wörter-Absätze enthält in seiner zweiten Hälfte ein Wort, das zwar syntaktisch und semantisch im Zusammenhang der zweiten Hälfte vollkommen in Ordnung ist und sinnvoll erscheint, aber nicht in den Sinnzusammenhang der *ersten Hälfte* des Absatzes paßt. Dieses Wort soll vom Leser jeweils angestrichen werden. Es ist leicht und ohne langes Nachdenken zu finden, wenn man den ersten Teil des jeweiligen Absatzes gelesen und verstanden hat, aber nicht, wenn man ihn ohne Sinnverständnis überflogen oder gar nicht angesehen hat.

Ein Beispiel aus unserer deutschen Version des Tests:

> Ilse putzte am Samstagmorgen das ganze Haus, weil sie ihre Mutter damit überraschen wollte. Als Frau Piper vom Einkaufen nach Hause kam, fand sie das Auto sauber und glänzend vor.

Hier wäre also »Auto« das Wort, das dem Sinn des Gesamtsatzes nicht entspricht und vom Leser angestrichen werden muß als Zeichen dafür, daß er es gefunden hat.

Ein Beispiel aus der amerikanischen Originalversion, das gleichzeitig zeigen soll, daß man einen solchen Text nicht blindlings übersetzen kann:

> «There was not a drop of ink in the house, for someone had broken the bottle we kept it in, so Mary decided to finish her letter with a pen.»

In diesem Fall wäre »pen« das Wort, das dem Sinn des Gesamttextes stört und vom Leser angestrichen werden muß. Das Beispiel zeigt, daß man solchen Test auch im kulturellen Kontext sehen muß, da es heutzutage bei uns nicht mehr selbstverständlich ist, daß man zum Briefeschreiben mit einem »pen« (= Feder) Tinte in Fässern braucht; »pen« als Kurzform für ball pen (= Kugelschreiber ist heute zur Bezeichnung für eine viel größere Klasse von Schreibgeräten geworden).

In Kiel wurde eine deutsche Version des Tests entwickelt.

Erfahrungsgemäß fällt das Durchstreichen der sinnstörenden Wörter als Beeinträchtigung der Lesegeschwindigkeit kaum ins Gewicht — jedenfalls weit weniger als die Nachteile anderer Verfahren, und es bietet eine hinreichende Kontrolle dafür, daß die Versuchsteilnehmer wirklich mit Verständnis lesen und den Text nicht nur ohne sinnerfassende Verarbeitung überfliegen. Bei der Konstruktion eines solchen Lesetests — und auch bei seiner Übertragung aus einer Fremdsprache — muß man einerseits darauf achten, daß jede einzelne Aufgabe leicht und ohne zusätzliche Nachdenkzeit während des Lesens eindeutig gelöst werden kann, denn sonst würde diese Nachdenk-Zeit die reine Lesezeit verfälschen, und andererseits darf die Aufgabe nicht schon bei Lektüre des zweiten Teils des Absatzes allein zu lösen sein.

Forschungsergebnisse, die mit diesem Test gewonnen wurden

Paterson und Tinker haben in den späten 20er und frühen 30er Jahren mit ihrem Lesegeschwindigkeitstest eine Fülle von Erkenntnissen über die Auswirkungen typographischer Variablen auf die Lesbarkeit gefunden, die auch heute noch Gültigkeit haben, da sich die Technik des Lesens gedruckter Informationen nicht wesentlich verändert hat, trotz aller sonstigen Fortschritte. In einigen Fällen werden wir die berichteten Untersuchungen durch Hinweise auf neuere ergänzen, die deren Befunde bestätigen oder vervollständigen.

Versalsatz und ....

Tinker & Paterson, (1928) fanden beispielweise, daß **Versalien** um 11,8% langsamer gelesen werden als normaler Satz mit (im Englischen) überwiegend Kleinbuchstaben. Wie Breland & Breland (1944) mit einem Tachistoskop feststellten, gilt das auch für die Erkennbarkeit von Zeitungsschlagzeilen unter Alltagsbedingungen.

Bei einem Vergleich verschiedener **Schriftarten** mit einer Antiqua (Scotch Roman) als Standard fanden Paterson & Tinker (1932) heraus, daß die gebräuchlichen Brotschriften alle annähernd gleich schnell gelesen werden konnten. Deutlich langsamer gelesen wurde die einzige Fraktur in dieser Untersuchung (»Cloister black«) mit -16.5% und eine Schreibmaschinenschrift (»American Typewriter«) mit -5.1%.

.... Kursivschriften ermüden den Leser.

Kursivschrift wird nach Tinker (1955) bei kurzen Leseperioden (1 3/4 Minute) *nicht* langsamer gelesen als Antiqua, wohl aber bei 10 Minuten Lesezeit um 4,2% langsamer, bei 20 Minuten Lesezeit sogar 5,5% und bei 30 Minuten um 6,3% langsamer.

Fette Schriften sind ebenso gut lesbar wie magere (Tinker & Paterson, 1950), serifenlose ebenso gut wie solche mit Serifen (Paterson & Tinker, 1932).

Um die optimale **Schriftgröße** zu ermitteln, verglichen Paterson & Tinker (1929) Schriften in Höhen von 6, 8, 12 und 14 Punkt mit einem Standard von 10 Punkt. Der Test war bei dieser Untersuchung in Zeilen von 80 mm Länge gedruckt. Die 10-Punkt-Schrift wurde durchschnittlich um 5,2% bis 6,9% schneller gelesen als die anderen Versionen, so daß dies die optimale Größe zu sein scheint. Die Schriftgröße interagiert aber in ihrer Auswirkung auf die Lesbarkeit mit der **Zeilenlänge**: Beim Übergang von 10 auf 14 Punkt tritt kein Ver-

10pt ist für Text optimal.

lust an Lesbarkeit mehr ein, wenn gleichzeitig die Zeilenlänge von 19 pica (80,4 mm) auf 27 pica (114,3 mm) verändert wird.

Später experimentierten Hartley, Burnhill & Davis (1978) mit Zeilenlängen von 20 pica (84,6 mm) in zweispaltiger Textanordnung versus 42 pica (177,7 mm) in einspaltiger Anordnung – das erste ist die von Tinker (1963) als optimal empfohlene Zeilenlänge, das zweite ermöglicht die optimale Ausnutzung des Raumes auf genormtem Papierformat A4. Gleichzeitig variierten sie die Form der Absatzkennzeichnung:

80 mm Zeilenlänge scheint optimal (mögliche Spannbreite 40 - 120 mm).

(1)   durch eine Leerzeile und neue Zeile ohne Einrücken,

(2)   durch eine neue Zeile mit Einrücken, aber ohne Leerzeile dazwischen,

(3)   durch eine neue Zeile, aber ohne Einrücken und ohne Leerzeile dazwischen, und

(4)   ohne jedwede Kennzeichnung.

Die Leser – etwa 500 Schüler aus 7. und 8. Klassen – hatten eine etwas andere Aufgabe beim Lesen als in dem Tinker-Test; sie mußten bei einem zweiten Überfliegen von ausgewählten Textteilen ein fehlendes Wort ergänzen, das sie nur finden konnten, wenn sie den Text beim ersten Lesen wirklich gelesen hatten. Bei der Analyse der Ergebnisse ließen sich die durchschnittlichen Lesegeschwindigkeiten mangels Varianzhomogenität nicht auswerten, aber die Trefferzahlen bei den fehlenden Wörtern ergaben eine leichte, aber statistisch signifikante Differenz von 17,6 zu 16,7 zugunsten des zweispaltigen Satzes. Die durchschnittlichen Trefferzahlen für die vier Arten der Absatzkennzeichnung waren (1) 18,2, (2) 17,6, (3) 16,2 und (4) 16,7. Von diesen Differenzen erreichte nur die zwischen der ersten (1, Leerzeile *und* Einrücken) und den beiden letzten (3 und 4, weder Leerzeile noch Einrücken) die statistischen Signifikanzgrenzen. Es bestand keine Wechselwirkung mit der Zeilenlänge.

Hartley, Burnhill & Davis (1978) schließen aus ihren Ergebnissen hinsichlich der Zeilenlänge, daß überoptimal lange Zeilen, wenn sie aus Gründen der Raumausnutzung sinnvoll erscheinen, keine allzu große Einbuße an Lesbarkeit mit sich bringen. Moriarty (1986) hat ausgezählt, wie oft welche Zeilenlängen in den Texten von Anzeigen für die verschiedensten Artikel vorkamen. Ihre Häufigkeitsverteilung zeigte zwei Maxima, bei 13-14 picas und bei 21-22 picas; die häufigste Anzahl Zeichen pro Zeile lag bei 41-45. Moriarty setzte die Zeilenlänge bzw. Anzahl Buchstaben pro Zeile in Beziehung zum Starch-Score, einem Maß für die Beachtung, die die jeweilige Anzeige gefunden hat, und fand, daß hier die Zweigipfeligkeit bestätigt wurde: Die Anzeigen mit ganz kurzen Zeilen mit 16 - 25 Zeichen/Zeile und die mit 76 - 95 Zeichen/ Zeile kamen nicht nur seltener vor, sondern wurden auch weniger beachtet, am meisten dagegen die mit 46 - 55 und mit 66 - 75 Zeichen/Zeile.

(Die hier angegebenen Maße beziehen sich auf die englisch-amerikanische Typographie: 1 amerikanischer Punkt = 1/72 Zoll = ca. 0,3526 mm, während der deutsche typographische (Didot-) Punkt ca. 0,376 mm beträgt. 12 englisch-amerikanische Punkte entsprechen etwa 11 Didot-Punkten. Das britische »em« oder amerikanische »pica« entspricht unserem Cicero: 1 pica = 12 (englisch-amerikanische) Punkte = 1/6 Zoll = ca. 4,23 mm. Daneben gibt es »pica« als Bezeichnung für eine Schreibmaschinenschrift, die 10 Zeichen auf 1 Zoll setzt, also etwa 2,54 mm. Dies ist hier nicht gemeint.)

Abschließend fanden Tinker & Paterson (1950), daß alle Schriftgrößen zwischen 8 und 13 Punkt bei gutem Zeilenabstand und jeweils optimaler Zeilenlänge annähernd gleich gut lesbar sind; im subjektiven Urteil bevorzugen Leser 11 Punkt. Die optimale Zeilenlänge für 10-Punkt-Schriften ist 80 mm (Tinker & Paterson, 1929). Mit 2 Punkt **Durchschuß** kann die Lesbarkeit weiter um 7,5% verbessert werden, und mit 4 Punkt Durchschuß um 5%. Zeilenlänge und Durchschuß stehen in einer Wechselwirkung miteinander in ihrem Einfluß auf die Lesbarkeit, siehe Abb. 240 (Tinker & Paterson, 1949).

Durchschuß verbessert die Lesbarkeit.

Zeilenlänge	Durchschuß			
	0 Punkt	1 Punkt	2 Punkt	4 Punkt
8 pica	-9,52%	-4,75%	-5,76%	-6,78%
14 pica	-4,39%	+0,68%	+0,46%	+1,30%
18 pica	-2,72%	+0,23%	0,00%	+3,24%
30 pica	-5,17%	-0,45%	+2,43%	+0,40%
40 pica	-5,83%	-3,97%	-5,81%	-2,57%

Tabelle 240
Standard zum Vergleich war in dieser Untersuchung eine 9-Punkt-Schrift mit 2 Punkt Durchschuß in Zeilen von 18 pica Länge.

Die **Randbreite** ist für die Lesbarkeit praktisch bedeutungslos. Trotzdem sollte man die Seiten in Büchern nicht bis in den Bund hinein bedrucken, denn auf gewölbtem Untergrund, wie er dort beim Aufschlagen dickleibiger Bücher zwangsläufig entsteht, liest man bis zu 40% langsamer (Spencer, 1968).

Zum Verhältnis von **Papierfarbe** und **Druckfarbe**: Grün und Blau auf Weiß sowie Schwarz auf Gelb werden nur unbedeutend langsamer gelesen als das übliche Schwarz auf Weiß, aber Rot auf Weiß, Rot auf Gelb, Grün auf Rot, Orange auf Schwarz, Orange auf Weiß, Rot auf Grün und Schwarz auf Violett sind deutlich schlechter lesbar; der sog. »Negativ-Druck« (Weiß auf Schwarz) wird etwa 10% langsamer gelesen als Schwarz auf Weiß [TIN].

Auf dem Farbmonitor eines Computers lassen sich verhältnismäßig leicht sämtliche Kombinationen von Schriftfarbe und Hintergrundfarbe darstellen und hinsichtlich der Lesbarkeit untersuchen. Bruce & Foster (1982) stellten auf diese Weise alle 42 möglichen Kombinationen der sieben Farben Weiß, Gelb, Cyan, Grün, Magenta, Rot und Blau mit den jeweils sechs anderen als Hintergrund zusammen. Sie ließen ihre Versuchsteilnehmer in Einzelversuchen Texte und Zahlen laut vorlesen und maßen die dafür benötigte Reaktionszeit.

Die Ergebnisse ihrer Untersuchung — in Form der durchschnittlich benötigten Erkennungszeiten für die verschiedenen Farbkombinationen — zeigt Abb. 241. Die Spalte rechts gibt die Rangordnung der Hintergrundfarben bei der Buchstabenfarbe der jeweiligen Zeile an, die Striche darunter verbinden jeweils die beiden Hintergrundfarben, zwischen denen die Differenz die statistische Signifikanzgrenze (Zufallswahrscheinlichkeit) von 0,05 erreichte oder unterschritt.

Grün und Blau auf Weiß sowie Schwarz auf Gelb werden nur unbedeutend langsamer gelesen als das übliche Schwarz auf Weiß.

Farbe des Zeichens	Farbe des Hintergrunds							
	Weiß	Gelb	Cyan	Grün	Mag.	Rot	Blau	Rangfolge
Weiß	-	476	395	377	365	375	379	MRGrBCGe
Gelb	505	-	482	435	431	420	404	BRMGrCW
Cyan	386	444	-	442	412	391	369	BWRMGrGe
Grün	367	367	410	-	399	394	399	GeWRMBC
Mag.	401	441	410	430	-	524	399	BWCGrGeR
Rot	335	348	354	358	415	-	360	WGeCGrBM
Blau	380	391	403	409	418	412	-	WGeCGrRM

Aufgrund ihrer Ergebnisse geben die Autoren Empfehlungen für Farbkombinationen von Buchstabenfarbe und Hintergrund, die in Abb. 242 wiedergegeben sind. Bei diesen Ergebnissen und Empfehlungen müssen wir aber im Auge behalten, daß sie mit Schriften auf einem Bildschirm gewonnen worden sind, die für den Druck auf Papier noch überprüft werden müßten.

Bei dieser Farbe des Zeichens	vermeiden Sie als Hintergrundfarbe	wählen Sie als Hintergrundfarbe
Weiß	Gelb	Magenta, Rot, Grün, Blau
Gelb	Weiß, Cyan	Blau (Rot, Magenta)
Cyan	Grün, Gelb	Blau (Weiß, Rot)
Grün	Cyan, Blau	Gelb, Weiß, (Rot, Magenta)
Magenta	Rot	Blau, Weiß, (Cyan, Grün)
Rot	Magenta	Weiß, Gelb Cyan, Grün
Blau		Weiß, (Gelb, Cyan, Grün)

Die deutsche Version des Lesbarkeitstests

Um den bei Paterson und Tinker bewährten Lesegeschwindigkeitstest bei deutschen Lesern anwenden zu können, wurden die 450 Items der Form I des Tinker Speed of Reading Tests zunächst übersetzt oder sinngemäß übertragen. Wo das wegen der darin enthaltenen Amerikanismen nicht möglich war, wurden die Absätze durch analoge Geschichtchen ersetzt. Diese Einzelaufgaben wurden wiederholt an größeren Gruppen erprobt, um die zu ihrer Bearbeitung notwendige Lesezeit zu bestimmen, und danach umformuliert oder ganz ausgeschieden, wenn die Teilnehmer zu häufig Fehler beim Anstreichen des störenden Wortes machten oder die durchschnittlich zu ihrer Bearbeitung erforderliche Zeit zu weit vom Gesamtdurchschnitt aller Aufgaben abwich, so daß über wiederholte solche Durchgänge ein immer homogeneres Material entstand, d.h. Absätze mit annähernd gleichen durchschnittlichen Lesezeiten und möglichst geringer Streuung über die Leser. Es blieben schließlich 150 Aufgaben. Die besten 100 Aufgaben (nach den obigen Kriterien) wurden zu zwei Paralleltestformen von je 50 Aufgaben zusammengestellt, die restlichen 50 zu einer Übungsform zur Eingewöhnung der Teilnehmer.

150 statt 450 Aufgaben

Es war anzunehmen, daß die den Versuchsteilnehmern gestellte Aufgabe des Lesens der Absätze und Durchstreichen der sinnstörenden Wörter doch einen Lernfortschritt zeigen würde, der sich in einer zunehmenden Bearbeitungsgeschwindigkeit niederschlagen müßte. Erfahrungsgemäß zeigen solche Lernkurven aber ihren steilsten Anstieg immer jeweils am Anfang und werden dann zunehmend flacher. Wenn wir unseren Versuchsteilnehmern also vor dem eigentlichen Leseversuch Gelegenheit zum Üben ihrer Tätigkeit gaben, konnten wir darauf hoffen, daß zwischen den beiden eigentlich interessierenden Tests nur noch ein geringerer Leistungsanstieg durch Lernen zu erwarten war — was unsere Ergebnisse auch bestätigten.

Wie schon erwähnt, ist der Unterschied der individuellen Lesegeschwindigkeiten der einzelnen Testteilnehmer erfahrungsgemäß die größte Varianzquelle, gegen die die durch typographische Variation zu erzielenden Unterschiede relativ gering sind.

Es wäre gut, wenn man den gleichen Personen den gleichen Test in den verschiedenen typographischen Gestaltungen geben und dann die aufgetretenen Differenzen der Bearbeitungszeiten innerhalb jeder Person zwischen den verschiedenen typographischen Gestaltungen betrachten könnte — aber leider läßt sich dieser Test nicht an der gleichen Person wiederholt verwenden. Sie würde sich beim zweiten Lesen in einzelnen Aufgaben an das zu streichende Wort erinnern und die erste Hälfte des Absatzes gar nicht mehr hinreichend gründlich lesen, und beim dritten oder vierten Mal womöglich schon bei der Nummer der Aufgabe wissen, welches Wort sie anstreichen muß, und wo es stand, so daß von gründlichem Lesen nicht mehr die Rede sein kann.

Deshalb arbeiteten Paterson & Tinker in den meisten ihrer Untersuchungen mit zwei parallelen Testformen, von denen sie ihren Lesern die eine in der einen zu prüfenden typographischen Gestaltung gaben, die andere in der anderen. Für die statistische Auswertung bildeten sie dann je Versuchsteilnehmer die individuelle Differenz zwischen den Lesezeiten für die beiden von ihm bearbeiteten Formen und prüften die statistische Signifikanz am Durchschnitt dieser Differenzen, der dadurch von der Varianz der Lesegeschwindigkeiten zwischen den Individuen befreit war: Schnelle Leser würden in beiden Formen kurze Lesezeiten erzielen, und langsame in beiden lange, aber wenn die unterschiedliche typographische Gestaltung der beiden Formen eine Wirkung auf die Lesezeit hatte, würde die Differenz der Lesezeiten für die beiden Formen bei beiden Lesern in die gleiche Richtung weisen.

Viele typographische Gestaltungen sollen verglichen werden.

Nachteil dieses Verfahrens ist, daß man immer nur so viele typographische Formen miteinander vergleichen kann, wie man Parallelformen des Tests zur Verfügung hat — das waren auch bei Tinker und Paterson nur zwei — und daß man bei Verwendung mehrerer Parallelformen nacheinander doch immer noch damit rechnen muß, daß die letzten durch Lernprozesse gegenüber den ersten begünstigt sind.

Da wir viele typographische Gestaltungen gleichzeitig vergleichen wollten, haben wir uns zu einer anderen Methode entschlossen, um etwaige Mittelwertsunterschiede zwischen verschiedenen typographischen Gestaltungen gegen die große interindividuelle Streuung zwischen den Versuchsteilnehmern statistisch sichern zu können: Wir verwendeten ebenfalls zwei Parallelformen, ließen aber nur eine davon als die eigentliche experimentelle Form in den verschiedenen typographischen Gestaltungen drucken, die andere für alle Versuchsteilnehmer in der gleichen. Da die beiden Parallelformen über die Versuchsteilnehmer hoch miteinander korrelieren ($r = 0{,}88$), ist es dann möglich, die große Varianz zwischen den Teilnehmern zu reduzieren (genau: um $r^2 = 77{,}44\%$), in dem wir die Lesezeit jedes Teilnehmers für die eine Parallelform (die sog. Kovariante) dazu verwenden, die Lesezeit desselben Teilnehmers für die andere Parallelform vorherzusagen, wenn sie unbeeinflußt von der typographischen Variation und nur durch die individuelle Lesegeschwindigkeit des betreffenden Lesers zustande gekommen wäre. Technisch handelt es sich bei dieser Auswertung der Daten um eine Kovarianzanalyse mit der typographischen Variation als unabhängige Variable, der Lesezeit für die in verschiedenen typographischen Versionen gestaltete Parallelform als abhängige Variable, und der Lesezeit für die bei allen Lesern gleich gestaltete Parallelform als Kovariante.

Jeder Versuchsteilnehmer an einer typographischen Untersuchung bekommt also drei Formen mit je 50 Aufgaben oder Absätzen zu lesen: Die Vorform zum Einüben, die später nicht mit ausgewertet wird, die Form für die Kovariate, die bei allen Teilnehmern typographisch gleich gestaltet ist, und die experimentelle Form, die in den typographisch verschieden gestalteten Versionen gedruckt ist, zwischen denen die Unterschiede in der Lesbarkeit festgestellt werden sollen. Damit die Lesezeiten für die experimentelle Form und die Kovariaten-Form möglichst hoch miteinander korrelieren, sollte man die letztere (und auch die Übungsform) in einer Typographie drucken, die möglichst viel mit *allen* Versionen der experimentellen Form gemeinsam hat, damit nicht eine von ihnen durch einen stärkeren Übungsgewinn (durch Lernübertragung) begünstigt wird.

Im Einzelversuch kann man jeden Leser jede der drei Formen ganz durcharbeiten lassen und als abhängige Variable mit der Stoppuhr die dafür benötigte Zeit messen; ökonomischer (und trotzdem hinreichend genau) ist es, die Teilnehmer in kleinen, überschaubaren Gruppen jede Form genau drei Minuten lang lesen zu lassen und dann anzumerken, wieviele Aufgaben jeder Teilnehmer in dieser Zeit bearbeitet hat, und dies als abhängige Variable zu verwenden. Erfahrungs-

*Der Lohn der Mühe
ist, daß das
Verfahren nun für
eine Fülle typogra-
phischer Fragestel-
lungen bereitsteht
und ohne weiteres
wieder verwendet
werden kann.*

gemäß gibt es nur sehr wenige Leser, die alle 50 Aufgaben einer Form in drei Minuten schaffen. Man tut gut daran, die Versuchsteilnehmer zu motivieren, die Aufgaben wirklich so schnell wie möglich zu bearbeiten, aber ohne dabei Fehler zu machen — empfehlenswert ist es, eine Belohnung auszusetzen, deren Höhe abhängig ist von der Anzahl richtig bearbeiteter Aufgaben.

Die Vorarbeiten zur Erstellung der Parallelformen waren langwierig und mühevoll; erfreulicherweise hatten wir dabei finanzielle Unterstützung von der Deutschen Forschungsgemeinschaft (Az. Ho 242/5). Der Lohn der Mühe ist, daß das Verfahren — einmal erarbeitet — nun für eine Fülle typographischer Fragestellungen bereitsteht und ohne weiteres wieder verwendet werden kann.

Die aus den Vorversuchen geschätzten Fehlerstreuungen und Korrelationen erlaubten es uns sogar, die notwendigen Stichprobengrößen für die statistische Sicherung von Mittelwertsunterschieden beliebiger gewünschter Größe festzulegen. Wir entschlossen uns, für unsere Untersuchungen Mittelwertsunterschiede von etwa 4% bis 5% als relevant zu betrachten. Bei der gegebenen Fehlervarianz würde uns dann eine Stichprobengröße von etwa 100 bis 120 Personen pro getestete typographische Gestaltungsform erlauben, Mittelwertsunterschiede dieser Größe auf einem Verläßlichkeitsniveau $\alpha = 0,05$ mit einer Entdeckungswahrscheinlichkeit (Teststärke, $1 - \beta$) von 0,95 statistisch zu sichern, oder bei $\alpha = 0,01$ mit $1 - \beta = 0,9$.

Anwendungsbeispiel:
Lesbarkeit von Bodoni und Futura, gerade und kursiv, in verschiedenen Strichstärken

In der im folgenden darzustellenden Studie sollten die Einflüsse von Schriftart (Antiqua versus Grotesk), Schriftneigung (gerade versus kursiv) und Strichstärke (mager - gewöhnlich - halbfett - fett) auf die Lesbarkeit der Schrift mit dem oben beschriebenen Verfahren untersucht werden, einschließlich möglicher Wechselwirkungen dieser Variablen. Wie schon erwähnt, hatten die früheren Untersuchungen, zusammenfassend dargestellt in Tinker (1963), Zachrisson (1965) und Gagel (1965), meistens nur je zwei Ausprägungen einer dieser

Variablen vergleichen können, nicht aber mehrere Variablen gleichzeitig in einem komplexen faktoriellen Versuchsplan für eine Varianzanalyse.

Die Frage »Grotesk oder Antiqua« wird unter Typographen seit längerem kontrovers diskutiert. Den Grotesk-Schriften wird der Vorteil prägnanterer Buchstabenbilder nachgesagt, weil sie keine Serifen haben, die sie untereinander ähnlicher machen, und das müßte zum leichteren Erkennen der Grotesk-Buchstaben führen. Charakteristische Merkmale der Antiqua-Schriften sind demgegenüber die Kontraste (unterschiedliche Strichstärken innerhalb des Buchstabens) und die Serifen (Endstriche, »Füßchen«). Dies sind an sich Relikte früherer Methoden der Schriftgestaltung (Breitfederzug, Steinmetzkunst), und man fragt sich, ob sie an einer modernen Schrift noch eine Funktion haben, oder ob sie — besonders die Serifen — nicht vielleicht die Buchstaben untereinander unnötig ähnlich machen und damit die Lesbarkeit erschweren. Andererseits wird gerade den Serifen das Verdienst zugesprochen, geschlossenere und damit prägnantere Gesamt-Wortgestalten zu schaffen. Außerdem sollen die unteren Serifen der Buchstaben dem Auge gleichsam eine »Schiene« bieten, an der es bei seinen Sprüngen entlanggleiten kann. Damit könnten sie wiederum zu Verbesserung der Lesbarkeit beitragen.

Tatsächlich haben Leser das Empfinden, daß bei Groteskschriften ein etwas größerer Durchschuß von 3 Punkt optimal ist, während bei Antiquaschriften 2 Punkt Durchschuß ausreichen, wie sich in einer Untersuchung von Becker, Heinrich, von Sichowsky & Wendt (1970) gezeigt hat - möglicherweise war es die fehlende »Schiene«, die bei der Groteskschrift den größeren Durchschuß wünschenswert erscheinen ließ.

Zur Frage der Schriftneigung waren sich Typographen weitgehend darüber einig, daß kursive Schriften schlechter lesbar seien als gerade. Kursivschriften werden deshalb meistens auch nur für Auszeichnungen verwendet an Stellen, an denen der Leser langsamer lesen *soll*, um sich wichtige Textteile besser einzuprägen. Es war jedoch weitgehend ungeklärt, wie groß dieser Effekt der Verlangsamung ist, und ob er alle Schriften gleichermaßen betrifft.

Über die optimale Strichstärke (»Fettigkeit«) herrschte ebenfalls Meinungsverschiedenheit. Zwar werden fette und magere Schriften für ungünstig gehalten — teils zu unrecht,

Tatsächlich haben Leser das Empfinden, daß bei Groteskschriften ein etwas größerer Durchschuß von 3 Punkt optimal ist, während bei Antiquaschriften 2 Punkt Durchschuß ausreichen.

wie wir sehen werden — aber im Mittelbereich der gewöhnlichen und halbfetten Schriftschnitte gibt es durchaus Befürworter eher halbfetter Schriften anstelle der meistens als Brotschriften verwendeten »gewöhnlichen« Schnitte.

Völlig unerforscht waren bis zu unserer Untersuchung die Wechselwirkungen oder Interaktionen, d.h. die nichtadditiven Wirkungen der Kombination dieser Variablen. Damit ist folgendes gemeint: Nehmen wir beispielsweise an, es sei bekannt, daß der Übergang von einer geraden zu einer kursiven Schrift einen gewissen Verlust an Lesbarkeit mit sich bringt, und ebenso der Übergang von einer gewöhnlichen zu einer fetten. Ist dann die *kombinierte* Wirkung von fett *und* kursiv gleich der Summe beider Verluste (additive Kombination ohne Wechselwirkung), oder verstärken sich die beiden in ihrer Wirkung, oder schwächen sie sich gegenseitig ab? In den letzten beiden Fällen würden wir von einer Wechselwirkung von Schriftneigung und Strichstärke sprechen.

Gibt es eine Wechselwirkung von Schriftneigung und Strichstärke?

Für eine Untersuchung dieser Fragestellung wäre es ideal gewesen, wenn man die vorzulegenden Schriftschnitte sozusagen »nach Maß«, unter genau kontrollierter Variation nur der interessierenden Parameter Neigung und Strichstärke und unter Konstanthaltung aller anderen Merkmale hätte auswählen können, was bei heutigen computer-generierten Schriften vielleicht möglich wäre, aber für die Variable Antiqua/Grotesk auch das nicht — was aber den mehr ästhetisch als experimentalpsychologisch orientierten Schriftgestaltern ein Grauen gewesen wäre und uns mit Recht den Vorwurf eingehandelt hätte, zugunsten einer experimentellen Sauberkeit den Boden der typographische Realität verlassen zu haben. Daher nahmen wir vorhandene, gut eingeführte Schriften, und zwar fiel unsere Wahl der Antiqua auf die »Bodoni« der Berthold AG, und die der Grotesk auf die »Futura« der Bauerschen Gießerei, die beide in hinreichend vielen verschiedenen Varianten vorlagen, um unseren Versuchsplan zu erfüllen. Dieser ist in nebenstehender Abbildung mit Beispielen der konkret verwendeten Schriften wiedergegeben.

	Bodoni		Futura	
	gerade	kursiv	gerade	schräg
fett	Zwölf süße Boxkämpfer ja Schrift ist die sichtbare W Ihre Aufgabe ist in erster Umwege und ohne den Le Verzierungen dem Leser keine Selbstzweckfunktio Selbstdarstellung. Ihre wi	Zwölf süße Boxkämpfer ja Schrift ist die sichtbare W Ihre Aufgabe ist in erster Umwege und ohne den Les Verzierungen dem Leser ü haben keine Selbstzweckf zur Selbstdarstellung. Ihr	Zwölf süße Boxkämpfer ie Schrift ist die sichtbare Wi Ihre Aufgabe ist in erster L Umwege und ohne den Le Verzierungen dem Leser ü haben keine Selbstzweckf Selbstdarstellung. Ihre wic	Zwölf süße Boxkämpfer ja Schrift ist die sichtbare Wi Ihre Aufgabe ist in erster L Umwege und ohne den Le Verzierungen dem Leser ü haben keine Selbstzweckf Selbstdarstellung. Ihre wi
halbfett	Zwölf süße Boxkämpfer jagten Schrift ist die sichtbare Wiede ist in erster Linie, daß ein Tex Lesefluß hemmende unnötige Buchstaben haben keine Selbs Selbstdarstellung. Ihre wichtig einzelnen Zeichen. Das bezieh	Zwölf süße Boxkämpfer jagten Schrift ist die sichtbare Wiede in erster Linie, daß ein Text ol hemmende unnötige Verzierur. Buchstaben haben keine Selbs Selbstdarstellung. Ihre wichtig einzelnen Zeichen. Das bezieh	Zwölf süße Boxkämpfer jagt Schrift ist die sichtbare Wiede Aufgabe ist in erster Linie, da und ohne den Lesefluß hemm übermittelt wird. Die Buchstal sie sind auch kein Mittel zur S Aufgabe ist die klare Untersc	Zwölf süße Boxkämpfer jagten Schrift ist die sichtbare Wieder Aufgabe ist in erster Linie, daß ohne den Lesefluß hemmende übermittelt wird. Die Buchstab sind auch kein Mittel zur Selbst klare Unterscheidung der einze
gewöhnlich	Zwölf süße Boxkämpfer jagten Schrift ist die sichtbare Wieder erster Linie, daß ein Text ohne hemmende unnötige Verzierun; haben keine Selbstzweckfunktic Ihre wichtigste Aufgabe ist die l bezieht sich nicht nur auf Buch	Zwölf süße Boxkämpfer jagten q Schrift ist die sichtbare Wiederg erster Linie, daß ein Text ohne N hemmende unnötige Verzierung haben keine Selbstzweckfunktio Ihre wichtigste Aufgabe ist die k bezieht sich nicht nur auf Buchs	Zwölf süße Boxkämpfer jagten Schrift ist die sichtbare Wieder Aufgabe ist in erster Linie, daß ohne den Lesefluß hemmende t übermittelt wird. Die Buchstabe auch kein Mittel zur Selbstdarsi Unterscheidung der einzelnen :	Zwölf süße Boxkämpfer jagten Schrift ist die sichtbare Wieder Aufgabe ist in erster Linie, daß ohne den Lesefluß hemmende t übermittelt wird. Die Buchstabe sind auch kein Mittel zur Selbst klare Unterscheidung der einze
mager	Zwölf süße Boxkämpfer jagten (Schrift ist die sichtbare Wieder(erster Linie, daß ein Text ohne r hemmende unnötige Verzierun; haben keine Selbstzweckfunktic Ihre wichtigste Aufgabe ist die k bezieht sich nicht nur auf Buch:	Zwölf süße Boxkämpfer jagten (Schrift ist die sichtbare Wiederg erster Linie, daß ein Text ohne i hemmende unnötige Verzierung haben keine Selbstzweckfunktic Ihre wichtigste Aufgabe ist die k bezieht sich nicht nur auf Buch:	Zwölf süße Boxkämpfer jagten q Schrift ist die sichtbare Wiederg ist in erster Linie, daß ein Text ol Lesefluß hemmende unnötige Ve Buchstaben haben keine Selbstz Selbstdarstellung. Ihre wichtigste einzelnen Zeichen. Das bezieht.	Zwölf süße Boxkämpfer jagten q Schrift ist die sichtbare Wiedergc in erster Linie, daß ein Text ohne hemmende unnötige Verzierunge haben keine Selbstzweckfunktion Ihre wichtigste Aufgabe ist die klu bezieht sich nicht nur auf Buchsta

Die Form für die Vorübungen war in »Clarendon« gesetzt, die mit den Antiquaschriften die Serifen und mit den Groteskschriften die gleichmäßige Strichstärke gemeinsam hat, und die Form für die Erhebung der Kovariaten war in »Optima« gesetzt, die mit den Groteskschriften die Serifenlosigkeit und mit den Antiquaschriften die Kontraste der Strichstärke gemeinsam hat. Durch diese Wahl hofften wir, daß sich eventuelle Übungseffekte, die einzelne Schriften begünstigen könnten, gleichmäßig auf die Antiqua- und Groteskschriften verteilen würden.

Alle drei Formen waren einheitlich auf Bögen aus weißem, holzfreien Offset-Papier von 228 mm Höhe und 528 mm Breite in 5 Spalten zu je 10 Aufgaben in 8 Punkt Schrift in linksbündigem Flattersatz gedruckt, so daß die Versuchsteilnehmer während des Lesens nicht umzublättern brauchten. Die Zeilenbreite war zwangsläufig bei den verschieden breit laufenden experimentellen Schriften etwas unterschiedlich; wir hatten deshalb darauf geachtet, daß bei den verschiedenen Schriften der experimentellen Form jeweils in der gleichen Zeile dieselben Worte standen.

Versuchsteilnehmer waren insgesamt etwa 2000 Studenten.

Versuchsteilnehmer waren insgesamt etwa 2000 Studenten, Schüler der Oberstufe von Gymnasien und Offiziersanwärter in Hamburg, Versuchsleiter, studentische Hilfskräfte des Psychologischen Instituts der Universität Hamburg und der Verfasser. Zur Motivation der Teilnehmer waren sie über den Zweck der Untersuchung aufgeklärt worden, der nur erreicht werden könne, wenn jeder so schnell und genau wie möglich lesen würde. Zusätzlich war für den besten Teilnehmer in jeder Untergruppe eine Prämie von DM 5.- ausgesetzt, die dann allerdings meistens von den Gewinnern in die Klassenkasse gespendet wurde. Die Ergebnisse sind in Abb. 243 wiedergegeben, wobei in jeder Zeile die oberste Zahl den absoluten Mittelwert für die jeweilige Version angibt (durchschnittlich gelesene Anzahl Wörter in drei Minuten), die mittlere deren Abweichung vom Gesamtmittelwert aller Versionen (1153,22 Wörter / 3 min), und die untere diese in Prozent vom Gesamtmittelwert. Die Haupteffekte (Wirkungen der einzelnen experimentellen Variablen) und Wechselwirkungen sind in den Abbildungen 3 bis 9 graphisch dargestellt, jeweils auf der linken Ordinate ausgedrückt in absoluten Abweichungen vom Gesamtmittelwert, auf der rechten Ordinate in Prozent vom Gesamtmittelwert.

Schrift	Neigung	Strichstärke			
		mager	gewöhnlich	halbfett	fett
Bodoni	gerade	1200,10 +46,88 +4,06%	1175,90 +22,68 +1,97%	1159,06 +5,84 +0,51%	1123,68 -29,54 -2,56%
	kursiv	1161,06 +7,84 +0,68%	1150,11 -3,11 -0,27%	1132,71 -20,51 -1,78%	1088,67 -64,55 -5,60%
Futura	gerade	1150,92 -2,30 -0,20%	1174,42 +21,20 +1,84%	1167,82 +14,60 +1,27%	1112,50 -40,72 -3,53%
	schräg	1187,07 +33,85 +2,94%	1182,46 +29,24 +2,54%	1163,52 +10,30 +0,89%	1121,52 -31,70 -2,74%

Abb. 243

Die statistische Analyse der Daten mittels einer Kovarianzanalyse ergab, daß Mittelwertsunterschiede ab 1,9% als signifikant auf dem 5%-Verläßlichkeitsniveau betrachtet werden können, und solche ab 2,5% auf dem 1%-Verläßlichkeitsniveau, d.h. bei Mittelwertsunterschieden über 1,9% ist die Wahrscheinlichkeit, daß sie auf zufälligen Stichprobenschwankungen beruhen, kleiner als 0,05, und bei Mittelwertsunterschieden ab 2,5% ist diese Zufallswahrscheinlichkeit kleiner als 0,01.

Zur guten Statistik gehört die Fehlereinschätzung.

Effekt der Strichstärke

Als Einfluß der Strichstärke (Fettigkeit) auf die Lesegeschwindigkeit hatten wir vermutet, daß das Optimum irgendwo in der Mitte der Skala möglicher Strichstärken liegen würde, die wir mit den gegebenen Schnitten »mager«, »gewöhnlich«, »halbfett« und »fett« nur grob abtasten konnten. Die Ergebnisse früherer Untersuchungen ließen uns die beste Lesbarkeit im mittleren Bereich unserer Auswahl erwarten: Paterson & Tinker (1940) hatten in ähnlichen Lesegeschwindigkeitstests

keinen Unterschied zwischen gewöhnlichen und halbfetten Schriften gefunden; Luckiesh & Moss (1940), die als Maß für die Lesbarkeit die Häufigkeit des Lidschlags (Augenzwinkerns) beim Lesen benutzten, fanden beim Vergleich eines mageren, eines gewöhnlichen, eines halbfetten und eines fetten Schnitts derselben Schrift (Memphis) die wenigsten Lidschläge bei der gewöhnlichen Memphis und schlossen daraus deren beste Lesbarkeit. Elbracht (1967) hatte sogar eine Überlegenheit halbfetter Schriften festgestellt.

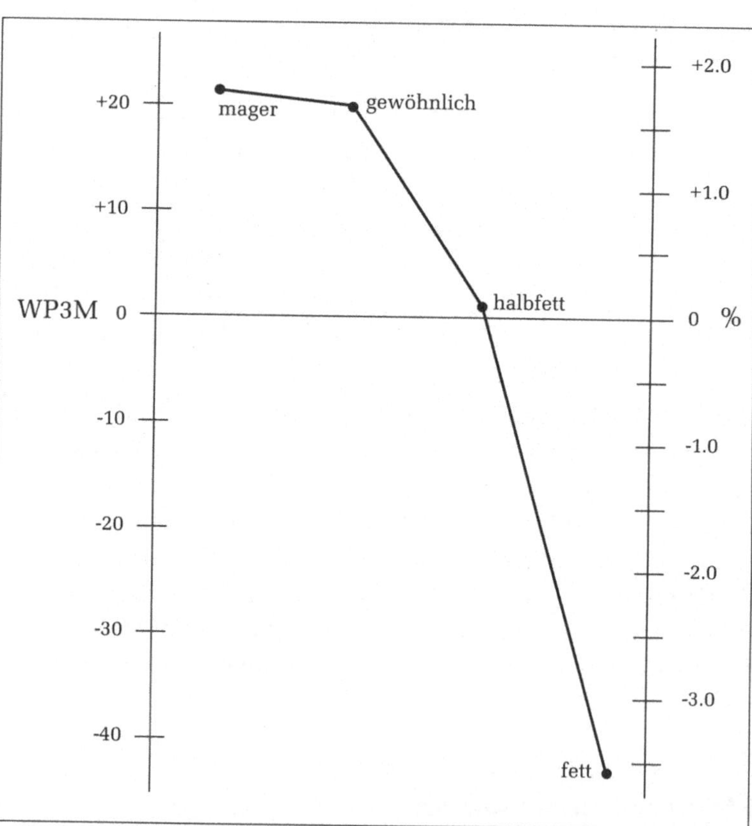

Abb. 244
Um so überraschender war es, daß in unserer Untersuchung insgesamt gesehen die mageren Schriften schneller gelesen wurden als die anderen Strichstärken.

Um so überraschender war es, daß in unserer Untersuchung insgesamt gesehen die mageren Schriften schneller gelesen wurden als die anderen Strichstärken, wobei allerdings der Unterschied zwischen mageren und gewöhnlichen Schnitten noch im Zufallsbereich liegt. Nur die gerade Futura hat ihr Optimum bei der gewöhnlichen Strichstärke, alle anderen untersuchten Schriften sind in der mageren Version am schnellsten lesbar und bestimmen damit die generelle Tendenz der zusammengefaßen Schriften; die durch das Ausbrechen der geraden Futura aus diesem allgemeinen Trend bewirkte Wechselwirkung wird auch nicht statistisch signifikant, sondern liegt noch im Zufallsbereich.

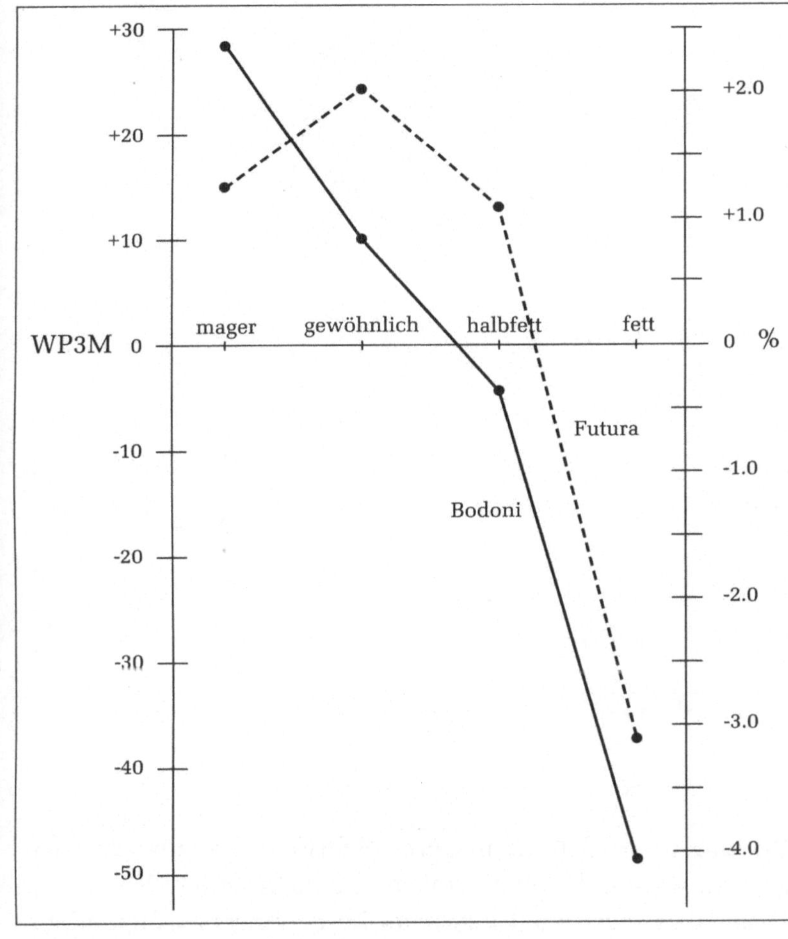

Abb. 245
Unsere
Überraschung über
dieses Ergebnis rührt
daher, daß man in
der Typographie von
der Überlegenheit
gewöhnlicher und
halbfetter Schriften
so sehr überzeugt
war, daß man
magere Schriften
kaum in
Lesbarkeit
suntersuchungen
einbezogen hat.

Unsere Überraschung über dieses Ergebnis rührt daher, daß man in der Typographie von der Überlegenheit gewöhnlicher und halbfetter Schriften so sehr überzeugt war, daß man magere Schriften kaum in Lesbarkeitsuntersuchungen einbezogen hat. Bis in die 60er Jahre und vermutlich auch bis an das Ende der Bleisatzzeit überhaupt wurden magere Schriften für laufenden Text so wenig verwendet, daß die meisten Schriftgießereien sie nur für Handsatz, nicht aber als Matrizen für Setzmaschinen lieferten.

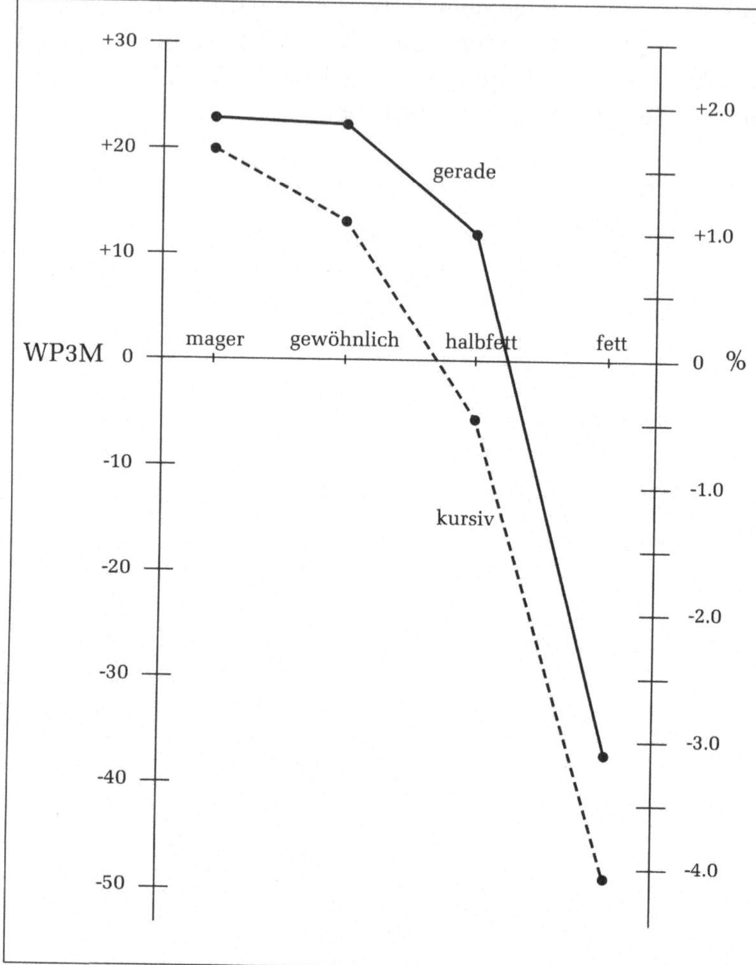

Abb. 246
Wir vermuten, daß
die mageren
Schriften deshalb
schneller gelesen
werden können,
weil sie schmaler
laufen.

Wir vermuten, daß die mageren Schriften deshalb schneller gelesen werden können, weil sie schmaler laufen: Wenn der Leser die Gewohnheit hat, beim Lesen Augensprünge einer bestimmten Schrittweite durchzuführen, die nicht von der Anzahl übersprungener Buchstaben abhängig ist, dann wird er einen schmaleren Text mit weniger Augensprüngen insgesamt durchlesen als einen breiteren, und wenn dabei nicht mehr Regressionen notwendig sind, wird der Text dabei schneller gelesen.

Effekt der Schriftneigung: gerade versus kursiv

Zwischen den zusammengefaßten geraden und den zusammengefaßten schrägen bzw. kursiven Schriften ergab sich ein geringfügiger Unterschied von 0,84% zugunsten einer besseren Lesbarkeit der geraden Schriften, dessen Zufallswahrscheinlichkeit zwischen 0,1 und 0,05 liegt. Das entspricht den Ergebnissen von Tinker (1955) und Tinker & Paterson (1928), die ebenfalls fanden, daß die Schriftneigung die Lesegeschwindigkeit in kurzen Tests (bis 3 Minuten) nur geringfügig beeinträchtigt (2,7%), während erst bei längeren Leseperioden auch prozentual größere Unterschiede bemerkbar werden.

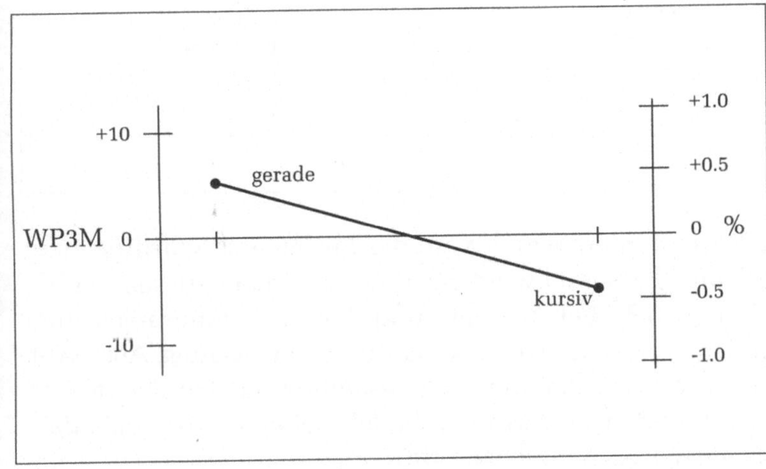

Abb. 247
Wahrscheinlich liegt das daran, daß die Leser versuchen, bei den objektiv ungünstigeren Kursivschriften ihre gewohnte Lesegeschwindigkeit durch entsprechend höhere Anstrengung aufrecht zu erhalten, was ihnen nur bei kurzen Leseperioden gelingt.

Wahrscheinlich liegt das daran, daß die Leser versuchen, bei den objektiv ungünstigeren Kursivschriften ihre gewohnte Lesegeschwindigkeit durch entsprechend höhere Anstrengung aufrecht zu erhalten, was ihnen nur bei kurzen Leseperioden gelingt. Bei längeren Lesetests fällt die Geschwindigkeit bei den kursiven Schriften dann doch ab, und zwar bei 10 Minuten Lesezeit um 4,2%, bei 20 Minuten um 5,2% und bei 30 Minuten um 6,3% gegenüber gleich langen Texten in geraden Antiquaschriften. Unser Drei-Minuten-Test liegt aber noch in dem Bereich, in dem die größere Schwierigkeit der Kursivschrift durch größere Anstrengung des Lesers kompensiert werden kann.

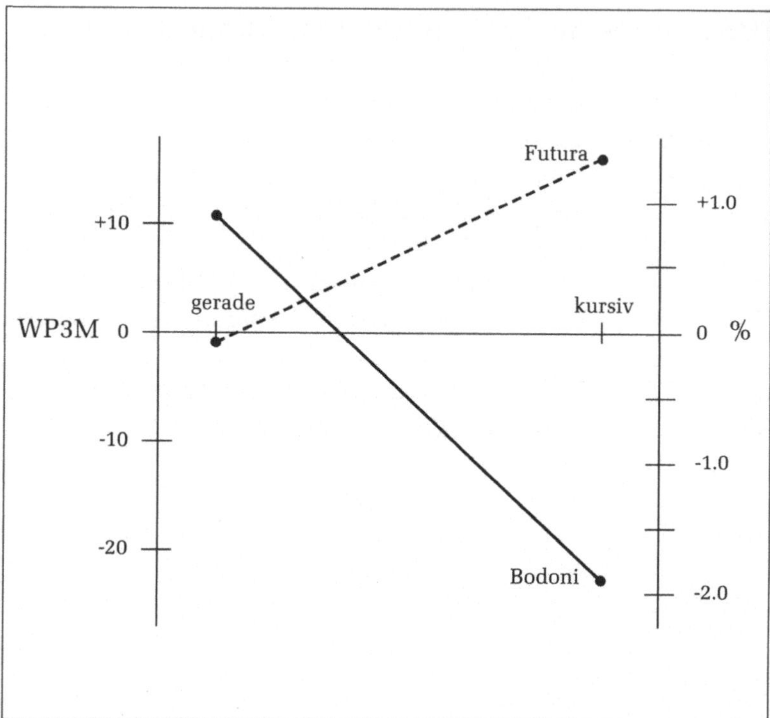

Abb. 248
Dieser Gewinn der schrägen Futura liegt im Zufallsbereich und mag unbedeutend sein; jedenfalls tritt die erwartete und auch sonst allgemein berichtete Verminderung der Lesegeschwindigkeit dort nicht ein.

Bedeutend interessanter wird der Einfluß der Schriftneigung auf die Lesegeschwindigkeit, wenn man diesen Effekt getrennt bei den Bodoni- und bei den Futura-Schriften betrachtet (Wechselwirkung Schriftart <—> Neigung, Abb. 248). Hier zeigt sich, daß die Verlangsamung nur bei der Bodoni auftritt, und zwar dort in erheblich höherem Maße, nämlich mit einer Geschwindigkeitsdifferenz von etwa 2,73%, während bei der Futura das Gegenteil der Fall ist: die schräge Futura wird um 1,06% schneller gelesen als die gerade. Dieser Gewinn der schrägen Futura liegt im Zufallsbereich und mag unbedeutend sein; jedenfalls tritt die erwartete und auch sonst allgemein berichtete *Verminderung* der Lesegeschwindigkeit dort nicht ein. Das läßt sich auch an den Geschwindigkeiten für die einzelnen Schriften in Tabelle 4 ablesen, wo mit Ausnahme der halbfetten Schnitte die schräge Futura durchweg schneller gelesen wurde als die gerade.

Effekt der Schriftart: Antiqua versus Grotesk

Der globale Unterschied zwischen den beiden Schriftarten Bodoni und Futura von 8,62 Wörter / 3min oder 0,74% zugunsten von Futura hat eine Zufallswahrscheinlichkeit zwischen 0,1 und 0,05 und ist damit *nicht* als bedeutsam zu betrachten. Das ist insofern interessant, als Paterson & Tinker (1932) mit prinzipiell dem gleichen Verfahren eine Überlegenheit einer Antiqua (Scotch Roman) gegenüber einer Groteskschrift (Kabel lite) von 2,3% fanden, und Pyke (1926) sogar einen Vorteil von 18% zugunsten einer Antiqua (Monotype No. 2 Old Style) über eine Groteskschrift (Stephenson & Blake No. 10 Lining Grotesque). Auch Kerr (1926) und Crossland & Johnson (1928) fanden eine Unterlegenheit der Groteskschrift, dagegen Brachfeld (1964) kaum noch: Seine Versuchsteilnehmer lasen eine Seite Antiqua in durchschnittlich 38 Sekunden, und eine Seite Grotesk in durchschnittlich 41 Sekunden. Leider haben wir hier keine statistischen Signifikanzangaben. Zachrisson (1965) verglich mit einem anderen Verfahren zwei verschiedene Groteskschriften und zwei verschiedene Antiquaschriften paarweise miteinander und fand, daß je eine Groteskschrift einer Antiqua überlegen war, und umgekehrt.

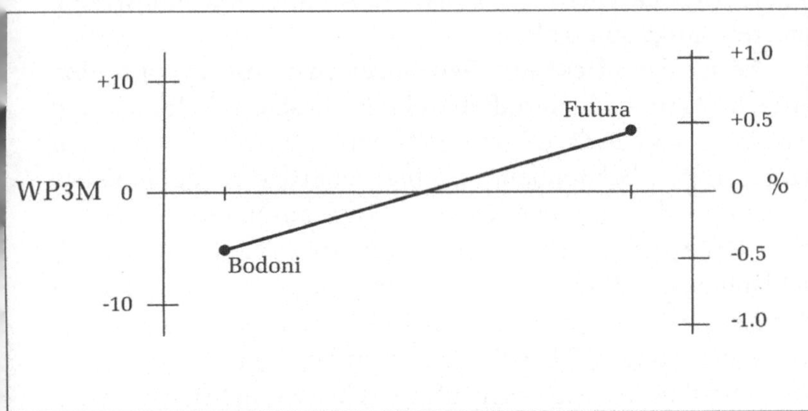

Abb. 249 Zachrisson fand, daß je eine Groteskschrift einer Antiqua überlegen war, und umgekehrt.

Betrachtet man die berichteten Unterschiede in der Lesbarkeit zwischen Antiqua- und Groteskschriften in den zitierten Untersuchungen über die Jahrzehnte in ihren numerischen Größen, ungeachtet ihrer statistischen Signifikanz, die sich bei den unterschiedlichen Verfahren und Stichprobengrößen ergeben haben mag oder nicht, so gewinnt man den Eindruck,

Wir haben nun in unserer Untersuchung sogar eine leichte Überlegenheit einer Grotesk über eine Antiqua, die aber noch im Bereich der Zufallsschwankungen liegt.

Von Bismarck wird beispielsweise berichtet, daß er sich beklagt habe, daß er für das Lesen von Antiqua-Schriften viel mehr Zeit brauche als für die (damals in Deutschland verbreiteteren) Fraktur-Schriften.

daß diese Unterschiede, die anfänglich zugunsten der Antiqua vorhanden gewesen sein mögen, im Laufe der Zeit kleiner und kleiner geworden sind. Wir haben nun in unserer Untersuchung sogar eine leichte Überlegenheit einer Grotesk über eine Antiqua, die aber noch im Bereich der Zufallsschwankungen liegt. Wenn dieser Eindruck richtig ist, so liegt das Schwinden des Unterschieds in der Lesbarkeit wahrscheinlich an dem vermehrten Gebrauch der Groteskschriften.

Schnelles Lesen ist rasches Erfassen bekannter Wortgestalten unter Ausnutzung des peripheren Sehens, bei dem ein scharfes Erkennen der einzelnen Buchstabenformen gar nicht möglich ist. Je vertrauter die Wortgestalten dem Leser sind, desto schneller und müheloser kann er sie erfassen, desto weniger und größere Sakkaden kann er machen und desto weniger Regressionen sind erforderlich. Die Gestalten der häufigsten Wörter sind aber umso vertrauter, je öfter man sie bereits gesehen und erfolgreich erkannt hat, d.h. in der Gestalt, in der sie am häufigsten vorgelegen haben. Von Bismarck wird beispielsweise berichtet, daß er sich beklagt habe, daß er für das Lesen von Antiqua-Schriften viel mehr Zeit brauche als für die (damals in Deutschland verbreiteteren) Fraktur-Schriften (Gagel, 1965). In der Untersuchung von Paterson & Tinker (1932) dagegen wurde die Fraktur von den amerikanischen Lesern, die fast nur Antiqua gewöhnt waren, um 18% langsamer gelesen.

So ist der Effekt der Gewöhnung an eine Typographie eine der Hauptschwierigkeiten in der Lesbarkeitsforschung: Aufgrund von Testverfahren wird man nur in den seltensten Fällen herausbekommen, ob eine neuartige typographische Gestaltung der herkömmlichen wirklich aus immanent sachlichen Gründen unterlegen ist, oder ob sie einfach nur deshalb schlechter abschneidet, weil sie ungewohnter ist. Bezüglich des Lesbarkeitsunterschieds zwischen Grotesk und Antiqua kann das bedeuten, daß die Grotesk anfänglich als ungewohnt benachteiligt war, was sich aufgrund der vermehrten Verwendung von Grotesk in der Alltagspraxis allmählich ausgeglichen hat. Ähnliches vermuten wir für die neue kürzlich von Kurt Weidemann (1982) entworfene Schrift »Biblica«, die aufgrund ihrer Schmalheit nach den oben berichteten Ergebnissen eigentlich schneller gelesen werden müßte, tatsächlich aber - vermutlich aufgrund ihrer Ungewohntheit - im Test langsamer gelesen wurde (siehe Kapitel 13).

Kapitel 13

Lesbarkeit der Biblica

von Dirk Wendt

Fragestellung

Im folgenden soll an einem konkreten Beispiel gezeigt werden, wie sich der im vorigen Kapitel dargestellte Lesegeschwindigkeitstest zur Messung der Lesbarkeit einer neu geschaffenen Druckschrift anwenden läßt. Für eine Neuauflage der Bibel im Auftrage der Deutschen Bibelstiftung sollte eine neue Druckschrift verwendet werden, die es ermöglichte, »ein gerüttelt Maß an Buchstaben auf einem Paperbackformat bei maximaler Lesbarkeit und guter Typographie unterzubringen« [WE1].

Die neue Schrift sollte also nicht aus ästhetischen Gründen geschaffen werden; auch ging es nicht darum, eine emotional besonders religiös anmutende Schrift zu schaffen, sondern um rein praktische und ökonomische Gesichtspunkte. Die Bibel enthält etwa viereinhalb Millionen Buchstaben. Wenn es der neuen Schrift gelingt, aufgrund eines schmaleren Laufs und bei zusätzlicher voller typografischer Ausnutzung des Raums auf jeder Seite 20% mehr Schriftzeichen unterzubringen, so kann die Bibel bis zu 400 Seiten dünner werden. Das ist nicht nur ein ökonomischer Gewinn, sondern kann auch dazu beitragen, die Bibel »handlicher« zu machen, d.h. sie im Buchformat und Buchgewicht auf das Hebe- und Haltevermögen der Hand abzustimmen und die Schwellenangst vor dem allzu dicken und schweren Buch zu mindern.

Die neue Schrift, die diese Aufgaben erfüllen soll, ist die »Biblica« von Kurt Weidemann. Welche Gesichtspunkte beim Entwurf dieser neuen Schrift berücksichtigt wurden, ist andernorts [WE2] ausführlich dargestellt und kann hier nur in Stichworten erwähnt werden: Die Schrift wurde für eine digital speichernde Maschine entworfen und mußte deren technologische Bedingungen bei der Herstellung und Weiter-

Wenn es der neuen Schrift gelingt, aufgrund eines schmaleren Laufs und bei zusätzlicher voller typografischer Ausnutzung des Raums auf jeder Seite 20% mehr Schriftzeichen unterzubringen, so kann die Bibel bis zu 400 Seiten dünner werden.

verarbeitung berücksichtigen. Der Zeichnung wurden dabei folgende Überlegungen zugrundegelegt: schmaler, raumsparender Lauf, hohe Mittellängen, annähernde Gleichstärke von Grund- und Haarstrich, ruhige Grauwirkung der Seite bei geringem Durchschlag auf dünnem Papier, Betonung unterscheidungsfähiger Merkmale im Buchstabenbild, starke Ausbildung der Punkturen, echte Kapitälchen (nicht herunterverkleinerte Versalien), Ziffern mit Ober- und Unterlängen (»Mediävalziffern«).

Hier geht es primär um eine Überprüfung der Lesbarkeit der neuen Schrift, die im Auftrage der Deutschen Bibelstiftung durchgeführt wurde: Es sollte sichergestellt werden, daß die oben genannte Platzersparnis nicht auf Kosten einer schlechteren Lesbarkeit erkauft wird. Es war unseres Wissens das erste Mal in der Geschichte der Typographie, daß eine neue Schrift *vor* ihrem Einsatz mit experimentalpsychologischen Methoden getestet wurde.

Es sollte sichergestellt werden, daß die oben genannte Platzersparnis nicht auf Kosten einer schlechteren Lesbarkeit erkauft wird.

Methode

Die Möglichkeiten und Ansätze zur Definition, Operationalisierung und experimentellen Erfassung der Lesbarkeit von Druckschriften sind im vorigen Kapitel ausführlich diskutiert worden. Für die hier vorliegende Fragestellung wurde konsequent die dort beschriebene deutsche Version des Tinker Speed of Reading Tests von Wendt (1965) angewendet [WEN].

Die 50 Textstücke von je 30 Worten jeder der drei Parallelformen waren jeweils in 5 Spalten zu je 2 Absätzen mit je 5 Textstücken auf ein Blatt im Querformat 530 × 22 mm gedruckt. Wie bei den im vorigen Kapitel beschriebenen Versuchen diente auch hier die erste Form (»D«) lediglich der Eingewöhnung des Lesers in die Testaufgabe, die zweite (»C«) dann der Erfassung der individuellen Lesegeschwindigkeit als »Kovariate« im varianzanalytischen Versuchsplan: aufgrund der darin erzielten Lesegeschwindigkeit unter gleichen typographischen Bedingungen kann der Einfluß der individuellen Lesegeschwindigkeit des jeweiligen Teilnehmers aus der mit der experimentellen Variante erzielten herausgerechnet werden. Die dritte Form (»E«) schließlich war in den verschiedenen zu untersuchenden Schriften gedruckt, in diesem Falle also in der neuen »Biblica« und als Konkurrenz- oder

Vergleichsschrift in der »Times Antiqua«, beide jeweils in 9 Punkt Größe mit 1 Punkt Durchschuß. Wie im vorigen Kapitel dargestellt, enthielt jedes der 30-Wörter-Textstückchen in seiner zweiten Hälfte ein Wort, das während des Lesens angestrichen werden mußte und das nur gefunden werden konnte, wenn man den ersten Teil des Textstückchens mit Sinnverständnis gelesen hatte (siehe Abb. 251, Seite 312).

Der Versuch fand in kleinen, vom Versuchsleiter überschaubaren Gruppen (mit bis zu höchstens 20 Teilnehmern) statt. Gelesen wurde jede der drei Formen drei Minuten lang. Alle Teilnehmer einer Gruppe begannen das Lesen jeder Form gleichzeitig auf ein Startzeichen des Versuchsleiters, der nach Ablauf von drei Minuten das Lesen mit dem Ruf »Halt« unterbrach. Jeder Teilnehmer markierte dann das Wort, das er zuletzt gelesen hatte. (In einigen seltenen Fällen hatten auch hier wieder einzelne Teilnehmer alle 50 Textstücke vor Ablauf der drei Minuten durchgelesen; für diese notierte dann der Versuchsleiter von der Stoppuhr die Lesezeit. Für die weitere Auswertung wurde diese dann umgerechnet in die Anzahl Wörter, die der betreffende Teilnehmer in drei Minuten gelesen hätte, wenn der Test länger gewesen wäre und er mit gleichbleibender Geschwindigkeit die vollen drei Minuten hätte lesen können.) Gemessene Variable war in jedem Fall wieder die Anzahl gelesener Wörter in drei Minuten, wie in den Untersuchungen im vorigen Kapitel.

Versuchsteilnehmer an solchen Lesbarkeitsuntersuchungen sollten erfahrene Leser sein, die nicht mehr buchstabenweise lesen, sondern gewohnheitsgemäß Text in ganzen Wortbildern oder Gruppen von Wörtern erfassen, wie im vorigen Kapitel dargestellt. Die dafür erforderliche Reife des Leseprozesses ist in der Regel bei Schülern der Oberstufen höherer Schulen und bei Studenten erreicht; aus diesen rekrutierten wir auch in diesem Falle wieder insgesamt 182 Versuchsteilnehmer. Sie waren Studenten am Institut für Psychologie der Universität Kiel sowie Schüler der Oberstufen der Theodor-Heuß-Schule in Pinneberg-Thesdorf, des Christianeums in Hamburg-Othmarschen sowie der Gesamtschule Kiel-Friedrichsort. Die Versuche wurden in der oben beschriebenen Weise durchgeführt, dabei wurden die Bögen der Form »E« in den verschiedenen Schriften »Biblica« und »Times Antiqua« nach Zufall auf die Teilnehmer verteilt.

Der Versuch fand in kleinen, vom Versuchsleiter überschaubaren Gruppen (mit bis zu höchstens 20 Teilnehmern) statt. Gelesen wurde jede der drei Formen drei Minuten lang.

Versuchsteilnehmer sollten erfahrene Leser sein.

Ergebnisse

In den gegebenen drei Minuten Lesezeit lasen die 95 Versuchsteilnehmer mit der Form »E« in der »Times« durchschnittlich 938 Wörter, die 87 Versuchsteilnehmer mit der Form »E« in der »Biblica« durchschnittlich 917 Wörter; das sind 2,25% weniger als die Leser mit der »Times« erzielten.

In der (für beide Gruppen identisch gedruckten) Form »C«, der Kovariaten, lasen die »Times«-Leser durchschnittlich 820 Wörter, die »Biblica«-Leser durchschnittlich 821 Wörter. Die beiden Gruppen waren also hinsichtlich der durchschnittlichen individuellen Lesegeschwindigkeit unter gleichen Bedingungen nahezu gleich schnell. Zwischen der Anzahl gelesener Worte in der Form »C« und in der Form »E« besteht eine Korrelation von 0,8998; die Kovarianzanalyse (mit der Anzahl gelesener Worte in der Form »E« als abhängiger Variabler und der Anzahl gelesener Worte in der Form »C« als Kovariater) ergibt die folgende Tabelle: (Werte nach der Regressionskorrektur, d. h. die Fehlerstreuung in der Leseleistung in der unterschiedlich gedruckten Form »E« so korrigiert, als ob alle Teilnehmer die gleiche individuelle Lesegeschwindigkeit hätten.)

Die beiden Gruppen waren also hinsichtlich der durchschnittlichen individuellen Lesegeschwindigkeit unter gleichen Bedingungen nahezu gleich schnell.

Quelle der Variation	Quadratsumme	Freiheitsgrade	VarianzSchätzung	F-Test
Zwischen den Schriften	20.274.097	1	20.274.097	1817 $p < 0.001$

Das Ergebnis der Kovarianzanalyse, der zufallskritische F-Test, zeigt, daß der oben berichtete Unterschied zwischen den mit den beiden Schriften erzielten durchschnittliche Leseleistungen statistisch signifikant ist; durch reine Zufälligkeiten in der Stichprobenauswahl würden so große oder noch größere Unterschiede zwischen den Mittelwerten seltener als in einem Promille aller Fälle auftreten; ein Zufall ist also wenig wahrscheinlich und damit eher ein tatsächlicher Unterschied in der Lesbarkeit der beiden Schriften anzunehmen.

Diskussion

Die Datenanalyse hat ergeben, daß Texte in der neuen Schrift »Biblica« um etwa 2,25 % langsamer gelesen wurden als in der schon seit langem gebräuchlichen »Times«-Antiqua. Zur Interpretation dieses Ergebnisses ist an folgendes zu erinnern, das bei der Darstellung des Leseprozesses im vorigen Kapitel ausführlicher dargestellt wurde: Bei erfahrenen Lesern, wie wir sie als Versuchsteilnehmer für die berichtete Untersuchung absichtlich ausgewählt haben, verlaufen Leseprozesse beim flüssigen Lesen in der Regel so, daß der Leser ihm vertraute Wortbilder »erkennt«, zum Teil sogar mit peripheren Teilen der Netzhaut, in denen gar keine hinreichende Auflösung möglich ist, um die Wortbilder scharf zu sehen. Man nimmt dabei an, daß das Zentralnervensystem eine Art »Detektoren« ausbildet, die auf solche Wortbilder ansprechen und dabei in gewissen Grenzen zur Invariantenbildung fähig sind, d. h. dazu auch noch gewisse Abwandlungen der ursprünglichen Form »richtig« zu erkennen.

Durch diesen Lesevorgang werden aber grundsätzlich solche Schriften begünstigt, die dem Leser die vertrautere, gewohntere Wortbilder bieten, auf die seine »Detektoren« schneller und sicherer reagieren. Daher ist bei allen Lesbarkeitsmessungen - auch mit anderen Methoden als den hier verwendeten - eine neue Schrift von vornherein benachteiligt, weil die Leser für deren Buchstaben- und Wortbilder solche »Detektoren« noch nicht haben ausbilden können, bzw. weil sie für die neue Schrift erst entsprechende Generalisierungen und Invariantenerweiterungen vornehmen müssen. Das Ergebnis sähe wahrscheinlich anders aus für Leser, die bereits längere Leseerfahrung mit der neuen Schrift haben. Eine solche Nachfolgeuntersuchung sollte nach Vorliegen größerer Textmengen in der neuen Schrift durchgeführt werden; sie wird begünstigt durch die Tatsache, daß die neue Schrift »Biblica« inzwischen als »ITC Weidemann« auch für andere Drucksachen als die Bibel zur Verfügung steht und damit weiter verbreitet und bekannt werden kann. Insgesamt scheint also die in dieser Untersuchung beobachtete Verlangsamung der erzielbaren Lesegeschwindigkeit mit der neuen »Biblica« um nur 2,25 % gegenüber der altbewährten »Times« nicht erheblich gegen die Verwendung der neuen Schrift zu sprechen, insbesondere, wenn man ihren Vorteil der schmaleren

Die Datenanalyse hat ergeben, daß Texte in der neuen Schrift »Biblica« um etwa 2,25 % langsamer gelesen wurden als in der schon seit langem gebräuchlichen »Times«-Antiqua.

Das Ergebnis sähe wahrscheinlich anders aus für Leser, die bereits längere Leseerfahrung mit der neuen Schrift haben.

Laufbreite dagegen abwägt, der – wenn wir die Ergebnisse der im vorigen Kapitel berichteten Untersuchungen in dieser Richtung generalisieren – eher zu einer besseren Lesbarkeit führen müßte.

1. Wir wollten sehr gern ein paar gute Bilder von unserem Baby haben, und um einige lebendige Schnappschüsse in der freien Natur zu machen, packten wir den Ofen in den Wagen. 2. Robert war der lebhafteste Junge in seiner Klasse, immer hatte er zu schwatzen oder Streiche zu machen. Seine Lehrer waren gespannt, wie sich solch ein ruhiger Mensch wohl weiterentwickeln würde. 3. Wenn dieser junge Hund nicht aufhört, hinter den Autos herzulaufen, wird er noch überfahren werden. Das würde die Kinder sehr betrüben, denn er ist der hübscheste Kater, den sie je hatten. 4. Auf der Party, zu der Julia gegangen war, wurde den ganzen Abend nur getanzt, und Julia war entzückt, denn sie mag nichts lieber, als einen ganzen Abend beim Kartenspiel verbringen. 5. Marianne brauchte ein neues Kleid, und ihre Mutter versprach, am kommenden Samstag mit ihr in die Stadt zu gehen. Sie wollten dort in ein Blumengeschäft gehen, wo sie es kaufen konnten.

1. Wir wollten sehr gern ein paar gute Bilder von unserem Baby haben, und um einige lebendige Schnappschüsse in der freien Natur zu machen, packten wir den Ofen in den Wagen. 2. Robert war der lebhafteste Junge in seiner Klasse, immer hatte er zu schwatzen oder Streiche zu machen. Seine Lehrer waren gespannt, wie sich solch ein ruhiger Mensch wohl weiterentwickeln würde. 3. Wenn dieser junge Hund nicht aufhört, hinter den Autos herzulaufen, wird er noch überfahren werden. Das würde die Kinder sehr betrüben, denn er ist der hübscheste Kater, den sie je hatten. 4. Auf der Party, zu der Julia gegangen war, wurde den ganzen Abend nur getanzt, und Julia war entzückt, denn sie mag nichts lieber, als einen ganzen Abend beim Kartenspiel verbringen. 5. Marianne brauchte ein neues Kleid, und ihre Mutter versprach, am kommenden Samstag mit ihr in die Stadt zu gehen. Sie wollten dort in ein Blumengeschäft gehen, wo sie es kaufen konnten.

Abb. 251
Beispiel aus den
Textstücken,
hier die ersten
5 Stücke,
gesetzt aus
oben
ITC Weidemann
Regular
unten
Times mager

Golden Type

von Helga Jörgensen
Sigrid Engelmann
Andrew Newton

William Morris begann 1890 mit dem Entwurf seiner Schrift »GOLDEN TYPE« in der Absicht, den »zierlichen« Schriften des victorianischen Englands eine kräftige, schwarze Druckschrift entgegenzusetzen. Morris, der schon als Entwerfer von Tapeten- und Stoffmustern erfolgreich gewe-

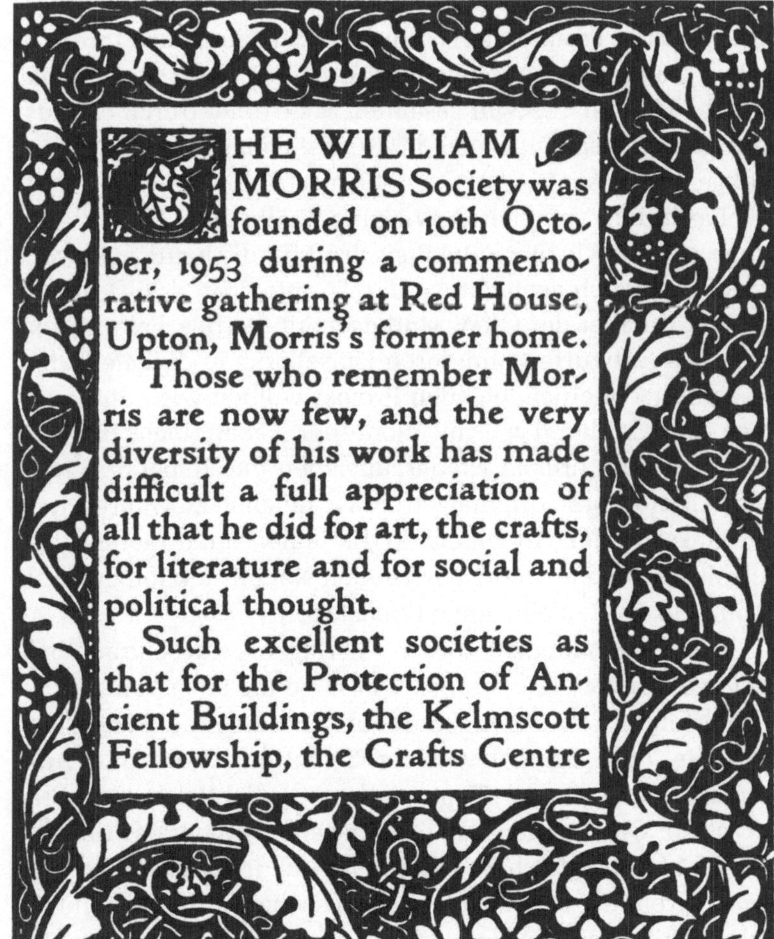

Abb. 252
Die Golden Type, wie
William Morris
sie verwendete.

Die Golden Type entstand als eine kräftige, auf dem Quadrat aufgebaute Schrift, die aufgrund individueller Buchstabenformen einen engen Satz zuließ und das Morris verhaßte »Grau« der Seite verhinderte.

sen war, arbeitete in seinem Verlag, der KELMSCOTT PRESS, nach von ihm entwickelten Kriterien zur Gestaltung des »idealen Buches«. Die Voraussetzung für ein gutes Buch waren für ihn architektonische Grundsätze. Das beinhaltet: einen Satzspiegel, der die Einheit zweier gegenüberliegender Seiten betont, und deutliche Schriftblöcke ohne großen Durchschuß oder Wortabstand. Die Schriften sollten der an gotische Holzstiche erinnernden Ornamentik standhalten, mit der Morris seine Bücher gern ausschmückte. Gute Lesbarkeit bedeutete für ihn schlichte, solide Formen ohne An- und Abschwellungen der Linie. So entstand die Golden Type als eine kräftige, auf dem Quadrat aufgebaute Schrift, die aufgrund individueller Buchstabenformen einen engen Satz zuließ und das Morris verhaßte »Grau« der Seite verhinderte. Das Ergebnis dieser (anderen Theorien geradezu widersprechenden) Überlegungen war tatsächlich eine auch in unseren Augen sehr gut lesbare Schrift. Trotz vieler Unregelmäßigkeiten und ihrer im Detail manchmal plumpen, fast klotzigen Formen zeichnet sich die Golden Type im gesamten Schriftbild durch ein ausgewogenes Zusammenspiel der Buchstaben sowie eine eigenwillige, interessante Charakteristik aus (Abb. 252).

Fasziniert von dieser Wirkung stellte sich für uns die Frage, ob und wie diese alte Bleischrift für die heutige Anwendung zugänglich gemacht werden könnte. Wir, drei Designer im Schriftatelier der URW, sind dort mit der Bearbeitung von aktuellen Entwürfen und deren Umsetzung in digitale Daten beschäftigt. In einem eigenen Projekt wollten wir nun versuchen, die Golden Type mit moderner Technologie für zeitgemäße Satztechniken wiederzubeleben und dabei ihre typische Anmutung so originalgetreu wie möglich zu wahren.

Unser erster Anhaltspunkt für eine Neuaufnahme der Schrift waren die von uns aus einem Nachdruck fotografisch hochvergrößerten einzelnen Buchstaben.

Die Ungenauigkeit dieser »Vorlagen« war beträchtlich und ließ nur zu, einen groben Umriß zu digitalisieren.

Die Ungenauigkeit dieser »Vorlagen« war beträchtlich und ließ nur zu, einen groben Umriß zu digitalisieren. Um so verblüffender war das Ergebnis auf der Satzfahne: bereits dieser erste Test gab viel von der Eigentümlichkeit und Ausdruckskraft der Golden Type wieder. Jedoch blieben viele Fragen offen: wie konnten wir z.B. beurteilen, ob wir das richtige Gewicht im Vergleich zu einem Originaldruck getroffen hatten? Waren Unregelmäßigkeiten zwischen ähnlichen Buchstaben nur Ergebnis des einen, uns vorliegenden Druckes,

und wie waren die Details im Original gelöst? Um Gewißheit
zu haben, war es unumgänglich, die Originale zu sehen. Also
bemühten wir uns, Kontakt mit der Cambridge University aufzunehmen, wo die Bleibuchstaben, Matrizen und weitere
Unterlagen archiviert werden. Unsere Anfrage wurde sehr
freundlich aufgenommen, und wir fanden dort jede erdenkli-
che Unterstützung. Unter anderem druckte man für uns den
gesamten Zeichensatz der Golden Type auf unterschiedlichen Papiersorten, eine Hilfe, die uns noch sehr nützlich sein
sollte (Abb. 253).

English Golden [14 pt]

A B C D E F G H I J K L M N O P
Qu R S T U V W X Y Z Æ Œ
1 2 3 4 5 6 7 8 9 0
a b c d e f g h i j k l m n o p q r ſ s t u v
w x y z æ œ ff fi fl ffi ffl &
. : ; , ? ! ' ⸗ ( )

Abb. 253
Originaldruck
der im Bleisatz
vorhandenen
Zeichen der
Golden Type

Unsere Hauptaufgabe bestand nun darin, die Plotterzeich-
nungen unserer ersten skizzenhaften Digitalisierungen der
einzelnen Zeichen mit den Bleitypen zu vergleichen. Wir ver-
maßen so genau wie möglich Größenverhältnisse und Balkenstärken und dokumentierten alle wichtigen Formen. Entscheidende Details hielten wir mit Korrekturen und Kommentaren
auf den Zeichnungen fest (Abb. 254 A, B).

Ausgerüstet mit diesem Material kehrten wir zurück, um
neue Vorlagen für die einzelnen Buchstaben der Schrift zu
zeichnen: mit exakteren Proportionen und unter Berücksichtigung aller Feinheiten.

Die Kontur dieser Zeichnungen wurde erneut digitalisiert. In einem langen Prozeß des wiederholten Vergleichens
der Originaldrucke mit einer Ausgabe unserer Version zeig-
ten sich noch viele zu korrigierende Einzelheiten (Abb. 254 C,
D). Wir wollten schließlich nicht aus den Augen verlieren,
dem Erscheinungsbild der ursprünglichen Schrift so präzis
wie möglich zu entsprechen. Hauptsächlich die falsche Einschätzung von Größenverhältnissen, aber auch die Beeinflus-

Wir wollten schließ-
lich nicht aus den
Augen verlieren,
dem Erscheinungs-
bild der ursprüngli-
chen Schrift so prä-
zis wie möglich zu
entsprechen.

315

sung durch moderne Ausgabetechnik veranlaßten uns immer wieder zu Änderungen. So zeigte sich, daß im Original scharfe Ecken bei uns leicht abgerundet sein mußten, um identisch zu wirken (Abb.255).

*Abb. 254
Entwicklung eines Buchstabens: Rohvorlage aus einer vergrößerten Reproduktion (A), erste anhand der Bleilettern überzeichnete und kommentierte Digitalisierung (B), nach der Auszeichnung wurde der Buchstabe neu gezeichnet (C), neu mit Digitalisierungsmarken versehene Vorlage (D).*

Während dieses erneuten Überdenkens der Formen erinnerten wir uns der langen Arbeitsphase, die sich William Morris bis zur endgültigen Entstehung seiner Schrift einräumte. Einen wesentlichen Vorteil ihm gegenüber hatten wir sicherlich dadurch, daß wir mit dem IKARUS System arbeiten

*Abb. 255
Endform des Buchstabens mit abgerundeten Ecken*

konnten. Das ermöglichte uns, viele Änderungen relativ schnell und unkompliziert auszuführen und zügig eine Ausgabe des korrigierten Schriftsatzes vorliegen zu haben. Etwa zu dieser Zeit hatten wir die Gelegenheit, Allan Haley von der ITC (International Typeface Corporation) unsere Arbeit zu zeigen. Auch er war begeistert von der Idee, diese schöne, alte Schrift wiederzubeleben, und angetan von unseren Ergebnissen. So ergab es sich, daß wir unsere Arbeit im Auftrag der ITC fortführten. Die Anforderung des Kunden, aber auch unser eigener Anspruch, die Schrift für heutige Bedürfnisse anwendbar zu machen, erforderte eine weitaus höhere Zeichenbelegung als im Originalsatz vorhanden war. Also bestand, nachdem wir mit den Basisbuchstaben zufrieden waren, unsere nächste Aufgabe darin, die Belegung zu erweitern: von 83 auf ca. 350 Zeichen (Abb. 257). Diese Ergänzungen konnten nur teilweise programmtechnisch erzeugt werden. Weitgehend mußten sie mit der Hand entworfen werden. Auch hier legten wir Wert darauf, dem Stil der Schrift getreu zu bleiben, und entweder bereits vorhandene Formen zu integrieren oder in Neugestaltungen unsere inzwischen gesammelte Kenntnis und Einfühlung in Proportionen und Details einfließen zu lassen (Abb. 256).

Unsere nächste Aufgabe bestand darin, die Belegung zu erweitern: von 83 auf ca. 350 Zeichen.

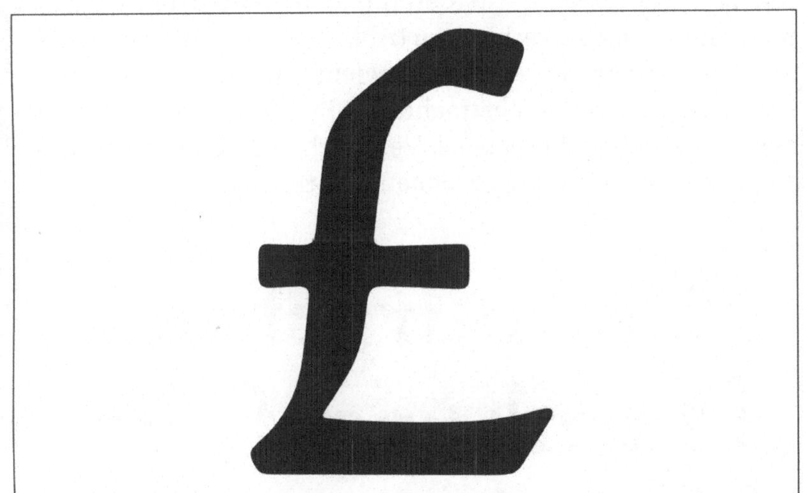

*Abb. 256
Beispiel eines
im Stil der Schrift
entworfenen
Zeichens*

Schon zu Beginn der Arbeit hatten wir darüber nachgedacht, der Schrift später weitere Gewichte hinzuzufügen, um mehr typographische Möglichkeiten zu schaffen. In Absprache mit der ITC einigten wir uns auf drei Fettegrade: das Original, einen mittleren Schnitt, der der Anmutung der Schrift in den meisten Nachdrucken entspricht und einen typischen Eindruck wiedergibt, und einen fetten Schnitt, der unter anderem für den Titelsatz verwendet werden kann. Mit Hilfe von Testworten ermittelten wir die richtigen Gewichtsverhältnisse und Balkenstärken.

In Absprache mit der ITC einigten wir uns auf drei Fettegrade.

Es stellte sich bald heraus, daß der mittlere Schnitt noch relativ viel Ähnlichkeit in Formen und Proportionen mit dem Original haben würde, der fette Schnitt hingegen sich an anderen Voraussetzungen orientieren müßte, um z.B. ein »Zulaufen« beim Druck zu verhindern (Abb. 258). Also begannen wir mit dem Entwurf des zweiten Gewichts, indem wir unser fertiges Original als Basis betrachteten. Erneut folgte ein Prozeß des wiederholten Ausgebens, Vergleichens, Verbesserns und Anpassens der einzelnen Zeichen untereinander.

Mit diesem Ergebnis und dem Original konnten wir per Interpolationsprogramm eine Grundlage erzeugen, die - als Zeichnung auf dem Plotter ausgegeben - als Anhalt für den Entwurf des dritten Schnittes diente. Wir zeichneten die Grundzeichen unter Berücksichtigung unserer Überlegungen und wieder begann eine Phase der Abstimmung der gesamten Belegung (Abb. 259).

ITC GOLDEN TYPE ORIGINAL

Die Entwicklung einer SCHRIFT, vom zeichnerischen Entwurf bis zur fertigen SCHRIFT, war und ist auch heute noch ein langer und oft mühevoller Weg. Der technische Ablauf der Herstellungsprozesse hat sich jeweils den veränderten Satztechniken angepaßt. Früher wie heute ist jedoch eine künstlerisch und technisch einwandfreie Schriftzeichnung die Grundlage für den Erfolg
14 pt

Die Entwicklung einer SCHRIFT, vom zeichnerischen Entwurf bis zur fertigen SCHRIFT, war und ist auch heute noch ein langer und oft mühevoller Weg. Der technische Ablauf der Herstellungsprozesse hat sich jeweils den veränderten Satztechniken angepaßt. Früher wie heute ist jedoch eine künstlerisch und technisch einwandfreie Schriftzeichnung die Grundlage für den Erfolg einer neuen SCHRIFT. Intensive Auseinandersetzung mit den optischen und technischen Problemen jedes einzelnen Zeichens sowie umfassendes technisches Wissen auf den Gebieten der Schriftherstellung, der Satztechniken und der
9 pt

ITC GOLDEN TYPE BOLD

Die Entwicklung einer SCHRIFT, vom zeichnerischen Entwurf bis zur fertigen SCHRIFT, war und ist auch heute noch ein langer und oft mühevoller Weg. Der technische Ablauf der Herstellungsprozesse hat sich jeweils den veränderten Satztechniken angepaßt. Früher wie heute ist jedoch eine künstlerisch und technisch einwandfreie Schriftzeichnung die Grundlage für den Erfolg
14 pt

Die Entwicklung einer SCHRIFT, vom zeichnerischen Entwurf bis zur fertigen SCHRIFT, war und ist auch heute noch ein langer und oft mühevoller Weg. Der technische Ablauf der Herstellungsprozesse hat sich jeweils den veränderten Satztechniken angepaßt. Früher wie heute ist jedoch eine künstlerisch und technisch einwandfreie Schriftzeichnung die Grundlage für den Erfolg einer neuen SCHRIFT. Intensive Auseinandersetzung mit den optischen und technischen Problemen jedes einzelnen Zeichens sowie umfassendes technisches Wissen auf den Gebieten der Schriftherstellung, der Satztech
9 pt

ITC GOLDEN TYPE BLACK

Die Entwicklung einer Schrift, vom zeichnerischen Entwurf bis zur fertigen Schrift, war und ist auch heute noch ein langer und oft mühevoller Weg. Der technische Ablauf der Herstellungsprozesse hat sich jeweils den veränderten Satztechniken angepaßt. Früher wie heute ist jedoch eine künstlerisch und technisch einwandfreie Schriftzeichnung die
14 pt

Die Entwicklung einer Schrift, vom zeichnerischen Entwurf bis zur fertigen Schrift, war und ist auch heute noch ein langer und oft mühevoller Weg. Der technische Ablauf der Herstellungsprozesse hat sich jeweils den veränderten Satztechniken angepaßt. Früher wie heute ist jedoch eine künstlerisch und technisch einwandfreie Schriftzeichnung die Grundlage für den Erfolg einer neuen Schrift. Intensive Auseinandersetzung mit den optischen und technischen Problemen jedes einzelnen Zeichens sowie umfassendes technisches Wissen auf den die
9 pt

*Abb. 259
Textbeispiel
der digitalen
Schrift*

Parallel zu der Bearbeitung der Zeichensätze beschäftigten wir uns mit der Zurichtung der Schriften, mit ihrer Spationierung. Auch hier orientierten wir uns an alten Satzbeispielen aus Büchern und an oben beschriebenen Theorien von Morris. Anpassungsnotwendigkeiten, die in einem Einheitensystem für die ITC-Schriften begründet sind, glichen wir über eine Änderung der Buchstabenabstände anstatt über die Abwandlung der Zeichen selbst aus.

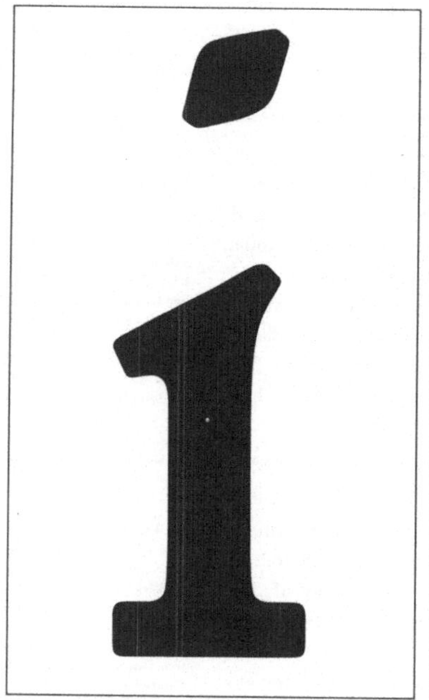

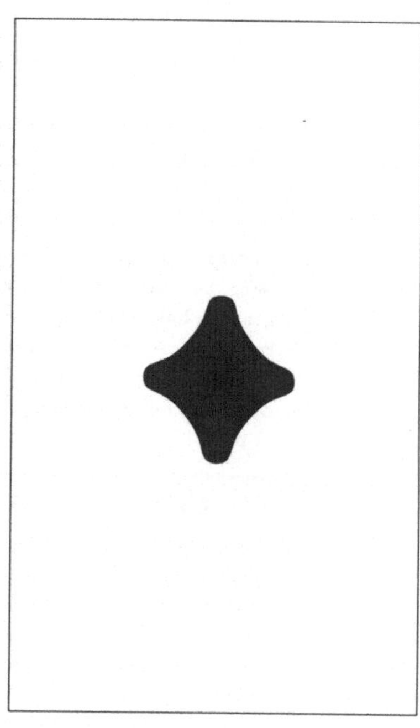

Abb. 260 (rechts)
Das »i« der
Golden Type
und
»wie langweilig doch
ein kreisrunder
Punkt ist« (Morris).

Abb. 261 (ganz
rechts)
Der Schlußpunkt
der Golden Type
und damit englische
Schrifttradition
für gegenwärtige
Setzmaschinen.

Wir denken, mit der ITC Golden Type ist eine Schriftfamilie entstanden, welche die bemerkenswerte Arbeit von William Morris aufgreift und damit englische Schrifttradition für gegenwärtige Setzmaschinen verfügbar macht und zugleich den Anforderungen der heutigen Typographie und Technik gerecht wird.

Kanji Schriftzeichen

von Andreas Harms

Geheimnisvolle Symbole

Chinesische Zeichen, hier auch als Kanji bezeichnet, werden heutzutage von über einer Milliarde Menschen benutzt. Deshalb gehören auch sie selbstverständlich zu den fünf offiziellen Schriften der UNO. Ihre Verwendung über Jahrtausende qualifizieren sie gleichzeitig als die älteste kontinuierlich existierende Schriftform unserer Erde. Trotz dieser enormen Verbreitung und langen Zeit des Gebrauches haben sie für alle nicht mit ihr vertrauten Menschen meist etwas Geheimnisvolles und fast Magisches an sich. Darüber hinaus degradieren sie den Außenstehenden rasch zum hilflosen Analphabeten, üben allerdings gleichzeitig eine faszinierende Anziehung auf den Betrachter aus.

Chinesische Zeichen, hier auch als Kanji bezeichnet, werden heutzutage von über einer Milliarde Menschen benutzt.

Die folgenden Seiten erläutern einige ihrer irritierendsten Aspekte, wie beispielsweise ihre komplexe Formgestaltung, ihre vielfältigen Aussprachemöglichkeiten oder die zeitraubenden Prozeduren, welche zum Auffinden einzelner Zeichen notwendig sind. Kurzum, die geheimnisvollen Schriftzeichen sollen etwas vom Hauch des Mystischen befreit werden und helfen, dem Leser die oberflächlich vielleicht verborgenen Vorzüge zu veranschaulichen.

Ein Bild - ein Wort

Zwei grundsätzlich verschiedene Bereiche schriftlicher Kommunikation definieren: phonetische Alphabete, deren Buchstaben Laute repräsentieren und piktographische Kanji, die unterschiedlichsten Worten eine bildliche Struktur verleihen.

Generell ist die Struktur von Kanji, im Gegensatz zu den phonographischen Buchstaben unserer Alphabete, vornehmlich durch Elemente bildlicher Natur gekennzeichnet, wobei überwiegend ganze Wortbegriffe repräsentiert werden. Durch diesen graduellen Unterschied lassen sich zwei grundsätzlich verschiedene Bereiche schriftlicher Kommunikation definieren: phonetische Alphabete, deren Buchstaben Laute repräsentieren und piktographische Kanji, die unterschiedlichsten Worten eine bildliche Struktur verleihen. Erst in zweiter Linie beinhalten die chinesischen Bildschriftzeichen auch Ausspracheanweisungen der jeweiligen Landessprache.

Neben diesem qualitativen Unterschied gelten folgende quantitative Merkmale, welche Kanji von allen Buchstaben gewöhnlicher Schriftalphabete abgrenzen:

- die Anzahl ist äußerst umfangreich,
- die Formen sind alle verschieden,
- die Strukturen sind komplex,
- die Aussprache ist mehrdeutig,
- die Erlernung erfordert lange Zeit,
- die Beherrschung verlangt stetige Anwendung.

Durch diese einzigartigen Merkmale der Kanji, insbesondere durch die Legionen von verschiedenen Zeichen, wird der seit jeher von sechsundzwanzig, höchstens jedoch ein paar hundert Buchstaben verwöhnte Benutzer eines gewöhnlichen Alphabetes leicht in ein Gefühl exotischer Beklommenheit versetzt.

Älteste Schrifttradition der Welt

Vor ca. 4000 Jahren entwickelten die Urchinesen der *Han* diese zahllosen Schriftzeichen. In China selbst werden sie *Hanzi*, in Korea dagegen *Hanja* und in Japan als *Kanji* bezeichnet. Die exakte wörtliche Übersetzung der beiden Zeichen ihres Namens 漢字 bedeutet *Schriftzeichen aus Han-*

China. Ihre grundlegende Form hat in der langjährigen Geschichte keinerlei schwerwiegende Änderungen erfahren und wird bis heute neben China, Japan und Korea auch in Hongkong, Vietnam, Okinawa sowie Malaysia verwendet. Kanji stellen durch ihre Existenz über Jahrtausende einen der integrierendsten Kristallisationspunkte der fernöstlichen Kultur dar. So ist zudem ihr steter Einfluß auf die Entwicklung moderner ostasiatischer Sprachverhalten durchaus vergleichbar mit der Wirkung des Lateinischen auf das Vokabular und die Syntax aller europäischen Sprachen.

Unter all diesen Ländern mit einem Schriftsystem, welches innerhalb des bestimmenden Wirkungskreises chinesischer Zeichen entstand, gehört das in Japan gebräuchliche sicherlich zu den kompliziertesten. Die chinesische Schrift und zwei zusätzliche Silbenschriften sind dort in Gebrauch, d.h. *Kanji*, *Hiragana* und *Katakana*. Jedoch ohne die bestimmenden chinesischen Kanji-Zeichen läßt sich das geschriebene Japanisch kaum vorstellen. Beide verwendeten Silbenzeichen beruhen interessanterweise ebenfalls auf den vom Festland stammenden Kanji-Originalen. In der Praxis werden alle diese drei Schriften jeweils in ihren eigenen spezifischen Bereichen eingesetzt.

Die erstmalig im japanischen Mittelalter von Frauen verwendeten *Hiragana*-Silben werden gegenwärtig fast ausschließlich für flektierte Endungen der durch Kanji beschriebenen Begriffswörter gebraucht. In der zweiten japanischen Silbenschrift, der *Katakana,* werden ausländischen Namen und Fremdwörter notiert. Die chinesischen Kanji-Originale dagegen werden als allein bestimmende Wortschriftzeichen für japanische Substantive, Verben oder Adjektive angewandt. Weitaus mehr als die profanen Silbenschriften symbolisieren hier die klassischen Kanji ähnlich wie in China, eine Jahrtausende während Tradition, die der Ausdruck eines besonderen Selbstbewußtseins und geistigen Haltung gegenüber Schrift ist.

Kanji stellen durch ihre Existenz über Jahrtausende einen der integrierendsten Kristallisationspunkte der fernöstlichen Kultur dar.

Hiragana für japanische Sprache,
***Katagana** für ausländische Notation*

Sprachunabhängigkeit der Kanji

Die lange Zeit ihrer Anwendung und Wertschätzung in Ostasien vermag allerdings nicht den größten Nachteil der Kanji zu verbergen. Gilt doch im allgemeinen der leicht nachvollziehbare Grundsatz, daß wenige Lautzeichen gegenüber zahlreichen Begriffszeichen wesentlich schneller zu erlernen und zu beherrschen sind. Kanji dagegen lassen sich nur mit einem äußerst intensiven Arbeitsaufwand erfassen.

Da aber Lautschriften wesensbedingt nur die Sprache einer bestimmten Nation wiedergeben, können Völker mit einer abweichenden Sprache nicht unmittelbar die Bedeutung in der fremden Sprache von Niedergeschriebenem nachvollziehen. Kanji dagegen sind als Träger ideographischer Elemente vollständig unabhängig von Lauten und daher an keine existierende Sprache gebunden. Ihre graphische Gestalt und ihr Sinngehalt sind gemeinhin äquivalent, d.h. ein Kanji mit bestimmter äußerer Form und seiner damit festgelegten Bedeutung kann theoretisch mit entsprechenden Ausdrücken aus allen Sprachen unserer Erde besetzt werden. Die Bedeutung des Zeichens wird durch andere Wortbelegungen nicht verändert und bleibt daher für alle ohne Ausnahme verständlich. Als Zeichenschrift repräsentieren Kanji damit eine weitaus universalere Form der schriftlichen Wiedergabe von Bedeutungsinhalten, als es Alphabetschriften jemals zu leisten vermögen.

Veranschaulicht bedeutet dies beispielsweise, daß sowohl in China als auch in Japan das Zeichen 水 für *Wasser* sofort in beiden Ländern als Ideogramm mit dieser Bedeutung vollkommen unabhängig von der Sprache erkannt wird. Durch diese grundlegende Beschaffenheit der Kanji ist eine schriftliche Darstellung von Bedeutungsinhalten ohne jegliche phonologische Unterstützung möglich. In unseren Alphabeten dagegen wird zur schriftlichen Übermittlung das gesprochene Wort einer Sprache, d.h. der jeweilige Ausdruck einer spezifischen Landessprache, in ihren lauttragenden Einheiten notiert. Erst gleichzeitig mit der Beherrschung der Sprache kann der konkrete Sinn des Geschriebenen naturgemäß aufgenommen werden. Würde aber das gesprochene Wort für z.B. *Wasser* in dem oben gezeigten universell gültigen Kanji Begriffszeichen 水 notiert werden, wäre eine unmittelbare schriftliche Verständigung jederzeit ohne die genaue Kennt-

Kanji sind als Träger ideographischer Elemente vollständig unabhängig von Lauten und daher an keine existierende Sprache gebunden.

nis der Sprache möglich. Der einzige, für die schriftliche Kommunikation aber unbedeutende, Unterschied wäre, daß das Zeichen 水 auf deutsch *Wasser,* auf französisch *eau,* auf englisch *water,* etc. ausgesprochen würde.

*Abb. 262
Kanji als universell gültige Begriffszeichen. Dasselbe Zeichen würde auf deutsch »Wasser«, auf französisch »eau« und auf englisch »water« ausgesprochen werden.*

Genau dieser Aspekt erlaubte es auch seit jeher den Chinesen, sich über alle unterschiedlichsten im Lande vorhandenen Sprachdialekte hinwegzusetzen, und problemlos miteinander schriftlich zu verkehren. Durch diesen einmaligen Vorzug stellen daher Kanji gegenüber Lautschriften eine spezielle Art von nicht-verbaler Kommunikation dar, die eine unmittelbare Verständigung durch ihre begriffliche Speicherung sprachlicher Informationen ermöglicht.

Westliche Bildzeichen

Der enorme Vorteil dieser sprachunabhängigen Eigenschaft ist auch in der westlichen Hemisphäre nicht ungenutzt geblieben. So verhalten sich mehrere Elemente in westlichen Schriftsystemen durchaus denen von Kanji sehr ähnlich. Beispielsweise liest sich nicht ohne Grund *1999* weitaus leichter als *Neunzehnhundertneunundneunzig* in Lautbuchstaben geschrieben. Darüber hinaus haben unsere Ziffern 1,2,3,.. den gleichen Vorteil, weltweit, unabhängig von einzelnen Landessprachen, sofort verstanden zu werden. Auch drücken ideographische Sonderzeichen, wie ein *?*, *$*, *%* oder *§*, kurz und prägnant weit mehr aus, als deren aus vielen Buchstaben gebildete Wortbedeutung. Wir können an diesem Beispiel sehen, daß sich durch die kurze Darstellungsweise mit Ziffern oder den o. a. Sonderzeichen einige Unzulänglichkeiten alphabetischer Notierung äußerst geschickt überdecken lassen.

Eine weitere den Kanij-Schriftzeichen durchaus entsprechende Symbolik beinhalten Piktogramme, d. h. Bildzeichen, deren Bedeutungen durch nachahmende formale Vereinfachung rasch zu erfassen sind. Ihre blitzschnelle und signalhafte optische Aussage, unter Einschluß elementarer Elemente der Ordnung und Harmonie, ist nicht nur funktionell den Kanji gleichzustellen. Überall, wo es auf schnelle Lesbarkeit für Menschen verschiedenster Sprachen ankommt, sind Piktogramme daher längst zu einem unverzichtbarem Träger der Information geworden. Somit wurde wesensgleich in der Entwicklung von Piktogrammen auch eine der grundlegenden Eigenschaften der Kanji nachvollzogen und in die Tat umgesetzt.

Seltenere Beipiele der auch vorhandenen, aber ungewohnt bildlichen Ausdruckskraft unseres Alphabetes, stellen einzelne Wörter wie *V-Ausschnitt*, *S-Kurve*, *T-Shirt* oder *X-* und *O-Beine* dar. Diese Wortbegriffe bilden völlig unabhängig vom zufälligen Laut ihrer Buchstaben, graphische Elemente des Alphabetes mit ihrer rein ikonischen Bedeutung ab. Ihre Wortbildungen veranschaulichen somit eine ungewohnte Darstellungskraft unseres Alphabetes, die sonst nur im Bereich der Kanji Begriffsschriften zu finden ist, und dort seit Jahrtausenden.

Unter den erwähnten Aspekten wird deutlich, daß bildliche Formen von Geschriebenem eine weitreichende Wirkung im Bereich nicht-verbaler Kommunikation ausüben. Kanji stellen im Gegensatz zu Alphabeten eine meist in ihrer graphischen Aussagefähigkeit unterschätzte klassische Übermittlungsform dar, die in dieser Weise eindeutige Vorteile gegenüber Lautschriften aufweist. Kurz zusammengefaßt könnte man die chinesischen Schriftzeichen in diesem Sinne als die höchste Form universal kodierter Kommunikation bezeichnen.

Zehntausende Zeichen

Leider haben Kanji auch einen gravierenden Nachteil gegenüber Alphabeten. Ihre zur Verständigung notwendige ungemein große Anzahl von Schriftzeichen erhebt sie in eine furchteinflößende Zeichenvielfalt. Nicht nur für den Schrift Lesenden, sondern auch für den Schrift Herstellenden, stellt dieses graphisch-plakative Schriftmedium eine Menge dar, welche alle anderen weltweit existierenden Buchstaben zu einer Kostprobe von Schriftzeichen degradiert. So liegt die stattliche Zahl aller jemals erdachten Kanji bei ungefähr 50.000 Zeichen. Diese Quantität dürfte aber wohl von einer einzigen Person kaum zu beherrschen sein, glücklicherweise aber waren auch niemals alle existierenden Kanji auf einmal zur schriftlichen Kommunikation notwendig.

Diese enorme Menge entstand aus anfänglich nur ca. 3.000 auf Knochen und Schildkrötenpanzern gezeichneten Wortbildern, die 2.000 Jahre vor unserer Zeitrechnung im Gebiet des Gelben Flusses auftraten. Allerdings hatten sich schon 200 n. Chr. bereits zehntausende, in imaginäre Rechtecke eingebettete, mehr und mehr stilisierte Zeichen entwickelt. Anfang des 18. Jahrhunderts belief sich der chinesische Zeichenschatz im Standardlexikon *Kang-xi zi-dian* auf über 40.000 Kanji. Heute sind in China jedoch nur ca. 8.500 Zeichen in Gebrauch, und ein akademisch gebildeter Chinese benötigt zur täglichen Verständigung im Schnitt nicht mehr als 5.000 Kanji.

Ein akademisch gebildeter Chinese benötigt zur täglichen Verständigung im Schnitt nicht mehr als 5.000 Kanji.

In Japan ist die benötigte Zahl der für amtliche Veröffentlichungen zugelassenen Kanji sogar offiziell auf die knapp 2.000 *Tôyô Kanji* begrenzt worden. Diese Anzahl von Zeichen stellte kurz nach dem Ende des 2.Weltkriegs das Japanische Erziehungsministerium zusammen und sollte die wichtigsten und gebräuchlichsten Schriftzeichen des Landes repräsentieren. Obwohl diese wohlgemeinte Verringerung bereits im Jahre 1951 um 92 Kanji für Personennamen erweitert wurde, folgten Verlage und andere Herausgeber von Druckerzeugnissen schon damals nur selten diesen einschränkenden Richtlinien, d.h. in der Praxis werden sie heutzutage sogar schlichtweg ignoriert.

In der Praxis wird die Begrenzung auf 2000 Tôyô Kanji heutzutage ignoriert.

Im Jahre 1981 wurde die normierte Liste der *Tôyô Kanji* nochmals revidiert und mündete in der genau 1945 Zeichen umfassenden Kompilation der *Kanji für den täglichen Gebrauch*, den sogenannten *Jôyô Kanji*. Von diesen Zeichen

Abb. 263
Fortschreitende
Abstraktion des
Zeichens »Pferd«.

werden 996 als *Kyôiku Kanji* in den sechs Grundschuljahren unterrichtet. In den ersten 12 Schulmonaten werden davon z.B. 76 gelehrt, in den Jahren darauf jeweils 145, 195, 195, 195 und 190 Zeichen. Der japanische »ASCII«-Standardzeichensatz des JIS-Standardisierungskomitees aus dem Jahre 1990 beinhaltet zwar 6.355 Kanji, allerdings dürften gegenwärtig in der allgemein zugänglichen Literatur kaum mehr als 3.000 Zeichen im ständigen Gebrauch sein. In China wiederum legt der GB-Standard aus dem Jahr 1980 genau 6.763 Schriftzeichen fest, wobei auf dem chinesischen Festland mehr Zeichen benutzt werden müssen als in Japan. (Es fehlen die Kana).

Kanji Elemente

Die Erlernung von Kanji wird entscheidend durch ihre Zusammensetzung aus jeweils einer limitierten Anzahl von graphischen Grundelementen erleichtert. Traditionellerweise ist beim Niederschreiben die Reihenfolge dieser Bestandteile, teilweise abhängig vom jeweiligen Schreibinstrument, genaustens festgelegt. Als Faustregel gilt auch hier der allgemeine Grundsatz, daß ein Zeichen von oben links nach unten rechts geschrieben wird. Für jedes Teil gilt es, genaustens die Schreibrichtung, die Reihenfolge der Striche und die Gesamtstrichzahl zu beachten. Generell werden die einzelnen waagerechten Striche von links nach rechts, schräge oder senkrechte Striche von oben nach unten geschrieben.

Darüber hinaus gelten für Kanji verschiedene, aber einfach anzuwendende Gesetzmäßigkeiten, durch die auch komplexeste Zeichen doch relativ leicht erschließbar werden. Mehr noch, allein die Kenntnis dieser wichtigsten Grundelemente ermöglicht überhaupt erst die vollkommene Beherrschung der wichtigsten Schriftzeichen.

Zudem kann jedes Kanji-Zeichen nach seiner Entstehung und Gestalt in eine von vier Gruppen eingeteilt werden, durch die sich die Gesamtheit der Bildzeichen etwas genauer gliedern läßt. Folgende Differenzierung nach der Art der Zusammenstellung der elementaren Bestandteile eines Zeichens wird allgemein vorgenommen:

A Kanji-Piktogramme   B Kanji-Sinnbilder
C Kanji-Ideogramme   D Kanji-Phonologogramme

Die Zeichengruppe der Piktogramme umfaßt die historisch ältesten Kanji von meist einfacher Gestalt. Diese Zeichen stellen häufig natürliche Gegenstände oder Erscheinungen dar, die trotz abstrakter Formgebung alle abgebildeten Objekte klar erkennen läßt. Einige Kanji dieser Gruppe wurden in höherem Maße stilisiert, wie z.B. das Zeichen für Pferd (Abb. 263). Andere Kanji dagegen, wie das Zeichen für Mond, wurden im Laufe ihrer Entstehungsgeschichte um ihre eigene Achse gedreht (Abb. 264).

Eine zweite Gruppe der Sinnbilder beinhaltet Schriftzeichen abstrakter Begriffe oder Zahlen. Diese symbolischen Kanji versuchen ihre Bedeutungen durch wenige Striche knapp darzustellen. So deutet ein waagerechter Strich *eins* 一 an, zwei Striche *zwei* 二, ein stilisierter Kreis mit einem Strich durch die Mitte bedeutet *Zentrum* 中. Das Zeichen für *Zentrum* wiederum bildet in Verbindung mit dem Kanji für *Land/Staat* den Namen für China, *das Reich der Mitte.* In dieser Weise wurden die einzelnen Grundbedeutungen der Elemente geschickt miteinander verknüpft.

Eine weitere Gruppe, die Ideogramme, umfaßt die Bildkombinationen, welche einen erweiterten Wortschatz auszudrücken vermögen. Bereits existierende Bilder, hier wiederum zu neuen Kombinationen zusammengestellt, bestimmen beispielsweise die einfache Kombination der beiden Elemente *Frau und Kind* im Schriftzeichen 好 (Kô) mit dem Sinn *gernhaben.* Zwei Bäume 林 nebeneinander bedeuten *Wäldchen,* drei Bäume 森 stehen für *Forst.* Die abstrahierten Bilder, welche einzeln *Sonne* und *Mond* darstellen, gelten kombiniert 明 für *Helligkeit:* eine Darstellung der Sonne, die am Morgen hinter Bäumen aufgeht, veranschaulicht *Osten,* etc.

Abb. 264 (oben)
Die Drehung des
Kanji »Mond«
um seine
Achse

Abb. 265 (links)
Darstellung mit
wenigen Strichen:
eins, zwei, oben,
unten, Mitte.

329

*Abb. 266
Sonne + Baum=Osten
Am Morgen
erscheint die
Sonne hinter den
Bäumen im Osten.*

Schwerer erschließbar wird erst der Sinn von einzelnen Kanji bei rein abstrakten Begriffen. Für diese Zeichen werden bereits vorhandene Piktogramme zu neuen Verbindungen kombiniert, um damit abstrakteste Inhalte darstellen zu können.

Der größte Teil der Kanji gehört aber zu den Phono-Logogrammen. Ungefähr 80 % der chinesischen Schriftzeichen sind auf diese Weise konstruiert. Diese Zeichen wurden damals neu geschaffen, um neben der reinen Bedeutung zusätzlich die Lesung des Zeichens angeben zu können, d.h. den Kanji wurden hier neben ihrer graphischen Aussagefunktion noch zusätzlich alphabetische Eigenschaften mit auf den Weg gegeben. So können alle Elemente die Grundbedeutung anzeigen, ein bestimmter Teil aber darüberhinaus gezielt auf die Aussprache des Kanji verweisen. Nach der Position dieses lautangebenden Teilelementes werden die Phono-Logogramme nochmals in sechs Gruppen eingeteilt:

*80% der Kanji
enhalten Elemente
der Aussprache.*

	Position für			
	Sinn	**Lesung**	**Bedeutung**	**Kanji**
(1)	links	rechts	Kô (Bucht)	江
(2)	rechts	links	KA (Lied)	歌
(3)	oben	unten	KA (Blume)	花
(4)	unten	oben	SEI (füllen)	盛
(5)	außen	innen	EN (Garten)	園
(6)	innen	außen	MON (fragen)	問

*Abb. 267
Die sechs Gruppen
der
Phono-Logogramme*

Im ersten Beispiel Bucht 江 bedeuten die drei linken Striche Wasser und stehen auf der linken Seite (Position: *hen*). Der rechte Teil wird alleinstehend Kô ausgesprochen und zeigt damit eine gleichlautende Aussprache des Gesamtzeichens an. Die graphische Gestalt des rechten Teiles deutet darüber hinaus die Bedeutung *Bucht* an.

Bei der Mehrzahl befindet sich der lautandeutende Teil des Zeichens auf der rechten Seite, der sinnandeutende auf der linken. In der Forschung über die Ursprünge der Kanji-Zeichen versuchen viele Theorien zu belegen, daß Kanji immer nach diesen leicht einsehbaren Gesetzmäßigkeiten zusammengesetzt sind, d.h. ohne Ausnahme sowohl Merkmale der Bedeutung als auch welche der Aussprache aufweisen. Der Beweis für diese Thesen ist heutzutage jedoch nicht leicht zu erbringen, da viele Kanji inzwischen doch einige historische Unregelmäßigkeiten aufweisen.

Am Rande vermerkt sei noch, daß auf diese Weise auch die Japaner im Laufe ihrer Schriftgeschichte einige hundert rein japanische Kanji zur Bezeichnung spezieller japanischer Pflanzen- und Tiernamen oder entlehnter europäischer Begriffe erstellt haben. Diese nach dem chinesischen Vorbild entstandenen Schriftzeichen (*Kokuji*) bestehen ebenfalls aus den Grundelementen der chinesischen Urzeichen und nutzen die kombinatorischen Möglichkeiten der Zusammensetzung vorteilhaft aus.

Klassifizierung von Kanji

Entsprechend unserem Alphabet müssen Kanji, z.B. für Nachschlagetabellen oder Wörterbücher, kompiliert und lexikalisch angeordnet werden. Zur raschen und zweifelsfreien Bestimmung der Schriftzeichen müssen daher Kanji mit Unterstützung spezieller Suchkriterien aufzufinden sein. Drei Bestimmungsarten werden üblicherweise in der Praxis angewandt. Als wichtigste Hilfe dienen auf Kanji zugeschnittene Ordnungskriterien, von denen im Laufe der Jahrhunderte stets vorhandene weiter verbessert wurden.

Das Kanji-ABC besteht aus 214 Radikalen und dient der systematischen Ordnung der Kanji.

Vor ungefähr dreihundert Jahren standardisierten die Chinesen das gegenwärtig gebräuchlichste System erstmals vollständig. Es ordnet systematisch die Schriftzeichen nach 214 unterschiedlichen Klassenzeichen, sogenannten Radikalen. Da es sich sozusagen um das Kanji-ABC handelt, gehört das Aneignen dieser 214 Klassenzeichen zum anfänglichen Grundstoff eines jeden Lernenden. So war auch schon vor über hundert Jahren das Studium zumindestens der knapp siebzig wichtigsten Radikale für die ersten Missionare in China die bedeutendste Pflichtübung ihres beginnenden Aufenthaltes im Land.

Je nach der Position innerhalb eines Kanji werden die 214 Radikale unterschiedlich bezeichnet. Die folgende Zusammenstellung gibt einen Überblick über die einzelnen Typen von Klassenzeichen und ihre Benennung:

Abb. 268
Häufig auftretende
Radikale, geordnet
nach ihrem
Erscheinen in der
214'er Liste.

Mensch	人	Mund	口	Frau	女
Kind	子	Herz	心	Wasser	水
Feuer	火	Faden	糸	Sprechen	言
Metall	金	Fisch	魚	Pferd	鳥

Zur Bestimmung eines unbekannten Schriftzeichens sind im allgemeinen mehrere Schritte notwendig: zuerst wird die Anzahl der Striche des zugehörigen Radikals ermittelt. Anschließend muß in der nach Strichzahl sortierten Liste der 214 Radikale das entsprechende Klassenzeichen herausgesucht werden. Danach zählt man die Striche des Kanji, abzüglich der Anzahl des bereits ermittelten Radikals. Mit der Kombination aus beiden Informationen, d.h. Radikal-Nummer sowie der Reststrichzahl, läßt sich im allgemeinen jedes beliebige Zeichen mit dieser Methode auffinden.

Abb. 269
Die wichtigsten
Grundpositionen
der in Kanji-Zeichen
enthaltenen
Elemente.

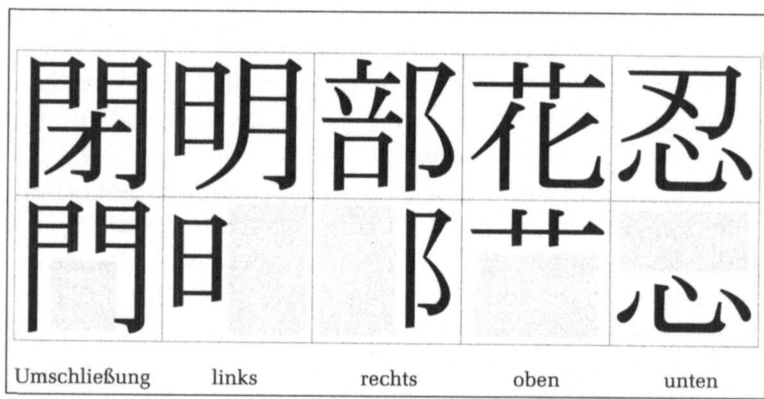

| Umschließung | links | rechts | oben | unten |

Da aber die meisten Kanji Zeichen aus mehr als einem Element bestehen, ist eine derartige Suche nach dem lexikalischen Klassenzeichen oft recht mühselig und zeitaufwendig. Dennoch wird bis in die Gegenwart grundsätzlich das historisch gewachsene 214er Klassifikationsschema in dieser oder einer wenig abgewandelten Form verwendet. Eine weitaus schnellere Bestimmung von Kanji wird erst in der Gegenwart durch den Einsatz moderner Datenverarbeitung ermöglicht.

Gewissermaßen als Nebeneffekt ist aus dem notwendigen Grundwissen über die Elemente eines Kanji nicht selten auf Anhieb die Gesamtbedeutung eines Schriftzeichens zu ersehen. Da andererseits viele Elemente zusammengesetzter Schriftzeichen in der Neuzeit aber stark vereinfacht wurden, lassen die Elemente alleine heutzutage eine allzu sichere Deutung oft aber auch nicht mehr zu.

Die Liste in Abb. 268 zeigt exemplarisch zwölf häufig auftretende Radikale, geordnet nach ihrer Anordnung in der 214er Liste.

In Abbildung 270 haben alle Schriftzeichen das Radikal für *Frau* 女 auf der linken Seite und lassen sich unter diesem Ordnungselement problemlos mit Unterstützung der verbleibenden Anzahl der Striche des Zeichens auffinden.

女 好 始 姉
妊 妬 奴 嫐
姓 娩 孄 嬬

Abb. 270
Diese Schriftzeichen
haben das Kanji
»Frau« (links oben)
als Radikal auf der
linken Seite.

Von allen verfügbaren Methoden führt in den meisten Fällen diese Radikal-Methode am schnellsten zum Erfolg. Da aber bei den Schriftreformen der jüngsten Zeit die Radikale durch die Vereinfachung hunderter von Zeichen, unter dem sie seither aufgeführt waren, wegfielen, gibt dieses Ordnungssystem mittlerweile häufig Anlaß zur Kritik. Die einzige wirkliche Alternative wäre eine Neuordnung der Kanji unter Berücksichtigung der Schriftzeichenreformen. In Japan hat man sich jedoch bisher ausnahmslos für eine Beibehaltung der bewährten historisch gewachsenen Regeln entschieden.

Eine gänzlich andere Möglichkeit, ein Kanji aufzufinden, ist die Anwendung eines nach Aussprache sortierten Registers (*on-kun sakuin*). In den nach Lesung geordneten Verzeichnissen können die Kanji nach der Aussprache bestimmt werden. Bei gleichlautender Lesung sind die Zeichen wiederum nach Strichzahl oder Radikalen unterteilt. Diese Bestimmungsweise setzt allerdings voraus, daß eine Lesung des Zeichens bereits mindestens bekannt ist, was aber meist gerade das gewünschte Ziel bildet.

Die dritte verbreitete Standardmethode zur Suche von Zeichen ist das rein mechanische Abzählen aller in einem Kanji auftretenden Striche. Im entsprechenden Strichindex (*sôkaku sakuin*) kann mit Hilfe der ermittelten Strichanzahl das Zeichen gesucht werden und mit einer dem Kanji beigefügten fortlaufenden Verweisnummer direkt nachgeschlagen werden. Unter den Zeichen mit gleicher Anzahl von Strichen findet daraufhin häufig eine weitere Klassifizierung nach Radikalen statt.

Als generelle Regel zum Abzählen der Striche eines Kanji gilt für diese Methode, daß, unabhängig von der Komplexität oder Form, erst mit dem Absetzen des Stiftes oder Pinsels ein neuer Strich beginnt.

Als generelle Regel zum Abzählen der Striche eines Kanji gilt für diese Methode, daß, unabhängig von der Komplexität oder Form, erst mit dem Absetzen des Stiftes oder Pinsels ein neuer Strich beginnt. Die Benutzung dieses Indexes erfordert daher eine genaue Kenntnis der Schreibregeln und ist die zeitaufwendigste Suchmethode. Teilweise kann die Anzahl der Striche auch zweideutig sein und es können im ungünstigsten Fall unter der gleichen Strichzahl Hunderte von Zeichen aufgelistet sein. Damit ist die Suche mit Hilfe der Strichzahl die letzte Methode, die üblicherweise erst bei einem Mißerfolg der anderen beiden Arten gewählt wird.

Die Strichzahl von Kanji kann dabei sehr unterschiedlich sein, so benötigen nach einer Untersuchung des Ministeriums für Schulwesen der VR China die 2.000 meist benutzten Zeichen pro Schriftzeichen durchschnittlich 11,2 Striche. Weniger als ein Zehntel der Zeichen haben weniger als fünf Striche, die höchste Strichzahl beläuft sich nach der Studie auf 27. Seltener jedoch werden Kanji aus bis zu 60 (!) Strichen gebildet. So ist das aus vier Drachen zusammengesetzte Schriftzeichen *ta* mit *64* Einzelstrichen erfreulicherweise ein seltenes Unikum.

Abb. 271
»Ta«, das Kanji mit
den meisten Strichen
(64). Vier Drachen
mit der Bedeutung
»gewaltig«.

Statische Zeichenkomposition

Theoretisch basieren die Schriftzeichen in Japan auf acht klassischen Formen von Pinselstrichen, aber die Praxis zeigt doch, daß weitaus mehr benutzt werden. Die einzelnen Kanji und erst in der Neuzeit spärlich auftretenden Satzzeichen sitzen stets mit optisch gleicher Größenwirkung im Geviert. Alle Zeichen werden fortlaufend, unabhängig von der konkreten Anzahl der enthaltenen Striche, in imaginären, lückenlos aufschließenden Quadraten gleicher Größe angeordnet. Da in China alle Zeichen, und in Japan ein großer Teil der Kanji, einsilbig ausgesprochen werden, bestand bisher keine Veranlassung, im Schriftbild eine bestimmte Segmentierung vorzunehmen, um damit z. B. Wortgrenzen anzuzeigen.

Die formale Textgestaltung erfolgt traditionellerweise von oben nach unten und von rechts nach links. In naturwissenschaftlichen Druckerzeugnissen ist jedoch auch häufig die westliche Art der Anordnung von links nach rechts anzutreffen. Beide Schreibweisen finden sich in den Tageszeitungen

Die formale Textgestaltung erfolgt traditionellerweise von oben nach unten und von rechts nach links.

335

Ostasiens. Die redaktionellen Artikel sind meist senkrecht geschrieben, Werbung und Überschriften benutzen teils waagerechte, teils senkrechte Textanordnung.

あとがき

筆者は，1940年11月11日，ポメラニア地方（当時ドイツ領，現ポーランド領）のスタルガルトで農家の息子として生まれた。1945年に一家はハンブルク近郊に亡命した。その後大学に進んで高エネルギー物理学を専攻し，1971年には「電子を利用した中間子の製造」をテーマにした学位論文を書いた。

同年，現在のパートナーである Dr. Rubow と Dr. Weber が，URW社［Unternehmensberatung Rubow Weber］を設立し，1972年の始めに筆者が三番目のパートナーとして加わることになった。その年の後半に，デュッセルドルフの Walter Brendel 氏と出会い，コンサルタント・プログラマーとしてハンブルクのARISTO社で，フラット・ベッド・プロッタを使った書体のビニールシートでのカッティング法の開発に携わることになった。

その当時，ディジタル・フォントの作成が生涯の仕事になるだろうと言われていたら，決して信じる気持ちにはなれなかったと思う。だが現実には，それがいつの間にかこの上なく楽しくまた興味の尽きない仕事となり，現在まで続いているわけである。狭いタイポグラフィ界ではあるが（おそらく世界中で千人ぐらいしかいないのではないだろうか），愛すべき面白い人材との出会いがたくさんあった。そういう人達の多くは友人であり，あるいはATypI の会員である。

当初，プログラムとしてのIKARUSは，バグのせいで，神話のように「落っこちてしまう」ことが何度もあった。挫折するたび，Rubow と Weber の両氏がいつも変わらぬ援助の手を差しのべてくれたことは，誠にありがたく思っている。

また，貴重なアドバイスを賜り，1975年には ATypI に紹介の労をとって

433

Kanji Schriftstile

Entspechend unseren Alphabeten existieren in Ostasien formale Unterschiede zwischen der Druckschrift und der handschriftlichen Darstellung. Die Form der Kanji wurde jedoch seit Jahrhunderten stark durch den Duktus des Schreibpinsels bestimmt. In der Handschrift werden in Japan drei Schriftstile unterschieden, eine standardisierte Normschrift (*Kaisho*), eine vereinfachte Kursivschrift (*Gyôsho*) und die durch äußerste Vereinfachung herauskristallisierte kalligraphische Kurzschrift (*Sôsho*).

Die bekanntesten Stilbezeichnungen unter den ca. 350 japanischen Druckschriften sind die *Minchô*, vergleichbar mit Serifenschriften wie der *Baskerville*, sowie der serifenlose Goshikku-Stil (Gothic) vergleichbar mit der *Futura*. Die durch ihre klassische *Uroko*-Serife gekennzeichnete *Minchô* war sowohl die erste Schrift für den Photosatz, als auch die erste verfügbare Schrift für digitale Formate.

Die verbreitetsten chinesischen Schriftstile sind die *Song ti* und die *Hei ti*, welche beide die Vorbilder der genannten japanischen Schriften bilden. Alle Schriften wurden bisher weitgehend traditionell gesetzt und erst in jüngster Zeit lassen es moderne Satztechniken zu, über die hergebrachte statische Anordnung von Kanji-Zeichen nachzudenken und gegebenfalls Alternativen zu entwickeln.

Abb.273

Das Zeichen Sho im Gyôsho-Stil, die Bedeutung ist »Schreiben«

上海 上海

Die chinesische Schreibweise des Stadtnamens Shanghai (» über dem Meer«) in den Schriftarten Song Ti und Hei Ti.

Das linke Kanji »oben« verweist auf einen Bereich »über der Linie«. Anfangs wurde es mit zwei waagerechten Linien gezeichnet. Die senkrechte Linie ist in späterer Zeit zur Verdeutlichung hinzugefügt worden.

Das rechte Zeichen »Meer« setzt sich aus »Wasser« und »immer« zusammen, wobei »immer« auch phonetisch »salzig« ausdrücken kann, d.h. »jeder Tropfen salzigen Wassers«, alle Wasser enden im Meer.

Minchô = Song ti
Gothic = Hei ti

Abb. 274

Langer Marsch der Drucktechnik

Die nicht-handschriftliche Wiedergabe von Kanji-Schriftzeichen hat ebenso wie die ihrer Entstehungsgeschichte eine lange Periode von kontinuierlichen Entwicklungsschritten hinter sich. Die ältesten Hochdruckformen der Welt bildeten beispielsweise Siegelstempel, welche zur Signierung von Akten oder Urkunden bereits vor der Zeitwende in China benutzt wurden und großen Einfluß auf die Schriftentwicklung nahmen. Die noch heute zusätzlich bei Unterschriften gebräuchlichen Namensstempel verdeutlichen in charakteristischer Weise jene ersten in Elfenbein, Jade, Holz oder Ton geschnittenen Wortzeichen. Im frühen Mittelalter, also weit vor Gutenbergs Erfindung, wurden in China bereits Schriften auf bewegliche Ton- und Holzlettern übertragen. In Japan erschienen am Anfang des 17. Jahrhunderts die ersten als Ziegeldruck hergestellten *Yomiuri*-Nachrichtenblätter. Damals wurden die zu verbreitenden Neuigkeiten von Holzblöcken abgezogen oder auf frische Tonziegel graviert, die man anschließend brannte und zum Druck nutzte. Im selben Zeitraum erschien auch die erste japanische Zeitung, eine Übersetzung des holländischen Blattes aus Batavia, als *Batavia-Shinbun* (Shinbun = neu gehörtes = Zeitung). Für Satztypen dieser Zeit blieb stets die durch den Pinsel geschaffene Form der Zeichen bestimmend.

Erst im Jahr 1868 leiteten durch das damals populäre Blockdruckverfahren mit beweglichen Holzlettern neue Schriftstile den modernen Druck ein. Die darauf folgenden Zeichen für den Bleisatz wurden interessanterweise Katsuji, d. h. lebendige Zeichen, genannt und deuteten dadurch Erwartungen an, die an die neuen technischen Möglichkeiten geknüpft waren. Heute werden in Japan Kanji-Schriftzeichen durch die größten Zeitungen des Landes, Asahi-, Yomiuri oder Mainichi-Shinbun in millionenfacher Auflage und einer Vielzahl von Stilen verbreitet.

Im Jahre 1952 verbesserte sich in Japan mit einem Schlag das umständliche Setzen der täglich benötigten Kanji durch die Entwicklung halbautomatischer Schriftzeichensetzmaschinen. Seither konnten per Tastendruck ausgewählte Schriftzeichen bereits über Telex in Reihe gegossen werden. Auf den zu Beginn der siebziger Jahre populär gewordenen Offsetdruck und den Photosatz folgte mit etwas Verspätung auch in

Im frühen Mittelalter, also weit vor Gutenbergs Erfindung, wurden in China bereits Schriften auf bewegliche Ton- und Holzlettern übertragen.

Ostasien der elektronische Satz mittels Computer. Viele Probleme im Einsatz moderner Systeme zur Informationsverarbeitung waren anfänglich durch die bereits geschilderte Komplexität der Kanji-Schriftzeichen bedingt. Möglicherweise waren diese Schwierigkeiten aber auch zum Teil nur darauf zurückzuführen, daß die eingesetzte Technik importiert und auf westliche Bedürfnisse ausgerichtet war. Zum Glück können in Japan alle Kanji auch durch die Kana-Silbenzeichen ausgedrückt werden, und dazu braucht man nur 51 Zeichen, die auf einer normalen Tastatur bequem untergebracht werden können.

Dennoch ist die Eingabe am Computer in Asien, bedingt durch den notwendigen Zugriff auf unterschiedlichste Schriftarten mit mehreren tausend Zeichen, immer noch erheblich erschwert. Erst mit dem Eintippen der Silben direkt am Terminal und anschließender interaktiver Umwandlung in die gewünschten Kanji-Schriftzeichen unter Verwendung eines sogenannten Front-end-processors (FEP) wurde die bislang komplizierte Selektion der Kanji entscheidend erleichtert. Diese Lösung hat den Benutzer von allen bislang vorhandenen Erschwernissen bei der Eingabe von Schriftzeichen befreit und ebnete enorm den Weg zur modernen Datenverarbeitung. Erst durch die Verwendung dieser Möglichkeiten konnten sich Computer und elektronische Textverarbeitungssysteme, die berühmten *Wapuro* (Word Processor), im asisatischen Massenmarkt eine so große Popularität verschaffen, daß ihre Existenz heute nicht mehr wegzudenken ist. Unter der Verwendung von horizontalem oder vertikalem Satz in Verbindung mit einer stetig wachsenden Anzahl von unterschiedlichen Kanji-Schriften vermögen mittlerweile Computer Erleichterungen zu schaffen, die denen des Westens in kaum etwas nachstehen. Nicht zuletzt gehört doch die Verarbeitung von großen (Kanji) Datenmengen zu den leichteren Aufgaben in der elektronischen Datenverarbeitung.

Auch ist mit dem Einzug der Computer endgültig die Diskussion darüber abgeschlossen worden, ob man in China oder Japan nicht besser die Umschreibung der Sprache mit lateinischen Buchstaben vornehmen sollte. Es gibt keine unlösbare Schwierigkeiten mit Kanji mehr weder im Bereich der Druckindustrie noch in der Büroautomatisierung. Im Gegenteil, sogar Vorteile hinsichtlich des Informationsgehaltes weist die Speicherung von Kanji in 16 Bit Einheiten gegenüber der

*Wapuro =
Wo(rd) pro(cessor)
haben erst die
elektronische
Textverarbeitung
ermöglicht.*

339

ASCII-Speicherung in 8 Bit auf. Die Zukunftsaussichten der Kanji sehen somit bestens aus.

Langwierige Schriftherstellung

Erstmals in der Geschichte der Schriftzeichen wurde es durch den Einsatz der Rechenanlagen auch möglich, zahlreiche neue Schriftstile und -variationen innerhalb eines überschaubaren Zeitraumes anzufertigen. Was früher eine Aufgabe von Jahren und einen hohen Einsatz von Arbeitskraft bedeutete, hat sich heute enorm beschleunigt, auch wenn die Erstellung einer Schrift immer noch keine Arbeit von Tagen und ausschließlich eines Schriftdesigners ist.

Nur 350 Kanji - Stile

Aufgrund der großen Menge von Zeichen eines Kanji-Schriftschnittes sind »nur« etwa 350 verschiedene Kanji-Schriften entstanden, während mindestens 6000 lateinische existieren; manche behaupten sogar 16.000. Aber: ein Kanji ist im Mittel 4,5 mal komplizierter als ein lateinischer Buchstabe, und ferner verhält sich der Zeichenumfang wie 7000 zu 300. Rein rechnerisch ergibt sich ein Faktor 100 als Unterschied.

*Abb. 275
Ein Verhältnis
von 1 : 100 bei der
Herstellung von
lateinischen zu
Kanji-Schriften*

Das wirkt sich auf die Herstellung von Schriften folgendermaßen aus: während eine lateinische Schrift in einem Monat entworfen werden kann, brauchen ein japanischer Schriftdesigner und seine acht bis zehn Mitarbeiter ein Jahr, das entspricht damit etwa 100 Monate Arbeit beim Entwurf. Für das Digitalisieren gilt dasselbe Verhältnis. Somit waren die Japaner mit 35.000 »Schriften« ihrer Geschichte demnach viel fleißiger. Wir sehen daran, daß in Asien die Wertschätzung von Schrift somit nicht unter der unserer westlichen Welt liegt, erforderte doch die Erstellung aller vorhandenen Zeichen mehrere Jahrzehnte. Bei dieser Art der Zeichenherstellung ist gerade die graphische Homogenität des Schriftbildes ein Gesichtspunkt, den es besonders zu beachten gilt. Ein gängiges Verfahren dafür besteht im übereinstimmenden Entwurf häufig auftretender Zeichenbestandteile. Damit stehen trotz der zahlreichen Vorteile einer Begriffsschrift leider auch einige beträchtliche Hürden bei der Gestaltung dieser umfangreichen Menge Kanji gegenüber.

Unter diesen Aspekten ist es leicht verständlich, daß sich beispielsweise in Japan zahlreiche Unternehmen im *Font Development and Promotion Center* unter der Obhut des JIS-Komitees zur Erstellung zweier kompletter *Mincho* und *Goshiku* Schriftfamilien zusammengeschlossen haben. Gleichzeitig erleichtern sie damit auf dem kaum den Bedarf deckenden Schriftmarkt einen weiteren Zugang zu weniger kostenintensiven Text- und Displayschriften. Aber trotz der großen Aufgaben hinsichtlich der Generierung von Schriftzeichen bleibt für alle asiatischen Typographen doch die ursprüngliche Bildhaftigkeit von Kanji immer ein gekonnter Ausdruck ästhetischer Vorstellungen. Zugleich verspricht das komplexe System der Schriftzeichen vielfältige und auch faszinierende Möglichkeiten der Schriftgestaltung.

In diesem Zusammenhang soll abschließend noch einmal besonders darauf hingewiesen werden, daß in der ostasiatischen Kunst die Kanji zu allen Zeiten einen enormen Einfluß auf fast alle Bereiche der Gesellschaft ausübten. Schrift und Denken sind für Chinesen und Japaner wahrscheinlich weitaus enger miteinander verbunden als für Benutzer anderer Schriftsysteme, denn niemals war die Bedeutung von Schrift im Westen eine so hohe Kunst der visuellen Ansprache wie in der ostasiatischen Kultur. Schrift gilt dort seit jeher als die erste und höchste Form der Kunst.

Der Entwurf einer japanischen Schrift erfordert etwa 100 Monate Arbeit.

»Ende«

Marketing

Mike Parker, ehemals typographischer Direktor von Linotype, dann Gründer der Firma Bitstream, später Agent für die URW Schriftbibliothek und heute selbständig mit seiner Firma Pages, hat mir einmal die Bedeutung von Marketing sehr einleuchtend so erklärt:

»Peter, warum ißt Du keine Enteneier zum Frühstück? Enteneier sind viel gesünder und könnten sogar billiger hergestellt werden.«

»Nun, selbst wenn ich mich umstellen wollte, ich könnte ja keine Enteneier kaufen.«

»Ja, siehst Du. Und weißt Du woran das liegt? Hühner und Enten sind schon seit vielen hundert Jahren Haustiere und leben mit den Menschen. Wenn die Ente ein Ei gelegt hat, liegt es irgendwo versteckt, und die Ente gibt keinen Piepser von sich. Wenn aber die Henne ein Ei gelegt hat, liegt es mitten im Nest, und sie gackert penetrant laut.«

Kapitel 16

Klassifikation der Schriften nach DIN

von Karl H. Warkentin

Alle Schriften, die in diesem Buch abgebildet sind, und natürlich auch die vielen anderen, die es auf der Welt gibt und hier nicht abgebildet werden konnten, lassen sich nach den verschiedensten Kriterien sortieren, kategorisieren und typisieren.

Man kann das nach den unterschiedlichsten Kriterien und für die verschiedensten Zwecke tun. Ein Sprachwissenschaftler wird dabei andere Anforderungen und Kriterien an das System der Klassifikation stellen als z.B. ein Setzer oder Typograph. Denkbar ist die Klassifikation von Schriften u.a. nach schriftgeschichtlichen Kriterien, nach der geographischen oder sprachlichen Herkunft, nach der Schreibrichtung, dem Zeichensystem oder aber den verschiedensten gestalterischen Kriterien.

In Deutschland gibt es für die Klassifikation der Druckschriften eine Norm, die diese Klassifikation in erster Linie für die lateinischen Schriften regelt. Diese »Klassifikation der Druckschriften nach DIN 16518« unterteilt die lateinischen Schriften in zehn Hauptklassen und fünf Untergruppen (gebrochene Schriften). Zehn Klassen wirken auf den ersten Eindruck als recht viel, und es scheint, als würden die Schriften gar nicht unterschiedlich genug sein, um sie so vielen verschiedenen Klassen zuordnen zu können.

Der niederländische Typograph und Dozent Gerrit Noordzij hat während seiner Lehrtätigkeit einmal ein typographisches »Spiel« entwickelt. Es bestand aus 15 kleinen Karten, auf denen jeweils die Buchstaben »en« in 15 verschiedenen lateinischen Schriften abgebildet waren. Die Aufgabe der Studenten war es nun, jeder für sich, die Kärtchen nach einem beliebigen Unterscheidungsmerkmal auf zwei verschiedene Stapel zu sortieren. Die erste Reaktion war meist »...ach, das ist doch ganz einfach...« Das Ergebnis fiel dann so aus, daß fast jeder ein anderes Unterscheidungsmerkmal verwendete, und folglich jeder zwei andere Kartenstapel hatte. Dieses Spiel kann man natürlich mit einem anderen Unterscheidungskriterium beliebig oft wiederholen und bekommt so immer wieder andere Zusammenstellungen von nur fünfzehn Schriften. Diese »binäre Schriftklassifikation« zeigt, daß man Schriften nach sehr offensichtlichen Kriterien klassifizieren kann, daß aber auch die Möglichkeit besteht, je nach Exaktheit und Vollständigkeit des Klassifikationssystems, die Aufteilung immer weiter zu verfeinern.

Abb. 276 a + b
Binäre Schrift-
klassifikation von
Gerrit Nordzij

Im folgenden wollen wir untersuchen, nach welchen Kriterien die in Deutschland gebräuchliche »Klassifikation der Druckschriften nach DIN 16518« die vorhandenen Schriften klassifiziert und inwieweit sie den Ansprüchen der Anwender von Schrift und den Schriften selbst gerecht wird.

Die einzelnen Klassen:

     I.   Venezianische Renaissance-Antiqua
    II.   Französische Renaissance-Antiqua
   III.   Barock-Antiqua
   IV.   Klassizistische Antiqua
    V.   Serifenbetonte Linear-Antiqua
   VI.   Serifenlose Linear-Antiqua
  VII.   Antiqua-Varianten
 VIII.   Schreibschriften
  IX.   Handschriftliche Antiqua
   X.   Gebrochene Schriften
       a Gotisch
       b Rundgotisch
       c Schwabacher
       d Fraktur
       e Fraktur-Varianten
  XI.   Nichtlateinische Schriften

I. Venezianische Renaissance-Antiqua

Die Gruppe I der Druckschriften enthält die sogenannten
venezianischen Renaissance-Antiquas (Abb. 278). Sie ist die
erste als Druckschrift verwendete Antiqua und wurde seit
Mitte des 15. Jahrhunderts zuerst in Italien verwendet. Der
Ursprung der Antiqua-Schriften beruht eigentlich auf zwei
grundverschiedenen Alphabeten aus unterschiedlichen Zeit-
epochen. Die Versalien (Majuskeln) beruhen auf den Formen
der römischen Capitalis Monumentalis, wie sie an der Tra-
janssäule (200 n. Chr.) zu finden ist. Die Gemeinen (Minuskeln) dagegen sind sehr viel jünger und haben ihren Ursprung
in der karolingischen Minuskel (800 n. Chr.).

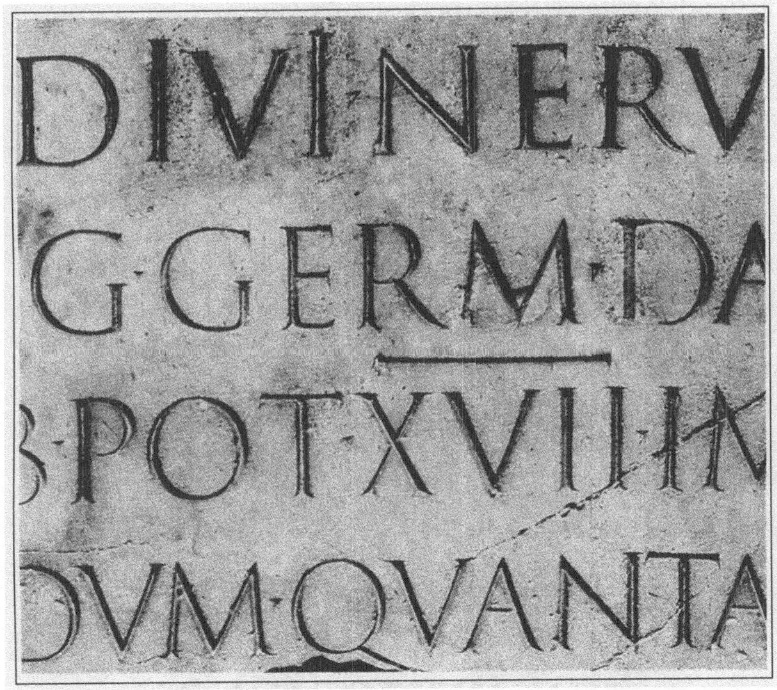

Abb. 277
Römische Inschrift
in Pompeji

Dieser Schrifttyp zeichnet sich aus durch einen geringen
Kontrast der fetteren senkrechten zu den leichteren waagerechten Balken. Weiterhin fällt der schräge Anstrich (Serifen)
bei den senkrechten Balken gegenüber den anderen Schriftklassen auf. Das versale »A« und »M« haben bei mehreren
Garnituren dieses Stiles am Kopf Serifen nach beiden Seiten,
was bei den meisten anderen Schriften unüblich ist. Ein weiteres auffälliges Merkmal der venezianischen Renaissance-

Antiqua ist das Minuskel »e«, es hat immer einen schrägen Innenbalken, nie ist dieser waagerecht im Gegensatz zu den anderen Antiquas. Die Achse der Rundungen ist gewöhnlich leicht nach links geneigt, was den Ursprung dieses Schrifttyps in der geschriebenen Schrift deutlich macht. Zu dieser Schriftklasse gehören Schriften wie die *Schneidler-Mediaeval, Trajanus* oder die *Amalthea*.

Abb. 278
Venezianische
Renaissance-Antiqua
Stempel Schneidler

A M Hamburgefonts

II. Französische Renaissance-Antiqua

Nur gering ist der Unterschied der französischen Renaissance-Antiqua zu den Schriften der venezianischen Renaissance-Antiquas. Ende des 15. Jahrhunderts entstanden die ersten Antiquas mit einem waagerechten Strich bei dem Minuskel »e« in Italien. Neben anderen führte Claude Garamond in Frankreich mit seinen Antiqua-Schnitten Mitte des 16. Jahrhunderts die Entwicklung dieser Type einem Höhepunkt entgegen. Nach dem Aufkommen der Barock-Antiqua verlor die französische Renaissance-Antiqua an Bedeutung und erlangte erst nach 1850 durch kleinere Druckereien, wie der Kelmscott Press von William Morris, wieder mehr an Bedeutung.

Abb. 279
Französische
Renaissance-Antiqua:
Garamond,
Vendôme und
Palatino

Hamburgefonts
Hamburgefonts
Hamburgefonts

Die französische Renaissance-Antiqua (Abb. 279) in der Klasse II unterscheidet sich von den Schriften der Klasse I zunächst durch einen größeren Fett-Fein-Kontrast der Balken.

346

Wie schon gesagt, ist das Minuskel »e« nicht wie in Klasse I mit einem schrägen, sondern einem waagerechten Innenbalken ausgestattet. Die Ober- und Mittellängen der Minuskeln treten deutlich als keilförmige Ansatzstriche hervor und die Oberlängen der französischen Renaissance-Antiqua sind darüber hinaus höher als die Versalien. Einige der bekanntesten Vertreter der Klasse II sind: *Garamond, Bembo, Vendôme* oder *Sabon-Antiqua.*

III. Barock-Antiqua

Die Klasse III enthält mit den Barock-Antiquas (Abb. 280) die wohl meistbenutzte lateinische Schrift überhaupt, die *Times Roman.* Dieser Ende des 16. Jahrhunderts entstandene Schrifttyp ist stark beeinflußt durch den zu jener Zeit aufkommenden Kupferstich, der den zuvor verwendeten Holzschnitt ablöste. Die feineren Formen und ein stärkerer Fett-Fein-Kontrast sind, wie auch andere Stilelemente des Barock, ein Zeichen der damaligen Geisteshaltung und typisch für die Barock-Antiqua.

Hamburgefonts

Hamburgefonts

Abb. 280
Barock-Antiqua:
Times Roman
Caslon

Die Anfangsstriche der Minuskeln sind hier fast waagerecht, die Serifen feiner und die Bögen weisen geringere Schwünge auf. Alles erscheint mehr ausgewogen und harmonisch aufeinander abgestimmt als noch in den Klassen I und II. Wie auch bei den vorhergehenden Klassen ist die Achse der Rundungen aufgrund ihrer geschriebenen Urformen nach links geneigt. Die Versalien und die Minuskeln mit Oberlängen sind in der Barock-Antiqua jedoch gleich hoch. Die bekannteste Vertreterin dieser Klasse ist, wie gesagt, die Times Roman, weitere sind die *Baskerville, Caslon* oder *Concorde.*

IV. Klassizistische Antiqua

Auch die klassizistischen Antiquas, die der Klasse IV zugeordnet werden, sind heutzutage weitverbreitete Schriften. Sie verdanken ihre Formen in erster Linie italienischen und französischen Einflüßen, namentlich den Schriftschneidern Didot und Bodoni. Die klassizistische Antiqua ist Ausdruck des aufkommenden technischen Zeitalters und der industriellen Revolution mit ihrem sehr starken Strichstärkenkontrast. Die feinen Linien der Haarstriche einer *Bodoni* z.B. waren die Absage an die Verspieltheit des Barock und plumpe Stilelemente, wie sie der Holzstich zuvor herausgebracht hatte. Die Zukunft gehörte den klaren Formen und der Rückbesinnung auf die Antike und ihre ausgewogene Schlichtheit.

Abb. 281
Klassizistische
Antiqua:
Bauer Bodoni

Hamburgefonts

Die klassizistischen Antiquas (Abb. 281) zeichnen sich aus durch einen sehr großen Strichstärkenkontrast sowie kraftvolle senkrechte Balken, die ohne Übergang auf feine Serifenstriche treffen. Im Gegensatz zu den mehr geschriebenen Antiquas der Klassen I - III ist die Achse der Rundungen bei den klassizistischen Antiquas aufgrund der eher konstruierten Form senkrecht. Die Rundformen sind an die Form des Kreises angelehnt.

V. Serifenbetonte Linear-Antiqua

Die in den Klassen I - IV versammelten Schriften und ihre Gestaltung ebenso wie auch die Namen der Klassen waren schriftgeschichtlichen Aspekten zugeordnet. Ab DIN-Klasse V ist dies nicht mehr der Fall, vielmehr kommen jetzt technische und gestalterische Aspekte bei der Klassifikation der Druckschriften in den Vordergrund.

Die Klasse V, die serifenbetonten Linear-Antiquas (Abb. 282), enthalten deshalb auch Schriften verschiedener Gattungen. Es sind dies die *Egyptienne*, die *Clarendon*, die *Italienne* sowie die *Zeitungs-Antiqua*.

Alle Gattungen sind jedoch daran zu erkennen, daß sie keinen oder nur wenig Strichstärkenkontrast bei den leichten, normalen und manchmal auch bei den fetteren Schnitten aufweisen. Gemein ist ihnen auch, daß die Serifen fast immer ebenso stark sind wie die Balken, bei den Italienne-Schriften sogar stärker als die Balken.

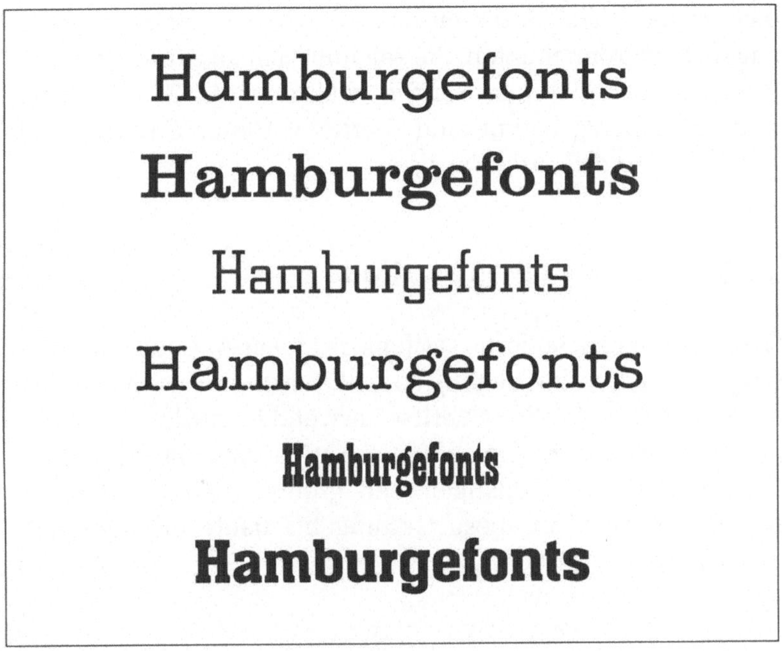

Hamburgefonts

Hamburgefonts

Hamburgefonts

Hamburgefonts

Hamburgefonts

Hamburgefonts

*Abb. 282
Serifenbetonte
Linear-Antiqua:
Memphis
Clarendon
City
American Typewriter
Playbill
Aachen*

Die Egyptienne zeichnet sich weiterhin durch eckige Übergänge der Balken zu den Serifen aus, die etwa gleichstark wie die Balken selbst sind. Die Schriften wirken sehr konstruiert, haben jedoch meist verfeinerte Einläufe der Bögen in die Balken, um plumpe, schwerfällige Formen zu vermeiden. Verbreitete Schriften dieser Gattung sind die *Serifa, Rockwell* oder *City*.

Bei der Clarendon dagegen sind die Übergänge der Serifen zu den Balken mehr oder weniger stark gerundet, und es besteht ein gewisser Kontrast zwischen Haarstrichen und Balken. Die Clarendon ist weniger konstruktiv als die Egyptienne und zeigt vielmehr Ähnlichkeiten mit der klassizistischen - und Barock-Antiqua. Dieser Familie gehören z.B. die *Clarendon, Volta* und *Melior* an.

Während die zwei vorgenannten Typen durchaus Textschriften sind, ist die Italienne eine reine Auszeichnungs-

oder Headline-Schrift. Ihre überbetonten Serifen, die deutlich größer sind als die Balken, Rundungen oder Schrägen der Schrift, lassen sie zu einem dominierenden Element aller Italienne-Schriften werden. *Old Towne*, *Pro Arte* und *Figaro* sind Beispiele bekannter Italienne-Schriften.

Die Zeitungs-Antiqua erhielt ihren Namen aus der Verwendung dieser Schriftgattung, deren Stilelemente den technischen Erfordernissen des schnellen Rotationsdruckes angepaßt werden mußten. Sie zeichnet sich aus durch kräftige Haarstriche und breite Serifen, während die Grundstriche nicht übermäßig betont sind. Vertreter dieser Gattung sind *Rotation*, *Candida* und *Excelsior*.

VI. Serifenlose Linear-Antiqua

Die scheinbar so moderne serifenlose Linear-Antiqua hat ihren Ursprung schon zu Beginn des 19. Jahrhunderts. Nachdem bereits 1803 erste »Sans Serifs« verwendet wurden, entstand bei William Caslon eine serifenlose »Grotesk«. Da serifenlose Schriften zu der damaligen Zeit grotesk waren, hatte der Name, der sich für diese Gattung bis heute erhalten hat, durchaus seine Berechtigung.

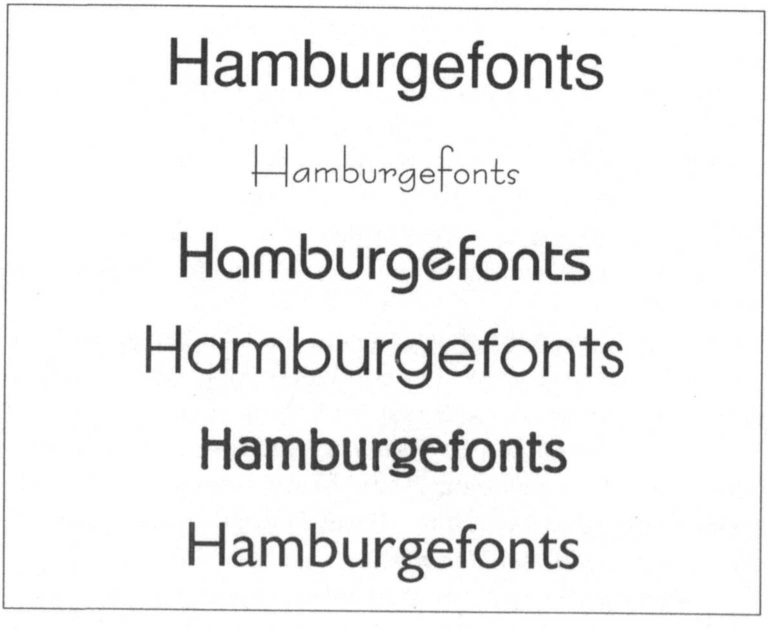

Abb. 283
Serifenlose
Linear-Antiqua:
Helvetica
Bernhard Fashion
Bauhaus
Avant Garde
Berliner Grotesk
Gill Sans

Wichtigstes Merkmal dieser Klasse VI der Druckschriften sind natürlich die fehlenden Serifen, obwohl es einige serifenlose Linear-Antiquas (Abb. 283) mit kleinen Ansätzen von Serifen gibt. Ein weiteres Merkmal ist der fehlende oder nur geringe Strichstärkenkontrast. Jedoch gibt es Veränderungen der Strichstärke bei Bogeneinläufen und Brückenstrichen, um ein ausgewogenes Schriftbild zu erzielen und den optischen Eindruck gleicher Strichstärke zu bewirken. Vertreter dieser Klasse sind die *Univers, Futura, Gill* und natürlich auch die *Helvetica* ebenso wie die *Frutiger*.

VII. Antiqua-Varianten

Alle Antiqua-Schriften, die weder als geschriebene Antiqua noch als Schreibschriften klassifiziert und deren Stilmerkmale nicht den Klassen I-VI zugeordnet werden können, fallen in die Klasse VII, die Antiqua-Varianten (Abb. 284). Schriftgeschichtliche Zusammenhänge sind aufgrund der Sammelfunktion dieser Klasse nicht gegeben. Es finden sich hier Zierschriften vergangener Jahrhunderte ebenso wie phantasievolle Neuschöpfungen aus der Anfangszeit des Photosatzes, der viele technischen Beschränkungen bei der Gestaltung von Schriften beseitigte.

Hamburgefonts

hamburgefonts

Abb. 284
Antiqua Varianten:
Eckmann
Camellia

VIII. Schreibschriften

Wie auch bei den anderen Antiqua-Schriften sind die Vorfahren der in der Klasse VIII zusammengefaßten Schreibschriften bis ins zweite Jahrhundert nach Christus zurückzuverfolgen. Weiterhin sind die humanistische Minuskel und die römische Verkehrsschrift Vorläufer der heutigen Schreibschriften, aus denen Mitte des 16. Jahrhunderts die »Cancelleresca corrente«, die Kanzleischrift, entstand. Hieraus entwickelten englische Kalligraphen die verschiedensten Variationen der formvollendeten englischen Schreibschrift.

Abb. 285
Schreibschriften:
Slogan
Engl. Schreibschrift
Julia Script
Van Dijk

In die Klasse VIII gehören alle rechtsgeneigten Antiquaformen mit deutlich erkennbarem Schreibcharakter (Abb. 285). Es spielt dabei keine Rolle, ob die einzelnen Buchstaben durch Verbindungsstriche miteinander verbunden sind oder einzeln stehen. Exakte, feine Striche durch die Verwendung von Spitz- oder Breitfeder sind ebenso wie die Verwendung von Flach- und Rundpinsel kennzeichnend für die Schreibschriften der Klasse VIII. Bekannte Beispiele hierfür sind: *Englische Schreibschrift*, *Slogan*, *Salto* oder *Choc*.

IX. Handschriftliche Antiqua

Wie auch in der Klasse VII fehlt in der Klasse IX der schriftgeschichtliche Bezug. Es sind hier Schriften verschiedenster Epochen zusammengefasst. Auch das Schreibwerkzeug unterscheidet sich sehr bei den verschiedenen Schriftentwürfen und kann vom Griffel über die verschiedensten Formen von Federn bis hin zu verschieden kräftigen bzw. feinen Flach- und Rundpinseln reichen.

Abb. 286
Handschriftliche
Antiqua:
Shamrock
American Uncial

Gemeinsames Merkmal aller handschriftlichen Antiquas der Klasse IX (Abb. 286) ist, daß sie im Gegensatz zu den Schriften der Klasse VIII senkrecht stehen und der Antiqua-Charakter deutlich hervortritt. Die handschriftlichen Merkmale sind aber dennoch klar erkennbar. Beispiele hierfür sind die *Shamrock*, *Post-Antiqua* oder *Time-Script*.

X. Gebrochene Schriften

Die gebrochenen Schriften der Klasse X, unterteilt in fünf Untergruppen, sollten aufgrund der schriftgeschichtlichen Entwicklung eigentlich in die erste Klasse eingestuft werden, da sie bereits im 11. Jahrhundert Verwendung fanden. Damit wurden sie bereits rund 400 Jahre vor der venezianischen Antiqua in den Schreibstuben von Schriftgelehrten geschrieben.

Abb. 287
Gebrochene
Schriften, Gotisch:
Fette Gotisch

Abgesehen von den gotischen- und von den Fraktur-Schriften, wurden gebrochene Schriften für Texte fast ausschließlich im deutschsprachigen Raum verwendet. In geringem Maße kamen gebrochene Schriften für Headline-Zwecke auch außerhalb des deutschsprachigen Raumes zur Anwendung.

X.a Gotisch

Die seit dem 11. Jahrhundert verwendeten gotischen Schriften zählen zu dieser Untergruppe (Abb. 287). Zu jener Zeit enthielten die Alphabete nur Kleinbuchstaben, die aus der karolingischen Minuskel abgeleitet worden sind. Großbuchstaben wurden erst bis zum 13. Jahrhundert hinzugefügt. Die gotischen Schriften sind mit ihren Texturas neben der Fraktur die einzigen gebrochenen Schriften, die auch außerhalb des deutschsprachigen Raumes in erheblichem Maße angewandt wurden.

Die *Textura* ist denn auch fast die einzige gedruckte gotische Schrift überhaupt. Ihren Namen verdankt die Textura dem Aussehen einer mit ihr gedruckten Buchseite, die einem textilen Gewebe ähnelte. Dies war bedingt durch die sehr engen und hohen Buchstabenformen, die so gut wie keine Rundungen aufwiesen. Kräftige senkrechte Balken, kurze Oberlängen und hohe Mittellängen verstärkten diesen Effekt noch. Rautenförmige Breitfederstriche am Anfang und Ende der Balken sind ebenso wie zierendes Beiwerk und Doppelstriche bei den Versalien bezeichnend für die gotische Textura.

X.b Rundgotisch

Aus der gotischen Textura entwickelte sich, wohl auch der besseren Lesbarkeit wegen, recht schnell eine neue Gattung gebrochener Schriften, die Rundgotisch der DIN-Klasse X.b (Abb. 288). Diese mehr runde Formen enthaltende Schrift, die man zu ihrer Zeit *Rotunda* nannte, erlebte Ende des 15. Jahrhunderts ihren Höhepunkt, war aber Mitte des 16. Jahrhunderts schon fast wieder in Vergessenheit geraten, bis einige neue Entwürfe zu Beginn des 20. Jahrhunderts ihr ebensolche Popularität einbrachten wie der Textura zu dieser Zeit.

Abb. 288
Gebrochene
Schriften,
Rundgotisch:
Weiß Rundgotisch

𝖍𝖆𝖒𝖇𝖚𝖗𝖌𝖊𝖋𝖔𝖓𝖙𝖘

Die Formen der Buchstaben sind teils rund und teils gebrochen, immer jedoch sind die Punzen offener als bei der Textura, das Schriftbild ist insgesamt breiter und damit besser lesbar als bei ihrer Vorgängerin. Wie auch bei der Gotisch entstand das Aussehen der Rundgotisch durch den Gebrauch einer breitgeschnittenen Feder. Hervorzuheben wäre noch, daß bei den Rotundas unseres Jahrhunderts zusätzlich oder ausschließlich Antiqua-Versalien im Gegensatz zu gotischen Versalien im Mittelalter zum Einsatz kommen.

X.c Schwabacher

Der genaue Ursprung der *Schwabacher* (Abb. 289) ebenso wie der Ursprung ihres Namens ist bis heute unklar geblieben. Bekannt ist nur, daß Ende des 15. Jahrhunderts die ersten Drucktypen im Stile der Schwabacher aufkamen, und dieser ungewöhnliche Schrifttyp außerhalb des deutschen Sprachraumes nicht verwendet wurde.

Hamburgefonts

Abb. 289
Gebrochene
Schriften,
Schwabacher:
Alte Schwabacher

Ihre geschriebene Form enthält beschwingte Rundformen und breit angelegte Versalien, was ihr ein offenes und freundliches Bild verleiht. Die Mittellängen sind kürzer als bei ihren Vorgängerinnen Textura und Rotunda, aber auch die Schwabacher hat einen deutlichen Federzugcharakter.

X.d Fraktur

Diese Klasse mit ihren Frakturschriften bildet schriftgeschichtlich sowohl den Höhepunkt als auch den Abschluß der Entwicklung der gebrochenen Schriften. Die Fraktur war auch bis in die vierziger Jahre dieses Jahrhunderts eine sehr beliebte und häufig verwendete Schriftart. Schon vor Erfindung des Buchdruckes wurden Handschriften im Stile einer Fraktur geschrieben, und die ersten gedruckten Frakturschriften sind vom Beginn des 16. Jahrhunderts überliefert.

Hamburgefonts

Abb. 290
Gebrochene
Schriften, Fraktur:
Fette Fraktur

Der sog. »Elefantenrüssel« bei vielen Versalien ist eines der auffälligsten Merkmale der Fraktur (Abb. 290). Bei den Minuskeln treten die aufgespaltenen Oberlängen auffällig hervor und ebenso wie bei der Textura ergibt sich im Text ein einheitliches, strukturiertes Schriftbild. Die Versalien sind entgegen der Textura wesentlich breiter als die Minuskeln. Runde Biegungen und abrupte Brechungen wechseln bei der Fraktur einander ab. Die *Walbaum-Fraktur* und die *Deutsche Werkschrift* sind Beispiele von Fraktur-Schnitten.

X.e Fraktur-Varianten

Wie auch bei den Antiqua-Schriften gibt es für die gebrochenen Schriften eine Klasse, die alle Sonderformen aufnimmt, deren Zuordnung zu den vier vorgenannten Klassen nicht gerechtfertigt erscheint.

Abb. 291
Gebrochene
Schriften,
Fraktur-Varianten:
Claudius

Beispiele hierfür sind die *Rhapsodie*, *Koch-Kurrent* und *Claudius*.

Resümee:

Wie bereits in den verschiedenen Abbildungen zu sehen ist, wurde wie bei einigen anderen Klassifikationssystemen auch keine konsequente und zweifelsfreie Definition der Gruppen erzielt. In den Klassen I - IV ist eine Unterteilung nach schriftgeschichtlichen Faktoren vorgenommen worden, die gleichzeitig Rückschlüsse auf Stilmerkmale der in den verschiedenen Stilepochen entstandenen Schriften zulassen.

Doch schon die Gruppe V der DIN-Klassifikation ist ein Sammelbecken verschiedenster Schriftstile und Stilepochen. Es werden dort so verschiedene Stile wie »Egyptienne«, »Italienne«, »Zeitungs-Antiqua« oder »Clarendon« zusammengefaßt.

Ebenso ungeordnet gestaltet sich die Gruppe VI, die »Serifenlose Linear-Antiqua«. Dort finden sich echte »Linear-Antiqua«- neben »Grotesk«- und »Lapidar«-Schriften, aber auch »Semigrotesk«-Arten und sonstige serifenlose, teils konstruierte Schriften vorzugsweise für Display-Zwecke.

Die Klasse VII »Antiqua-Varianten« ist schon an ihrem Namen leicht als »Sammelsurium-Klasse« zu erkennen, in der all jene Schriften zu finden sind, die in den neun anderen Klassen keinen Unterschlupf finden konnten. Dennoch gibt es Schriften, die nach ihrer Art keiner Klasse zugeordnet werden können, wie z.B. Unzialschriften.

Diese Unzulänglichkeiten in dem Klassifikationssystem und die unterschiedlichen Anforderungen an ein solches System führten in der Vergangenheit — und wohl auch in Zukunft — dazu, daß es verschiedene Klassifikationssysteme nebeneinander gibt. Neben der in Deutschland meist verwendeten DIN-Klassifikation werden noch andere verwendet, darunter die Linotype-Klassifikation und die modifizierte DIN-Klassifikation von Götz Gorissen, die allein für lateinische Schriften nahezu 100 Gruppen und Untergruppen enthält.

In Großbritannien wird stattdessen die BS-Klassifikation nach dem British Standard verwendet, in den USA kommen mehrere Systeme zur Anwendung, darunter die ISO- und die Bitstream-Klassifikation.

Relativ neu ist die AFII (Association for Font Interchange International). Im Anhang A bilden wir die von AFII vorgeschlagene Klassifikation im Originaltext und -layout ab. Wir sehen gerade in dieser Klassifikation einen erfolgversprechenden Ansatz.

Computer – wie Du und ich

Größenordnungen

Einmal war ein Millionär gestorben, der Zeit seines Lebens hart gearbeitet hatte und daher wußte, was es heißt, eine Million zu verdienen. Er kam in den Himmel und mußte vor Gott treten. Als die üblichen »Formalitäten« geregelt waren, kam dem Millionär eine für solche Leute typische Frage in den Sinn:

»Lieber Gott, was bedeutet eine Million für Dich?«

»Ein Pfennig.«

»Was sind eine Million Jahre für Dich?«

»Eine Sekunde.«

»Du, lieber Gott, könntest Du mir einen Pfennig geben?«

»Ja, warte eine Sekunde.«

Nachtrag:

Dieser Witz kommt mir immer dann in den Sinn, wenn es um Größenordnungen geht. Auf der Erde geht es gemäßigter zu:

Ein Mitarbeiter sollte einmal 3000 Schriften (verschiedene Datensätze für die Bildinformation, Instruktion, Dickten, Kerning, Kissing, Statistik) im URW-Archiv unserer VAX-Rechner zusammentragen und zur Auslieferung fertigmachen. Dafür gab es fertige Prozeduren, alle Kommandos waren vorbereitet. Er brauchte nur auf den Startknopf zu drücken. »Das geht an einem Nachmittag«, war die Antwort. Er war daran gewöhnt, daß das System für eine Schrift eine Minute braucht und daher die Fertigstellung von 60 Schriften eine Stunde dauert.

Vor einigen Jahren erschreckten wir einen unserer großen Kunden damit, daß das besprochene Projekt etwa 500 Mannmonate Programmierung kosten würde. Selbst bei Einsatz von 20 Programmierern würde es 2,5 Jahre dauern, das Projekt fertigzustellen. Die Vertriebsmitarbeiter des Kunden taten so, als könnten sie es nicht überleben. »Könnt Ihr mit 50 Mann an die Arbeit gehen?« »Ja, aber glaubt bitte nicht, daß man ein Kind in einem Monat kriegt, wenn man mit neun Mann eine Frau schwängert!«

Schriften und Copyright

von Peter Rosenfeld

Weitaus öfter als früher werden wir durch die modernen Personalcomputer, die Nadel- bzw. Laserdrucker und durch die auf ihnen ablaufenden Programmen mit Schriften und ihrer Auswahl zusammengebracht. Hat man noch vor einigen Jahren den Eindruck gehabt, daß der Nichtfachmann nur Hand- von Druckschriften unterscheiden kann, muß man heute feststellen, daß alle PC-Benutzer unter relativ vielen Schriften (fonts) unterscheiden und auswählen können. Hin und wieder begegnen uns Begriffe wie Copyright und Trademark, auf deutsch Urheberrecht und Warenzeichen in Verbindung mit (Druck-)schriften.

Unter »Brüdern« werden Programme bzw. Schriften kopiert, verschiedene Hersteller bieten die gleichen oder vergleichbare Schriften an. Geht dies alles immer mit rechten Dingen zu? Mit diesem Artikel soll dazu beigetragen werden, daß ein wenig Licht auf diese Materie fällt.

Zur Geschichte

Der 6. Juli 1981 ist ein historisches Datum für die Schriftschöpfer und Schrifthersteller in der Bundesrepublik Deutschland; denn an diesem Tag hat der Deutsche Bundestag dem Gesetz zum Wiener Abkommen vom 12. Juni 1973 über den Schutz typographischer Schriftzeichen, kurz *Schriftzeichengesetz*, und ihrer internationalen Hinterlegung zugestimmt. Neben der BRD hat nur noch Frankreich dieses Gesetz ratifiziert. In Großbritannien ist ein entsprechender Gesetzesentwurf im November 1988 verabschiedet worden und wartet nur noch auf die königliche Zustimmung, um ratifiziert zu werden, so daß Großbritannien quasi zu den schützenden Staaten gerechnet werden darf, welche sich ein Gesetz nach dem Wiener Abkommen gegeben haben.

Das Schriftzeichengesetz als Bestandteil des Geschmacksmustergesetzes von 1876 nach seinem jetzigen Inhalt ist das Resultat fast dreißigjähriger Bemühungen der Association Typographique Internationale (ATypI). Die ATypI ist eine Vereinigung von Schriftschöpfern und -herstellern, die sich seit 1952 mit der Problematik des Schriftzeichenschutzes auseinandersetzt.

Das Zustandekommen dieser Vereinigung ist nur zu gut zu verstehen; denn mit dem Beginn des Photosatzes ist das Herstellen von Raubkopien zum Zwecke der gewerblichen Verwertung fremder Schriftentwürfe relativ problemlos möglich geworden. Heute in einer Zeit »offener« Satzsysteme und digitaler Schriftformate ist die Beschaffung einer Raubkopie fast nur noch ein rechnergesteuerter Kopiervorgang. Um so wichtiger ist es, neben dem Warenzeichen (Schriftname) auch den Entwurf neuer Schriften *wirksam* schützen lassen zu können.

Vor 1981, als das Geschmacksmustergesetz noch nicht die schriftspezifischen gesetzlichen Anpassungen innehatte, entstanden jede Menge leicht veränderter Versionen populärer Schriften, ohne daß der Eigentümer des Entwurfes Ansprüche wirksam geltend machen konnte. Bis dahin waren Schriften nach dem Geschmacksmustergesetz vom 11. 1. 1876 (Gesetz betreffend das Urheberrecht an Mustern und Modellen) geschützt, das jedoch nicht die für Schriftzeichen relevanten und unverzichtbaren Anpassungen und Ergänzungen enthielt.

Das beinhaltet unter anderem die Festlegung und Klärung von solchen Begriffen wie zum Beispiel *typographische Schriftzeichen, Satz* oder *Text*, aber auch Aussagen über den *Schutzgegenstand*, die *Schutzbestimmung*, die *Voraussetzungen* für einen umfassenden Schutz und weitere wichtige schriftspezifische Besonderheiten.

Mit dem Inkrafttreten des Gesetzes, das an das Wiener Abkommen über den Schutz typographischer Schriftzeichen und ihre internationale Hinterlegung und dem Protokoll dazu angelehnt ist, ist natürlich auch schnell der Ruf nach einer fundierten Interpretation des Gesetzes laut geworden. Hierzu kann Interessierten empfohlen werden, das Buch »Der Schutz typographischer Schriftzeichen« von Günter Kelbel zu lesen [KEL].

Im Rahmen dieses Beitrages kann nur versucht werden, die ganz wesentlichen Punkte des Gesetzes und einige wichtige Voraussetzungen für den Schutz anzusprechen, sowie die unterschiedlichen Schutzformen nach dem Geschmacksmuster-, Urheber- und Warenzeichenschutz zu klären.

Hamburgefons

Hamburgefons

Hamburgefons

Hamburgefons

Nationaler Schriftzeichenschutz in Deutschland

Neue Schriftentwürfe werden beim Patentamt in Berlin hinterlegt und registriert. Daraus resultiert jedoch noch kein Schutz; denn die Voraussetzungen für die Schutzfähigkeit kann nicht von den Beamten beim Patentamt geprüft werden. Dazu bedarf es einer detaillierten fachlichen Begutachtung, zu der nur erfahrene Schriftschöpfer und Schriftkenner in der Lage sind, und die nur bei Rechtsstreitigkeiten erfolgen wird. Rechtsansprüche gegen Verletzungen werden nur auf Antrag verfolgt.

Das Musterregister ist für jedermann einsehbar, und auf Wunsch werden Kopien der Registerauszüge sowie der hinterlegten Muster ausgegeben.

Neu und eigentümlich

Ein neuer Schriftentwurf soll *neu und eigentümlich* sein, um die wichtigste Voraussetzung für die Schutzfähigkeit zu erfüllen.

Das Wesen einer Schrift wird von ihrem Stil, das heißt ihrem Gesamteindruck geprägt. Neben der Verbindung von bekannten Formen und Gesetzmäßigkeiten für die Größenverhältnisse der Zeichen (Versalhöhe, Minuskelhöhe, Ober- und Unterlängen etc.) hat ein neuer Entwurf seine eigene Charakteristik, die ihn individualisiert und von allen existierenden Schriften unterscheidet (Abb. 292).

Mit einfachen Worten könnte man auch sagen, daß der Schriftschöpfer sich bedingt durch unsere Lesegewohnheiten innerhalb eines gewissen Rahmens an bekannte Zeichenformen und deren Größenverhältnisse zueinander halten muß, aber die Schrift dennoch individuelle oder unverkennbare Merkmale aufweisen kann. Unverkennbare Merkmale ergeben sich aus den einzelnen Zeichen und ihrer Kombination zu Text (Grauwert, Laufweite).

Neu und eigentümlich nach dem Wiener Abkommen

Im Wiener Abkommen (siehe auch weiter unten) sind diese beiden Voraussetzungen für neue Schriften verbindlich festgelegt und für das Schriftzeichengesetz übernommen worden. Die beiden Begriffe stehen in sehr engem Zusammenhang, wobei eine Schrift zwar neu sein kann, aber nicht unbedingt eigentümlich sein muß. Eine eigentümliche Schrift jedoch ist dagegen immer neu.

Gemäß Art. 2 Abs.1 (2) des Wiener Abkommens werden Neuheit und Eigentümlichkeit durch den Stil oder Gesamteindruck einer Schrift bestimmt. Neu ist, wenn

- eine Schrift bei der Hinterlegung den Fachkreisen weder bekannt ist noch hätte bekannt sein müssen,
- die Schrift zwar nicht neu ist, aber seit mehr als 50 Jahren unbekannt (zeitlich),
- die Schrift zwar nicht neu ist, aber in dem betreffenden Gewerbezweig unbekannt ist (sachlich),

• die Schrift zwar nicht neu ist, aber in der Bundesrepublik unbekannt ist (örtlich).

Die zeitliche, sachliche und örtliche Bestimmung kann als unwesentlich vernachlässigt werden, da die internationale Welt der Schriftschöpfer und -hersteller klein ist und somit diese Voraussetzungen kaum je vorliegen werden. Viel wichtiger ist, daß die Schrift in Fachkreisen nicht bekannt sein darf. Das heißt nämlich auch, daß man eine neue Schrift keinesfalls vor der Hinterlegung öffentlich zeigen darf, weil damit unter Umständen der Anspruch auf Schutz verfällt.

Hamburgefons

Hamburgefons

Hamburgefons

Hamburgefons

Hamburgefons

Hamburgefons

Abb. 293
Die Garamonds von **Monotype** *(Hausschnitt 1922),* **Berthold** *(G.G. Lange 1972),* **ITC** *(T. Stan 1977),* **Stempel** *(Hausschnitt 1925),* **Simoncini** *(F. Simoncini/W. Bilz 1958-61), und* **Typoart** *(H. Thannhaeuser 1955)*

Die Eigentümlichkeit einer neuen Schrift zeigt sich in der *schöpferischen Arbeit* des Entwerfers, die über die rein handwerklichen Fähigkeiten hinausgeht. Dieser Teil seiner Tätigkeit ist die Verbindung zur Kunst. Daraus resultiert aber nicht automatisch, möglicherweise nur selten der urheberrechtliche Schutz; denn dieser setzt einen ästhetischen Überschuß voraus. Das heißt, die Schrift muß nicht nur neu und eigentümlich sein, sondern überdies völlig neue Merkmale aufweisen, um in den Genuß der Kunstanerkennung zu kommen. Das ist insbesondere bei Brot- bzw. Textschriften kaum je gegeben, weil dabei die Lesbarkeit im Vordergrund steht, die klare, einfache und *gewohnte* Formen voraussetzt.

Der wichtigste Punkt hierbei ist, daß es bei einer Raubkopie nicht mehr genügt, lediglich 5% der Schrift leicht zu ändern, um Ansprüchen des Eigentümers zu entgehen, sondern daß eine neue Schrift in ihrer Gesamtheit geschützt ist. Dazu genügt es bereits, wenn nur die Buchstaben »OHamburgefonstiv« hinterlegt werden, da in ihnen bereits alle wesentlichen Merkmale einer Schrift enthalten sind (Abb. 293).

Es ist jedoch dringend zu empfehlen, alle Zeichen einer neuen Schrift zu hinterlegen, da – zumindest theoretisch – eine komplettierte Schrift, die von anderer Seite unter Verwendung der wesentlichen Merkmale der nicht vollständigen Schrift dennoch die Voraussetzung *neu und eigentümlich* erfüllen kann (Abb 294).

Nach dem Geschmacksmustergesetz vor 1981 ist die Schutzdauer auf 15 Jahre begrenzt gewesen; jetzt beträgt die maximale Dauer 25 Jahre.

Die Schutzbestimmung sieht vor, daß die Schriften zur Herstellung von Texten durch graphische Techniken aller Art verwendet werden. »Graphische Techniken« aller Art schließt vom Bleisatz über den Abreibebogen bis hin zum Lichtsatz alles ein. Die Einschränkung des Gesetzes hierbei ist die Definition von Texten mit graphischen Techniken aller Art. Texte dienen zur Übermittlung der Inhalte von logischen Gedankengängen. Also, zum Beispiel Bilder oder Logos sind keine Texte! Hiervon unberührt sind Wäschestücke und andere Gegenstände, die mit Monogrammen oder ähnlichem bemalt, bestickt oder benäht sind. Wichtig erscheint auch die Einschränkung, daß der Druck von Schriftwerken (z.B. Büchern) nicht zum Zweck der graphischen Texterstellung allein geschieht, sondern insbesondere, um gelesen zu werden, und somit dem Transport von Informationen dient. Allerdings hat der Eigentümer die Möglichkeit, bei rechtswidrig hergestellten oder verbreiteten Schriftzeichen die Benutzung und die Verbreitung der daraus resultierenden Produkte zu untersagen.

Hamburgefons

Hamburgefons

Hamburgefons

Hamburgefons

Hamburgefons

Hamburgefons

Abb. 294
Die »Helveticas« der berühmten Schriftenhäuser, neu und eigentümlich?
Oben die
Helvetica *(Haas),*
darunter
Europa Grotesk *(Scangraphic),*
Holsatia *(Hell),*
Triumvirate *(Compugraphic),*
Ariel *(Monotype)*
und
Akzidenz Grotesk Buch *(Berthold)*

Der zivilrechtliche Weg bei Rechtsstreitigkeiten als Folge einer verbotenen Nachbildung

Das Schriftzeichengesetz als Bestandteil des Geschmacksmustergesetzes dient als Rechtsgrundlage bei zivilrechtlichen Streitigkeiten. Die Zuständigkeit liegt bei den ordentlichen Gerichten, je nach Höhe des Streitwerts beim zuständigen Amts- oder Landgericht am Ort des Verletzers.

Gegenstand der zivilrechtlichen Ansprüche ist die Verletzung des Schutzrechts, und zwar nicht erst bei vollendeter Nachbildung, sondern schon vorher. Es kann dabei davon ausgegangen werden, daß bei dem Entstehen einer Nachbildung die Voraussetzung erfüllt ist, daß diese Nachbildung zu gewerblichen Zwecken und zum Erstellen von Texten mit graphischen Mitteln aller Art dient. Eine Nachbildung ist auch die Benutzung der Grundelemente der Schrift, wenn die Nachbildung keine eigenen schöpferischen Merkmale aufweist. Weiterhin ist der Kauf digitaler Daten einer Nachbildung zum Übertragen auf weitere Speicher untersagt; ebenso ist der Erwerb von Vorlagen zur Herstellung weiterer Vorlagen auf photographischem Weg verboten.

Neben der gewerblichen Verbreitung ist natürlich auch jede andere Art der unerlaubten Überlassung von Nachbildungen an Dritte untersagt.

Allerdings dürfen auch Nachbildungen auf Ausstellungen und in Katalogen, Prospekten oder Verzeichnissen gezeigt werden, sofern nicht der textliche Inhalt Zweck der Darstellung ist, sondern lediglich die Schrift als solche gezeigt werden soll.

Eine unerlaubte Nachbildung kann vor allem Schadensersatz in Form einer Geldleistung oder in Form von Naturalien nach sich ziehen. Allerdings ist nur schadensersatzpflichtig, wer bereits eine verbotene Nachbildung vertreibt oder benutzt, nicht aber lediglich das Vorhaben dazu hat. Auch Fahrlässigkeit, Unwissenheit oder Nichtbeachtung können bei Verletzung zu Schadensersatz gegenüber dem Eigentümer einer Schrift führen.

Die strafrechtliche Verfolgung bei verbotener Nachbildung

Die strafrechtliche Verfolgung greift nur auf Antrag und sieht dann Freiheitsstrafen von bis zu einem Jahr oder aber eine Geldstrafe bei Vergehen vor.

Weitere Folgen einer Verletzung bei verbotener Nachbildung

Der wichtigste Anspruch des Eigentümers neben Schadensersatz ist das Recht auf Unterlassung, das heißt, daß die Nachbildung nicht weiter verwendet oder vertrieben werden darf. Das Recht auf Unterlassung kann auch bedeuten, daß die Raubkopie(n) und alle damit verbundenen Erzeugnisse vernichtet werden. Das kann soweit gehen, daß neben den

Schriftträgern auch Setz- oder Druckmaschinen stillgelegt werden, oder auch in Ausnahmefällen die Bücher, die mit einer nicht rechtmäßig verwendeten Schrift gedruckt sind, aus dem Verkehr gezogen werden. Schlimmstenfalls droht die Liquidation des Unternehmens.

Zusätzlich kann der Geschädigte die Veröffentlichung des Urteils auf Kosten der unterlegenen Partei verlangen. Das kann vor allem damit begründet werden, daß der eigene Ruf geschädigt worden ist.

Es erscheint wichtig zu erwähnen, daß allein die Verwendung der hinterlegten Schrift als Vorlage für den Entwurf einer neuen Schrift kein Vergehen im Sinne des Gesetzes ist, zumindest nicht, wenn die neue Schrift eigene schöpferische Merkmale erkennen läßt.

Urheberrechtsschutz in Deutschland

Schriftzeichen können grundsätzlich als Kunst urheberrechtlich geschützt sein. Jedoch hat der Bundesgerichtshof in seinen Urteilen vom 27. 11. 56 und 30. 5. 58 (Candida) einschränkende Grundsätze erarbeitet und entschieden. Entscheidend ist, daß für die Anerkennung als *Kunstwerk* ästhetischer Überschuß erforderlich ist, der insbesondere bei Brotschriften für selten gehalten wird, weil nicht genug Spielraum für eine künstlerische Gestaltung verbleibt. Das heißt jedoch keinesfalls, daß nur oder überhaupt verschnörkelte und verspielte Schriften Urheberrechtsschutz genießen, sondern nur solche Entwürfe, egal ob einfach oder komplex, die neue Wege in der Formgebung zeigen.

Im Falle der Candida (Urteil Bundesgerichtshof 1958) wurde nicht beanstandet, daß zur Feststellung und Klärung urheberrechtlicher Ansprüche die Schrift mit allen verwandten und zu der Zeit bekannten Schriften verglichen werden konnte und nur in Betracht gezogen wurde, was sie in ihrer Gesamtwirkung von den anderen Schriften unterschied. Bei der Prüfung nach diesen strengen Maßstäben (Kunstwerk?) mußte der Candida der Anspruch auf Urheberschutz versagt bleiben (Abb.295).

Urheberrechtsschutz wird durch die Veröffentlichung und Anerkennung automatisch und ohne formelle Registrierung wirksam. Anders als beim Gebrauchsmusterschutz bleibt das Urheberrecht ausschließlich und ausnahmslos dem Schriftschöpfer vorbehalten. Es ist nicht übertragbar. Die Dauer des Schutzes gilt für die gesamte Lebenszeit des Künstlers und 70 Jahre darüber hinaus.

Hamburgefons

Der digitale Lichtsatz erschließt für die typographische Gestaltung des Satzes neue Dimensionen. Dies gilt aber auch für Schriften, die sich in ihrem Stil mit der Zeit ändern. Nicht nur die Schriftschöpfer, sondern auch die Setz- und Druckmaschinen beeinflussen das Aussehen der Schriften. So ist es auch heute im Lichtsatz. Der Digiset setzt seine Schriftzeichen aus vielen kleinen Lichtlinien zusammen. Dabei entwickelt der Kathodenstrahl seine eigenen Gesetzmäßigkeiten, wie sie

Der digitale Lichtsatz erschließt für die typographische Gestaltung des Satzes neue Dimensionen. Dies gilt aber auch für Schriften, die sich in ihrem Stil mit der Zeit ändern. Nicht nur die Schriftschöpfer, sondern auch die Setz- und Druckmaschinen beeinflussen das Aussehen der Schriften. So ist es auch heute im Lichtsatz. Der Digiset setzt seine Schriftzeichen aus vielen kleinen Lichtlinien zusammen. Dabei entwickelt der Kathodenstrahl seine eigenen Gesetzmäßigkeiten,

*Abb. 295
Kann Schrift als Kunst urheberrechtlich geschützt sein? Ja, wenn ästhetischer Überfluß vorhanden ist, der insbesondere bei Brotschriften für selten gehalten wird. Der Candida (Jakob Erbar, Ludwig & Mayer, 1936) versagte der Bundesgerichtshof 1958 einen Anspruch auf Urheberschutz.*

Durch die Berner Übereinkunft und das Welturheberrechtsabkommen ist dieser Schutz *weltweit* gegeben. Allerdings ist es sehr selten, daß einer neuen Schrift Kunstanerkennung zuteil wird, so daß diese Schutzmöglichkeit im Rahmen typographischer Schriftzeichen von äußerst geringer Bedeutung ist.

Der Schutz des Schriftnamens

Der Name einer Schrift wird weder durch das Schriftzeichengesetz noch durch das Urheberrecht geschützt. Er kann jedoch als Warenzeichen geschützt werden. Selbst wenn kein Warenzeichen besteht, kann die Verwendung des Originalnamens mit oder ohne Zusatz wettbewerbswidrig (unlauterer Wettbewerb) sein. Unter Umständen kann nämlich dadurch der fälschliche Eindruck geweckt werden, es handele sich bei der Quelle der Schrift um das Original; und somit liegt eine rechtswidrige Herkunftstäuschung vor.

Der Warenzeichenschutz

Warenzeichen können beim Deutschen Patentamt angemeldet und in die Warenzeichenrolle eingetragen werden lassen. Die Dauer des Schutzes beträgt zunächst automatisch 10 Jahre und kann dann um jeweils 10 Jahre verlängert werden. Natürlich gibt es bei der Verwendung von (Schrift-)namen einige Einschränkungen für nichtverwendbare Namen, wenn zum Beispiel der Name nicht von allgemeinen, geläufigen und üblichen Begriffen unterschieden werden kann oder wenn eine Verwechslungsgefahr mit existierenden Warenzeichen besteht. Weiterhin können nicht ausschließlich Zahlen- oder Zahlen-Buchstabenkombinationen oder beschreibende Namen (Computerschrift) verwendet werden. Ebenso dürfen keine Orts- oder Herkunftsangaben (New York) oder Qualitätsbegriffe (Optimal) verwendet werden.

Eine Ausnahme dabei bilden unter Umständen Angaben in einer toten Sprache, zum Beispiel »Helvetica«.

Apropos: Das Warenzeichen der Linotype AG hieß »Linotype Helvetica« in Deutschland bis 1989 und »Helvetica« in den USA, heute auch in Europa.

Außerdem sind solche Namen eintragungsfähig, die die sogenannte Verkehrsdurchsetzung erlangt haben. Das bedeutet, daß im Schriftnamen ein Hinweis auf die Herkunft der Schrift gegeben ist und dies innerhalb des Gewerbezweiges (graphische Industrie) erkennbar ist, zum Beispiel:

- *ITC* Souvenir (International Typeface Corporation)
- *URW* Antiqua (URW Unternehmensberatung)
- *DTL* Argo (Dutch TypeLibrary)

Geschmacksmustergesetz

Wie bereits erwähnt, kann der Eigentümer bei der Entstehung oder beim Erscheinen einer verbotenen Nachbildung seine Ansprüche zivilrechtlich und/oder strafrechtlich geltend machen. Die Beurteilung, ob eine verbotene Nachbildung vorliegt, wird durch

- Artikel 8 des Wiener Abkommens,
- Artikel 2 des Schriftzeichengesetzes und
- § 5 des Geschmacksmustergesetzes geregelt.

Eine verbotene Nachbildung ist nicht nur die identische Kopie oder die leicht abgewandelte Variante, sondern auch eine Nachbildung, die auf den Grundformen der hinterlegten Schrift beruht, ohne daß man bei der Nachbildung eigene schöpferische Merkmale erkennen kann. Das heißt zum Beispiel, daß die rechnergesteuerte Herstellung von Varianten auf der Basis der betroffenen Schrift unerlaubte Nachbildungen darstellen, und zwar selbst, wenn danach noch weitere Korrekturen oder Änderungen vollzogen werden, die jedoch nicht als schöpferische Leistung gelten können, sondern entweder handwerkliche oder maschinelle (rechnergesteuerte) Leistungen sind (Abb.296).

Abb. 296
Die rechnergesteuerte Herstellung von Varianten einer Schriftvorlage ohne zusätzliche schöpferische Merkmale stellt eine verbotene Nachbildung dar.
Oben die
Palatino normal
(H. Zapf, Stempel 1950)
darunter elektronische Modifikationen ohne optische und formalästhetische Korrekturen: kondensiert, expandiert, konturiert, schräggestellt und schattiert

Hamburgefons
Hamburgefons
Hamburgefons
Hamburgefons
Hamburgefons
Hamburgefons

Betriebssysteme, Anwenderprogramme und auch Ausgabe-
geräte erlauben mannigfaltige, automatische Modifikationen
der Schriften wie zum Beispiel Interpolieren, Schrägstellen,
Expandieren, Kondensieren, Schattieren, Konturieren usw.
Alle diese möglichen Varianten stellen natürlich keine neuen
Entwürfe dar. Beurteilungskriterien, ob maßgebliche Verän-
derungen für eine Neuschöpfung ausreichen, sind die Form
der Zeichen einzeln und zueinander, also zum Beispiel die
Größenverhältnisse, Weite und Serifenform, weiterhin die
Funktion der Senkrechten, Waagerechten oder Schrägen
sowie Kurven, Bögen und Schnörkel, und schließlich der
Gebrauchszweck, d.h. für Text, Display, Poster etc.

Das führt zum Beispiel zu der Frage, ob die Entwicklung
einer Headline-Schrift auf der Basis einer Textschrift erlaubt
ist; denn die Headline verlangt neben Änderungen der Ober-
und Unterlängen eine neue Spationierung (Zurichtung), weiterhin u.U. eine leichtere Strichstärke, leichtere und kürzere
Serifen sowie individuelle Änderungen an solchen Zeichen,
die für die Verwendung im Text sehr offen gehalten werden
(Abb. 297). Selbstverständlich kann diese Frage nicht pau-

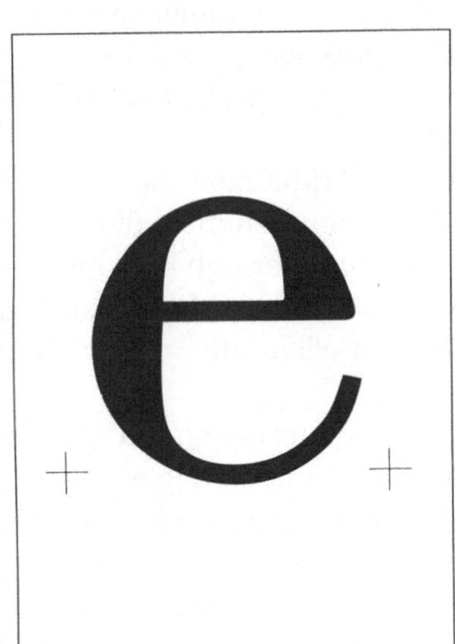
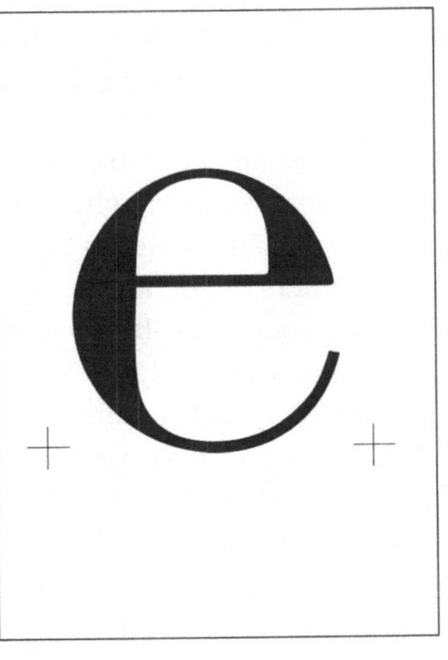

Abb. 297
Entspricht die
Entwicklung einer
Headline-Schrift auf
der Basis einer Text-
schrift einer Neu-
schöpfung? Die
Headline verlangt
neben Änderungen
der Ober- und Unter-
längen eine neue
Zurichtung, eine
leichtere Strich-
stärke und andere
individuelle Ände-
rungen.
Links:
Textversion des
Bodoni »e«,
rechts daneben:
Display-Version

schal beantwortet werden, zumal auch hierfür keine verbind-
lichen Kriterien vorliegen; dennoch, wenn alle angesprochenen Maßnahmen erfüllt sind, und die Variante eigene schöpferische Merkmale aufweist, ist diese Version wohl neu und
eigentümlich (Abb. 298).

*Abb. 298
Um als
Neuschöpfung
anerkannt zu wer-
den, muß eine
Schriftvariante
eigene schöpferische
Merkmale aufweisen.
Handwerkliche oder
maschinelle
(rechnergesteuerte)
Leistungen gelten
nicht als
schöpferische
Leistung.
Von oben:
die* **Bembos**
*von Berthold,
Monotype
und Linotype.*

HAMBURGEFONS

HAMBURGEFONS

HAMBURGEFONS

Hamburgefons

Hamburgefons

Hamburgefons

Das Wiener Abkommen vom 12. Juni 1973 zur internationalen Hinterlegung von Schriftzeichen

Folgende Mitgliedstaaten haben dieses Abkommen mit seinem Protokoll unterzeichnet: BRD, Frankreich, Großbritannien, Italien, Jugoslawien, Luxemburg, Niederlande, San Marino, Schweiz, Ungarn, Lichtenstein.

Die genannten Mitgliedsstaaten verpflichten sich, dem Inhaber einer neuen Schrift das Recht einzuräumen, die Herstellung und Verbreitung identischer oder geringfügig abweichender Schriftzeichen zu verbieten. Einige der Mitgliedsländer, so auch die BRD, verpflichten sich, die maximale Schutzdauer auf 25 Jahre festzulegen.

Das Wiener Abkommen über den Schutz typographischer Schriftzeichen und ihre internationale Hinterlegung hat zum Ziel, einen international einheitlichen und wirksamen Schutz neuer Schriften zu erreichen. Dieses Ziel ist bis heute leider nicht erreicht, da das Abkommen erst in Kraft tritt, wenn 5 Mitgliedsstaaten ihre Ratifikations- oder Beitrittsurkunde bei der Weltorganisation für geistiges Eigentum in Genf hinterlegt haben. Ein international gültiges Abkommen ist deshalb so wichtig, weil gegenwärtig die gesetzlichen Voraussetzungen sehr unterschiedlich sind. Einige Staaten schützen Muster und Modelle nach dem Urheberrecht, andere nach dem Geschmacksmusterrecht und wieder andere durch besondere

Gesetze. Weiterhin gelten die nationalen Gesetze eben nur im Inland und für Staatsangehörige, und die Schutzdauer unterscheidet sich zudem auch noch.

A. Wiener Abkommen (Verband)
Initiative: Association Typographique Internationale (ATypI).
Ziel: internationaler Schutz typographischer Schriftzeichen
Mitglieder: 11 Staaten seit dem 12. Juni 1973
Inkrafttreten: 3 Monate nach nationaler Ratifizierung von mindestens 5 Verbandsmitgliedern.
Ratifiziert: Frankreich, BRD, GB (quasi)

B. Geschmacksmustergesetz vom 11. Januar 1876
Beschreibung: Gesetz betreffend das Urheberrecht an Mustern und Modellen
Rechtsgrundlage: auch für den Schutz typographischer Schriftzeichen
Schutzdauer: maximal 15 Jahre.
Voraussetzung: neu und eigentümlich
Wirksamkeit: durch ordentliche Eintragung im Musterregister
Merkmal: nicht klar und eindeutig für Schriftzeichen; wirksam erst in Verbindung mit Schriftzeichengesetz seit dem 6. Juli 1981

C. Schriftzeichengesetz vom 6. Juli 1981
Bezeichnung: Gesetz zum Wiener Abkommen vom 12. Juni 1973 über den Schutz typographischer Schriftzeichen und ihre internationale Hinterlegung
Anwendung: nach den Vorschriften des Geschmacksmusterrechts mit zusätzlichen Maßgaben
Gültig: seit dem 6. Juli 1981 für seit diesem Datum hinterlegte Schriften in der BRD.
Schutzdauer: maximal 25 Jahre
Voraussetzung: neu und eigentümlich
Wirksamkeit: durch ordentliche Hinterlegung und Eintragung beim Patentamt
Merkmal: ergänzender und angepaßter Inhalt für typographische Schriftzeichen

D. Warenzeichenschutz
Rechtsgrundlage: Warenzeichengesetz
Anwendung: Bezeichnungsschutz, also Namensschutz
Schutzdauer: 10 Jahre, Verlängerung um jeweils weitere 10 Jahre ohne zeitliche Begrenzung
Voraussetzung: nur Verwendung von zugelassenen Bezeichnungen unter Berücksichtigung der maßgeblichen Einschränkungen
Wirksamkeit: durch Anmeldung und Eintragung beim Patentamt

E. Urheberrechtsschutz
Rechtsgrundlage: Urheberrechtsgesetz
Anwendung: für Kunstwerke
Schutzdauer: bis 70 Jahre nach Tod des Künstlers
Voraussetzung: ästhetischer Überschuß
Wirksamkeit: schwer für Schriften zu erreichen

Die Hüter des Gesetzes: Diese internationalen Abkommen der unterschiedlichsten Initiativen bemühen sich um Rechtssicherheit und Urheberschutz bei Schriftentwürfen.

Ein internationaler Schutz im Rahmen des Wiener Abkommens ist also heute noch nicht gegeben. Dennoch sieht es bereits festgelegte Formen und Vorschriften für die internationale Hinterlegung vor. Es ist jedoch zu hoffen, daß nach Frankreich, der Bundesrepublik und quasi Großbritannien zwei weitere Mitglieder das Abkommen ratifizieren. Erst dann erscheint es sinnvoll, näher auf die internationale Hinterlegung nach dem Abkommen einzugehen.

Die internationale Hinterlegung von Schriftzeichen nach dem Haager Musterabkommen von 1960

Das Haager Musterabkommen von 1960 ist seit dem 1. August 1984 für folgende Staaten in Kraft getreten: Belgien, BRD, Frankreich, Lichtenstein, Luxemburg, Monaco, Niederlande, Schweiz, Senegal, Suriname, Ungarn.

Das Haager Musterabkommen von 1934 gilt außerdem noch für folgende 7 Staaten, die dem Abkommen von 1960 noch nicht beigetreten sind: Ägypten, Indonesien, Marokko, Spanien, Tunesien, Vatikanstadt, Vietnam.

Nach diesem Abkommen können Schriftzeichen international hinterlegt werden. Es gelten auch Hinterlegungen aus den 7 zuletzt genannten Staaten. Bei der Hinterlegung ist vor allem zu beachten, daß der Antrag beinhalten muß, in welchen Staaten geschützt werden soll. Nach der Anzahl der Staaten richtet sich auch die Hinterlegungsgebühr. Der Antrag muß beim Internationalen Büro der Weltorganisation für geistiges Eigentum (WIPO) eingereicht werden. Die erforderlichen Formulare für den Antrag werden von dort in englischer und französischer Sprache ausgegeben.

Aktivitäten außerhalb Europas

In Amerika gibt es bis heute keinen wirksamen Schriftzeichenschutz. Trotz einiger Aktivitäten, zum Beispiel der Vereinigung »The Typeface Design Coalition«, ist in naher Zukunft nicht damit zu rechnen, daß sich die Situation in bezug auf Schriftschutz grundlegend verbessert. Einige in der graphischen Industrie namhafte Unternehmen versuchen seit einiger Zeit vielmehr, die digitale Repräsentation von Schriftzeichen schützen zu lassen. Es ist jedoch mehr als fragwürdig, ob ein Schutz von digitalen Formaten sinnvoll ist, umsomehr, als kein Schutz äquivalent zu unserem Schriftzeichengesetz für den Entwurf daneben existiert.

In Fernost ist die Situation schlimm. Es gibt kein Copyright und natürlich auch keinen vergleichbaren Schriftzeichenschutz, insbesondere auch nicht in Japan.

Lizenzierung

Der Eigentümer (Lizenzgeber) hat das Recht, die Benutzung der Schriftzeichen zu übertragen, besser bekannt unter dem Begriff der Lizenzierung. Die Lizenz erlaubt es dem Lizenznehmer aber nicht, die Zeichen abzuändern, um sie für andere graphische Techniken brauchbar zu machen. Es ist dem Lizenznehmer ohne ausdrückliche, schriftliche Genehmigung des Eigentümers auch nicht erlaubt, die Schriftzeichen an Dritte weiterzugeben, allgemein bekannt als Sub- oder Unterlizenzierung.

Der Eigentümer kann nicht zur Lizenzierung gezwungen werden. Er selbst kann sehr wohl Änderungen an seiner Schrift vornehmen, ohne daß sein Schutzanspruch für das Original beeinträchtigt wird. Kann er bei der Änderung sogar schöpferisches Hinzutun belegen, wird diese Änderung unter Umständen selbst schutzfähig und kann hinterlegt werden. Der Schriftschöpfer bzw. der Lizenzgeber erhält gemäß den Vorschlägen der ATypI durch Lizenzvertrag weniger als 10% der Schrifterlöse als Lizenz, die mit seinem Entwurf erzielt werden.

Zusammenfassung

Eine verbindliche Aussage über die Wirksamkeit des Schutzes nach dem Schriftzeichengesetz kann nicht gemacht werden, da die entsprechende Rechtssprechung nicht vorliegt.

Die ATypI-Mitglieder, unter denen alle namhaften Unternehmen und Schriftschöpfer zu finden sind, verpflichten sich, keine fremden Schriften zu kopieren und zu vertreiben und im Falle der Verwendung wenigstens Lizenzen an den Lizenzgeber zu zahlen. Nun ist Schrift immer auch ein Verkaufsargument im Systembereich, so daß die populärsten Schriften als Original immer nur vom Eigentümer verfügbar waren und sind, da dieser gerade die erfolgreichsten Schriften nicht an seine Mitbewerber lizenzieren wollte. Dieser Tatbestand wiederum forderte die Unternehmen geradezu heraus, ähnliche oder identische Schriften mit ähnlichem Namen anzubieten, um auch ihre Systeme erfolgreich verkaufen zu können. Dabei muß man wissen, daß die Schriftschöpfer ihre Entwurfsrechte in den meisten Fällen an Hersteller abgegeben oder diese im Angestelltenverhälnis für die Hersteller entwickelt haben, so daß sie selber keinen Einfluß darauf hatten, in welchen Systemen ihre Schriften verwendet werden konnten (Abb. 299).

*Abb. 299
Derivate der Times,
die sich in der Form
der Zeichen einzeln
und zueinander, in
Weite, Serifenausprägung, der Funktion von Senkrechten, Waagerechten
und Schrägen sowie
Kurven, Bögen und
Schnörkeln
unterschneiden.
Von oben:*
Plantin *(F.H. Pierpont, Monotype
1913),*
Life *(F. Simoncini,
Ludwig & Mayer,
1965),*
Concorde *(G.G.
Lange, Berthold
1969) und*
Times New Roman
*(S. Morison,
Monotype 1931)*

> # Hamburgefons
> # Hamburgefons
> # Hamburgefons
> # Hamburgefons

Mit der erfolgreichen Verbreitung von offenen Satzsystemen und offenen Schriftformaten haben jedoch die meisten Hersteller erkannt und akzeptiert, daß diese Haltung zusehends in die Isolation und somit auch zum wirtschaftlichen Mißerfolg führt. Es ist erfreulich, heute festzustellen, daß viel verwendete Brotschriften weltweit für diverse Belichter verfügbar sind und zudem eine wirksame Computer-Kontrolle etabliert ist, die zu viele verschiedene Versionen der gleichen Schrift verbietet. Wir müssen heute schon anstreben, alle lebenden Schriften für alle Ausgabegeräte zur Verfügung zu haben; denn es kann im Sinne des Anwenders natürlich nicht akzeptiert werden, daß das Ausgabesystem nach der zur Verfügung stehenden Schriftbibliothek und umgekehrt gewählt werden muß .

Aus juristischen, moralischen und ethischen Gründen ist es jedoch schändlich, Raubkopien in irgendeiner Form zu verwenden oder zu vertreiben, denn noch mehr betroffen als die Schrifthersteller sind die freischaffenden Schriftschöpfer, die oft in jahrelanger Arbeit eine neue Schrift entwickeln und durch die übliche Lizenzregelung sowieso sehr lange auf die finanzielle Entlohnung warten müssen. Eine neue Schrift durchdringt den Markt aber im Mittel erst nach 3 bis 5 Jahren, und auch nur, wenn erhebliche Anstengungen zur schnellen Verbreitung unternommen werden, das heißt werbewirksame Maßnahmen verbunden mit Anwendungsbeispielen der Schrift. Zusammen mit der Entwurfs- und Herstellungszeit vergehen oft 10 und mehr Jahre, bevor der Entwerfer nennenswerte Lizenzen einnimmt. Man sollte dabei auch nicht übersehen, daß nicht jede neue Schrift ein Erfolg wird. Die heute meistverwendeten Schriften sind oft älter als 25 Jahre!

Daraus kann gefolgert werden, daß wir in Zukunft einen Mangel an neuen Entwürfen haben könnten, wenn unerlaubte Nachbildungen in Umlauf kommen, ohne daß der Eigentümer dann wirksame Rechtsmittel zu seinem Schutz nutzen kann.

Hersteller von Raubkopien denken an den kurzfristigen wirtschaftlichen Erfolg. Gerade die Anwender von Schrift, die in aller Regel sehr fachkundige Typographen und Setzer sind, sollten Einfluß auf die Entwicklung nehmen und als Konsequenz keine Raubkopien akzeptieren, sondern vielmehr nur Originalschriften autorisierter Anbieter verwenden. Auf der anderen Seite sollten die Hersteller gewährleisten, daß die Formate der Schriften als Digitalisierung einheitlich bei allen Systemherstellern vorliegen. Dieses Ziel kann nur erreicht werden, wenn alle Hersteller die gleiche Datenbasis speichern und ständige Änderungen an den sogenannten Maschinenformaten unterlassen werden. Die heutigen Belichter haben Auflösungen von 1000 bis 2500 Linien pro inch (40 bis 100 Linien pro mm), so daß keine Änderungen aufgrund zu geringer Auflösung mehr nötig sind. Außerdem sollten die Lizenzgeber, die gleichzeitig Systemanbieter sind, grundsätzlich ihre Schriften an andere Unternehmen lizensieren, um den nichtautorisierten Anbietern von Nachbildungen den Wind aus den Segeln zu nehmen.

Letztendlich gilt auch im graphischen Gewerbe der allgemeine Grundsatz, daß die Bedürfnisse des Marktes, also des Verbrauchers, vor allen anderen Vorrang haben müssen.

Berthold	Linotype	Hell	ITC	Monotype	Scangraphic
Imago	Breughel	Anglia	Weidemann	Nimrod	VA-Script
Barmen	Optima	Demos	Usherwood	Calvert	Zapf Renaissance
Formata	Schneidler	Vario	Veljovic	Photina	Neue Lutherische
Boulevard	Trajanus	Edison	Symbol	Clarion	Fraktur
Bodoni Old Face	Melior	Napoleon	Leawood	Times New Roman	Today
Concorde	Stempel-Shadow	Aurelia	Mixage	Bookworm	
	Versailles	Flora	Elan	Centurion	
	Wilke Antiqua	Hollander	Esprit	Footlight	
	Sabon	Swift	Goudy-Sans	Cantoria	
	Frutiger		Pacella	Walbaum	
	neue Helvetica		Gamma		
	(kursiv)				

*Liste einer Auswahl
von hinterlegten
Schriften der Firmen
Berthold, ITC,
Linotype-Hell,
Monotype und
Scangraphic beim
Patentamt in Berlin.*

Anhang

Typeface Design Grouping according to AFII

This annex forms part of the standard. This annex defines a typeface design grouping scheme, consisting of a three-level hierarchical structure. Typefaces which are similar in appearance or have characteristics that would allow them to be reasonably substituted for each other, are grouped together.

Some font designs could be associated with more than one design group, but it is the responsibility of the font designer or font resource generator to choose the group which provides the best appearance for substitution.

The highest (most general) level of the hierarchy is the ISO Class, the second level of the hierarchy is the ISO subclass, and the third (most specific) level of the hierarchy is the ISO Specific Group. A typeface that is representative of each specific group is shown and named.

NOTE – Throughout this grouping scheme the term «serif» refers to the traditional concept of the serifs of Roman typefaces as well as to any style of non-plain stroke-ending used in a non-Western typeface.

1.0.0   **Uncials Class** - Typefaces in this general category use as a source of their design, writing hands of Europe, used during the 6th to the 9th Century.

1.1.0   **Single alphabet Subclass** - These designs are partly characterized by having one alphabet and within that alphabet design are both upper and lowercase letter shapes.

1.1.1   **Sans serif** - Without serifs

(Amsterdam SIMPLEX)

acegmorty

1.1.2   **Serif** - With serifs

(Amsterdam LIBRA)

acegmorty sa

1.2.0   **Duplex alphabet Subclass** - The designs of this sub-class are characterized primarily by having distinct and separate upper and lower-case letter shapes.

1.2.1   **Sans serif** - Without serifs

(--)

1.2.2   **Serif** - With serifs

(Klingspor AMERICAN UNCIAL)

MOR Spabeƒ

2.0.0   **Inscriptionals Class** - Latin alphabets of this General class have the characteristics of having been cut in stone. There are only uppercase letters and they are generally based on the proportions of the classic Roman Inscriptional letter form, e.g., having a narrow "E", "F", and "L": sweeping tail on the "R".

2.1.0   **Solids Subclass** - These designs have solid stems.
2.1.1   **Sans serif** - Without serifs

(Adobe LITHOS)

ABCDEF

2.1.2   **Serif** - With serifs

(Stempel SISTINA)

SA WUNDRICK

2.2.0   **Inlines Subclass** - These designs have a fine line engraved in the stem.

2.2.1   **Sans serif** - Without serifs

(...)

2.2.2   **Serif** - With serifs

(Nebiolo AUGUSTEA INLINE)

GMORTY

2.3.0   **Outlines Subclass** - The designs of this subclass are characterized by single lines that define the contour or outline of the letters.

2.3.1   **Sans serif** - Without serifs

(...)

2.3.2   **Serif** - With serifs

(Bauer COLUMNA)

GMORTY

(Morisawa LINEA)

美しい写植の

3.0.0   **Blackletters Class** - Typefaces of this general category have designs which show characteristics resembling those of the writing hands of the German monasteries circa the 12th to the 14th century. Or they are based on the typestyle designs of the German printers of the late 1400's.

3.1.0   **Formal style Subclass** - The designs of this subclass are characterized by their condensed appearance; large x-height; with little or no curves, giving an angular look to the lower-case. They are based on the formal or ecclesiastical writing style that was reserved for the Bible.

3.1.1   **Sans serif** - Without serifs

(ITC HONDA)

ABCDEFG abcdefghijklm

3.1.2   **Serif** - With serifs

3.1.3   **Sans serif, engraved** - The designs of this specific group have no serifs and have a pattern of hatching or shading in the stems.

3.1.4   **Serif, engraved** - The designs of this specific group have serifs and have hatching or shading in the stems.

3.1.5   **Simplified, with Concave Ends** - Typefaces in this group have concave ends, long ascenders, and short descenders.

3.1.6   **Simplified, Concave Ends with two Character Twist** - Typefaces in this group have concave ends, long ascenders, short descenders, and two character twist.

3.1.7   **Modified with Concave Ends** - Typefaces in this group have concave ends, long ascenders, short descenders and modified lines especially the base line.

3.1.8   **Simplified with "Fish Tail" Ends** - Typefaces in this group have "Fish Tail" ends, long ascenders, and short descenders.

3.1.9   **Modified with "Fish Tail" Ends** - Typefaces in this group have "Fish Tail" ends, long ascenders, short descenders, and modified lines especially the base line.

(Cimos KUFI)

3.1.10   **One Character Twist with "Fish Tail" Ends** - Typefaces in this group have "Fish Tail" ends, long ascenders, and one character twist.

(BOUTROS KUFI)

3.1.11   **Display Old Style Black** - Typefaces in this group have "Fish Tail" ends, fat, short ascenders, and short descenders, in addition to their classic appearance.

(Letraset KUFI DISPLAY)

3.1.12   **Display Modern Style Black** - Typefaces in this group have concave ends, and represent a modern version of (3.1.11).

(Letraset ANTARAT)

3.2.0   **Round style Subclass** - The designs of this subclass are characterized by their rounded design.

3.2.1   **Sans serif** - Without serifs

(Berthold POST ROMAN)

MORT Spabefg

3.2.2   **Serif** - With serifs

(Lanston Monotype GOUDY THIRTY)

MORTY Spabefgo

3.2.3   **Sans serif, engraved** - The designs of this specific group have no serifs and have a pattern of hatching or shading in the stems.

(--)

3.2.4   **Serif, engraved** - The designs of this specific group have serifs and have hatching or shading in the stems.

(--)

3.3.0   **Hybrid style Subclass** - The designs of this subclass are characterized by their mixture of both Blackletter Formal style and the Serif style (4.1.1) designs. The historical models for this design are from the late 1400's. (Subiaco Monastery; Da Spira Brothers.)

3.3.1   **Sans serif** - Without serifs

(Klingspor WALLAU)

MORTY Spabefgo

3.3.2   **Serif** - With serifs.

(Stephenson Blake BOLOGNA)

GMORT Spabefgo

3.3.3   **Sans serif, engraved** - The designs of this specific group have no serifs and have a pattern of hatching or shading in the stems.

(...)

3.3.4   **Serif, engraved** - The designs of this specific group have serifs and have hatching or shading in the stems.

(...)

3.4.0   **Informal style Subclass** - The designs of this subclass are of a cursive style. They have the appearance of a rapidly written design.

3.4.1   **Sans serif** - Without serifs

(...)

3.4.2   **Serif** - With serifs.

(Bauer LEGEND)

Ace Mordich al

(Cimos Sunbuly)

العلم نور و حدى

3.4.3   **Sans serif, engraved** - The designs of this specific group have no serifs and have a pattern of hatching or shading in the stems.

(...)

3.4.4 **Serif, engraved** - The designs of this specific group have serifs and have hatching or shading in the stems.

(...)

3.4.5 **White Math** - Characters represent the light Arabic Mathematical symbols.

(Compugraphic ARABIC MATH)

كم ظ و و ں دى6

4.0.0 **Serifs Class** - Typefaces in this general category have designs which have serifs, and are not classed in the Uncials, Inscriptionals, Blackletters, or Ornamentals.

4.1.0 **Oldstyle Subclass** - The typeface design in this category show characteristics of the designs originally created in Europe between the late 15th Century and the 17th Century.

4.1.1 **Venetian** - The Latin-alphabet typeface designs in this category have a diagonal bar on the lower-case "e"; relatively monotone stem thickness; have a sweeping tail on the uppercase "R" and are based on the type styles of the early Venetian printers circa 1470-1490's.

(Ludlow EUSEBIUS)

MORTY Spabefgom

4.1.2 **Garalde** - These typefaces are generally based on the original typeface designs of printers such as Aldus Manutius and Claude Garamond. General characteristics of the Latin-alphabet typefaces are ascenders taller than the capitals, and a horizontal bar on the lowercase "e".

(Monotype GARAMOND)

RTY Spabefgom

4.1.3 **Dutch / English** - Latin-alphabet typefaces in this category are characterized in part by a wedge shaped serif on the lowercase "t", spur serif on the capital "G" and can have a concave apex on the capital "A".

(Stempel JANSON)

tgmbaAG

4.2.0 **Transitional Subclass** – Typefaces in this grouping are those that show characteristics in common with the designs of faces that followed after W. Caslon (circa 1720) and before G. Bodoni (circa 1800).

4.2.1 **Direct Line** - Typefaces in this category are characterized by fine serifs and noticeable contrast. In Latin-alphabet typefaces, capital letters are nearly all the same width. These typefaces have characteristics in common with the early English designs from the early1700's to the 1800's (e. g., Baskerville, Bulmer, Bell).

(BASKERVILLE)

MORTY Spabefgom

4.2.2   **Modified I** - These faces, although based on the same models as above (European designs of the 1700's), are so significantly different that they cannot fit into the DIRECT LINE category.

(Linotype GOUDY OLD STYLE)

Em todo o des

(Cimos THULUTH)

العلم نور و هدى

4.2.3   **Modified II** - Long ascenders, long descenders, free flow, more curves, and light; are the main characteristics of these typefaces.

(Letraset THULUTH)

أأثثثثجخجنج

4.3.0   **Modern Subclass** - Extreme contrast between the thick and thin portions of the characters. Hairline serifs and a condensed appearance are some of the characteristics of this group of typefaces.

4.3.1   **Continental** - These designs are based on, or exhibit characteristics in common with the typestyles of the Italian printer, Bodoni, or the French printer, Didot.

(BODONI)

MORTY Spabefgo

(Monotype SONZINO)

אִישׁ אֶת־מֶחָר

(Gujerathi)

ઊ ટ ઘ

4.3.2   **Fat Face** - The principal characteristics are in common with those of the typefaces of English origin based on the type designs of W. Thorowgood.

(Stephenson Blake
THOROWGOOD ROMAN)

GMO Spabe

(Cyrillic Typestyle)

Изум шт

(Compugraphic OUSBOUH)

إن فن الطباعة هو الفن

4.4.0 **Contemporary Subclass -** This particular group does not have any clear recognizable historical model.

4.4.1 **Eclectic -** These particular typefaces are of mixed design form in which a variety of derivatives are recognizable.

(Monotype PERPETUA)
MORTY Spabefgo

4.4.2 **Fine serif -** Indicates that the serifs are very small, pointed, with small bracketing.

(ITC QUORUM)
ABCDE abcdefg

(Sha-ken KASOGO)
愛のある

4.4.3 **Lettering -** Type designs that give the impression of, or are based on the lettering styles of American sign painters of the early 20th Century.

(UNIVERSITY)
BCDEFcdefgh

4.5.0 **Legibility Subclass -** Obvious characteristics of Western-alphabet typefaces of this group are large x-height, short ascenders and descenders.

4.5.1 **Rounded (traditional) -** These designs were originally intended to be used for newspapers. In Western-alphabet typefaces of this group, the letters "c", "e", "o" are based on traditional rounded forms.

(Monotype TIMES ROMAN)
MOR Spabefgo

(Greek: Monotype TIMES ROMAN)
χρησίμων

(Sha-ken SHINBUN TOKUFUTO MINCHO)
愛のある

(Lotus)
ان خدمات سبكتروم

4.5.2 **Super-elliptical (Square) -** The letters "c", "e", and "o" of Western-alphabet typefaces of this group are based on the super-elliptical (squared-off ellipse) design.

(Stempel MELIOR)
MORTY Spabefgo

4.6.0   **Square serif Subclass** - The serifs in all these designs are relatively heavy and may or may not be bracketed.

4.6.1   **Monotone** - The designs of this specific group are characterized by serifs that are the same weight (thickness) as the stems, with no fillets or brackets connecting the stems and serifs.

(ATF STYMIE)

MORT Spabefg

4.6.2   **Clarendon** - The designs of this specific group are characterized by serifs that are the same weight (thickness) as the stems, with brackets connecting the stems and serifs.

(Bauer FORTUNE)

MO Spabefgo

4.6.3   **French Clarendon** - The designs of this specific group are characterized by serifs that are thicker than the stems, and can have brackets between the stems and serifs.

(ATF P. T. BARNUM)

MOR Spabefgom

4.6.4   **Short (stub)** - The main distinguishing features of these designs are small stubby serifs and relatively bold stems.

(ATF CHELTENHAM)

GMORT Spabefg

4.6.5   **Typewriter** -   Designs that were originally intended for typewriters or those faces designed to appear as though they were produced on a typewriter.

(ATF BULLETIN TYPEWRITER)

ORT Spabefg

4.6.6   **Dot Matrix** - The faces in this group appear to have been produced by a dot matrix output device.

(--)

4.7.0   **Latin Subclass** - These designs are characterized by serifs that have angled fillets, giving the appearance of triangular shaped serifs.

4.7.1   **Solid** - The stems of the characters are solid.

(WIDE LATIN)

M Spabefg

4.7.2   **Inline** - The stems have an incised line.

4.8.0   **Engraving Subclass** - Typefaces that are based upon the designs of the copper-plate engravers.

4.8.1   **Barbed serif** - This group of typefaces has serifs with end points bifurcated or barbed.

4.8.2   **Straight serif (fine)** - The main characteristics of this group are very small and pointed serifs, with small fillets. In alphabetic typefaces the letters are all uppercase.

4.9.0   **Free Form Subclass-** Characterized by twining fronds, sinuous curves, etc.

4.9.1   **Solid** - The typefaces in this group have ornaments and styling derived from, or influenced by the Art Nouveau movements of the late 1800's and the early 1900's, the stems are solid.

4.9.2   **Outline** - The typefaces in this group have ornaments and styling derived from, or influenced by the Art Nouveau movements of the late 1800's and the early 1900's the stems are defined by lines of equal width.

4.10.0   **Computer Subclass** - The primary characteristics of these faces are that they give the appearance of faces associated with computer printouts and computer display faces.

4.10.1   **OCR -** The designs were created originally to be machine readable. However they may now only carry the type design but not the function

(...)

4.10.2   **Digital -** Characters are segmented and composed of straight lines.

(...)

4.11.0   **Miscellaneous Subclass -** Any typeface that has serifs and does not fit into any of the previous categories.

(ATF CASLON ANTIQUE)

En cada

4.12.0   **Mincho Subclass -** Has thick vertical strokes and thin horizontal strokes. There is a noticeable wedge shape ending on the right end of the horizontal strokes.

4.12.1   **Old Style -** Stems and strokes are composed of smooth outlines. Counters are comparatively small and the metrics difference between glyphs is larger than that of the New Style.

(Sha-Ken SHUEI MINCHO)

愛のある

4.12.2   **New Style -** Stems and strokes edges are sharper than the Old Style Mincho. The counters are large and the metrics difference between the glyphs is small.

(Sha-ken HONRAN MINCHO B)

愛のある

4.12.3   **Miscellaneous -** Any Mincho design that does not fall into New Style or Old Style.

(Ryobi NAU MB)

写植の書体

5.0.0   **Sans Serif Class** —Typefaces in this general category have designs that do not have serifs, and are not Scripts or Ornamentals.

5.1.0   **Gothic Subclass -** The earliest of the Latin-alphabet Sans Serif printing typefaces (circa 1815).

5.1.1   **Grotesque -** The Latin-alphabet designs of this specific group are characterized by a two storey lowercase "a" and "g"; and may have a spur serif on the uppercase "G."

(ATF FRANKLIN GOTHIC)

GMOR Spaesg

(Monotype GILL SANS)

För alla nya st

(Greek: Monotype GILL SANS)

χρησίμων
ZHΘIKΛ

5.1.2   **Neo-grotesque -** The Latin-alphabet designs of this specific group have a two storey lowercase "a" and a one storey lowercase "g"; and may have a spur serif on the uppercase "G."

(Haas HELVETICA)

EGMORT arbesg

(Sha-ken ISHII FUTO GOTHIC)

愛のある

(ITC LATIF)

أَيلايد أُرابيك

5.1.3   **Typewriter -** These are faces that were intended for typewriter composition or those faces designed to appear as though they were produced on a typewriter.

(LETTER GOTHIC)

GMORTY Spabefgo

5.2.0   **Humanist Subclass -** Sans serif typefaces based on or inspired by classical Roman proportions.

5.2.1   **Classical -** Characteristics of these typefaces include stems have subtle stress variation. Western-alphabet typefaces of this group have uppercase letters with classic Roman Inscriptional proportions, and, in Latin alphabets, two storey lowercase "a" and "g".

(Stempel OPTIMA)

MORTY Sparbesgo

(ITC BOUTROS
MODERN KUFI)

أيلايد

5.2.2   **Non-classical -** Stem contrast is greater; Western alphabet typefaces have two storey lowercase "a" and "g"; may or may not have the capitals in the classical letter form proportions.

(Stephenson Blake BRITANNIC)

OR Sparbesg

5.2.3   **Typewriter** - These are faces that were intended for typewriter composition or those faces designed to appear to be produced on a typewriter.

5.3.0   **Stress variation Subclass** - These typeface designs have a noticeable variation in the stem or stroke thickness.

5.3.1   **Broad Pen** - Type designs that exhibit the characteristics of lettering done with a broad edge pen.

5.3.2   **Casual** - Informal designs, with no real classical proportions.

5.3.3   **Typewriter** - Typewriter typeface designs.

5.3.4   **Broad Pen, Curved Base Line** - Characters in this group have more curves in the lower side of the character base line.

5.3.5 **Broad Pen, Bent Base Line** - Characters in this group have long bent base line, which adds more value and beauty to the characters.

(Clmos Yakoub)

العلم نـور و هـدى

5.4.0 **Art Deco Subclass** - The display typeface designs of the 1920's

5.4.1 **Standard** - Extreme contrast, one stem is very bold , arms and bowls are very thin.

(ATF BROADWAY)

OR Sparbesg

(Sha-ken MIN-CURL)

愛のある

(Letraset Hadd)

5.4.2 **Modified** - Lines or patterns have been added to the basic Standard group.

(Barnhard Bros. & Spindler BOUL_MICH)

CEGMOR

5.4.3 **Thin Line** - The entire design has one very thin monotone line defining the shapes of the letters.

(ATF BERNHARD FASHION)

MO Sparbesgomty

(Ryobi PICO CASUAL)

あいうえおア

(Letraset ANTI)

5.4.4 **Serif.**

(Letraset FALCON)

5.4.5 **Black, Italic.**

(Letraset NASIM MEDIUM)

5.4.6   **Outline.**

(MUFARAGH *)

5.4.7   **Extra Distorted with some Stress Variation.**

(Letraset SALIM)

5.4.8   **Miscellaneous** - Typefaces in this group have the characteristics of the class, but don't fit into any of the previous categories.

(SCARAB 76 *)

5.5.0   **Geometric Subclass** - The design is monotone, and is basically composed of circles and straight lines.

5.5.1   **Round, straight stem ends** - Monotone design, with what may be referred to as "stick characters." In some instances the ascenders may be longer than the descenders. The ends of the stems are straight.

(Bauer FUTURA)

ORTY Sparbesgo

(Burmese Typestyle)

(NEO-KUFI *)

(Thai Typestyle)

5.5.2   **Round, Rounded stem ends** - Monotone design, with what may be referred to as "stick characters." In some instances the ascenders may be longer than the descenders. In both Western and Japanese type designs the tips or ends of the stems are rounded

(VAG RUNDSCHRIFT)

ABCDEF nop

(Sha-ken NAR D)

愛のある

(Letraset Daniel)

آٱٺٮٽٮٻٽٿ

5.5.3   **Super-elliptical** - The main characteristic is that in Western alphabet designs, the shape of all traditionally rounded letters, such as "o", "c" and "e" are based on the super-ellipse (a squared-off ellipse).

(_ Nebiolo EUROSTILE)

MO Sparbe

(ZARAFA *)

الصحيفة المطبوعة

5.5.4   **Stylized** - Monotone design, but less formal, may have curves in the stems and not appear as structured.

(ATF HOBO)

RTY Sparbesg

(Ryobi MAGIC)

大麻売総棚

(Compugraphic LAKHDAR)

إن فن الطباعة هو الذي يحدد

5.5.5   **Typewriter** - These are faces that were intended for typewriter composition or those faces designed to appear as though they were produced on a typewriter.

(...)

5.5.6   **Black Monotone.**

(ARABETICA GARDE *)

إن الصحيفة المطبو

5.5.7   **Extra Black Monotone**

(ARABETICA-EN SOLID)

انتقال كلمه بمند

5.5.8   **Extra Black with Stress Variation.**

(ZAITUN *)

الكلمات تنقل الافكا

| 5.5.9 | Extra Black with Extra Stress Variation. |

| 5.5.10 | Black, Round, Pointed Stem Ends. |

| 5.5.11 | Extra White, Square. |

| 5.5.12 | Black, Straight Lines. |

| 5.5.13 | **Miscellaneous** - Typefaces have the characteristics of the class, but don'tt fit into any of the previous categories. |

| 5.6.0 | **Computer Subclass** - The primary characteristic of these faces is that they give the appearance of faces associated with computer printouts and computer display faces. |

| 5.6.1 | **OCR** - The designs were created originally to be machine readable. However they may now only carry the type design style, but not the function. |

| 5.6.2 | **Digital** - Characters are segmented and composed of straight lines. |

| 5.6.3 | **Modified OCR** - Straight angles instead of curved ones. |

5.6.4   **Modern OCR** - Characters are lighter, straight lines against curves.

(Letraset BAHARNA)

5.7.0   **Free Form Subclass** - Characterized by twining fronds, sinuous curves, etc.

5.7.1   **Solid** - The typefaces in this group have ornaments and styling derived from, or influenced by the Art Nouveau movements; of the late 1800's and the early 1900's.

(Deberny & Peignot AURIOL)

ABCD abcdefgh

5.7.2   **Outline** - The typefaces in this group have ornaments and styling derived from, or influenced by the Art Nouveau movements of the late 1800's and the early 1900's, the stems are defined by lines of equal weight.

(---)

5.8.0   **Miscellaneous Subclass** - Any typeface that is a Sans Serif and does not fit into any of the previous categories.

(---)

6.0.0   **Scripts Class** - These faces are designed to appear as handwriting.

6.1.0   **Joined Subclass** - The characters are connected.

6.1.1   **Formal** - Based on a writing style characterized by extreme contrast between the thick and thin parts of the letters.

(ATF COMMERCIAL SCRIPT)

Ace Mordich

(Cimos DIWANI SCRIPT)

6.1.2   **Informal** - Conveying the style of a rapidly written script. The stems have thick and thin characteristics.

(Olive MISTRAL)

Mordich al Saf

(Ryobi YUKINARI E)

あいうえお

6.1.3 **Monotone** - All strokes are of equal thickness

6.1.4 **Miscellaneous** - Typefaces in this group have the characteristics of the class, but don't fit into any of the previous categories.

6.2.0 **Unjoined Subclass** - The letters, when composed into words have space between the adjacent characters.

6.2.1 **Formal** - Based on a writing style that is characterized by extreme contrast between the thick and thin parts of the letters.

6.2.2 **Informal** - A rapidly drawn letter with contrast.

6.2.3 **Monotone** - All strokes of the letters are of equal width.

6.2.4 **Brush** - Characterized by the appearance of having been brush drawn.

(Cimos MODERN NASKHI SCRIPT)

الا نسان باصغریه قلبه

6.2.5 **Cursive** - Typefaces of this group are characterized by having the appearance of handwriting, but are unjoined.

(ATF MURRAY HILL)

Mordich al Safe

6.2.6 **Calligraphic** - Characterized by having been drawn with a broad edge pen, and has a narrow angled appearance.

(ATF THOMPSON QUILLSCRIPT)

Mordich al Safengo

6.2.7 **Ronde** - Based on a French manuscript hand and has the appearance of upright handwriting.

(_Amsterdam RONDO)

Mordich al

(Letraset FAIRUZ)

ٱٮ ڊٻڻٮٮج ﺧ ﺧﺧﺨ ﻥ

6.3.0 **Soft Brush Subclass (Japan)** - The characteristics of this style are that the strokes are brush like. The designs are not written with a pen, and therefore the edges of the stems and strokes are not as sharp.

6.3.1 **Kaisho** - All the stems appear to have been written by a soft brush. The stems thickness may vary and there may be a different width to height ratio of the glyph shape.

(Morisawa SHIN SEI KAISHO)

美しい写植

6.3.2 **Kyokasho** - Simplified version of 6.3.1. Used mainly for childrens books and text books. The width to height ratio of the glyph shape is the same, and any metric differences between the glyphs are small.

(Morisawa SHIN FUTO KYOKASHO)

美しい写植

6.3.3 **Gyosho** - Some of the strokes are smoothly connected to show loci of the brush strokes.

(Sha-ken IWAKAGE FUTO GYOSHO)

愛のある

6.3.4   **Sosho** - Most of the strokes are smoothly connected and therefore dotted strokes could not be identified. It is more simplified than Gyosho (6.3.3).

(...)

6.3.5   **Miscellaneous** - Any designs that do not fit in any of the above specific groups.

(Sha-ken TAN KOIN)

愛のある

(Letraset AL Harf Al Horr)

أبـتـثـجـخـ

6.4.0   **Kana Subclass (Japan)** - The designs are based on the same concept as Mincho. However, they can only be applied to Kana glyph collections.

6.4.1   **Old Style** - Stems are made up of smooth lines. Counters are comparatively small and the metric differences between glyphs are larger than that of the New Style (6.4.2)

(Ryobi MIDASHI KANA 1)

あいうえお

6.4.2   **New Style** - Stems are composed of sharp outlines. Counters are large and the metric differences between glyphs is small.

(Ryobi KOMACHI GU)

あいうえお

6.5.0   **Soucho Subclass (China / Japan)** - Strokes (horizontal) are inclined slightly upward and to the right. The thickness of the stems is approximately the same as the stroke width. The sharpness of the edges of the stems and strokes is the same as if it had been produced by engraving in wood.

(Morisawa SOUCHO)

美しい写植

7.0.0   **Ornamentals Class** — Typefaces that were meant for display (not meant for straight matter composition [text], e.g., headlines) and can be highly decorated or stylized and cannot fit into any of the other categories.

7.1.0   **Inline Subclass** - The stems of the letters have a fine line or lines engraved in the stem. The original faces were intended for display purposes. The lines that define the glyph shape are of two different weights.

7.1.1   **Sans serif** - Without serifs.

(Klingspor ZEPPELIN)

MOR Spabefgo

7.1.2   **Serif** - With serifs.

(Stephenson Blake OLD FACE OPEN)

ABCDE

7.2.0   **Outline Subclass -** The character shape of this design is defined by lines of a single weight.

7.2.1   **Sans serif -** Without serifs.

(ATF GOTHIC OUTLINE)
ACEGMORTY

(Morisawa ARROW G-LINE)
美しい写植

7.2.2   **Serif -** With serifs.

(12 Line Antique Open)
DEMOCRAT

7.3.0   **Decorative Subclass -** The general characteristics of these faces are that they have patterns such as floral or leaf, or the stems are composed of or made up with natural elements such as twigs, or animals, etc.

7.3 1   **Sans serif -** Without serifs.

(RUSTIC)
ACEGMORTY

7.3.2   **Serif -** With serifs.

(Stempel SAPHIRE)
ACEGMORT

(Letraset Decorative Kufi # 2)
ع

7.4.0   **Three-dimensional Subclass -** These type designs have a three dimensional appearance created by means of shading and geometrical effects.

7.4.1   **Sans serif -** Without serifs.

(Ludlow UMBRA)
ACEGMORT

(Sha-ken NAR SHADOW)
愛のある

(Letraset MARCO POLO)

7.4.2   **Serif -** With serifs.

(Stephenson Blake THORNE SHADED)
ACEGMOR

(Morisawa ARROW M-LINE SHADOW)

美しい写植の

(Leraset Decorative KUFI # 1)

7.5.0 **Tuscan Subclass -** It is a characteristic of this design to have a double curved serif and it may or may not be patterned.

7.5.2 **Serif -** With serifs.

(Nebiolo FONTANESI)

ACEGM

7.6.0 **Stencil Subclass -** Its appearance is as though it was produced by a stencil.

7.6.1 **Sans serif -** Without serifs.

(FOLIO STENCIL)

BCDEFGHIJKLMN

(Sha-ken NAMIN)

愛のある

7.6.2 **Serif -** With serifs.

(Ludlow STENCIL)

ACEGMORTY

(Morisawa ARROW R-STENCIL)

美しい写植の

7.7.0 **Reversed Subclass -** The designs are characterized by having a white image on a black background.

7.7.1 **Sans serif -** Without serifs.

(Monotype GILL CAMEO)

GILL CAMEO

7.7.2 **Serif -** With serifs.

(....)

7.7.3 **Modern with decorated background.**

(Letraset PHOENICIA)

403

7.8.0   **Engraved Subclass -** The stems of the letters have a hatching or shading.

7.8.1   **Sans serif -** Without serifs.

(ATF JIM CROW)

ABCDEF

(Letraset DANIEL CHROME)

7.8.2   **Serif -** With serifs.

(INVITATION SHADED)

ABCDabcde

7.9.0   **Miscellaneous Subclass -** All designs which cannot be placed in one of the previous ORNAMENTAL groupings are put here; it is a catch-all group.

7.9.1   **Sans serif -** Without serifs.

(SHATTER)

ABCDE abcdef

7.9.2   **Serif -** With serifs.

(PAMELA)

ABC abcde

(Morisawa HIGEMOJI)

美しい写植

8.0.0   **Symbols and Ornaments Class**

Anmutungsqualitäten von Druckschriften

von Michaela Langen, Carsten Maurischat
und Angelika Weber

Z ur Unterscheidung von Schriften werden geeignete Eigenschaftswörter ermittelt. Anhand von Blindtexten, die in verschiedenen Druckschriften dargeboten werden, wird die Trennungsqualität der gefundenen Adjektive überprüft, wobei ein weitergehendes Ziel darin besteht, ein für alle Schriften geeignetes Semantisches Differential nachzuweisen.

Es zeigte sich, daß die Differenzierung der Schriften mittels der gefundenen Eigenschaftswörter möglich ist; so wirkt eine Schrift mehr elegant und weniger technisch als eine andere. Ein charakteristisches *Semantisches Differential* kann für jede Schrift erstellt werden.

Ein charakteristisches Semantisches Differential kann für jede Schrift erstellt werden.

1. Einführung

Jeder Leser wird schon einmal bemerkt haben, daß in thematisch unterschiedlichen Texten verschiedene Druckschrifttypen verwendet werden, z.B. wird im allgemeinen in einer Todesanzeige eine andere Schrift benutzt als auf einem Partyplakat. Eine Grundannahme der Typographen ist dabei, daß neben der Rezeption der Wortbedeutung die Wahrnehmung des bloßen Druckbildes Assoziationen und damit verbundene Emotionen hervorruft.

Unterstützt wird diese Annahme durch das Konzept von Osgood (1957), das von zwei verschiedenen Wort-Bedeutungen, nämlich der *konnotativen* (affektive Qualität) und der *dennotativen* (sachliche Qualität), ausgeht.

Zur Messung der konnotativen Bedeutung sprachlicher oder nicht-sprachlicher Stimuli entwickelte Osgood das Semantische Differential (im deutschen Sprachraum auch Polaritätsprofil oder Eindrucksdifferential).

Bei sprachvergleichenden Untersuchungen zeigt Osgood, daß drei unabhängig voneinander variierende Dimensionen universell auftreten :

- evaluation (Valenz; z.B. angenehm-unangenehm)
- potency (Potenz; z.B. stark-schwach)
- activity (Aktivität; z.B. anregend-beruhigend)

Diese Dimensionen konstituieren den affektiven semantischen Raum, wobei die konnotative Ähnlichkeit zwischen zwei Begriffen durch die Distanz zwischen Punkten in diesem Raum metrisch repräsentiert wird.

Hoffstätter (1955) wendet das Semantische Differential auf verschiedene Sachverhalte an (z.B. konkrete Persönlichkeiten, abstrakte Begriffe, Menschengruppen) und bestätigt damit, daß dieses Skalierungsverfahren die Betrachtung des subjektiven Sachverhaltes der Ähnlichkeit in objektiver und quantitativer Weise gestattet.

Wendt (1968) überträgt das Semantische Differential auf typographische Fragestellungen. Er untersucht 18 verschiedene Druckschriften und erhält für jede Schrift ein anderes Semantisches Differential, was eine Objektivierung bei der Beurteilung oder Auswahl von Drucktypen ermöglicht.

Neben dem Konzept der Konnotation von Osgood findet sich in der Forschung der Begriff der Anmutungsqualität (oder auch Atmosphärenwert), den Dürckheim als die von einem Objekt ausgehende Weise der emotionalen Beeindruckung durch Wahrnehmung und Vorstellung definiert. Auch dieses Konzept der Anmutungsqualität wird auf typographische Fragestellungen angewendet.

Berliner (1920) beschreibt, daß es für ausgewählte Reklameartikel (pork and beans, fish, pancake flour, orange marmalade) passende Drucktypen gibt, und daß jeder Artikel einen bestimmten Atmosphärenwert besitzt.

Poffenberger und Franken (1923) kommen zu 5 Anmutungsqualitäten nach der Auswertung von 29 Druckschriften cheapness (Schäbigkeit), dignity (Würde), economy (Sparsamkeit), luxury (Luxus), strength (Stärke).

Ausgehend von den oben genannten Forschungsergebnissen, die zeigen, daß Druckschriften konnotative Bedeutungen bzw. Anmutungsqualitäten besitzen, wird in zahlreichen Versuchen die Wirkung verschiedener typographischer Gestaltungsvariablen untersucht.

Anmutung: die von einem Objekt ausgehende Weise der emotionalen Beeindruckung durch Wahrnehmung und Vorstellung

Krampen (1991) kommt zu dem Ergebnis, daß die visuelle Auffälligkeit der Gestaltungsvariablen die entscheidende Wirkungskomponente darstellt.

Die auffälligsten und damit wichtigsten Gestaltungsvariablen sind u.a. Schriftart, Schriftgröße und für Betonungen Versalien, Fettschrift und Kursivschrift.

Bei der Untersuchung einzelner Schriftarten hinsichtlich der zwei Bewertungscharakteristika, Funktionalität und Ästhetik, ergibt sich, daß der Eindruck von Funktionalität auf dem Weglassen von Binnenkontrasten und Verzierungen, der ästhetische Eindruck dagegen auf dekorativen Elementen (z.B. Serifen) beruht.

Mit Hilfe des Semantischen Differentials ist es nunmehr möglich, den Eindruck, d.h. die Anmutungsqualität, von Schriftarten sehr differenziert durch Eigenschaftswörter-Skalen darzustellen, womit eine objektivere Auswahl bei der Anwendung von Schriftarten gegeben ist.

Im folgenden soll untersucht werden, welche Adjektive sich besonders eignen, die Anmutungsqualitäten unterschiedlicher Druckschriften zu erfassen. Es müssen Adjektive gefunden werden, die einerseits den Eindruck der Leser widerspiegeln, andererseits dem Typographen bei der Auswahl von Schriftarten nützliche Hinweise sind. Daraus haben wir drei Hypothesen abgeleitet:

Druckschriften lassen sich hinsichtlich ihrer Anmutungsqualitäten unterscheiden. Diese lassen sich durch Beurteilungen auf Eigenschaftswörter-Skalen erfassen. Dabei beschreiben bestimmte Adjektive die verschiedenen Anmutungsqualitäten besser als andere, so daß sich für jedes Schriftbild ein anderes Semantisches Differential ergibt.

2. Methode

Es ist sinnvoll, einen Text zu verwenden, der durch seinen Inhalt beim Leser keine emotionale Reaktion hervorruft, welche die Anmutungsqualität beeinflussen könnte. Dieses wird erreicht durch einen Blindtext, der in seinem sprachstatistischen Aufbau der deutschen Sprache entspricht, indem die Auftretens- und Übergangswahrscheinlichkeiten von Buchstaben beibehalten werden.

Mit Hilfe des Semantischen Differentials ist es nunmehr möglich, den Eindruck, d.h. die Anmutungsqualität, von Schriftarten sehr differenziert durch Eigenschaftswörter-Skalen darzustellen.

So ähnelt das Druckbild des Blindtextes dem eines sinnvollen deutschen Textes. Die Erstellung des Blindtextes wurde von einer Softwarefirma übernommen, die gleichzeitig der Auftraggeber dieses Projektes ist. Die erstellte Blindtextversion muß in allen zu untersuchenden Schriftarten gedruckt werden. Der Eindruck, den die jeweilige Schriftart beim Leser erweckt, wird auf *Ratingskalen* festgehalten, die zur Charakterisierung von Druckschriften geeignet sind. Zur Findung valider Skalen werden folgende Kriterien gesetzt:

- repräsentative Umfrage

  Die möglichen Adjektive sollen nicht ausschließlich von Studenten oder Typographen erhoben werden, sondern aus einem breiten Spektrum potentieller Leser stammen.

- statistische Absicherung

  Die Tauglichkeit der erhobenen Adjektive hinsichtlich der Erfassung einer Anmutungsqualität soll statistisch festgestellt werden.

- Absprache mit dem Auftraggeber

  Erfahrung und Anwendungsvorstellungen des Auftraggebers werden bei der endgültigen Erstellung der Skalen berücksichtigt.

Vorversuche

Zur Generierung von Skalen werden Adjektive aus der Fachliteratur ausgewählt und ein Brainstorming durchgeführt, bei dem die spontan assoziierten Adjektive der Versuchspersonen gesammelt werden, die sie bei der Vorlage der 20 Druckschriften haben. Das Material besteht aus den vom Auftraggeber bestimmten 20 verschiedenen Schriften, in denen jeweils das Wort »Hamburgefonts« gedruckt ist. Das Wort selbst hat keine Bedeutung (Material am Ende dieses Kapitels). Daran nahmen 17 Versuchspersonen (11 weibliche und 6 männliche) teil, die dem Freundeskreis der Versuchsleiter angehören. Die Versuchspersonen setzen sich aus 11 Studenten/-innen, 3 Berufstätigen, 2 Auszubildenden und einem Rentner zusammen, deren Alter zwischen 20 und 68 Jahren liegt.

Das Brainstorming fand in Einzelversuchen statt, die Dauer war unbegrenzt. Im Ergebnis fanden wir 176 verschiedene Adjektive. Diese werden nach quantitativen (d.h. mehrmals genannten) und qualitativen (d.h. inhaltlich möglichst verschiedenen) Aspekten zusammengefaßt und können somit auf 40 Adjektive reduziert werden. Die Güte der 40 Adjektive wird mit Hilfe eines Bewertungsfragebogens ermittelt, der eine fünfstufige Beurteilungsskala pro Adjektiv für alle 20 Schriften enthielt, wobei die beiden Pole der Skalen 0 und 4 verbal mit Hilfe der Formulierungen »gar nicht« (=0) und »sehr« (=4) ergänzt werden.

Diese Beurteilung fand durch 15 Versuchspersonen (11 weibliche und 4 männliche) statt, die dem Freundeskreis der Versuchsleiter angehören. Diese setzen sich aus 10 Studenten/-innen, 3 Berufstätigen und 2 Auszubildenden zusammen, die zwischen 20 und 47 Jahre alt sind. Diesen wurden die Beurteilungsbögen in Einzelversuchen vorgelegt, wobei jede Schrift auf jeder der 40 Skalen eingestuft werden sollte, in dem Ausmaß, wie sehr die jeweilige Schrift auf sie wirkte, wobei die Bearbeitungszeit unbegrenzt war. Die Auswertung der Daten soll die Eignung der Skalen zur Erfassung der Ähnlichkeit der Schriftarten und Schriften feststellen.

Dazu werden als statistische Verfahren einfache Varianzanalysen je Adjektivskala zwischen den 20 vorgegebenen Schriften gerechnet, um zu überprüfen, ob das jeweilige Adjektiv zwischen den Schriften trennt. Außerdem werden die Adjektive untereinander über die Schriften und über die Versuchspersonen korreliert. Von dieser Korrelationsmatrix werden Clusteranalysen gerechnet, um Redundanzen zwischen den Adjektiven aufzufinden und die Anzahl der Adjektive aufgrund dieser gemeinsamen Varianzen zu reduzieren. Die Clusteranalyse faßt die miteinander hoch korrelierenden Adjektive in Clustern zusammen.

Der als Kriterium verwendete *B krit-Koeffizient* bezeichnet dabei das Verhältnis der durchschnittlichen Korrelationen der Adjektive in der Gruppe zu den durchschnittlichen Korrelationen der restlichen Adjektive. Zur Auswahl der Adjektive sollen folgende Kriterien gelten:

- nur Adjektive, welche die Schriften in der Varianzanalyse gut trennen
- Binnenvarianz soll möglichst homogen sein;
  F max - Wert ≤ 10

15 Versuchspersonen

- Clusteranalyse: B krit ≤ 2.0
- beste Repräsentation eines Adjektives in einem Cluster: ein- oder zweimaliges Vorkommen über alle Cluster
- Vergleich der *Korrelationen* der Adjektive in einem Cluster; in einem hoch miteinander korrelierenden Adjektivpaar (> 0.7) wird das Adjektiv gewählt, das mit den anderen Adjektiven des Clusters höher korreliert; falls dieses Adjektiv bereits in der Auswahl vorhanden ist, wird das andere Adjektiv berücksichtigt

Folgende Adjektive wurden ermittelt:

1. kräftig	8. schwerfällig
2. klassisch	9. männlich
3. starr	10. harmonisch
4. dynamisch	11. dekorativ
5. wild	12. leserlich
6. gewöhnlich	13. aggressiv
7. hervorstechend	14. natürlich

Nach Absprache mit dem Auftraggeber wurden folgende Veränderungen vorgenommen:

herausgenommen wurden:	hinzugenommen wurden:
• kräftig	• technisch
• starr	• elegant
• hervorstechend	• kitschig
• leserlich	
• aggressiv	

Die Gründe zur Herausnahme der oben aufgeführten Adjektive sind u.a. der enge Zusammenhang zwischen der Buchstabendicke und dem Adjektiv »kräftig« oder die Tatsache, daß mit »hervorstechend« z.B. Kursivschriften bezeichnet werden, die sich von anderen Druckschriften im Druckbild unterscheiden. Hinzugenommen werden konnten »technisch« und »kitschig« für »starr« und »leserlich«, da die Adjektive Vertreter derselben Cluster sind und die statistischen Kriterien ähnlich gut erfüllen. Das Ergebnis beinhaltet 12 Skalen:

1. klassisch	7. harmonisch
2. dynamisch	8. dekorativ
3. wild	9. technisch
4. gewöhnlich	10. natürlich
5. schwerfällig	11. elegant
6. männlich	12. kitschig

Weiterhin wurde geprüft, ob bezüglich der endgültig ermittelten 12 Adjektive einerseits verwandte Schriften auch als ähnlich empfunden werden, bzw. andererseits artfremde Schriften (z.B. Grotesk-Schriftart und Schreibschriftart) einen gerin-
geren Ähnlichkeitsgrad haben und somit tatsächlich
unterschiedliche Eindrücke erwecken

Die ermittelten Korrelationen (alle Korrelationen werden
auf dem 1%-Niveau signifikant) zwischen den 20 Schriften-
arten bezüglich der 12 Skalen ergeben folgendes Bild:

<table>
<tr><td colspan="2">a) Schriften gleicher Arten</td></tr>
<tr><td colspan="2">• Antiqua Schriften</td></tr>
<tr><td>Renaissance Antiqua/Garamond No 3
Regula Renaissance Antiqua/Palatino</td><td>r = ,69</td></tr>
<tr><td>Renaissance Antiqua/Garamond No 3 Regula
Frühe Klassizistische Antiqua/Baskerville No 2 Roman</td><td>r = ,76</td></tr>
<tr><td>Renaissance Antiqua/Garamond No 3 Regula
Barock Antiqua/Times New Roman</td><td>r = ,73</td></tr>
<tr><td>Renaissance Antiqua/Palatino
Barock Antiqua/Times New Roman</td><td>r = ,71</td></tr>
<tr><td>Frühe Klassizistische Antiqua/Baskerville No 2 Roman
Barock Antiqua/Times New Roman</td><td>r = ,71</td></tr>
<tr><td>Frühe Klassizistische Antiqua/Baskerville No 2 Roman
Renaissance Antiqua/Palatino</td><td>r = ,71</td></tr>
<tr><td colspan="2">• Gebrochene Schriften</td></tr>
<tr><td>Gebrochene Schriften (Fraktur)/Walbaum Fraktur
Gebrochene Schriften (Textur)/Old English Text</td><td>r = ,70</td></tr>
<tr><td colspan="2">• Grotesk Schriften</td></tr>
<tr><td>Grotesk (Klassizistisch)/Univers 55 Roman
Serifenbetonte Grotesk (Klassizistisch)/Serifa Roman</td><td>r = ,69</td></tr>
<tr><td>Grotesk (Klassizistisch)/Univers 55 Roman
Grotesk (Renaissance)/Syntax Roman</td><td>r = ,58</td></tr>
<tr><td>Serifenbetonte Grotesk (Klassizistisch)/Serifa Roman
Grotesk (Renaissance)/Syntax Roman</td><td>r = ,65</td></tr>
<tr><td>Grotesk (Klassizistisch)/Univers 55 Roman
Serifenbetonte Grotesk (Barock)/Rockwell</td><td>r = ,53</td></tr>
<tr><td>Serifenbetonte Grotesk (Klassizistisch)/Serifa Roman
Serifenbetonte Grotesk (Barock)/Rockwell</td><td>r = ,74</td></tr>
<tr><td>Serifenbetonte Grotesk (Barock)/Rockwell
Grotesk (Renaissance)/Syntax Roman</td><td>r = ,58</td></tr>
</table>

• Schreibschriften

Schreibschriften (Spitzfeder)/Englische Schreibschrift Regular
Schreibschriften (Pinsel)/Brush Script $r = ,37$

Bei der Interpretation dieser Korrelation ist jedoch
die unterschiedliche Buchstabendicke zu beachten.

b) Schriften unterschiedlicher Art

• Grotesk und Gebrochene Schrift
z.B. Grotesk (Klassizistisch)/Univers 55 Roman
Gebrochene Schriften (Fraktur)/Walbaum Fraktur $r = -,27$

• Grotesk und Schreibschrift
z.B. Grotesk (Barock)/URW Grotesk 2018 Regular
Schreibschriften (Spitzfeder)/Englische Schreibschrift Regular $r = -,29$

• Grotesk und Antiqua Schriften
z.B. Grotesk (Barock)/URW Grotesk 2018 Regular
Renaissance Antiqua/Garamond No 3 Regular $r = ,37$

• Gebrochene Schrift und Schreibschrift
z.B. Gebrochene Schriften (Textur)/Old English Text
Schreibschriften (Spitzfeder)/Englische Schreibschrift Regular $r = ,32$

• Gebrochene und Antiqua Schrift
z.B. Gebrochene Schriften (Fraktur)/Walbaum Fraktur
Handschriftliche Antiqua (Breitfeder)/Alcuin $r = ,21$

• Antiqua Schrift und Schreibschrift
z.B. Renaissance Antiqua/Palatino
Schreibschriften (Spitzfeder)/Englische Schreibschrift Regular $r = ,23$

Es zeigt sich insgesamt, daß die Korrelationen von Schriften verschiedener Arten deutlich unter denen gleicher Arten liegen. Die Grenzen der jeweiligen Schriftart verschwimmen, da auch die Buchstabenbreite einen wesentlichen Einfluß auf den Eindruck hat. Beispielsweise:

Barock Antiqua/Caslon No 3 Roman
Grotesk (Barock)/URW Grotesk 2018 Regular $r = ,48$

Serifenbetonte Grotesk(Barock)/Rockwell
Barock Antiqua/Caslon No 3 Roman $r = ,58$

Neben der Betrachtung von Einzelkorrelationen zweier Schriften wird das Verhältnis aller Schriften untersucht, um festzustellen, ob die vorgegebenen theoretischen Schriftarten durch den Versuch bestätigt werden.

Bei dem geforderten B krit ≤ 2,0 Niveau faßt die Clusteranalyse folgende Schriften in einer Gruppe zusammen:

A1) Gebrochene Schriften (Fraktur)/Walbaum Fraktur
A2) Gebrochene Schriften (Textur)/Old English Text
A3) Venizianische Antiqua/ITC Golden Type Original
A4) Schreibschriften (Spitzfeder)/Englische Schreibschrift
    Regular

Dabei fällt der enge Zusammenhang zwischen den Schriften A1 und A2 durch einen hohen B krit-Wert von 4.6 auf. Eine andere Gruppe besteht aus folgenden Schriften:

B1) Serifenbetonte Grotesk (Barock)/Rockwell
B2) Grotesk (Barock)/URW Grotesk 2018 Regular
B3) Serifenbetonte Grotesk (Klassizistisch)/Serifa Roman

Diese Gruppe besitzt einen sehr homogenen Charakter und spiegelt die theoretischen Schriftarten gut wider.

Hauptversuch

Die abschließende Beurteilung der Druckschriften kann nun mit Hilfe der ermittelten zwölf Adjektive durchgeführt werden. Das Versuchsmaterial besteht aus den 21 vom Auftraggeber bestimmten Druckschriften. In diesen verschiedenen Schriften wurde ein Blindtext erstellt, dessen Inhalt sinnlos ist, jedoch in seinem sprachstatistischen Aufbau einem sinnvollen Text entspricht. Mit Hilfe dieses Blindtextes soll vermieden werden, daß der Textinhalt einen Einfluß auf die Beurteilung der Schriften hat.

Jeweils neben dem Blindtext ist die fünfstufige Beurteilungsskala pro Adjektiv gedruckt, so daß die Versuchspersonen die jeweilige Schrift bei der Beurteilung direkt im Blickfeld haben. Die beiden Pole der Adjektivskala 0 und 4 werden zusätzlich mit Hilfe der Formulierungen »gar nicht« (=0) und »sehr« (=4) verbal ergänzt.

Die Beurteilung der Druckschriften fand durch 58 Versuchspersonen statt, die sich auf eine Zeitungsannonce (Kieler Nachrichten), Flugblättern in der Mensa oder durch die Jobvermittlung des Arbeitsamtes meldeten. Jede Versuchsperson erhielt 15 DM für die Teilnahme. Es nahmen 32 weibliche und 26 männliche Versuchspersonen teil. Diese setzen sich

58 Versuchspersonen

413

aus 28 Studenten/-innen, einer Schülerin, 18 Berufstätigen und einer Rentnerin zusammen, deren Alter zwischen 19 und 63 Jahren liegt. Den Versuchspersonen wurden die Beurteilungsbögen in Gruppenversuchen vorgelegt, wobei die Gruppengröße variierte.

Alle Versuche fanden in Seminarräumen des Psychologischen Institutes der Christian-Albrechts-Universität Kiel statt. Die Aufgabe der Versuchspersonen war es, jede der 21 Schriften auf der fünfstufigen Skala mit Hilfe der 12 ermittelten Adjektive zu beurteilen. Die Versuchspersonen benötigten durchschnittlich 45 Minuten für die Bearbeitung der Bögen, die Bearbeitungszeit war jedoch nicht begrenzt.

Die Abb. 300 zeigt die Einzelergebnisse der univariaten Varianz-Analyse bezüglich jedes Adjektives und das Ergebnis der unifaktoriellen multivariaten Varianzanalyse. Alle Varianzanalysen werden mindestens auf dem 1%-Niveau signifikant.

Abb. 300
Ergebnisse der
multivariaten und
univariaten
Varianzanalysen

Univariate Varianzanalysen			
Adjektiv	F-Wert	Adjektiv	F-Wert
elegant	10,85	klassisch	7,04
kitschig	13,40	dynamisch	4,28
sachlich	38,03	gewöhnlich	22,40
natürlich	6,78	schwerfällig	9,06
männlich	6,62	harmonisch	5,84
dekorativ	15,45	technisch	32,11

Multivariate Varianzanalyse

gesamt 5,74

Die Adjektive
»elegant«, »kitschig«,
»schlicht«, »gewöhn-
lich«, »dekorativ«
und »technisch«
liefern ein schärferes
Differenzierungskri-
terium

Demnach unterscheiden sich die Schriften hinsichtlich der gewählten Eigenschaften.

Die Adjektive »elegant«, »kitschig«, »schlicht«, »gewöhnlich«, »dekorativ« und »technisch« liefern ein schärferes Differenzierungskriterium (F-Wert > 10) als beispielsweise »dynamisch« oder »harmonisch«.

	1	2	3	4	5	6	7	8	9	10	11	12
1	1,41	1,98	0,19	1,50	3,21	2,71	1,86	1,12	1,78	2,02	1,10	2,76
2	2,16	3,05	1,48	0,95	0,81	0,83	0,90	2,29	1,48	2,14	2,86	0,52
3	1,36	1,38	0,67	1,88	2,86	2,50	2,03	1,12	1,93	2,22	1,36	2,43
4	2,00	2,22	1,09	1,40	1,50	1,59	1,57	1,84	1,62	2,16	2,31	1,28
5	3,31	2,64	2,05	1,59	0,43	0,86	0,84	0,29	0,69	3,10	3,33	0,21
6	1,36	1,83	0,52	0,79	3,12	2,95	1,81	1,07	1,90	2,16	1,21	2,78
7	1,95	1,93	1,17	1,57	1,78	1,64	1,76	1,76	1,90	1,93	1,91	1,48
8	2,24	2,07	0,81	2,03	2,59	2,29	2,17	0,81	1,45	2,59	1,81	2,22
9	2,05	2,74	2,00	1,03	0,86	0,88	0,95	2,36	1,74	2,05	2,72	0,72
10	2,31	2,09	1,09	1,90	1,53	1,43	1,95	1,72	1,60	2,47	2,41	1,12
11	1,64	2,17	0,55	2,02	3,19	3,02	1,97	0,81	2,05	2,29	1,34	2,88
12	1,33	1,59	0,93	1,50	2,45	1,72	1,24	2,31	2,17	1,00	1,71	2,21
13	2,02	2,17	0,67	1,86	2,41	2,36	2,02	1,09	1,69	2,34	1,79	2,07
14	2,62	2,00	1,53	1,86	1,12	1,24	2,21	1,53	1,14	2,83	2,55	0,79
15	1,45	1,81	0,38	1,72	3,29	2,34	1,59	1,33	2,14	2,07	1,41	2,83
16	1,62	2,16	0,60	1,66	2,60	2,81	1,88	1,19	1,76	1,93	1,48	2,19
17	1,60	1,59	0,78	2,02	2,48	2,03	1,76	1,52	1,84	2,24	1,78	2,28
18	1,71	2,12	0,66	1,81	2,72	2,48	1,88	1,24	1,86	2,09	1,59	2,29
19	1,62	1,83	0,60	1,67	2,90	2,16	1,83	1,26	1,90	2,17	1,62	2,50
20	1,74	2,07	1,21	1,66	1,90	1,98	1,62	1,72	1,81	1,86	1,72	1,88
21	2,07	1,79	1,59	2,02	1,17	1,24	1,88	1,69	1,19	2,72	2,74	0,69

Abb. 301 zeigt einen Vergleich der Mittelwerte jeder Schrift bezüglich jedes Adjektives.

Codierungsschlüssel für die Zeilen/Spalten:

Spalten = Adjektive

1 = elegant	5 = sachlich	9 = männlich
2 = klassisch	6 = gewöhnlich	10 = harmonisch
3 = kitschig	7 = natürlich	11 = dekorativ
4 = dynamisch	8 = schwerfällig	12 = technisch

Zeilen = Schriften

1 = Serifenbetonte Antiqua (Klassizistisch)/Melior
2 = Gebrochene Schriften (Textur)/Old English Text
3 = Grotesk (Klassizistisch)/Univers 55 Roman
4 = Venezianische Antiqua/ITC Golden Type Original
5 = Schreibschriften (Spitzfeder)/Englische Schreibschrift
    Regular
6 = Antiqua-Varianten (Latine)/Latienne
7 = Barock Antiqua/Caslon No 3 Roman

8 = Serifenlose Antiqua (Klassizistisch) Optima Roman
9 = Gebrochene Schriften (Fraktur)/Walbaum Fraktur
10 = Handschriftliche Antiqua (Breitfeder)/Alcuin
11 = Barock Antiqua/Times New Roman)
12 = Grotesk (Barock)/URW Grotesk 2018 Regular
13 = Renaissance Antiqua/Garamond No 3 Regular
14 = Schreibschriften (Pinsel)/Brush Script
15 = Serifenbetonte Grotesk (Klassizistisch)/Serifa Roman
16 = Frühe Klassizistische Antiqua/Baskerville No 2 Roman
17 = Serifenbetonte Grotesk (Barock)/Rockwell)
18 = Renaissance Antiqua/Palatino
19 = Grotesk (Renaissance)/Syntax Roman
20 = Klassizistische Antiqua/Bodoni Antiqua Light
21 = Großschrift Schreibschriften (Pinsel)/Brush Script

Sachlich ist gutes Trennmittel, dynamisch ein schlechtes.

Beim Vergleich der Adjektive zeigt sich, daß die Mittelwerte der Schriften unterschiedlich stark variieren. So streuen die Mittelwerte des fünften Adjektives »sachlich« von 0,43 bis 3,29, was auf die sehr gute Trennungsqualität dieses Adjektives hindeutet. Dem gegenüber liegen die Mittelwerte des vierten Adjektives »dynamisch« im Bereich von 0,95 bis 2,03, so daß dieses Adjektiv eine wenig charakteristische Beschreibung der Schriften erlaubt. Die verschiedenen Anmutungsqualitäten der Schriften lassen sich mit Hilfe des Semantischen Differentials darstellen, wobei jeweils zwei Schriften auf den folgenden Seiten miteinander verglichen werden (Abb. 302 - 306). Die Semantischen Differentiale ergeben sich aus den in Abb. 301 aufgeführten Mittelwerten. Die Abbildungen zeigen sowohl Vergleiche besonders ähnlicher als auch besonders unähnlicher Schriften.

- Grotesk (Klassizistisch) / Univers 55 Roman
- Gebrochene Schriften (Fraktur) / Walbaum Fraktur

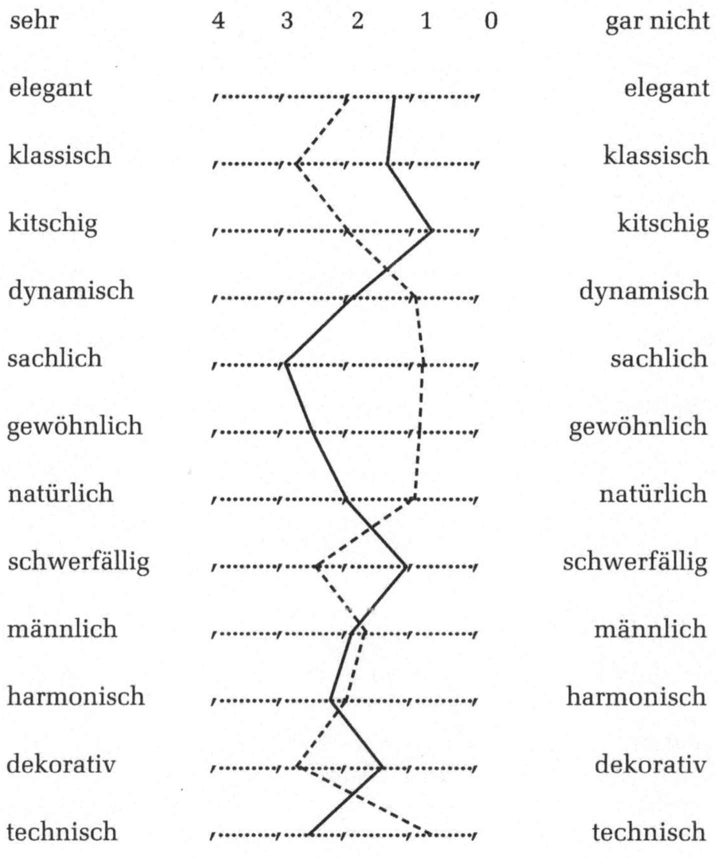

Abb. 302
Vergleich sehr
unterschiedlicher
Schriften,
gestrichelt:
Walbaum Fraktur

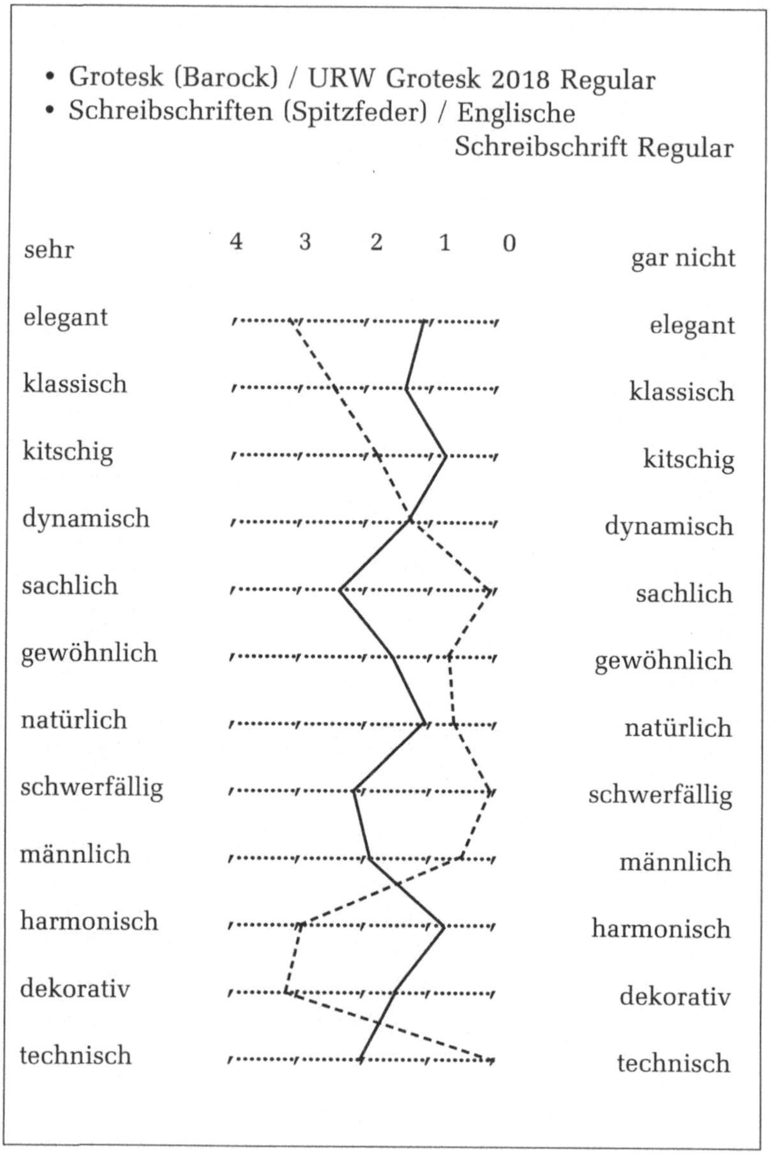

*Abb. 303
Vergleich sehr
unterschiedlicher
Schriften,
gestrichelt:
Englische Schreib-
schrift Regular*

418

- Renaissance Antiqua / Garamond No. 3 Regular
- Frühe Klassizistische Antiqua / Baskerville No. 2 Roman

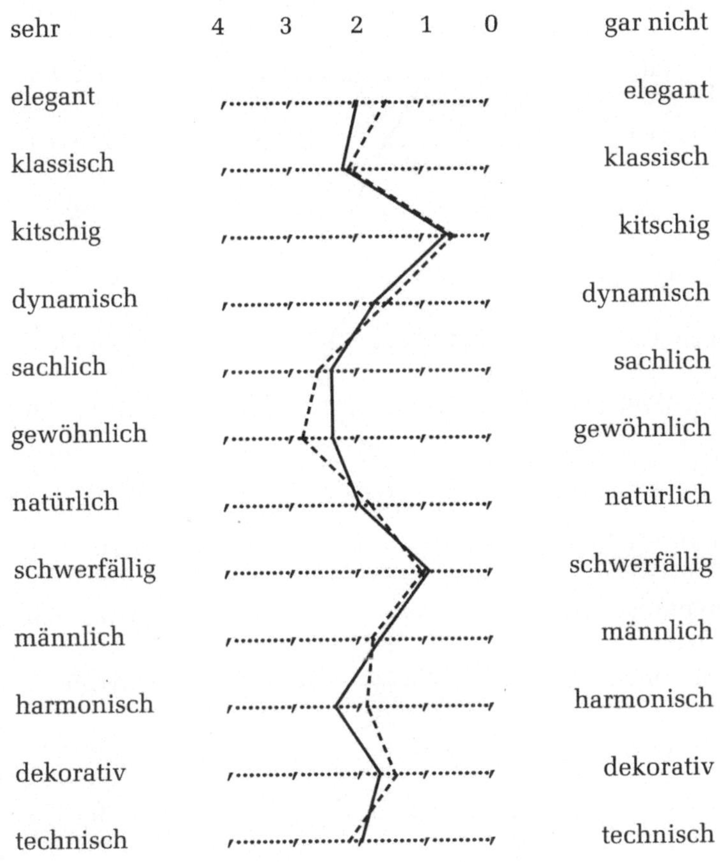

Abb. 304
Vergleich sehr ähnlicher Schriften, gestrichelt: Baskerville No. 2 Roman

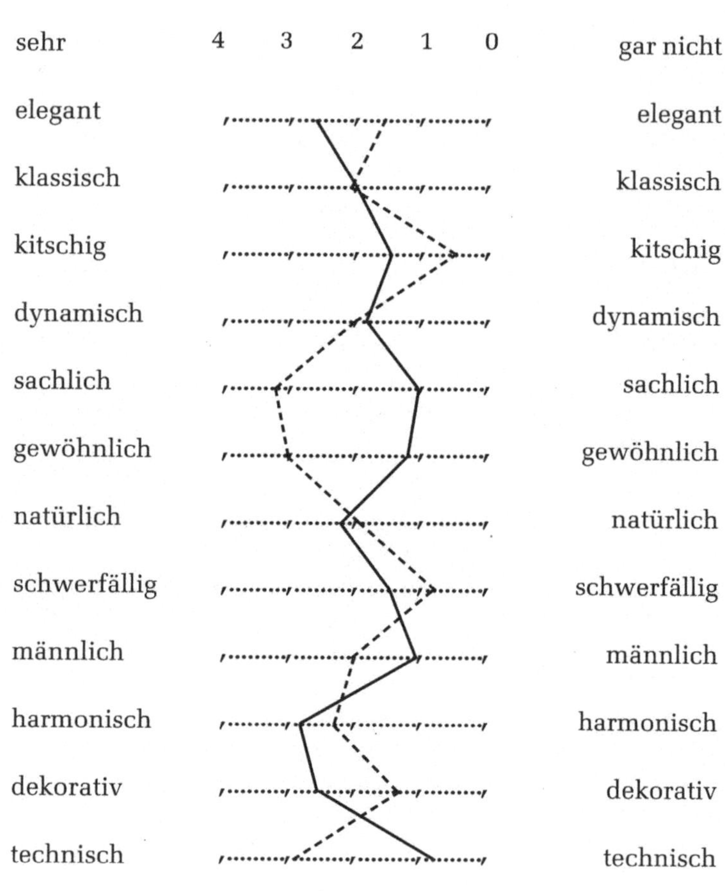

*Abb. 305
Vergleich sehr
unterschiedlicher
Schriften,
gestrichelt:
Times New Roman*

- Schreibschriften (Pinsel) / Brush Script
- Großschrift Schreibschriften (Pinsel) / Brush Script

sehr	4	3	2	1	0	gar nicht
elegant						elegant
klassisch						klassisch
kitschig						kitschig
dynamisch						dynamisch
sachlich						sachlich
gewöhnlich						gewöhnlich
natürlich						natürlich
schwerfällig						schwerfällig
männlich						männlich
harmonisch						harmonisch
dekorativ						dekorativ
technisch						technisch

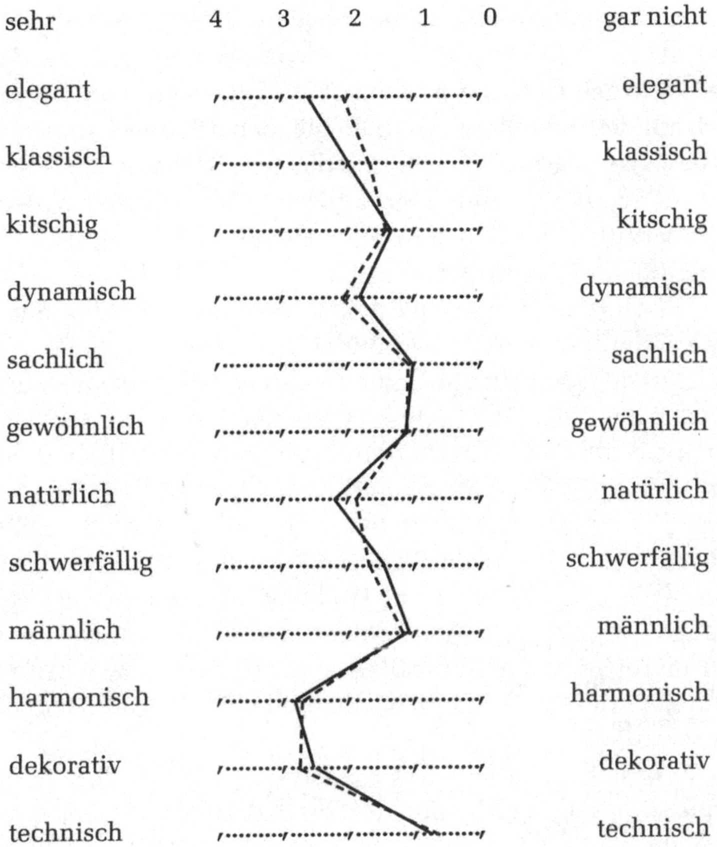

Abb. 306
Vergleich der
gleichen Schriften
mit unterschiedlicher
Buchstabengröße,
gestrichelt:
Großschrift
Brush Script

3. Diskussion und Ausblick

Die Hypothese hat sich in allen Teilbereichen bestätigt. Die Schriften lassen sich hinsichtlich ihrer Anmutungsqualitäten unterscheiden, jede Schrift besitzt ihr charakteristisches Semantisches Differential. Geeignete Skalen, mit denen die Unterscheidung von Schriften möglich ist, wurden gefunden und haben sich bewährt. Es hat sich allerdings gezeigt, daß die Übertragung der ermittelten 12 Adjektive aus dem Vorversuch auf den Hauptversuch nicht möglich ist ohne Verlust der Differenzierungsqualität einiger Adjektive. So waren die Adjektive »dynamisch« und »harmonisch« im Vorversuch sehr geeignet, die Schriften zu unterscheiden, im Hauptversuch verlieren diese Adjektive jedoch an Trennschärfe (Abb. 300).

Die Ursache für diesen Effekt könnte in der Art des jeweiligen Stimulusmaterials begründet sein, welches im Vorversuch aus dem Schriftzug »Hamburgefonts« bestand, im Hauptversuch in Form eines Textes dargeboten wurde. Die Semantischen Differentiale illustrieren die Anmutungsqualitäten der Schriften. Insbesondere anhand Abb. 302 wird deutlich, daß sich die Anmutungsqualitäten ähnlicher Schriften einer Schriftart nur in einigen Eigenschaften unterscheiden. Insofern stellt sich hier auch im Hinblick auf weitere Untersuchungen die Frage, ob im Rahmen der signifikant gewordenen multivariaten Varianzanalyse zwischen allen Schriften auch die Mittelwertsunterschiede ähnlicher Schriften signifikant werden.

Es besteht die Möglichkeit, daß die Signifikanz der Endergebnisse hauptsächlich auf den großen Unterschieden zwischen den unähnlichen Schriften beruht, so daß man folgern könnte, daß sich ähnliche Schriften nicht unbedingt mit Hilfe der ermittelten Adjektive diskriminieren lassen.

Ein weiterer Anwendungsaspekt ist in der Beurteilung anderer Objekte neben Schriften denkbar. So können z.B. Kneipen, Speisekarten oder Automarken mittels derselben Adjektive beurteilt werden, um zum einen festzustellen, ob die Prädiktoren in nicht-typographische Bereiche übertragbar sind und zum anderen interessanten Quervergleichen nachzugehen, ob beispielsweise eine als technisch empfundene Schrift besser für eine Automarke wirbt, als eine gewöhnliche.

Glyph Identifier Register

Acknowledgements

The initial work on this registry was done at Xerox Corporation in preparation for creation of an international symbol library. The registrar and the organisers of the Association for Font Information Interchange would like to thank the American National Standards Institute for recognizing the merits of the concept of a symbol library in 1981 when the project began, and to Xerox Corporation for their continuing kindness in providing us with a very beautiful setting for the pilot phase of the project.

We should also like to thank Professor Archie Provan and the Rochester Institute of Technology for being a joint partner with Xerox Corporation in this project almost since its inception and introducing us to the world of high quality communications through typography.

Finally, the registrar would like to add special thanks to George W. Bowen of ANSI who provided the first reference material and first support of this project and to Joseph Becker and Dwight McBain of Xerox, without whom nothing would ever have been possible.

Preface

This document is the printed record of the contents of the AFII symbol library. Unlike the great library at the palace of Ashurbanipal (668-631 B.C.) in Nineveh which bore thousands of clay tablets bearing stamps of ownership, catchwords, and source and place indications, the AFII international symbol library is comprised of glyph identifiers, sample glyph shapes, and a description which includes atleast a name or title for each glyph and any significant information about the meaning or intended usage. In place of clay tablets, the information repository is in an equivalent "electronic form". The registry is also similar to the clay tablet; once information is written, it is permanent, cannot change, and is expected to be preserved for hundreds of generations as have clay tablets which exist to this day. However, with provision for glyph identifier integer values ranging from 1 to 2^{32}-1 and assuming a maximum of 60 glyph identifiers per printed page, the printed library record may contain upwards of 75 million pages.

The form of the AFII symbol libary is unlike that of the libray at Nineveh. First; the AFII symbol library is "active" while the other is inactive and thus can be printed in a familiar form. For example, the Ashurbanipal document can be bound and page numbering made consecutive from start to finish. The registery printed by AFII is unbound to enable easy insert of an update to the printed reference as glyphs of other writing systems are included in the registry; And, only the pages within a signature are consecutively numbered. Secondly; the "active" document is dated in two places: first, at the beginning of the document to give the date of document printing, and secondly, each page within a signature. In addition to new signatures, e.g. a signature containing glyph identifiers of a newly registered writing script, information is regularly added to the gloss of existing glyph identifiers reflecting change in usage and/or meaning over time. The date stamp on a signature page indicates the version being used. Third, an integer index is used for identifying entries in the registry because it is language-independent, culture-independent, easily and obviously extensible, reasonably efficient, and invariant with respect to time. Where text is needed, English is used as the description language. The goal of the format is minimum operating cost and providing the greatest number of users with a "living document" form of the registry.

Synchronism is maintained between identified document sections, e.g. between numbered signatures (the sheet itself which when folded becomes the unit of the register), and the index into the registry. The index into the "paged" or printed document and into the registry of the world's glyphs is intentionally made identicle and consists of an integer value between one and four integer parts in the range stated previously. Those glyphs identifiers being the same except for the last integer part are called a signature, those glyph identifiers recorded and written onto the pages of a single signature. Those glyph identifiers being the same except for the last two parts are called a plate, those contained within the family of signatures associated with a single plate. Those glyph identifiers being the same except for the last three parts are called a plate-block, those contained within a single block of plates. This arrangement is for convenience of description and cross referencing within this specialized document structure.

The initial core of the registry was created with respect for existing standards, in an open environment, with consideration of logical groupings. High priority was initially given to the Japanese standard of several thousand glyphs, and other standards were used in ways which were intended to be user friendly with respect to obvious groupings of identifiers. While user-friendly, economic, etc. describe initial design goals, time and the natural progression of standards and science will diminish utility of any arrangement. Changes in arrangement cannot occur if the registry is to provide an invariant and trustworthy source of glyph identification over an indefinite period of time. When utility diminishes, a planned on-line registry will be available to assist users in search and retrieval operations.

The first published document of the Association for Font Information Interchange contains a glyph identifier, atleast one sample glyph shape, and a description including atleast a name or title for the glyph and any significant information about the meaning or intended usage. Other documents are planned to be published using the identical format. One document will include glyph metrics of sample glyph shapes appearing in the printed registry. Another documentwill include low resolution, publicly available, display screen images indicating alternative glyph shapes present in some typefaces. In time it is expected that the AFII registry will be printed in languages other than English, e.g. when most of the glyphs found in the world's writing scripts are included in the repository.

To easily identify and distinguish these documents and their signatures using the established format, a first letter and integer pair (in bold) is used to indicate respectively the written language and type of document. A.3 designates the first AFII publication, A indicating the English alphabet and 3 the main registry. In the same family, A.1 designates the document containing low resolution, publicly available,

425

alternative display screen images and A.2 designates the document containing the glyph metrics of glyph shapes appearing in A.3.

To distinguish one section within any printed and unbound registry from another, colored stock or colored separators are used to clearly indicate a particular section. The color chosen is indicated in the table of contents of the document.

A remark should be made about the ongoing work of AFII. Individuals around the world in industry, government, and/or universities are working to advance the current state of the registry. Work at universities translating ISO/DIS 9541, *Information processing–Font and glyph information interchange*, into the languages of the world is prerequisite to gaining the attention of scholars, typographers, and font designers to fill the repository with writing script glyph data and sample images. And, participation of industry in constructing an online symbol library is crucial to symbol library development. As these many aspects of work continue, some of these efforts go unrecognized in this first publication. Acknowledgement, however, will be made in future versions of the document.

Edwin Smura,
Registrar
November, 1988

Introduction

Apart from this first chapter which presents the basic terminology which is used throughout the rest of the registry, this first Section is primarily concerned with setting the stage for the following Sections which recur throughout the book.

Each entry within this glyph identification register is comprised of a single glyph identifier, a sample glyph shape, and a description including atleast a name or title for the glyph and any significant information about the meaning or intended usage. Each page within this printed Register carries a header and footer which identifiers a signature from the AFII register, the title at the top of the first page indicating writing system or application name. A signature generally, but not always, includes glyph identifier assignments made in one writing system. Each registered glyph within a page, for convenience and ease of reading, is notated in octal, decimal, and hexadecimal—leading zeroes suppressed with only the low order glyph identifier given. The first ID number in a signature is written next to the signature name at the top of page 1, together with a note on the arithmetic addition required.

Within the gloss for a glyph an indicated glyph shape is described as completely as possible. Alternate representations arising from constraints, aesthetics, etc. may also be indicated, as well as reference tags at places where a glyph shape might appear to be missing.

An "=" sign is used to indicate either synonymous names or alternative applications for the same glyph. Brackets "[ ]" are used as delimiters for containing clarifying examples. And, to reference other registries, use is made of "< >" which includes registry name (usually abbreviated) and glyph identity in that register. For example, <AMS, rightarrow> indicates the American Mathematical Society (AMS) and the T_EX Name "rightarrow" for the shape shape "→").shape "→").

In some cases information provided in a registration proposal can be misleading since different glyphs can appear similar or even identical. For this reason, the picture (shape) is sometimes less important and it is the *semantic* information which provides clarification between numeric identifiers listed in the register. In such cases the gloss specifies what the glyph is NOT, in order to distinguish it from other glyphs which look similar or identical. In addition, comments are sometimes made to indicate that glyph shapes may or may not be the same at the discretion of the font designer.

Several glyph shapes traditionally imply the same semantic, i.e. the shapes associated with the semantic "approximately equal". In this case they are considered alternate forms which are variants of each other and a designation such as "approximately equal, type 1" and "approximately equal, type 2" is used to distinguish one variant form from another.

To make reference to another registry entry we use octal notation for reader convenience, e.g. the *Octal* identifier column occurs first. A reference notation such as (41_8 | 124_8) in a recorded entry refers to another (Signature8 | Glyph8) identifier. For example, (41_8 | 124_8) refers to the glyph in Signature8 = 41_8 which has GlyphIdentifier8 = 124_8 *within* that signature. Lack of specific Plate8 and Plate-Block8 values imply that the octal values are as indicated in that page header.

Synopsis of all registered Glyphs

APL

letters/symbols

ABCDEFGHIJKLMNOPQRSTUV
WXYZ ∘ T A⩛⩛⩛ Λ ⍉⌽⊛⍞⊞ ...

ARABIC

isolated

ي و ه ن م لك ق ف غ
ظ ط ض ص ش س زرذ د خ ح ج ث ت ب

contextual

آ أ ؤ إ ئ ئ ا ب ب ب ة ت ت ث ث ش ج ج ج ح
ح ح خ خ خ خ د ل ر ز س س س ش ش ش ص ص ص ض
ض ض ط ط ط ظ ظ ظ ظ

figures

< ٩ ٥ ۴ ٣ ٩ ٨ ٧ ٦ ٥ ٤ ٣ ٢ ١ ٠

ARMENIAN

upper case

ԱՐԳԴԵՋԷԸԹԺԻԼԽԾԿՀՁՂՃՄՅՆՇՈ
ՉՊՋՌՍՎՏՐՑՒՓՔՕՖ

lower case

աբգդեզէըթժիլխծկհձղճմյնշոչ
պջռսվտրցւփքօֆ

CHINESE

Bo-po-mo-fo

ㄅㄆㄇㄈㄉㄊㄋㄌㄍㄎㄏㄐㄑㄒㄓㄔ
ㄕㄖㄗㄘㄙㄚㄛㄜㄝㄞㄟㄠㄡㄢㄣ ...

CYRILLIC

upper case

АБВГДЕЁЖЗИЙКЛМНОПРС
ТУФХЦЧШЩЪЫЬЭЮЯ

lower case

абвгдеёжзийклмнопрстуфхцчшщ
ъыьэюя

extended

ГҌѓЄsіïJЉҥҤЌӮЏҽѲѴҗ
rҍѓєsіïJљҥҟĸӱџҽѳѵҗ

DEVANAGARI

vowels

अआइईउऊऋ ॠऌॡॢएऐओऔ

consonants

कक़खख़गग़घङ चछजज़झञ अटठ डड़ढढ़
णतथदधनपफ फ़बभमयर लळवशषसह

figures

०१२३४५६७८९

DINGBATS

arrows

→→→→→⇢→←▶▸▸▸▶▶➡→→»→◄
→←→→→→→→→→▸»»»...

ornaments & stars

✛✜✠✢✣✦✧☆❂☆✩★★✭✮✯✫✳✴❇
✸✹✺✻✼❋❊✽❃❀❁❉❀❂✺...

parenthesis/checkmarks / crossouts

()()[]()〈〉〈〉 ✓✓✓✓✓
✕✕✕✕✖✖

digits

①②③④⑤⑥⑦⑧⑨⑩❶❷❸❹❺❻❼❽❾❿
1️⃣2️⃣3️⃣4️⃣5️⃣6️⃣7️⃣8️⃣9️⃣🔟❶❷❸❹❺...

FORMS

JIS

─ ＋ └ ┘ ├ ┬ ┤ ┴ ＋ ─ │ ┐
┘ └ ├ ┬ ┤ ┴ ＋ ├ ┤ ─ ┴ ┬

IBM

╡ ╢ ╖ ╕ ╣ ║ ╗ ╝ ╜ ╛ ┠ ┞ ╟ ╚
╤ ╥ ╙ ╘ ╒ ╓ ╫ ╪ ┘ ┌ █ ▄ ▌ ▐

GEORGIAN

letters

ბგდევზჱთიკლმნოპჟრსტუჳფქღ
ყშჩცძწჭხჴჯჰ

GREEK

upper case

ΑΒΓΔΕϹϜΖΗΘΙΚΛΜΝΞΟΠϹΡϹΤ
ΥΦΧΨΩϠ

lower case

αβϐγδεϛϝζηθικλμνξοπϛρϛϲτυφχψωϡ
αεϖθϱφκ

accented

ΆΈΉΊΌΎΏΪῨΪ́Ϋ ἈΆᾺᾼἌἊἉ...
ἐἠἰὀὐὠϊῦῖ ἀάὰᾶᾴᾶᾇ...

IPA

letters

m p b ɸ β ɥ ʍ w ɓ ⊙ ŋ f v ʋ n t d θ ð ṡ
ʔ s z σ ɋ ɹ ɫ ɬ ɮ l ɾ ɪ r ɾ ɗ ɟ ɕ ɔ ...

diacritic/stress/pitch

vowels

i y ɨ ʉ ɯ e ø ɛ œ æ a ɶ ä ɞ ə ɘ ɵ ɞ ʊ ɯ ɒ
ʊ ɤ ʌ ɔ ɑ ɒ

HEBREW

letters

אבגדהוזחטיךכלםמןנסעףפץצקר
שׁתבכפ

vowels

Japanese

katakana

ァアィイゥウェエォオカガキギクグ
ケゲコゴサザシジスズセゼ…

hiragana

ぁあぃいぅうぇえぉおかがきぎくぐ
けげこごさざしじすずせぜ…

decorated rules

enclosed letters

ⒶⒷⒸⒹⒺⒻⒼⒽⒾⒿⓀⓁⓂⓃⓄⓅ
ⓆⓇⓈⓉⓊⓋⓌⓍⓎⓏⓐⓑⓒ…

enclosed numbers

Korean

Hangul

ㄱㄲㄳㄴㄵㄶㄷㄸㄹㄺㄻㄼㄽㄾㄿㅀㅎ
ㅁㅂㅃㅄㅅㅆㅇㅈㅉㅊㅋㅌㅍ…

Latin

upper case

ABCDEFGHIJKLMNOPQRSTUV
WXYZÆÐHIJLŁØŒÞŊ

lower case

a b c d e f g h i j k l m n o p q r s t u v
w x y z ' n ĸ æ ð ħ ı ij ł ø œ …

extended

ʙᴅᴋᴏᴜˀᴈᴑᴌᴢ ƅɗʞᴗᴚәᴐɪᴢ

accented

ÀÁÂÃÄÅĄĆĈĊÇČĐÈÉÊË…
àáâãäåąćĉċçčđèéêë…

ligatures
ff ffi ffl fi fl ſt ɧ ct ſt

small caps
A B C D E F G H I J K L M N O P Q R S T U
V W X Y Z Æ Œ & ' ( ) ? !

figures/fractions
0123456789 0123456789
¼ ½ ¾ ⅓ ⅔ ⅕ ⅖ ⅗ ⅘ ⅛ ⅜ ⅝ ⅞
1/4 1/2 3/4 1/3 2/3 1/3 3/8 5/8 7/8

superscript
a c e i l m n o r s t ± < > = 0 1 2 3 4 5 6 7 8 9
( ) + - $ ¢ ≤ × ÷ ≥ ≠

subscript
0 1 2 3 4 5 6 7 8 9 - + = ( )

SIGNS

astrological
☉ ☽ ☿ ♀ ♃ ♄ ♅ ♆ ♇ ♒ ∘ ∘ ♈ ♉ ♊ ♋
♌ ♍ ♎ ♏ ♁ ♑

legal
℗ © ™ ℗ ℗ ® © ™ ® © ™

monetary
¢ £ $ ¥ ₲ ƒ ₣ ₱ ₨ ₧ ₢ $ ₥ ₩ ₹

SYMBOLS

engineering
⊢ ≐ ∠ ∢ ⊥ ∡
⌒ ₡ — ▱ ∦ ⌢ ⌒ ⊙ ⊕ ▫ ◇
△ ⊙ ⊚ ⊠ ⚓ ⊗

mathematics
< > ‖ ⊩ ⋘ ⋙ ≦ ≧ < > ≤ ≥ < > ⊆ ⊇

A.3.1   *Latin alphabet and punctuation*

These glyph identifiers are reserved for Latin alphabet and punctuation glyphs whose shapes are used most widely in international communication between electronic data processing systems.

LINE IDENTIFIER			SHAPE	GLYPH DESCRIPTION
Octal	*Dec*	*Hex.*		
40_8	32	20		Space (Normally nonprinting; two metric glyphs, $(360_8 \mid 317_8)$, illustrate space width) <PS, space>; <HP, 0000>
41_8	33	21	!	Exclamation point Also: Exclamation mark <SGML, excl>; <PS, exclam>; <HP, 0001>
42_8	34	22	"	Neutral (vertical) double quote <SGML, quot>; <PS, quotedbl>; <HP, 0002>
43_8	35	23	#	Number sign <SGML, num>; <ITC, 374>; <PS, numbersign>; <HP, 0003>; <HP, 2513>
44_8	36	24	¤	General currency symbol (represents any currency) <SGML, curren>; <PS, currency>; <HP, 0123>
45_8	37	25	%	Percent sign <SGML, percnt>;<PS, percent>; <HP, 0005>
46_8	38	26	&	Ampersand <SGML, amp>; <PS, ampersand>; <HP, 0006>
47_8	39	27	'	Apostrophe
50_8	40	28	(	Opening parenthesis Also : Dingbat (Parenthesis, beginning (open), curved) <SGML, lpar>; <ITC, 199S>; <PS, parenleft>; <HP, 0009>; <HP, 2102>
51_8	41	29	)	Closing parenthesis Also : Dingbat (Parenthesis, ending (close), curved) <SGML, rpar>; <ITC, 199T>; <PS, parenright>; <HP, 0010>; <HP, 2103>
52_8	42	2A	*	Asterisk <SGML, ast>; <PS, asterisk>; <HP, 0011>
53_8	43	2B	+	Plus sign <SGML, plus>; <PS,plus>; <HP, 0012>
54_8	44	2C	,	Comma <SGML, comma>; <PS, comma>; <HP, 0013>
55_8	45	2D	–	Neutral dash; Also hyphen/minus sign. Glyph $0_8 \mid 55_8$ (Neutral dash) is sometimes used as a hyphen ($41_8 \mid 76_8$), and sometimes as a minus sign ($356_8 \mid 55_8$), and its shape must support either usage. <SGML, hyphen>; <SGML, dash>; <PS, afii45>
56_8	46	2E	.	Period = full stop <SGML, period>; <PS, period>; <HP, 0015>

LINE IDENTIFIER			SHAPE	GLYPH DESCRIPTION
Octal	*Dec*	*Hex.*		
57_8	47	2F	/	Slant = solidus = virgule = slash <SGML, sol>; <PS, slash>; <HP, 0016>
60_8	48	30	0	Digit 0 <SGML, nd0>; <PS, zero>;<HP, 0017>
61_8	49	31	1	Digit 1 <SGML, nd1>; <PS, one>;<HP, 0018>
62_8	50	32	2	Digit 2 <SGML, nd2>; <PS, two>;<HP, 0019>
63_8	51	33	3	Digit 3 <SGML, nd3>; <PS, three>;<HP, 0020>
64_8	52	34	4	Digit 4 <SGML, nd4>; <PS, four>;<HP, 0021>
65_8	53	35	5	Digit 5 <SGML, nd5>; <PS, five>;<HP, 0022>
66_8	54	36	6	Digit 6 <SGML, nd6>; <PS, six>;<HP, 0023>
67_8	55	37	7	Digit 7 <SGML, nd7>; <PS, seven>;<HP, 0024>
70_8	56	38	8	Digit 8 <SGML, nd8>; <PS, eight>;<HP, 0025>
71_8	57	39	9	Digit 9 <SGML, nd9>; <PS, nine>;<HP, 0026>
72_8	58	3A	:	Colon <SGML, colon>; <AMS, colon>; <PS, colon>;<HP, 0027>
73_8	59	3B	;	Semicolon <SGML, semi>; <PS, semicolon>;<HP, 0028>
74_8	60	3C	<	Less than <SGML, lt>; <AMS, less>; <PS, less>;<HP, 0029>
75_8	61	3D	=	Equals <SGML, equals>; <PS, equal>;<HP, 0030>
76_8	62	3E	>	Greater than <SGML, gt>; <PS, greater>;<HP, 0031>
77_8	63	3F	?	Question mark <SGML, quest>; <PS, question>;<HP, 0032>
100_8	64	40	@	Commercial at <SGML, commat>; <PS, at>;<HP, 0033>
101_8	65	41	A	Uppercase Latin (Roman) letter A Glyphs 0_8 | 101_8 (Latin A), 46_8 | 101_8 (Greek A), and 47_8 | 41_8 (Cyrillic A) may or may not have the same shape, at the discretion of the font designer. <SGML, A>; <PS, A>;<HP, 0034>

LINE IDENTIFIER *Octal* *Dec* *Hex.*			SHAPE	GLYPH DESCRIPTION
102_8	66	42	B	Uppercase Latin (Roman) letter B Glyphs 0_8 | 102_8 (Latin B), 46_8 | 102_8 (Greek B), and 47_8 | 43_8 (Cyrillic B) may or may not have the same shape, at the discretion of the font designer. <SGML, B>; <PS, B>; <HP, 0035>
103_8	67	43	C	Uppercase Latin (Roman) letter C Glyphs 0_8 | 103_8 (Latin C) and 47_8 | 63_8 (Cyrillic C) may or may not have the same shape, at the discretion of the font designer. <SGML, C>; <PS, C>; <HP, 0036>
104_8	68	44	D	Uppercase Latin (Roman) letter D <SGML, D>; <PS, D>; <HP, 0037>
105_8	69	45	E	Uppercase Latin (Roman) letter E Glyphs 0_8 | 105_8 (Latin E), 46_8 | 106_8 (Greek E), and 47_8 | 46_8 (Cyrillic E) may or may not have the same shape. at the discretion of the font designer. <SGML, E>; <PS, E>; <HP, 0038>
106_8	70	46	F	Uppercase Latin (Roman) letter F <SGML, F>; <PS, F>; <HP, 0039>
107_8	71	47	G	Uppercase Latin (Roman) letter G <SGML, G>; <PS, G>; <HP, 0040>
110_8	72	48	H	Uppercase Latin (Roman) letter H Glyphs 0_8 | 110_8 (Latin H), 46_8 | 112_8 (Greek H), and 47_8 | 57_8 (Cyrillic H) may or may not have the same shape, at the discretion of the font designer. <SGML, H>; <PS, H>; <HP, 0041>
111_8	73	49	I	Uppercase Latin (Roman) letter I Glyphs 0_8 | 111_8 (Latin I), 46_8 | 114_8 (Greek I), and 47_8 | 107_8 (Cyrillic I) may or may not have the same shape, at the discretion of the font designer. <SGML, I>; <PS, I>: <HP, 0042>
112_8	74	4A	J	Uppercase Latin (Roman) letter J Glyphs 0_8 | 112_8 (Latin J), 46_8 | 333_8 (Greek J), and 47_8 | 111_8 (Cyrillic J) may or may not have the same shape, at the discretion of the font designer. <SGML, J>; <PS, J>; <HP, 0043>
113_8	75	4B	K	Uppercase Latin (Roman) letter K Glyphs 0_8 | 113_8 (Latin K) and 46_8 | 115_8 (Greek K) may or may not have the same shape, at the discretion of the font designer. <SGML, K>; <PS, K>; <HP, 0044>
114_8	76	4C	L	Uppercase Latin (Roman) letter L <SGML, L>; <PS, L>; <HP, 0045>
115_8	77	4D	M	Uppercase Latin (Roman) letter M Glyphs 0_8 | 115_8 (Latin M), 46_8 | 117_8 (Greek M), and 47_8 | 56_8 (Cyrillic M) may or may not have the same shape, at the discretion of the font designer. <SGML, M>; <PS, M>; <HP, 0046>

LINE IDENTIFIER			SHAPE	GLYPH DESCRIPTION
Octal	*Dec*	*Hex.*		
116_8	78	4E	N	Uppercase Latin (Roman) letter N Glyphs 0_8 | 116_8 (Latin N) and 46_8 | 120_8 (Greek N) may or may not have the same shape, at the discretion of the font designer. <SGML, N>; <PS, N>; <HP, 0047>
117_8	79	4F	O	Uppercase Latin (Roman) letter O Glyphs 0_8 | 117_8 (Latin O), 46_8 | 122_8 (Greek O), and 47_8 | 60_8 (Cyrillic O) may or may not have the same shape, at the discretion of the font designer. <SGML, O>; <PS, O>; <HP, 0048>
120_8	80	50	P	Uppercase Latin (Roman) letter P Glyphs 0_8 | 120_8 (Latin P), 46_8 | 125_8 (Greek P), and 47_8 | 62_8 (Cyrillic P) may or may not have the same shape, at the discretion of the font designer. <SGML, P>; <PS, P>; <HP, 0049>
121_8	81	51	Q	Uppercase Latin (Roman) letter Q <SGML, Q>; <PS, Q>; <HP, 0050>
122_8	82	52	R	Uppercase Latin (Roman) letter R <SGML, R>; <PS, R>; <HP, 0051>
123_8	83	53	S	Uppercase Latin (Roman) letter S Glyphs 0_8 | 123_8 (Latin S) and 47_8 | 106_8 (Cyrillic S) may or may not have the same shape, at the discretion of the font designer. <SGML, S>; <PS, S>; <HP, 0052>
124_8	84	54	T	Uppercase Latin (Roman) letter T Glyphs 0_8 | 124_8 (Latin T), 46_8 | 130_8 (Greek T), and 47_8 | 64_8 (Cyrillic T) may or may not have the same shape, at the discretion of the font designer. <SGML, T>; <PS, T>; <HP, 0053>
125_8	85	55	U	Uppercase Latin (Roman) letter U <SGML, U>; <PS, U>; <HP, 0054>
126_8	86	56	V	Uppercase Latin (Roman) letter V <SGML, V>; <PS, V>; <HP, 0055>
127_8	87	57	W	Uppercase Latin (Roman) letter W <SGML, W>; <PS, W>; <HP, 0056>
130_8	88	58	X	Uppercase Latin (Roman) letter X Glyphs 0_8 | 130_8 (Latin X), 46_8 | 133_8 (Greek X), and 47_8 | 67_8 (Cyrillic X) may or may not have the same shape, at the discretion of the font designer. <SGML, X>; <PS, X>; <HP, 0057>
131_8	89	59	Y	Uppercase Latin (Roman) letter Y Glyphs 0_8 | 131_8 (Latin Y) and 46_8 | 131_8 (Greek Y) may or may not have the same shape, at the discretion of the font designer. <SGML, Y>; <PS, Y>; <HP, 0058>
132_8	90	5A	Z	Uppercase Latin (Roman) letter Z Glyphs 0_8 | 132_8 (Latin Z) and 46_8 | 111_8 (Greek Z) may or may not have the same shape, at the discretion of the font designer. <SGML, Z>; <PS, Z>; <HP, 0059>

LINE IDENTIFIER *Octal Dec Hex.*			SHAPE	GLYPH DESCRIPTION
133_8	91	5B	[	Opening bracket <SGML, lsqb>; <AMS, lbrack>; <PS, bracketleft>; <HP, 0060>
134_8	92	5C	\	Reverse slant = backslash = reverse solidus = reverse virgule <SGML, bsol>; <SGML, setmn>; <AMS, setminus>; <AMS, backslash>; <PS, backslash>; <HP, 0061>
135_8	93	5D	]	Closing bracket <SGML, rsqb>; <AMS, rbrack>; <PS, bracketright>: <HP, 0062>
136_8	94	5E	ˆ	Circumflex accent (spacing glyph) <SGML, caret>; <PS, circumflex>: <HP, 0108>
137_8	95	5F	_	Low bar (spacing glyph) <SGML, lowbar>; <PS, underscore>: <HP, 0064>
140_8	96	60	`	Grave accent (spacing glyph) <PS, grave>; <HP, 0107>; <HP, 0375>
141_8	97	61	a	Lowercase Latin (Roman) letter a Glyphs 0_8 | 141_8 (Latin a) and 47_8 | 121_8 (Cyrillic a) may or may not have the same shape, at the discretion of the font designer. <SGML, a>; <PS, a>; <HP, 0067>
142_8	98	62	b	Lowercase Latin (Roman) letter b <SGML, b>; <PS, b>; <HP, 0068>
143_8	99	63	c	Lowercase Latin (Roman) letter c Glyphs 0_8 | 143_8 (Latin c) and 47_8 | 143_8 (Cyrillic c) may or may not have the same shape, at the discretion of the font designer. <SGML, c>; <PS, c>; <HP, 0069>
144_8	100	64	d	Lowercase Latin (Roman) letter d <SGML, d>; <PS, d>; <HP, 0070>
145_8	101	65	e	Lowercase Latin (Roman) letter e Glyphs 0_8 | 145_8 (Latin e) and 47_8 | 126_8 (Cyrillic e) may or may not have the same shape, at the discretion of the font designer. <SGML, e>; <PS, e>; <HP, 0071>
146_8	102	66	f	Lowercase Latin (Roman) letter f <SGML, f>; <PS, f>; <HP, 0072>
147_8	103	67	g	Lowercase Latin (Roman) letter g <SGML, g>; <PS, g>; <HP, 0073>
150_8	104	68	h	Lowercase Latin (Roman) letter h <SGML, h>: <PS, h>; <HP, 0074>
151_8	105	69	i	Lowercase Latin (Roman) letter i Glyphs 0_8 | 151_8 (Latin i), 46_8 | 154_8 (Greek i), and 47_8 | 167_8 (Cyrillic i) may or may not have the same shape, at the discretion of the font designer. <SGML, i>; <PS, i>; <HP, 0075>

| LINE IDENTIFIER | | | SHAPE | GLYPH DESCRIPTION |
Octal	*Dec*	*Hex.*		
152_8	106	6A	j	Lowercase Latin (Roman) letter j Glyphs $0_8 \mid 152_8$ (Latin j) and $47_8 \mid 171_8$ (Cyrillic j) may or may not have the same shape, at the discretion of the font designer. <SGML, j>; <PS, j>; <HP, 0076>
153_8	107	6B	k	Lowercase Latin (Roman) letter k <SGML, k>; <PS, k>; <HP, 0077>
154_8	108	6C	l	Lowercase Latin (Roman) letter l <SGML, l>; <PS, l>; <HP, 0078>
155_8	109	6D	m	Lowercase Latin (Roman) letter m <SGML, m>; <PS, m>; <HP, 0079>
156_8	110	6E	n	Lowercase Latin (Roman) letter n <SGML, n>; <PS, n>; <HP, 0080>
157_8	111	6F	o	Lowercase Latin (Roman) letter o Glyphs $0_8 \mid 157_8$ (Latin o), $46_8 \mid 162_8$ (Greek o), and $47_8 \mid 140_8$ (Cyrillic o) may or may not have the same shape, at the discretion of the font designer. <SGML, o>; <PS, o>; <HP, 0081>
160_8	112	70	p	Lowercase Latin (Roman) letter p Glyphs $0_8 \mid 160_8$ (Latin p) and $47_8 \mid 142_8$ (Cyrillic p) may or may not have the same shape, at the discretion of the font designer. <SGML, p>; <PS, p>; <HP, 0082>
161_8	113	71	q	Lowercase Latin (Roman) letter q <SGML, q>; <PS, q>; <HP, 0083>
162_8	114	72	r	Lowercase Latin (Roman) letter r <SGML, r>; <PS, r>; <HP, 0084>
163_8	115	73	s	Lowercase Latin (Roman) letter s Glyphs $0_8 \mid 163_8$ (Latin s) and $47_8 \mid 166_8$ (Cyrillic s) may or may not have the same shape, at the discretion of the font designer. Note: in Fraktur type styles, tbe long s (ſ $375_8 \mid 72_8$), is the normal form and 's' is the variant <SGML, s>; <PS, s>; <HP, 0085>
164_8	116	74	t	Lowercase Latin (Roman) letter t <SGML, t>; <PS, t>; <HP, 0086>
165_8	117	75	u	Lowercase Latin (Roman) letter u <SGML, u>; <PS, u>; <HP, 0087>
166_8	118	76	v	Lowercase Latin (Roman) letter v <SGML, v>; <PS, v>; <HP, 0088>
167_8	119	77	w	Lowercase Latin (Roman) letter w <SGML, w>; <PS, w>; <HP, 0089>
170_8	120	78	x	Lowercase Latin (Roman) letter x Glyphs $0_8 \mid 170_8$ (Latin x) and $47_8 \mid 147_8$ (Cyrillic x) may or may not have the same shape, at the discretion of the font designer. <SGML, x>; <PS, x>; <HP, 0090>

LINE IDENTIFIER *Octal Dec Hex.*	SHAPE	GLYPH DESCRIPTION
171₈ 121 79	y	Lowercase Latin (Roman) letter y Glyphs 0₈ | 1(Latin y) and 47₈ | 145₈ (Cyrillic y) may or may not have the same shape, at the discretion of the font designer. <SGML, y>; <PS, y>; <HP, 0091>
172₈ 122 7A	z	Lowercase Latin (Roman) letter z <SGML, z>; <PS, z>; <HP, 0092>
173₈ 123 7B	{	Opening brace Also: Dingbat (Brace, beginning (open)) <SGML, lcub>; <AMS, lbrace>; <ITC, 331>; <PS, braceleft>; <HP, 0093>; <HP, 2436>
174₈ 124 7C	|	Vertical bar Also: Dingbat (Bar, vertical, single) <SGML, verbar>; <ITC, 325>; <PS, bar>; <PS, a82> (Dbt); <HP, 0094>; <HP, 2480>
175₈ 125 7D	}	Closing brace Also: Dingbat (Brace, ending, (close)) <SGML, rcub>;<AMS, rbrace>; <ITC, 332>; <PS, braceright>; <HP, 0095>; <HP, 2468>
176₈ 126 7E	˜	Tilde (spacing glyph) <PS, tilde>; <HP, 0110>
241₈ 161 A1	¡	Inverted exclamation point (Spanish) Also: Exclamation mark (Spanish) inverted <SGML, iexcl>; <PS, exclamdown>; <HP, 0121>
242₈ 162 A2	¢	Cent sign <SGML, cent>; <PS, cent>; <HP, 0128>
243₈ 163 A3	£	Pound-Sterling sign <SGML, pound>; <AMS, sterling>; <PS, sterling>; <HP, 0124>
244₈ 164 A4	$	Dollar sign <SGML, dollar>; <PS, dollar>; <HP, 0004>
245₈ 165 A5	¥	Yen sign (Japanese) <SGML, yen>; <AMS, yen>; <PS, yen>; <HP, 0125>
247₈ 167 A7	§	Section sign <SGML, sect>; <AMS, S>; <ITC, 172>; <PS, section>; <HP, 0126>; <HP, 2030>
251₈ 169 A9	'	Left single quote = single quote open An alternate rendition of "left single quote" is 375₈ | 251₈. Also: Dingbat (Quotation mark, beginning, single) <SGML, lsquo>; <ITC, 113>; <PS, quoteleft>; <PS, a97> (Dbt); <HP, 0066>; <HP, 2100>
252₈ 170 AA	"	Left double quote = double quote open An alternate rendition of "left double quote" is 375₈ | 252₈. Also: Dingbat (Quotation mark, beginning, double) <SGML, ldquo>; <ITC, 313); <PS, quotedblleft>; <PS, a99> (Dbt); <HP, 1017>; <HP, 2501>

LINE IDENTIFIER *Octal Dec Hex.*	SHAPE	GLYPH DESCRIPTION
253_8 171 AB	«	Left pointing double guillemet (European quotation mark) — NOT much-less-than (357_8 | 102_8) Also: Guillemet, left, double <PS, guillemotleft>; <HP, 0188>
254_8 172 AC	←	West arrow = leftward arrow Also: Arrow, barbed, light. west pointing <PS, arrowleft>; <HP, 0227>
255_8 173 AD	↑	North arrow = upward arrow Also: Arrow. barbed, light. north pointing <PS, arrowup>; <HP, 0224>
256_8 174 AE	→	East arrow = rightward arrow Also: Dingbat (Arrow, barbed, light, east pointing) <ITC. 199G>; <PS, arrowright>; <PS, a161> (Dbt); <HP, 0226>; <HP, 2065>
257_8 175 AF	↓	South arrow = downward arrow Also: Arrow, barbed, light, south pointing <PS, arrowdown>; <HP, 0225>
260_8 176 B0	°	Degree sign (spacing glyph) — NOT over-ring accent (0_8 | 312_8) <SGML, degree>; <AMS, degree>; <PS, degree>; <HP, 0116>
261_8 177 B1	±	Plus/minus sign <SGML, plusmn>; <AMS, pm>; <PS, plusminus>; <HP, 0191>
262_8 178 B2	²	Superscript 2 as independent glyph from 2 Also: Squared and reference 2 This glyph may or may not have the same shape or metrics as 375_8 | 262_8 (Superscript 2). <SGML, sup2>; <PS, twosuperior>
263_8 179 B3	³	Superscript 3 as independent glyph from 3 Also: Cubed and reference 3 This glyph may or may not have the same shape or metrics as 375_8 | 263_8 (Superscript 3). <SGML, sup3>; <PS, threesuperior>
264_8 180 B4	×	Multiply sign <SGML, times>; <AMS, times>; <PS, multiply>; <HP, 0201>
265_8 181 B5	μ	Micro sign — NOT Greek "mu" (46_8 | 157_8) <SGML, micro>; <PS, mu>; <HP, 0180>
266_8 182 B6	¶	Paragraph sign = pilcrow <SGML, para>; <AMS, P>; <ITC, 111>; <PS, paragraph>; <HP, 0181>; <HP, 2112>
267_8 183 B7	·	Centered dot = center decimal <SGML, middot>; <AMS, cdotp>; <PS, periodcentered>; <PS, SD630000>; <HP, 0179>

LINE IDENTIFIER			SHAPE	GLYPH DESCRIPTION
Octal	*Dec*	*Hex.*		
270_8	184	B8	÷	Divide sign <SGML, divide>; <AMS, div>; <PS, divide>; <HP, 0202>
271_8	185	B9	'	Right single quote = single quote closed Also: Dingbat (Quotation mark, closing, single) <SGML, rsquo>; <SGML, apos>; <ITC, 114>; <PS, quoteright>; <PS, a98> (Dbt); <HP, 0008>; <HP, 2113>
272_8	186	BA	"	Right double quote = double quote closed Also: Dingbat (Quotation mark, closing, double) <SGML, rdquo>; <ITC, 314>; <PS, quotedblright>; <PS, a100> (Dbt); <HP, 1018>; <HP, 2517>
273_8	187	BB	»	Right pointing double guillemet (European quotation mark) — **NOT** much-greater-than (357_8 | 103_8) <SGML, raquo>; <PS, guillemotright>; <HP, 0190>
274_8	188	BC	¼	Fraction one quarter, en set, as independent glyph <SGML. frac14>; <PS, one-quarter>
275_8	189	BD	½	Fraction one half, en set, as independent glyph <SGML, frac12>; <SGML, half>; <PS, one-half>
276_8	190	BE	¾	Fraction three quarters, en set, as independent glyph <SGML, frac34>; <PS, three-quarters>
277_8	191	BF	¿	Inverted question mark (Spanish) Also: Question mark (Spanish), inverted⁻ <SGML, iquest>; <PS, questiondown>; <HP, 0122>
301_8	193	C1	`	Grave accent (non-spacing lowercase) Alternate: 375_8 | 301_8 <SGML, grave>; <AMS, `>; <AMS, grave>; <PS, afii193>
302_8	194	C2	´	Acute accent (non-spacing lowercase) Alternate: 375_8 | 302_8 <SGML, acute>; <AMS, ´>; <AMS, acute>; <PS, afii194>
303_8	195	C3	^	Circumflex accent = hat (non-spacing lowercase) Alternate: 375_8 | 303_8 <SGML, circ>; <AMS, ^>; <AMS, hat>; <PS, afii195>
304_8	196	C4	~	Tilde accent (non-spacing lowercase) Alternate: 375_8 | 304_8 <SGML, tilde>; <AMS, ~>; <AMS, tilde>; <PS, afii196>
305_8	197	C5	¯	Macron accent (non-spacing lowercase) Alternate: 375_8 | 305_8 <SGML, macr>; <AMS, =>; <AMS, B>; <PS, afii197>
306_8	198	C6	˘	Breve accent (non-spacing lowercase) Alternate: 375_8 | 306_8 <SGML, breve>; <AMS, u>; <AMS, breve>; <PS, afii198>
307_8	199	C7	·	Over-dot accent (non-spacing lowercase) Alternate: 375_8 | 307_8 <SGML, dot>; <AMS, .>; <AMS, D>; <PS, afii199>

LINE IDENTIFIER			SHAPE	GLYPH DESCRIPTION
Octal	*Dec*	*Hex.*		
310_8	200	C8	¨	Diaeresis accent = umlaut accent (non-spacing lowercase) Alternate: $375_8 \mid 310_8$ <SGML, die>; <AMS, ">; <PS, afii200>
312_8	202	CA	°	Over-ring accent — **NOT** degree sign ($0_8 \mid 260_8$) (non-spacing lowercase) Alternate: $375_8 \mid 312_8$ <SGML, ring>; <AMS, ocirc>; <PS, afii202>
313_8	203	CB	.	Cedilla undermark (non-spacing lowercase) Alternate: $375_8 \mid 313_8$ <SGML, cedil>; <AMS, c>; <PS, afii203>
314_8	204	CC	_	Underline (non-spacing undermark) <PS, afii204>
315_8	205	CD	˝	Double acute accent (non-spacing lowercase) Alternate: $375_8 \mid 315_8$ <SGML, dblac>; <AMS, H>; <PS, afii205>
316_8	206	CE	˛	Ogonek undermark = Polish hook (non-spacing lowercase) Alternate: $375_8 \mid 316_8$ <SGML, ogon>; <PS, afii206>
317_8	207	CF	ˇ	Hachek accent = caron (non-spacing lowercase) Alternate: $375_8 \mid 317_8$ <SGML, caron>; <AMS, v>; <PS, afii207>
320_8	208	D0	—	Horizontal bar <SGML, horbar>; <PS, afii208>
321_8	209	D1	¹	Superscript 1 as independent glyph from 1 Also: Reference 1 This glyph may or may not have the same shape or metrics as $375_8 \mid 261_8$ (Superscript 1). <SGML, sup1>; <PS, onesuperior>
322_8	210	D2	®	Registered sign <SGML, reg>; <AMS, circledR>; <PS, registered>; <HP, 0196>
323_8	211	D3	©	Copyright sign <SGML, copy>; <AMS, copyright>; <PS, copyright>; <HP, 0193>
324_8	212	D4	™	Trademark sign (TM) <SGML, trade>; <PS, trademark>; <HP, 0313>
325_8	213	D5	♪	Music Note = eighth note <SGML, sung>; <PS, musicalnote>; <HP, 0215>
334_8	220	DC	⅛	Fraction one eighth, en set, as independent glyph <SGML, frac18>; <PS, one-eighth>
335_8	221	DD	⅜	Fraction three eighths, en set, as independent glyph <SGML, frac38>; <PS, three-eighths>
336_8	222	DE	⅝	Fraction five eighths, en set, as independent glyph <SGML, frac58>; <PS, five-eighths>

LINE IDENTIFIER			SHAPE	GLYPH DESCRIPTION
Octal	*Dec*	*Hex.*		
337_8	223	DF	⅞	Fraction seven eighths, en set, as independent glyph <SGML, frac78>; <PS, seven-eighths>
340_8	224	E0	Ω	Ohm sign — **NOT** uppercase Greek "omega" (46_8 | 135_8) <SGML, ohm>; <PS, ohm>; <HP, 0290>
341_8	225	E1	Æ	Uppercase AE digraph <SGML, AElig>; <AMS, AE>; <PS, AE>; <HP, 0148>
342_8	226	E2	Ð	Uppercase D with stroke (Croatian); Uppercase "Eth" (Icelandic) <SGML, Dstrok>; <SGML, ETH>; <PS, Eth>; <HP, 0164>
343_8	227	E3	ª	Feminine Spanish ordinal indicator as independent glyph from a <SGML, ordf>; <PS, ordfeminine>; <HP, 0186>
344_8	228	E4	Ħ	Uppercase H with stroke (Maltese) <SGML, Hstrok>; <PS, Hbar>
345_8	229	E5	ȷ	Lowercase dotless j (for use with accents) <SGML, jnodot>; <SGML, jmath>; <AMS, j> (for math, italic face only); <PS, dotlessj>
346_8	230	E6	IJ	Uppercase IJ digraph (Dutch) <SGML, IJlig>; <PS, IJ>; <HP, 1107>
347_8	231	E7	Ŀ	Uppercase L with middle dot (Catalan) <SGML, Lmidot>; <PS, Ldot>; <HP, 0306>
350_8	232	E8	Ł	Uppercase L with stroke (Polish) <SGML, Lstrok>; <SGML, Lslfr>; <AMS, L>; <PS, Lslash>; <HP, 1095>
351_8	233	E9	Ø	Uppercase O with slash (Norwegian, Danish) <SGML, Oslash>; <AMS, O>; <PS, Oslash>; <HP, 0147>
352_8	234	EA	Œ	Uppercase OE digraph <SGML, OElig>; <AMS, OE>; <PS, OE>; <HP, 1091>
353_8	235	EB	º	Masculine Spanish ordinal indicator as independent glyph from o <SGML, ordm>; <PS, ordmasculine>; <HP, 0187>
354_8	236	EC	Þ	Uppercase "Thorn" (Icelandic) <SGML, THORN>; <PS, Thorn>; <HP, 0177>
355_8	237	ED	Ŧ	Uppercase T with stroke (Lapp) <SGML, Tstrok>; <PS, Tbar>
356_8	238	EE	Ŋ	Uppercase "Eng" (Lapp) <SGML, ENG>; <PS, Eng>
357_8	239	EF	'n	Lowercase n with apostrophe (South African) <SGML, napos>; <PS, napostrophe>; <HP, 0309>
360_8	240	F0	ĸ	Lowercase k (Greenlandic) <SGML, kgreen>; <PS, kgreenlandic>
361_8	241	F1	æ	Lowercase ae digraph <SGML, aelig>; <AMS, ae>; <PS, ae>; <HP, 0152>
362_8	242	F2	đ	Lowercase d with stroke (Croatian) <SGML, dstrok>; <PS, dbar>
363_8	243	F3	ð	Lowercase "Eth" (Icelandic) <SGML, eth>; <AMS, eth>; <PS, eth>; <HP, 0165>

LINE IDENTIFIER			SHAPE	GLYPH DESCRIPTION
Octal	*Dec*	*Hex.*		
364_8	244	F4	≨	Less than and not equal to, type 3 <SGML, lvnE>; <AMS, lvertneqq> Alternates: type 1 = $(41_8 \mid 362_8)$, type 2 = $(41_8 \mid 342_8)$, type 4 = $(41_8 \mid 327_8)$
365_8	245	F5	≩	Greater than and not equal to, type 3 <SGML, gvnE>; <AMS, gvertneqq> Alternates: type 1 = $(41_8 \mid 363_8)$, type 2 = $(41_8 \mid 343_8)$, type 4 = $(41_8 \mid 330_8)$
366_8	246	F6	⪉	Less than and not equivalent to, type 2 <SGML, lnap>; <AMS, lnapprox> Alternates: type 1 = $(41_8 \mid 344_8)$
367_8	247	F7	⪊	Greater than and not equivalent to, type 2 <SGML, gnap>; <AMS, gnapprox> Alternates: type 1 = $(41_8 \mid 345_8)$
370_8	248	F8	∌	Does not contain as a member, Type 2 <SGML, notni> Alternates: type 1 = $(353_8 \mid 273_8)$
371_8	249	F9	∉	Not contain (not member of)
372_8	250	FA	∉	Not contain (not member of)
375_8	253	FD	⎯	Upper summation sign connector Also: Summation sign, upper connector Parts: $(042_8 \mid 370_8)$ and $(042_8 \mid 374_8)$
376_8	254	FE	—	Lower summation sign connector Also: Summation sign, lower connector Parts: $(042_8 \mid 371_8)$ and $(042_8 \mid 375_8)$

Literatur

Bosshard, H. R., »Technische Grundlagen zur Satzherstellung«, Band 1, Verlag des Bildungsverbandes Schweizerischer Typografen Bst, Bern, 1980.

[CAR] Carter, Harry, Optical Scaling in Typefounding, Typography 4, 1937

Frutiger, A., »Schrift - Ecriture - Lettering. Die Entwicklung der europäischen Schriften, in Holz geschnitten«, Verlag des Bildungsverbandes Schweizerischer Buchdrucker, Zürich, 1951.

Goudy, F. W., »The Alphabet and Elements of Lettering«, University of California Press, Berkeley/Los Angeles, 1942.

[JON] Johnson, Bridget, Optical Scaling MasterAs Thesis for RIT, 1987

Johnston, E., »Schreibschrift, Zierschrift und angewandte Schrift«, Leipzig, 1910, und »Writing and illuminating and lettering«, London, 1906.

[KAP] Kapr, A., »Schriftkunst«, VEB Verlag der Kunst, Dresden, 1971.

[KAR] Karow, Peter, Digitale Schriften, Springer Verlag, Heidelberg 3/92

[KEL] Kelbel, Günter, »Der Schutz typografischer Schriftzeichen«, Heymanns Verlag, Köln, 1984

Kindersley, D., »Optical letter spacing«, in The Penrose Annual, The International Review of the Graphic Arts, Vol. 62, blz. 167 - 176, Lund Humphries Publishers Ltd., London, 1969.

[MAS] Masing, Walter (Hg.), Handbuch der Qualitätssicherung, München, Wien 1980

Morison, S., »First principles of typography«, Cambridge, 1936. »Letter forms, typographic and scriptorial«, London, 1968. »On Script Types«, The Fleuron 4, London, 1925.

Ovink, G. W., »Legibility, atmosphere-value and forms of printing types«, A. W. Suithoff's Uitgeversmaatschappij n. v., Leiden, 1938.

[PYK] Pyke, R. L. (1926): The legibility of print. Medical Research Council, Reports of the Commission on the Legibility of Type. H. M. Stationary Office, London

[REN] Renner, P., »Die Kunst der Typographie«, Bern, 1939.

[TIP] Tinker, M. A. & Paterson, D. G. (1928): Studies of typographical factors influencing speed of reading: I. Influence of type form on speed of reading. Journal of Applied Psychology, 12, 359-368, (1929): Studies of typographical factors influencing speed of reading: III. Length of line. Journal of Applied Psychology, 13, 205-219, (1936): Studies of typographical factors influencing speed of reading: XIII. Methodological considerations. Journal of Applied Psychology, 20, 132-145, (1949): Speed of reading in nine point type in relation to line width and leading. Journal of Applied Psychology, 33, 81-82, (1950): Typography and legibility. In: Fryer, D. H. & Henry, E. R. (eds.): Handbook of Applied Psychology. New York

[TRA] Tracy, W., »Letters of Credit«, a view of type design, London, 1986.

Treebus, K. F., »Het zetten van vreemde talen. Tips voor het juiste gebruik van accenten, hoofdletters, leestekens e.d. in het Deens, Duits, Engels, Esperanto, Fins, Frans, Fries, Hongaars, Iers, Indonesisch, Italiaans, Latijn, Noors, Pools, Portugees, Roemeens, Servo-Kroatisch, Slowaaks, Sloweens, Spaans, Tsjechisch, Turks, IJslands, Zuidafrikaans en Zweeds, alsmede beknopte regels voor het afbreken van woorden«, Staatsuitgeverij, 's-Gravenhage, 1971.

Tschichold, J., »Die neue Typographie«, Berlin, 1928. »Geschichte der Schrift in Bildern«, Basel, 1946, und »Meisterbuch der Schrift«, Ravensburg, 1952.

UNG] Unger, Gerard, Vortrag über Schokoladenbuchstaben während der TYPE 90, Oxford, 1990

[WEI] Weidemann, K. (1982): Biblica: Designing a new typeface for the Bible. Visible Language, 16, 49-61, (1981): Biblica. Eine neue Schrift für die Bibel. Deutscher Drucker (Satztechnische Beilage) Nr. 34 -, 22. X. 1981, S. 1 - 16

[WEN] Wendt, Dirk, 1965: Untersuchungen zur Lesbarkeit von Druckschriften, Bericht Nr. 2: Die Aufstellung eines geeigneten Lesetextes zur Untersuchung der Lesbarkeit von Schriften und die Abschätzung des erforderlichen Stichprobenumfanges. Hamburg: Vervielf. Manuskr., Psychologisches Institut der Universität Hamburg.

[WE1] Wendt, Dirk, Semantic Differentials of Typefaces as a Method of Congeniality Research, The Journal of Typographic Research, Vol. II, 1, 1968

[WE2] Wendt, Dirk, Probleme und Ergebnisse psychologischer Lesbarkeitsforschung, Druck-Print 107, 1, 1970

[ZAP] Zapf, H., »About alphabets. Some marginal notes on type design«, New York, 1960. Deutsche Ausgabe: »über Alphabete«, Frankfurt am Main, 1960. »Manuale typographicum I-II«, Frankfurt am Main, 1954/1958, und »Typographische Variationen«, Frankfurt am Main, 1963.

Zahlreiche wissenschaftliche Abhandlungen für die Kapitel 12, 13 und Anhang B.

Stichwortverzeichnis

451

453

455

Zur Herstellung
Graphik für Umschlag: Jovica Veljović
Korrekturen: Sigrid Büter, Jochen Lau
Gestaltung: Gerd Kretzschmar
Satz: URW, Hamburg

Schrift
Name: Latino Regular
Latino Bold
Latino Regular Italic
URW Grotesk Medium
Entwerfer: Hermann Zapf
Setzmaschine: Linotronic 300

PAGE.
Das Magazin zur Edition

Fordern Sie ein kostenloses Probeheft an!

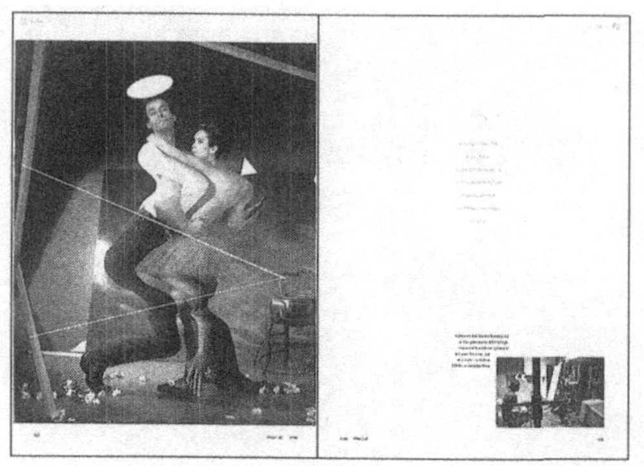

PAGE. Das Computermagazin für Kreative

Die Monatszeitschrift zu Techniken und Trends der visuellen Kommunikation

■ Zu den aufregendsten Herausforderungen unserer Zeit gehört die grafische Gestaltung von Medien. Darüber informiert PAGE. Aktuell und unabhängig von speziellen Rechnersystemen berichtet PAGE über computergestützte Werkzeuge, Methoden und Trends der visuellen Kommunikation. Bereits seit 1986 vermittelt PAGE anwendungsorientiert traditionelles gestalterisches Können und zeigt auf, wie es Designer und Produktioner mit neuen Techniken zeitgemäß umsetzen. PAGE wendet sich gleichermaßen an gestaltungsinteressierte, erfahrene PC-Nutzer wie an professionelle Computereinsteiger, zum Beispiel Grafiker, Produktioner, Setzer, Gestalter und Illustratoren.

In PAGE finden Sie

→ Gestaltungsanregungen und Typografietips
→ Digitale Fotografie und Bildbearbeitung
→ Internationales Grafikdesign
→ Soft- und Hardwarebesprechungen
→ Anwenderreportagen
→ Produktionsabläufe Schritt für Schritt
→ Meldungen zu Produkten und aus der Szene
→ Multimedia-Berichte und Trends
→ Branchenhintergrund aus Europa und den USA
→ Einen großen Serviceteil mit umfassender Belichtungstabelle

PAGE informiert über neue Ideen, Produkte und Techniken und gibt geldwerte Anregungen für Ihren unternehmerischen Erfolg.

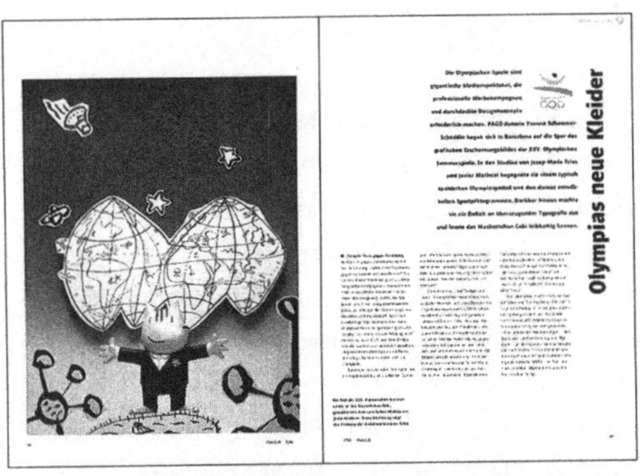

Olympias neue Kleider

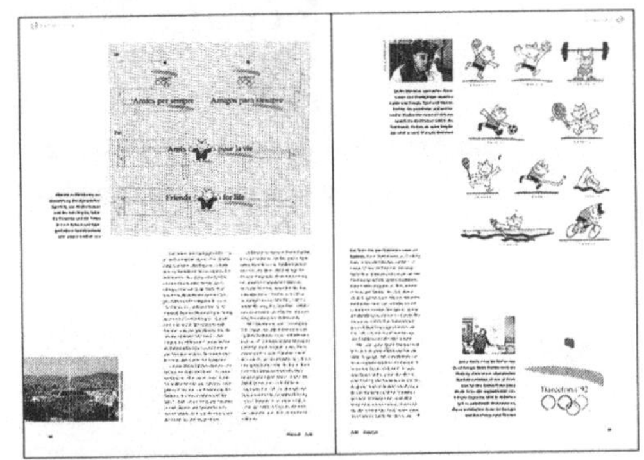

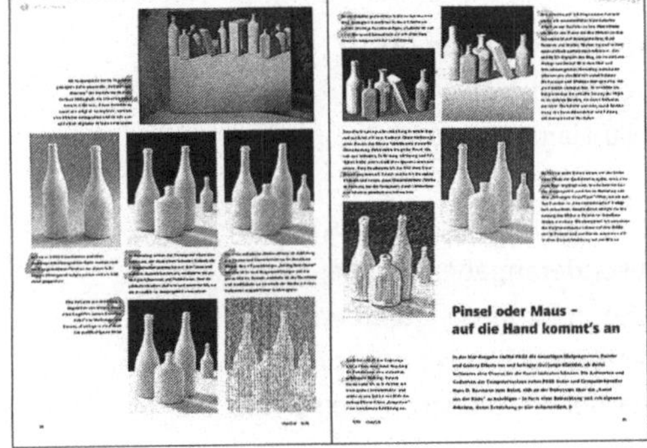

Pinsel oder Maus –
auf die Hand kommt's an

Bildschirmillustrierte